350.8
W42b

Ein Jahr lang sitzt Roger Willemsen im Deutschen Bundestag – nicht als Abgeordneter, sondern als ganz normaler Zuhörer auf der Besuchertribüne des Berliner Reichstags. Es ist ein Versuch, wie er noch nicht unternommen wurde: Das gesamte Jahr 2013 verfolgt er in jeder einzelnen Sitzungswoche, kein Thema ist ihm zu abgelegen, keine Stunde zu spät. Er spricht nicht mit Politikern oder Journalisten, sondern macht sich sein Bild aus eigener Anschauung und 50 000 Seiten Parlamentsprotokoll. Als leidenschaftlicher »mündiger Bürger« mit offenem Blick erlebt er nicht nur die großen Debatten, sondern auch Situationen, die nicht von Kameras erfasst wurden und jedem Klischee widersprechen: effektive Arbeit, geheime Tränen und echte Dramen. Der Bundestag, das Herz unserer Demokratie, funktioniert – aber anders als gedacht.

Roger Willemsen, geboren 1955 in Bonn, gestorben 2016 in Wentorf bei Hamburg, arbeitete zunächst als Dozent, Übersetzer und Korrespondent aus London, ab 1991 auch als Moderator, Regisseur und Produzent fürs Fernsehen. Er erhielt zahlreiche Auszeichnungen, darunter den Bayerischen Fernsehpreis und den Adolf-Grimme-Preis in Gold, den Rinke- und den Julius-Campe-Preis, den Prix Pantheon-Sonderpreis, den Deutschen Hörbuchpreis und die Ehrengabe der Heinrich-Heine-Gesellschaft. Willemsen war Honorarprofessor für Literaturwissenschaft an der Humboldt-Universität in Berlin, Schirmherr des Afghanischen Frauenvereins und stand mit zahlreichen Soloprogrammen auf der Bühne. Zuletzt erschienen im S. Fischer Verlag seine Bestseller ›Der Knacks‹, ›Die Enden der Welt‹, ›Momentum‹ und ›Das Hohe Haus‹. Über sein umfangreiches Werk gibt Auskunft der Band ›Der leidenschaftliche Zeitgenosse‹, herausgegeben von Insa Wilke.

Weitere Informationen, auch zu E-Book-Ausgaben, finden Sie bei *www.fischerverlage.de*

Roger Willemsen

Das Hohe Haus

EIN JAHR IM PARLAMENT

FISCHER Taschenbuch

4. Auflage: Februar 2016

Erschienen bei FISCHER Taschenbuch
Frankfurt am Main, September 2015

© S. Fischer Verlag GmbH, Frankfurt am Main 2014
Satz: Dörlemann Satz, Lemförde
Druck und Bindung: CPI books GmbH, Leck
Printed in Germany
ISBN 978-3-596-19810-8

Montag, 31. Dezember, Neujahrsansprache

Da sitzen wir, einander gegenüber, nur wir beide, sie und ich, getrennt durch eine Glasscheibe. Wir sind so selten auf diese Weise für uns, unsere Blicke treffen sich nie, und manchmal, wenn ich sie irgendwo sehe, frage ich mich, ob sie von den Meinen weiß, ob wir eine Rolle spielen in ihren Überlegungen, wenn sie »Sorge« sagt oder »Verantwortung«.

Ich suche in ihrem Gesicht, in ihren Gesten, die sie so gern im Scharnier der Raute einrasten lässt. Wer wollte sie sein, als sie sich zum heutigen Anlass für diese futuristische Silberweste entschied? Steif und fern, wie sie da sitzt, wirkt sie nicht, als müsse sie mir dringend etwas sagen. Eine Mediengesellschaft sollen wir sein, wählen Menschen mit dem Privileg, zum Volk zu reden – und dann reden sie so? Vielleicht ist es umgekehrt: Wer an der Macht nicht auffällt und sich mit dem Volk auf Gemeinplätzen verabredet, kann immer weiter herrschen.

Herrschen? Sie spricht. Was für ein Redetyp ist dies? Eine Ansprache? Eine Gardinenpredigt? Ein Märchen? Warum nicht? In früheren Jahrhunderten hat man gepre-

5

digt: »Mensch, werde wesentlich.« Der Kanzlerin sagte man: »Wesen, werde menschlich«, und so darf sie mir heute persönlich kommen, matriarchalisch, die gute Hirtin, Trümmerfrau, Mutter, Lehrerin, Oberärztin, Hüterin des Schutzmantels.

Sie sitzt neben einem Gebinde, das an Begräbnisse erinnert, vor einem Tannenbaum, flankiert von einem Flaggen-Ensemble für Deutschland und Europa, also zwischen Emblemen und Mythen. Jetzt erzählt sie die Geschichte vom verhinderten Schulabbrecher, vom Zusammenhalt, von »Freunden und Nachbarn«, von »Familien, die sich Tag für Tag um ihre Kinder und Angehörigen kümmern«. Doch dies sind sämtlich Dinge, die sie aus freien Stücken tun, und nicht, weil die Regierung ihnen diese Freiheit schenkte. Sie erzählt von »Gewerkschaftern und Unternehmern, die gemeinsam für die Sicherheit der Arbeitsplätze arbeiten«, aber nicht dafür arbeiten sie, sondern für Geld, sie lobt, wie wir alle beitragen, »unsere Gesellschaft menschlich und erfolgreich« zu machen, aber das tun wir nicht, denn das »Erfolgreiche« und das »Menschliche« sind nur in Sonntagsreden und Neujahrsansprachen versöhnt.

Sie weiß, was wir hören wollen, spricht deshalb von der »sicheren Zukunft«, an die ich nicht glauben kann, von dem »kleinen medizinischen Wunder« der mitwachsenden Herzklappenprothese bei einer jungen Frau, woran ich durchaus glauben kann. Doch ist dies ein Beispiel mit Kalkül, und dies schmeckt vor. Zur Kultur außerhalb der Wissenschaft kein Wort, an ihrer Stelle prunkt »die Bereitschaft zur Leistung und soziale Sicherheit für alle«, und weil es der Bogen der Rede so verlangt, müssen schließlich die Begriffe »menschlich und erfolgreich« noch einmal zusammentreten, ehe mir die Kanzlerin »Gottes Segen« wünscht. Dann geht sie wieder ihren Geschäften nach, und ich bleibe zurück.

Was war das? Warum war das? Die Neujahrsansprache hat keine Funktion. Die Ausstellung der Funktionslosigkeit ist ihre Funktion. Also ist sie eine Manifestation ritueller Zwecklosigkeit im interesselosen Raum. Es wird zwar gesprochen, doch man kann nicht widersprechen, nicht eingreifen. Die Verwaltung des Landes hat die Lippen bewegt, und sie war nicht nur menschlich, sie hat auch alles Menschliche vereinnahmt als etwas, das mir die Regierung schenkt. Zugleich hat sie mehr Krise angekündigt, jetzt aber sicher. Denn nach neun Monaten einer Krise, die immer bloß von der Akropolis herunterdrohte, mussten neue Leidenshorizonte aufgerissen werden, weil die alten verblassten. In dieser Krise war nämlich das Bruttoinlandsprodukt Deutschlands um drei Prozent gestiegen, das Staatsdefizit gesunken.

Die Krise aber festigt die Anhänglichkeit der Regierten an die Regierenden. Immer wieder habe ich sagen hören, »gemeinsam« könnten wir »es« schaffen. Aber was ist dieses »es«, wo ist der Schauplatz für dieses »gemeinsam«, und wie belastbar ist diese Rhetorik? Als im afghanischen Kundus nach einer von Deutschen verantworteten Bombardierung 142 Menschen, darunter viele Kinder, starben, die weitaus größte Opferzahl in der Geschichte der Bundeswehr, hatte die Kanzlerin gesagt: »Wenn es zivile Opfer gegeben haben sollte, dann werde ich das natürlich zutiefst bedauern.« Das konjunktivische Mitleid: Wenn tot, dann traurig, wenn traurig, dann »zutiefst«, und wenn »zutiefst«, dann »natürlich«! Jetzt also stattdessen das Wunder von der mitwachsenden Herzklappenprothese.

Es ist ein ordinärer Impuls, sich von der Kanzlerin, ihrer Rhetorik, ihrer Erscheinung, ihrem Gefühlshaushalt, sich von der Volksvertretung insgesamt nicht vertreten zu fühlen. Es ist der billigst zu habende Dünkel, sich als das Individuum zu verstehen, das im Kollektiv nicht aufgeht. Was ich aber über meine Repräsentation im Parlament weiß, beziehe ich aus sekundären Quellen des Nachrichtenjournalismus. Ich unterstelle ihnen Absichten, eigene Interessen, unterstelle mich trotzdem ihrer Autorität. Welche Autorität aber besitzt das Entscheidungszentrum der Demokratie, wenn ich es mit eigenen Augen sehe?

Montag, 7. Januar, 9 Uhr, Ortstermin

Der Reichstag sieht immer noch aus wie ein Planungsrelikt auf der »Grünen Wiese«, ein Denkmal. Abseits vom Brandenburger Tor, unverbunden mit den großen Verkehrsadern ringsum, ist das Gebäude ein Solitär, umgeben vom »Cordon sanitaire« der Wachhäuschen, Pavillons, Käsekästchen der Absperrungsgitter.

In weit mehr als der Hälfte der Zeit seit seiner Vollendung stand der Bau ungenutzt, verlegen herum, hätte mehrfach zerstört werden sollen, erhob sich dreißig Jahre lang marginalisiert im Schatten der Mauer. Selbst nach der Vereinigung dachte zunächst kaum jemand daran, ihn zum Parlamentssitz zu erheben. Doch mit der künstlerischen »Verhüllung« von 1995 änderte sich der Blick auf den Bau, den man pathetisch, kolossal, überheblich, anmaßend gefunden hatte. Bald richtete man Tage der offenen Tür selbst im Rohbau ein, und das Brandenburger Tor fiel auf Platz 2 der symbolischen Attraktionen Berlins zurück. Das Äußere des Reichstags ist immer noch schwer wie ein Eichenmöbel, überwölbt von der luftigen Kuppel, dem Publikumsliebling. Vor dem alten Haupteingang ist noch der Kaiser vorgefahren. Die heutigen Abgeordneten nehmen den Osteingang.

Es hatte gerade geschneit, als ich ankam. Die meisten Besucher waren Touristen, asiatische vor allem, die Foto-Posen ausprobierten vom Hitlergruß bis zur Kommunistenfaust. Sie standen schelmisch vor der Repräsentationsarchitektur und ketzerten gegen die Monumentalität des Gebäudes.

Der Palast ist Direktor, Schutzmann, König. Die realen Polizisten dagegen haben gelernt, eine schläfrige Bereitschaft auszustrahlen, von der nach Jahren nur noch die Schläfrigkeit bleibt. Sie ächzen, wenn sie aufstehen, belastet von ihrer persönlichen Materialermüdung. Wenn man die Sicherheit des Landes an dem polizeilichen Aufwand rund um das Parlament ablesen will, dann war das Land nie so gefährdet.

Das Parlament steht den Bürgern nicht einfach offen.

Sie kommen in Gruppen, Teil organisierter Busreisen, denen sich vor allem Senioren aus dem ganzen Land anschließen. Oder sie kommen zu Schulausflügen oder Klassenfahrten. Ein Mädchen erzählt mir, dass sie sich ehemals eine Fahrt nach Berlin nur leisten konnten, weil man für einen Parlamentsbesuch eine Kopfprämie erhielt. Heutzutage sitzen meist Senioren oder Halbwüchsige auf den Tribünen. Sie dürfen für eine Stunde bleiben. Danach werden sie wieder hinauskomplimentiert.

Ich selbst muss einen komplizierteren bürokratischen Weg gehen, meine Daten hinterlegen, meine Absichten erklären, in jeder neuen Sitzungswoche einen neuen Ausweis beantragen, denn, so wurde mir geflüstert, man müsse sehr auf den Ruf des Hohen Hauses achten. Fehler könnten Entlassungen nach sich ziehen. So oft bekam ich das zu hören, dass ich mich des Gefühls nicht erwehren konnte, dieses öffentlichste aller Gebäude habe etwas zu verbergen – etwas, das Kameras nicht zeigen, Stenographen nicht verzeichnen? Es ist mein Parlament, dachte ich, es verhandelt meine Sache, wird von mir bezahlt, warum sollte ich es nicht besuchen dürfen, so oft und so lang ich möchte? Glaubt man vielleicht, dass Bürger, wenn sie das Parlament besser kennten, es weniger schätzten?

Der Rest sind Sicherheitsvorkehrungen: Ich muss zwei Ausweise zeigen, wenn ich nur den Platz samt Fuhrpark am Ostflügel überqueren will. Es folgen eine Ausweiskontrolle am Nordeingang, dann die Schleuse für Gepäck und Person in jener Zone, in der sich Jenny Holzers Installation befindet: eine Säule, auf der in Leuchtschrift eine

Auswahl großer Parlamentsreden in die hohe Decke läuft. Dann bin ich im Innern mit seinem prononcierten Gegensatz zwischen dem Sandsteinmantel über den alten Ziegelwänden des historischen Reichstags auf der einen, den skandinavisch leuchtenden Farben der Türen, Rahmen und Paneele auf der anderen Seite. Man passiert die steinernen Friese und Skulpturen im Gewölbe, lauter Relikte aus der Kaiserzeit mit musealer Anmutung. Die farbenfrohen Akzente bei Rahmen, Flächen und Türen dagegen verdankt der Bau dem dänischen Designer Per Arnoldi, der kontrastierend Blau und Rot, viel Orange, Grün und Ocker einsetzte. Frische Farben ohne Patina sind das, überraschend unfeierlich, ja profan.

Schon als Paul Wallot 1882 den Wettbewerb um das Reichstagsgebäude gewann, so schreibt der amerikanische Historiker Michael S. Cullen, stand das künstlerische Ausstattungsprogramm des Hauses und schloss Skulpturen, Wand- und Deckenbilder ein. Die renommiertesten deutschen Künstler sollten beitragen, in der Nordeingangshalle war außerdem eine Galerie mit Standbildern deutscher Geistesgrößen geplant. Da aber am Tag der Abstimmung zu viele Katholiken in der Kommission saßen, wurde eine Luther-Skulptur aus dem Programm herausverhandelt. Aus Protest ließ der Architekt die Reihe dann ganz fallen.

Das heutige Kunstkonzept ist mutiger: Im Eingangsbereich etwa finden sich neben den großen Malereien von Gerhard Richter und Georg Baselitz auch Sigmar Polkes ironische Arbeiten zur deutschen Parlamentsgeschichte – ein mit dem Spazierstock drohender Adenauer, eine spöttische Visualisierung des Hammelsprungs. Im ersten Obergeschoss liegen der Andachtsraum, der Plenarsaal, der Clubraum mit einer Bar; im zweiten Obergeschoss die Büros und Empfangsräume für Bundestagspräsidenten und Ältestenrat, dazu der Große Sitzungssaal, der Bundesratssaal und die Konferenzsäle; im dritten Obergeschoss die Fraktionssäle.

Mein Arbeitsplatz in diesem Jahr wird im zweiten Stock liegen, auf der Besucherebene. Hier passiert man die Sicherheitsbeamten und Garderobieren, läuft auf die große Glasscheibe zu, hinter der man den Bundesadler und die Rückenlehnen der obersten Tribünenplätze erkennt, und hört, wie im Entree-Bereich vor dem parlamentarischen Amphitheater die Saaldiener die Besuchergruppen auf den Verhaltenskodex einschwören: keine Fotos, kein unziemliches Verhalten, keine Zwischenrufe und kein Applaus, kein Nickerchen, keine Nahrungsaufnahme, auch keine Kaugummis, keine Handys. Dann öffnen sich die Türen, und man tritt ein.

Der verglaste Plenarsaal unter der Kuppel ist auf einer Fläche von 1200 Quadratmetern elliptisch angeordnet. Von den Tribünen blicken die Zuschauer entweder abwärts in den Saal, auf das Rednerpult, die Regierungsbank, den Bundestagspräsidenten, die Bundesratsbank, den Stenographentisch, das Plenum oder aufwärts in die Filigranstruktur der Kuppel, in der die Touristen auf- und abwärts krabbeln, während manchmal eine Bahn Sonnenlicht direkt in das Zwielicht des Plenarsaals fällt. Und Zwielicht ist immer.

Die Kuppel von unten: dreitausend Quadratmeter verbautes Glas, verteilt auf 408 Scheiben. Keine repräsentative Monstrosität sollte dies sein, sondern eine funktionale Einheit, die Licht und Luft in das Gebäude leitet. Zwei Wochen beansprucht die komplette Reinigung von innen und außen, und das Personal, das diese Arbeit leistet, schaut dabei denen auf die Köpfe, die tief unter ihnen um die Lebensbedingungen aller streiten. Dabei ist es nicht ohne Ironie, dass die Leistungen am Deutschen Bundestag zu einem Teil von Schwarzarbeitern erbracht wurden, dürftig bezahlt: Vier Mark pro Tag war auch damals nahe am Mindestlohn. Streiks und Arbeitsniederlegungen verzögerten denn auch die Fertigstellung, und da die Arbeiter sozialdemokratisch organisiert waren, wandten sie sich vor allem gegen Arbeitsvermittler und deren Provisionen.

Zum Funktionstest des Plenarsaals ließ man im Februar 1999 1100 Bundeswehrsoldaten Platz nehmen und stellte fest: Auf der Regierungsbank war die Akustik dürftig, anders gesagt: Die Regierung hörte schlecht. Am 7. September 1999 schließlich fand im Reichstag – den »Bundestag« zu nennen vielen besser gefallen hätte – die erste Plenarsitzung statt.

Ich nähere mich dem Plenum von der obersten Stelle. Auf dem Grund des Trichters, zu dem sich die Tribünen senken, steht das Rednerpult. Also hört man, bevor man durch den Kranz der obersten Sitzreihen getreten ist, das Rauschen des Stimmgewirrs, das Schneiden der einzelnen Stimme am Pult: manchmal träge, das verstärkte Organ eines Monologikers, manchmal frisch und kämpferisch

13

wie vor dem Chor der Jasager improvisierend. So weiß man immer gleich, wie die Erregungstemperatur im Saal ist. Willkommen, nie gesehener, altvertrauter Schauplatz unter der Kuppel!

Die sechs Besuchertribünen schweben wie Segmente einer Theatergalerie über dem Plenum. Das Innere des Saals enthält kaum noch Verweise auf das Äußere. Die massige historische Hülle öffnet sich zu einem mehrschichtigen, durchlässigen Innenraum. Auf der gläsernen Ostwand triumphiert der Bundesadler, ehemals heftig umstritten bei den Abgeordneten. Tausende von Skizzen machte Architekt Norman Foster, studierte alles Repräsentationsgeflügel der deutschen Geschichte, reichte allein 180 Entwürfe bei der Baukommission ein. War der Vogel den Abgeordneten zu dünn, so Cullen, dann fanden sie, er erinnere an die »mageren Jahre«. Waren seine Flügelspitzen zu spitz und hoben sie sich, so fanden sie ihn zu bedrohlich. Nein, man ließ den Architekten nicht machen. Genommen wurde am Ende die sogenannte »Fette Henne« aus dem Bonner Bundestag, und Foster zeigte sich tief enttäuscht: »Ein moderner Adler«, meinte er, »wäre ein Zeichen für den Aufbruch gewesen, für Veränderung und Erneuerung.« So liegt der Unterschied zwischen dem tierischen Adler und dem Bundesadler vor allem in der Schnabelpartie, der geraden Mundlinie bei Letzterem.

Über vier Monate arbeitete man an dem 6 Meter 80 hohen Aluminium-Vogel mit der Flügelspannweite von 8 Meter 50, einem Gewicht von 2,5 Tonnen und einer Grundfläche von 57,8 Quadratmetern. In drei Teilen zog er schließlich in den Plenarsaal ein. Und doch hat Foster auch hier seine Spur hinterlassen. Die Rückseite des Adlers nämlich, sichtbar von den rückwärtigen Gängen außerhalb des Plenarsaals, zeigt ein anderes Gesicht. Hier grient der Adler. Ja, es ist schon behauptet worden, er schaue spöttisch wie zur Kommentierung dieser ganzen Debatte. So hat im Parlament eben auch der Bundesadler seine zwei Seiten.

Die Besucher, die eben noch in großen Gruppen darauf warteten, hineingeführt zu werden, grimassieren jetzt, als träten sie ins Bild ein: Hier also! Sie drängen sich auf die graubezogenen Bänke, sitzen ein Weilchen, lassen den Saal auf sich wirken, legen die Köpfe in den Nacken, um die zu sehen, die sich in die Kuppel schrauben. Sie überfliegen das Plenum mit den vielen leeren Reihen in »Reichstagsblau«, wie Foster diese Farbe nannte. Ursprünglich hatte er auch einen Plenarsaal-Stuhl entworfen, der aber ebenfalls abgelehnt wurde. Die Abgeordneten beharrten auf ihren Bonner Stühlen, verlangten gleichzeitig, dichter zu sitzen. Das tun sie nun. Ja, in der Gestaltung der Innenarchitektur hat sich das demokratische Kollektiv immer wieder durchgesetzt.

Ich hatte mich darauf eingestellt, eine Institution im Verblassen ihrer Bedeutung zu erleben, und fand was vor? Die Raumwahrnehmung wird bestimmt von den Emblemen, die im Lande alle auf diesen Saal verweisen: die Flagge, der Adler, die Nationalfarben. Die Hoheit der Repräsentationsarchitektur verrät, dass hier eine große Idee beheimatet ist. Es ist der Ort, an welchem dem Grund-

15

gesetz, der Verfassung, der Legislative, der Moral des Staatswesens gehuldigt wird, und dieser Saal strahlt aus. Er repräsentiert die Demokratie und in dieser das Land. Was aber verrät der Zustand des Parlaments über den des Landes?

Die Demokratie hat etwas Chimärisches. Wo wäre sie fassbar, wo materialisiert sie sich? Und wenn sie es tut, warum so oft in Ritualen und Floskeln? Ich denke an die Unterwürfigkeit gegenüber dem Lokalpolitiker, die Anerkennung einer Hierarchie, die sich aus der Fiktion der Macht speist, an die Ohnmacht von Demonstrationen. Die Verfassung meint: Die Entscheidungsgewalt liegt bei der Regierung, das Parlament kontrolliert diese Regierung. Die Wahrheit ist: Regierungsparteien kontrollieren das Kabinett nicht, vielmehr begleiten sie sein Tun repräsentativ, meist rühmend und dankend. Die Opposition sieht ohnmächtig zu und wird angesichts der langen vergeblichen Arbeit unbeherrschter und böser.

Die Besucher schwenken den Raum ab, ordnen die Bänke und Blöcke den Fraktionen zu, ehe sie sich den Personen zuwenden. Den meisten geht es offenbar wie mir: Sie fühlen einen Bann, stellen rasch die Zwiegespräche ein, überlassen sich dem Augenschein. Der Deutsche Bundestag soll zwar das bestbesuchte Parlament Europas sein und besitzt mit etwa 25 000 Kubikmetern umbauten Raums auch den größten Plenarsaal. Journalisten aber kommen nicht mehr oft hierher. Lieber verfolgen sie die Sitzungen in ihren Redaktionen auf dem Bundestagskanal, auf »Phoenix« oder in eigenen Schaltungen. Der Besuch des Parlaments »lohne sich nicht«, sagen sie oft, und für die tages-aktuelle Arbeit mag dies zutreffen.

Kein Wunder also, wenn die Pressetribünen oft mit Touristen aufgefüllt werden. Dann bleiben nur die ersten Reihen frei für die Fotografen. Die stürzen gern von hinten an die Rampe, um das Gesicht des Tages festzuhalten, dann noch eine Sequenz auf dem Kameradisplay durchlaufen zu lassen, und manchmal kann man das Resultat schon Minuten später bei einem der Online-Magazine finden. Es kommt sogar vor, dass Fotografen die Abgeordneten von oben bitten, mal eben ... dann drehen die sich da unten ein und sehen eine Pose lang attraktiv parlamentarisch aus.

Mittwoch, 16. Januar, 11 Uhr

Der Gong füllt den Raum. Alle erheben sich. Bundestags-präsident Norbert Lammert, federnd und alert, die Perso-nifizierung der Ehre des Hohen Hauses, nimmt auf seinem Sessel Platz. Parteiübergreifend geachtet, interpretiert Lammert seine Rolle auch als Hüter des parlamentari-schen Gedankens, interessiert gleichermaßen an der In-taktheit der Institution, der Lebendigkeit der Debatte, der Würde, wo sie gefordert ist, und einer Verankerung im Gegenwärtigen, die er anspielungsreich und nicht ohne Humor beschreibt: »Die Sitzung ist eröffnet. (...) Liebe Kolleginnen und Kollegen, ich begrüße Sie alle herz-lich zur ersten Plenarsitzung des Deutschen Bundestages in diesem Jahr, verbunden noch einmal mit allen guten Wünschen für Sie persönlich und für unsere gemeinsame Arbeit.«

Der erste parlamentarische Akt des Jahres ist der Nachruf auf Peter Struck, zu dem sich alle erheben. Struck war kurz vor Weihnachten, Tage vor seinem siebzigsten Geburtstag, plötzlich verstorben. Am häufigsten wird er in den nächsten Monaten mit dem nach ihm benannten »Gesetz« zitiert: »Kein Gesetz verlässt den Bundestag so, wie es hineingekommen ist.« Ehre und Mühsal der Legislative in einem Satz. Lammert bemerkt auch, »die meisten« hätten Struck »als einen feinen Kerl und einen verlässlichen Kollegen kennengelernt«.

Ich erinnere mich an seine trockene Art, seinen Haudegencharme, aber auch an die bizarre Behauptung, »die deutsche Sicherheit werde am Hindukusch verteidigt«, worüber ich vor nicht langer Zeit mit ihm in einer »Oxford Debate« öffentlich stritt. Damals schöpfte er seine Redezeit nicht aus, bot das Repertoire pragmatischer Argumente auf, mit denen der Krieg in Afghanistan als notwendig und als »Selbstverteidigung« der Deutschen deklariert worden war, und schob Einwände in den Bereich des »Gefühlskrams«. Das kam erschreckend sachlich daher, unangefochten von jedem Zweifel, und taugte letztlich zur Verteidigung jedes Kriegseinsatzes, wenn man ihn nur irgendwie auf eine »globale Bedrohung« beziehen konnte. Ich erinnere mich der Nikotinspuren im weißen Schnauzer, an Pfeife und Lederjacke und seine rumpelnde Diktion.

Lammert sagt gerade: »Er war über viele Jahre eine der Stützen der Fußballmannschaft des Deutschen Bundestages, deren Bedeutung für das kollegiale Klima über die Fraktionen hinweg nicht zu unterschätzen ist.« Man bedauert lächelnd. Dann aber verrät der Redner in einem einzigen Satz, dass oft ein wenig Selbstbeschreibung in dem liegt, was man an anderen lobt: »Peter Struck«, sagt er, »hatte eine klare Vorstellung von der Ordnung der Staatsgewalt, und er wusste zwischen der Bedeutung von Ämtern und ihrer Prominenz in der öffentlichen Wahrnehmung zu unterscheiden.« Man erinnert sich des parlamentarischen Urgesteins, des Mannes, für den es nach eigenen Worten »das Größte« war, Mitglied des Deutschen Bundestags zu sein, und der nun rhetorisch mit dem Satz zu Grabe getragen wird, auf den dieses Politikerleben wohl immer zustrebte: »Peter Struck hat sich um unser Land große Verdienste erworben.« Da scheint es wieder auf, dieses Ideal der politischen Wirkung der Einzelperson, selbstlos und heroisch.

Die parlamentarische Arbeit beginnt mit einer Aussprache über »Fünfzig Jahre Elysée-Vertrag«. Die Übung ist leicht, sie findet eine Woche vor der gemeinschaftlichen Sitzung des deutschen und des französischen Parlaments statt, und angesichts der einvernehmlichen Zufriedenheit über den Stand der Völkerfreundschaft darf man in der Aussprache nicht mehr erwarten als den ausdifferenzierten Konsens.

Michael Link, Staatsminister im Auswärtigen Amt, wendet sich an »die vielen Schülerinnen und Schüler«, die

»uns heute zuhören oder diese Debatte nachlesen«. Ich schaue sie mir an, sie sitzen wie im Konzert. Dass sie zuhören, während sie zuhören, ist nicht erkennbar, dass sie die Debatte nachlesen, schwer vorstellbar. »Träum weiter, Staatsminister«, sagen ihre Gesichter, die nicht einmal aussehen, als ob sie sich gemeint fühlten – ein Grundproblem der parlamentarischen Rede. Sie erreicht ihre Adressaten nicht, denn sie kennt sie nicht.

Unterdessen verbeißt sich der Redner ins Jugendliche. Es müsse, sagt er, »einfach auch wieder cool werden, die Sprache des Nachbarn zu sprechen«. War es das je, und haben Erwachsene die Vokabel »cool« je anders verwendet als anbiederisch? Was aber wäre Völkerfreundschaft außerhalb solcher »Coolness«? Andreas Schockenhoff (CDU / CSU) hatte eben noch das innige deutsch-französische Verhältnis mit den Worten bezeichnet, man müsse »mit Pooling und Sharing von militärischen Fähigkeiten und Kapazitäten zu wirklich substantiellen Kooperationen kommen«. Fraglich, ob sich die Schüler von da an noch gemeint gefühlt hatten, fraglich sogar, ob sie die Freundschaft überhaupt erkennen können, die Staatsminister Michael Link jetzt in die Worte fasst: »Die deutsch-französische Freundschaft, sie ist keine Nostalgie und auch keine Rhetorik; sie ist eine hochaktuelle Strategie, um unsere Europäische Union Schritt für Schritt voranzubringen.«

Auf der Schulklassen-Tribüne senken sich ein paar Mundwinkel zum Flunsch. Eine Freundschaft in militärischen Begriffen, nützlich und hochgerüstet, ist allenfalls »strategische Partnerschaft« und Zweckgemeinschaft –

nichts, was Freunde auf der Tribüne für »Freundschaft« oder für »cool« halten. Der Redner wünscht, von der jungen Generation gehört und sogar gelesen zu werden. Tut sie das, muss er hoffen, dass sie ihn nicht beim Wort nimmt.

Eher erkennt sie sich wohl, als Günter Gloser (SPD) auf eine Abiturprüfung des Jahres 1956 zu sprechen kommt. Ein deutscher Abiturient hatte eine Passage aus dem Roman »Jean-Christophe« von Romain Rolland zu übersetzen, in der es hieß: »Nous avons besoin de vous et vous avez besoin de nous.« Und der Schüler übersetzte: »Wir haben genug von euch, und ihr habt genug von uns.« Der Saal lacht, die Tribünen lachen und widersprechen der Übersetzung, nicht dem Gran ehrlicher Abwehr in ihr.

Doch während Wolfgang Gehrcke (DIE LINKE) gleich noch so verschrobene Namen wie Erich Maria Remarque, Ho Chi Minh und Karl Marx zitiert, um dann in eigenen Worten zu schmettern: »Ich möchte, dass von unserem Parlament eine deutliche Botschaft ausgeht: ›Nie wieder!‹«, hält sich Oliver Luksic (FDP) lieber an de Gaulle, der »richtig erkannt hat«, wir »brauchen gerade die jungen Generationen, um eine stabile Zukunft zu schaffen«. Der Satz ist auch ohne de Gaulle ein Gemeinplatz und stimmt trotzdem nicht. Dass man eine »stabile Zukunft« schaffen könne, widerspricht jeder Zukunft, die je war, und dass man die Jugendlichen dazu brauche, widerspricht offenkundig der Jugendarbeitslosigkeit, die in manchen europäischen Nachbarländern gerade bei über fünfzig Prozent liegt. Plötzlich fällt mir der Alte in Afghanistan ein, der zu mir sagte: »Gut, dass die Zukunft noch weit weg ist. Nicht schon in zehn Jahren. Ich will die Zukunft ja nicht für mich. Ich will sie für andere.«

Nähme man den Parlamentsredner aber ernst, dann klänge es wie Hohn, wenn er nun anschließt: »In diesen Generationen muss auch der europäische Patriotismusgedanke eine stärkere Rolle spielen; denn Europa hat seinen Preis.« Die Jugendlichen auf den Rängen verstehen: Sie sollen Gefühle investieren. Aber den Preis zahlen gerade jene, die, selbst schuldlos, von Europa zur Erwerbslosigkeit verdonnert wurden. Eine Art Europatriotismus wird ihnen abverlangt als die Währung, in der man dieses Europa bezahlt, denn gratis ist unter Ländern und Leistungträgern nicht einmal die Freundschaft.

Die Jugend darf sich also in dieser ersten Debatte des Jahres adressiert und umworben fühlen, auch wenn sich die Köpfe der Redner zu den Tribünen nicht heben und ihre Jugendsprache allenfalls kokett wirkt. Es könnte ihnen passieren, dass der Subtext als der eigentliche Text verstanden wird und bei der beschworenen Freundschaft der ökonomische Nutzen durchscheint unter dem Pathos.

Das Publikum auf den Tribünen wird ausgetauscht, und ich schaue mich noch einmal um: Das »Parlament« – das Reden steckt schon im Wort. Wirklich war das Recht der öffentlichen Debatte eine Errungenschaft, erkämpft, mit Leiden bezahlt, mit Blut begossen. Es war das Recht, nicht die Erklärungen des Königs oder der Obrigkeit hinnehmen zu müssen, sondern auf dem Weg der offenen Auseinandersetzung zu einer Entscheidung kommen zu können. Das Parlament ist der Raum, in dem alles spricht. Der Parlamentarier ist einer, der Kommunikation herstellt und verwaltet. Der Plenarsaal ist der Ort, in dem ein Handeln durch Sprechen simuliert oder sogar vollzogen wird. Parlamente steuern, verdichten, prononcieren die politische Kommunikation. Sie waren die erste Adresse für die freie Rede. Im geschlossenen Raum nahm sie ihren Ausgang, verbreitete sich über die Gesellschaft, und selbst Zeiten der Zensur bekannten sich zu dem Grundsatz, dass die wahrheitsgemäße Berichterstattung über Parlamentsdebatten straffrei bleiben müsse.

Das Parlament ist heute der Veröffentlichung der Politik vorbehalten. Hier ist die Politik bei sich, hier existiert sie zu ihren Bedingungen – nicht wie im gedruckten Interview, das bearbeitet wurde, nicht wie im abgekarteten Spiel der Parteiinszenierung, nicht wie in der Talkshow, wo Politik massenkompatibel und »vermenschlicht« werden muss. Das Parlament ist der öffentlichste Raum und doch in manchem so undurchsichtig wie unverständlich.

Inzwischen konnten die meisten der Politiker, die sich mit dem deutsch-französischen Verhältnis befassen, den Raum verlassen, und solche mit einer Fachausrichtung im agrarischen Bereich haben ihre Plätze eingenommen. Der Bürger mag sich über leere Reihen im Parlament wundern und die »Faulheit« der Abgeordneten beklagen. Das Gegenteil ist richtig. Die Abgeordneten sind mit Verpflichtungen so befrachtet, dass sie oft bis an die Grenze der Belastbarkeit oder Aufnahmefähigkeit arbeiten, verteilt sich diese Arbeit doch auf mindestens vier Felder: Die

Parlamentsarbeit schließt das Studium von manchmal tausend Seiten Akten pro Sitzung sowie die Ausschussarbeit ein. Die Wahlkreisarbeit ist ähnlich wie die Parteiarbeit Voraussetzung für die Wiederwahl. Die Öffentlichkeitsarbeit schließlich ist Mitvoraussetzung für die Anerkennung im Parlament, in der Partei und bei den Wählern.

Überschneidungen ergeben sich, wo Abgeordnete die Delegationen ihres Wahlkreises im Bundestag empfangen: also Schulklassen, Studierende, ehrenamtliche Organisationen, Ortsvereine, Firmenangehörige. Ebenso wenig zu unterschätzen ist inzwischen das soziale Netzwerken in elektronischer wie in persönlicher Form. Sie alle wollen bedient oder hofiert werden: die Partei und ihre Bündnispartner, die Koalitionäre und internen Flügel, die Vertreter von Subzentren und Verbänden. Von überall wird Einflussnahme gesucht, alles verlangt nach Symbiosen, nach Cliquen, Freundeskreisen und Komplizenschaften.

Da den Abgeordneten folglich die Zeit fehlt, über den Rand der eigenen Fachgruppe hinaus Interesse an parlamentarischen Themen und Fragen zu entwickeln, sitzen im Plenum vor allem die Ausschussmitglieder, und es ist die Aufgabe der Fraktionsvorsitzenden, auch in schwach besuchten Sitzungen die Abstimmungsmehrheit zu organisieren. Vollzählig ist das Plenum deshalb fast nur bei Gedenkstunden und Regierungserklärungen. Selbst zu namentlichen Abstimmungen oder beim Hammelsprung werden die Abgeordneten erst durch ein akustisches Signal aus ihren Büros in den Plenarsaal zitiert, werfen dort ihre markierten Abstimmungszettel in die Urnen und gehen wieder.

Inzwischen hat Renate Künast (BÜNDNIS 90 / DIE GRÜNEN) das Rednerpult herabgefahren und die Stimme herauf. Sie spricht mit der Autorität der Veteranin, die sich immer dann verjüngt, wenn sie keift, und die zugleich die Abläufe zu gut kennt, um die eigene Empörung frisch halten zu können.

Die Internationale Grüne Woche beginnt. Zum Auftakt sieht man die Verbraucherschutzministerin Ilse Aigner im Fernsehen öffentlich essen. Minister müssen zum Beweis der Basisnähe immer wieder mit den Requisiten ihrer Ressorts abgebildet werden. Die Verbraucherschutzministerin schützt also die Verbraucher durch das Trinken von Bier und Wein, das Verzehren von Wurst, ja, es ist überhaupt gut, wenn die Ministerin wurstaffin aussieht. Der Verteidigungsminister sitzt im Panzer. Der Umweltminister sucht mit der Grubenlampe ein Endlager im Stollen, der Verkehrsminister schwenkt eine Eisenbahnerkelle. Nur der Wirtschafts- und der Finanzminister, sie haben nichts. Ein Außenminister kann sich wenigstens mit Afrikanern in bunten Hemden zeigen oder mit vorderasiatischen Glaubensführern im Kaftan. Ilse Aigner also wird in den nächsten Tagen wieder speisen und zechen müssen, und ihre Vorvorgängerin im Amt sieht man nun die lächelnde Esserin attackieren mit Hinweisen auf Dioxin-Eier, Antibiotika im Geflügelfleisch, Keime im Schweinemett.

Das muss ein Ritual sein, denn seit Künast 2005 aus dem Ministeramt schied, sind mit Horst Seehofer und Ilse

Aigner acht Jahre CSU über den Verbraucherschutz gekommen und viele Papiere. Im letzten Jahr war es eine »Charta für die Landwirtschaft«, die weder die Lebensmittelskandale der jüngeren Zeit verhindern noch die Kontrollen wirksamer machen noch den Ausbau der Bio-Landwirtschaft stärken konnte. Stattdessen, so Künast, seien CDU und CSU »Erfüllungsgehilfen der Agrarindustrie, der Großmastanlagen und der Megaschlachthöfe«. Selbst für die Mitfinanzierung weißrussischer und ukrainischer »Hühnerknäste« seien sie verantwortlich, also für die Stärkung der ausländischen Konkurrenz mit deutschem Steuergeld. Man könnte dies angesichts der Fließeigenschaften internationaler Finanzströme als einen Teil der Globalisierung ansehen, den CDU-Abgeordneten Norbert Schindler aber inspiriert es zu dem Zwischenruf: »Sie haben doch die Globalisierung vorbereitet!«

So, wie sie da steht, klein, konzentriert und empört, traut man das Renate Künast gar nicht zu, und man erfährt auch nicht, wie sie es geschafft haben soll. Im Augenblick kommt sie gerade von den Keimen im Schweinemett über die Nitrat-Belastung niedersächsischer Böden zum Anbau von deutschem Tierfutter in Brasilien und Argentinien. Das macht Deutschland, sagt sie, »vor allen Dingen zum Nahrungsmittelkonkurrenten für arme Menschen, das heißt, wir produzieren Hunger in Brasilien und Argentinien. Das ist die Wahrheit!«

»Das ist vollkommener Blödsinn!«, ruft Erik Schweickert (FDP), und Künast erwidert vom Pult: »Herr Schweickert ruft: ›vollkommener Blödsinn‹. Herr Schindler winkt gleich ab. Ich weiß nicht, ob das Ihr Verständnis von Parlamentarismus ist.« Doch was bliebe vom Parlamentarismus, nähme man ihm den »Blödsinn« und das »Abwinken«? Ilse Aigner (CSU) steht schon am Rednerpult, als Volker Kauder (CDU/CSU) noch hineinruft: »Die miefige Politik der Grünen! Mief! Mief! Mief!« Doch die Ministerin versucht sich auf deeskalierende Weise staatsfraulich und stellt fest: »Wir regieren aber nicht nach dem Bauchgefühl.« Da braucht Renate Künast nicht lange nachzudenken und ruft: »Ich habe gar keinen Bauch!« Nein, der Parlamentarismus nimmt hier so wenig Schaden wie der Bauch. Er war schon immer so.

Aber dass man vom Menschen manchmal mehr sieht, als dem Abgeordneten lieb sein kann, stimmt auch. Dann erscheint hinter dem debattierten Anliegen die Höherrangigkeit des parlamentarischen Rituals und hinter dem Ritual der um sich selbst kämpfende Mensch am Rande seiner Geistesgegenwart. So versteigt sich Matthias Miersch (SPD) schließlich selbst zu dem Aphorismus: »Als Sozialdemokratie sagen wir, dass Ernährung ein elementarer Bestandteil der Daseinsvorsorge ist.« Wenn man es als Müttergenesungswerk sagte, wäre es genauso unsinnig, ist doch das Essen zunächst einmal »Daseinserhaltung«. »Vorsorge« ist es auch ohne SPD nur in dem Sinn, in dem selbst CDU-Abgeordnete sterben, wenn sie nicht essen.

Es gehören zum Parlament aber auch seine Selbstheilungskräfte, und so sind unter den Abgeordneten die Berufsstände der Lehrer, Juristen und Verwaltungsbeamten zwar dominierend – und insofern repräsentiert das Plenum die Vielfalt des Volkes nicht –, doch glücklicherweise gibt es auch jene, die nicht nur wissen, dass Deutschland der größte Schweinefleischproduzent in der EU ist und im Jahr 2011 ganze 2,3 Millionen Tonnen exportiert hat, gibt es nicht nur Abgeordnete, die über »Agrarstrukturwandel«, »Tierhaltungssysteme«, »Nutztierhaltungsverordnungen«, »keimabweisende Baumaterialien«, »Lichtmanipulationen« in Hühnerställen akademisch Auskunft geben können, und nicht nur solche Abgeordnete, die sich auf der Internetseite des Bauernverbandes Schleswig-Holstein alle zwanzig Sekunden ein neues Webcam-Bild aus dem Schweinestall ansehen und über den »reibungslosen Mastverlauf« referieren. Nein, es gibt auch echte Bauern und Veterinäre.

»Gehen Sie einmal in einen Kuhstall, und Sie werden feststellen: Die Kühe sind größer geworden«, ruft Christel Happach-Kasan (FDP), und Hans-Michael Goldmann (FDP) erzählt vom Landkreis Emsland, dem »wild-morastigen Fehn«, in dem er Kind war: »Liebe Freunde, ich bin mit meinem Vater, der Tierarzt war – ich bin ebenfalls Tierarzt –, zu Zeiten durchs Emsland gefahren, da die Kühe angekettet waren und deswegen eine große haarlose Stelle um den Hals hatten. Weil es dunkel war, hatte mein Vater eine Taschenlampe im Mund, um die Nummer auf der Ohrmarke abzulesen. Die Hinterbeine der Tiere standen im Dreck, und wenn man ihnen zu nahe kam, hauten sie einem mit einem vollgeschissenen Schwanz durchs Gesicht. So waren die Haltungsbedingungen.«

Auf der Höhe seiner Möglichkeiten ist der Bundestag immer dann, wenn eine Debatte den ganzen Bogen von der Globalisierungsstatistik über die Schweinemett-Belastung bis in die Realität der Ställe spannt. Rasant ist, wie die Kenntnis der Materie, die fast alle Debatten auszeichnet – und die nicht zuletzt der akribischen Arbeit des Parlamentarischen Informationsdienstes geschuldet ist –, mit der Anschauung so verknüpft wird, dass man plötzlich einen Stall, einen Betrieb, einen Bauern sieht und merkt: Das Parlament besucht sogar Ställe und versammelt zum Glück auch noch ein paar Bauern und Arbeiter in seinen Reihen.

So sieht man plötzlich die osteuropäischen Schlachter vor sich, die, »Eimermenschen« genannt, mit Werkverträgen ausgestattet, elend untergebracht, für einen Hungerlohn beschäftigt werden. Man hört vom katholischen Glaubensmann, dem wegen seines Protests gegen die Arbeitsbedingungen im Schlachtbetrieb »nach Mafiamethode als Drohung ein abgezogenes Kaninchen vor die Haustür gelegt« wurde, man erfährt, was eine Übernachtung im Vier-Bett-Zimmer den Aushilfsschlachter kostet, und freut sich nebenher an Epigrammen wie: »Jedes dritte Schwein in Deutschland verbringt sein Leben in Niedersachsen.«

Die Stimmung ist inzwischen von leichtherziger Gereiztheit, die Oberfläche bewegt von stark expressivem Verhalten, von Ausrufen, Schaulachen, Gesten des Abwinkens und Fäuste-Reckens, bitteren Beschuldigungen. Unterdessen verrät der Blick in den Saal die Routine, parallel ein Blättern, Krakeln, Umdrehen, gestreute Aufmerksamkeit mit reflexartigem Reinrufen. Dann schreitet Friedrich Ostendorff (B 90 / DIE GRÜNEN) zum Pult wie unter einer existentiellen Bürde. Seine Körperhaltung verdankt sich, so scheint es, der Last seiner Erkenntnis: 35 Höfe am Tag machen dicht, schuld daran ist auch die Selbstauslieferung der »Volkspartei CDU« an den Bauernverband, so sagt er. Nur wenige Stunden im parlamentarischen Jahr und schon ist das Reizthema Lobbyismus auf dem Tisch.

Nun ist die Erregung echt, geht es doch um Wesen und Funktion des Parlaments, geht es doch auch um die Freiheit des Parlamentariers. Man muss sich vorstellen, wie porös das Gebilde des Fraktionsstandpunkts wird, wenn die Emissäre aus dem »Haus der Wirtschaft«, dem »Haus des Handwerks«, dem »Haus des Handels«, die Vertreter großer Unternehmen und Verbände die Parlamentarier bestürmen oder besser noch die Referenten der Parlamentarier, denn sie sind es, die das Ohr des Abgeordneten haben. Konzerne und Verbände verfolgen ihre Initiativen, flankiert von ehemaligen Ministerialbeamten oder Ministern, die die Seiten gewechselt haben, jeden parlamentarischen Entscheidungsweg und Abweg kennen und erst die Ausschussarbeit, dann das Abstimmungsverhalten zu lenken wissen. Die Begegnung zwischen Parlamentariern und Lobbyisten ist auch eine zwischen Gewählten und Nichtgewählten. Nur die Letzteren haben keine Legitimationsprobleme.

Es gibt Gesetzesvorlagen, die zum großen Teil auf die Vorschläge der Lobby zurückgehen, es gibt solche, die von Kanzleien oder Agenturen vorformuliert werden, dann wieder solche, die sich auf firmeneigene Expertisen, Studien und Erhebungen stützen. Zum Austausch gibt es parlamentarische Abende, Kulturprogramme, Empfänge, Essen, organisiert von Event-Agenturen, entworfen, um die Stimmung zu erzeugen, in der der Parlamentarier durchlässig wird für die Interessen derer, die einladen. Wie soll er da gleichzeitig noch unabhängig sein?

Gewiss haben immer beide Seiten ihre Lobby, die Wirtschafts-, Industrie- und Arbeitgeberverbände auf der einen, die NGOs und die Gewerkschaften auf der anderen Seite. So spielt Franz-Josef Holzenkamp (CDU/CSU) den Ball auch gleich an die Opposition zurück: »Wir haben es satt, dass Sie jedes Jahr zur Internationalen Grünen Woche versuchen, gemeinsam mit Ihnen nahestehenden Lobbyorganisationen einen Skandal zu inszenieren, um daraus politisches Kapital zu schlagen.« »Da spricht doch der größte Lobbyist!«, schallt es von Christian Lange (SPD) zurück. Schon diese erste Debatte des Jahres wird also auch um die Unabhängigkeit des Parlaments geführt. Sie ist unverblümt im Verweis auf das eigentlich Heimliche, die Durchsetzung von Interessen, die nicht die des Volkes sind.

»Welches Gesellschaftsbild haben Sie?« Jetzt ist der CDU-Mann wirklich zornig: Sie legen »die Axt an die deutsche Landwirtschaft«.

Unter den vierzig Leuten, die in diesem Moment die Zuschauertribüne verlassen, ist ein Mann mit der T-Shirt-Aufschrift: »It was all a dream.« Die meisten lächeln, als habe man sie beim Verlassen eines Sexshops erwischt. »Sie haben offensichtlich kein Problem mit dem Ausverkauf der deutschen Landwirtschaft«, wettert der Redner gerade und lobt die Flatulenz der Hochleistungskuh, die, so sagt er, weniger Gas produziere und deshalb ökologisch unbedenklicher sei.

Der Außenstehende staunt, wie hier Morast aufgewirbelt wird. Dass neben Ilse Aigner an diesem Tag der Präsident des Westfälisch-Lippischen Landwirtschaftsverbandes und der Vizepräsident des niedersächsischen Landesbauernverbandes gesprochen haben, mag parlamentarisch zulässig sein, denn sie sind Abgeordnete. Dass es sich dabei aber auch um Vertreter von Interessenverbänden handelt, das hat Hautgout. Deshalb spricht Wilhelm Priesmeier (SPD) diese Redner direkt an: »Können Sie als Kollege die Argumentation, die Sie im Präsidium Ihres Verbandes vortragen, von dem unterscheiden, was Sie hier im Bundestag vortragen?«

Es gibt Zwischenrufe, auch höhnische, doch das stimuliert den alten Sozialdemokraten nur. Ja, sein Typus existiert noch: Die Stimme orgelt, er redet handfest, zeigt sich entgegenkommend hier, robust dort und scheut keine Verschärfung: »Wenn die Debatte hier schon eskalieren soll, dann setze ich in der Beziehung noch einen drauf. (…) Ich achte natürlich Ihre Argumentation und auch Ihren Sachverstand. Aber ich glaube, dass man da zwei Dinge auseinanderhalten muss: Das eine ist die politische Aufgabe und Funktion, die man wahrnimmt, das andere ist die Interessensvertretung in Verbänden.«

Die Debatte verlagert nun endgültig den Schauplatz. Es gibt nur ein Thema von höherem Ernst als alle Sachfragen, das ist die Würde des Hohen Hauses selbst, so wie sie durch die verfassungsgemäße Unabhängigkeit der Abgeordneten gegeben ist. Doch diese haben sich schon verbissen und demontieren einander wechselseitig: »Heute Abend sitzen wieder alle beim Bundesverband Vieh und Fleisch«, spottet Priesmeier (SPD). Als Retourkutsche deklariert Hans-Georg von der Marwitz (CDU/CSU) umgekehrt alle »eindrücklichen Bilder und Horrormeldungen« von Lebensmittelskandalen als PR der Öko-Lobby zum Auftakt der Grünen Woche. Der Zuschauer aber sieht sich plötzlich vom Blick in die Strukturen hinter der öffentlichen Politik düpiert und geht im Gefühl, dass das Abgekartete wenigstens keine Diskretion kennt. Über die Realität der »Lebensmittelskandale« aber sagt die Debatte jetzt nur noch wenig aus.

Ein Fotograf fixiert Peter Hintze (CDU/CSU), der gerade wie in der Schule die schützende Hand über das Papier führt, damit niemand abschreibe, während die Saaldiener im Frack Wassergläser reichen. Der Präsident schließt die Aussprache. Erst bei der Abstimmung wird es still, dabei votieren alle in der Geschlossenheit ihrer Fraktion, ohne Enthaltung.

Bei den neuen Haltungsrichtlinien für Puten war der Zulauf groß, bei der Befragung der Bundesregierung zum Sektor Luftfahrtstrategie verlassen die meisten den Saal. Die Forderung nach mehr Mitteln kontert Hintze mit dem ägyptischen Sprichwort: »Eine Palme wächst nicht schneller, wenn man an ihr zieht.« Für Wolfgang Tiefensee (SPD) heißt dies, dass Hintze »etwas von Palmen, aber nichts vom Luftverkehr versteht!«. Damit ist man beim Grundakkord wieder angekommen, der wechselseitigen Missbilligung und rhetorischen Ehrabschneidung.

Im Saal herrscht jetzt, wie der Schriftsteller Anton Kuh gesagt hätte, »schwatzhafte Zwischenaktstimmung«, »ein gemütliches, halblautes Brodeln«. Viele unterstellen dem Bundestag Langeweile, halten ihn für einen Profanbau der nutzlosen Rede, ein bisschen Circus Maximus, ein bisschen Cloaca Maxima. Wir auf der Tribüne sind das Publikum, das das Volk vertritt. Unter diesen bin ich so sentimental, bei Rednern und Zuhörern die wahre Empfindung, den einen Verzweifelten, den ängstlich Betroffenen zu erwarten, einen, wie den Staatspräsidenten der Malediven, als er vor dem Weltklimarat vom Ansteigen der Meere sprach, vom Verschwinden seines Landes. Würde er so reden wie diese hier? Wer am Pult fühlt sich hier wirklich delegiert und in wessen Auftrag?

In der anschließenden Debatte über die mögliche Unterstützung der französischen Militärintervention in Mali dominiert stark ornamentales Reden. »Logistisch«, »nicht kämpferisch« sei diese Unterstützung, »zur Zeit« erwäge man keine Zusage, habe nur eine »Prüfzusage« gemacht. Die Auskünfte kommen stockend, eine »Unterstützung durch Transportflugzeuge« wird angekündigt. Es geht um drohende Kampfhandlungen, aber in einer Sprache, die diese unkenntlich macht, lieber »präventiv« sagt, ein »Recht auf kollektive Selbstverteidigung« postuliert. Als schließlich der Regierungsvertreter in einem Versprecher die Taliban schon in Mali lokalisiert, ist der verdeckte Bezug zum Afghanistankrieg offenbar, der ebenfalls jahrelang nicht beim Namen genannt werden durfte und auch mit der nicht-militärischen Hilfe für den Bündnispartner und zwei zur Verfügung gestellten Flugzeugen begann.

Man reagiere auf ein Hilfsersuchen der malischen Regierung, sagt die deutsche Regierung. Das klingt zwar brüderlich, verliert aber an Überzeugungskraft, als Niema Movassat (DIE LINKE) daran erinnert, dass diese Regierung durch einen Putsch an die Macht gekommen ist. Warum also lehnt man eine Zusammenarbeit im entwicklungspolitischen Bereich ab, reagiert aber militärisch auf Hilfeersuchen?

Die Antwort der Regierung ist wolkig. Im Gestrüpp der Sprache ist die Art des Einsatzes kaum identifizierbar, die Begriffe lauten »Mandat«, »Einsatzschwelle«, »klare Regeln und Hinweise«, »jeweilige Prüfung«, auch: »die Bundesregierung schließt aus«, und sie »schließt« noch mal »aus«. Stattdessen muss eine »Roadmap« her, seit ein paar Jahren des Außenpolitikers rhetorisches Lieblingsspielzeug. Im Moment soll es zwar nur um Transporthilfen gehen, das Feindbild aber ist kriegerisch: »Da wird gesteinigt, da werden Hände abgehackt.«

Movassat packt einen sehr dicken Rucksack und bewegt sich zum Ausgang. Er hat niemanden überzeugt, niemand überzeugte ihn. Die Mali-Debatte geht auch so weiter. Zur gleichen Zeit empfängt die Kanzlerin den Staatschef der Elfenbeinküste, tritt vor die Kameras und benutzt abseits des Parlaments jene Sätze, mit denen jede deutsche Kriegsbeteiligung legitimiert werden kann: Der Krieg im

Norden Malis gefährde auch unsere Sicherheit. Die deutsche Freiheit wird am Hindukusch verteidigt. Anders gesagt: Der internationale Terrorismus macht aus jedem Krisenherd eine nationale Bedrohung. Die Konsequenzen sind klar, aber unausgesprochen.

Der nächste Tagesordnungspunkt widmet sich der Flugsicherung im südbadischen Raum.

Der Blick schweift. Da ist der raue Sandstein, der lebt, wenn das Licht darauf fällt, da ist das Grau des Zements, der es nicht tut. Dann das metallische Schimmern in den Strukturelementen, das Blau der Sessel, das im Lichtschein aussehen kann wie Magenta. Das »Hohe« des Hauses wurde von historischen Bildern inspiriert: großen Wachablösungen, Misstrauensvoten, Vertrauensfragen, dem Handschlag zwischen Sieger und Besiegtem, der zum Eid erhobenen Schwurhand. Heute ist dies der Schauplatz parlamentarischer Routine.

Doch ein besonderes Vorkommnis hat der Tag noch in petto. Cornelia Behm (B 90/DIE GRÜNEN) wünscht unter dem Tagesordnungspunkt »Gründe und Auswirkungen der Verschiebung der Eröffnung des Flughafens Berlin-Brandenburg« zu wissen, »welche Informationen zur möglichen Verschiebung des Eröffnungstermins des Berliner Flughafens Herr Horst Amann dem Bundesminister Herrn Dr. Ramsauer und dem Staatssekretär Rainer Bomba in ihrem gemeinsamen Gespräch am 19. Dezember 2012 mitgeteilt hat und inwieweit zum Inhalt dieses Gesprächs ein Protokoll existiert«.

Der Parlamentarische Staatssekretär Jan Mücke berichtet von einem ungeplanten Zusammentreffen ohne Protokoll. Dagmar Enkelmann (DIE LINKE) ruft: »Haben Sie gewichtelt, oder was?« Es folgen zu diesem »kurzen Kennenlernen« ungläubige Nachfragen, die der Staatssekretär, weil er nicht zugegen war, nicht beantworten kann. Folglich beantragt die Fraktion der Grünen, zur weiteren Befragung den Minister selbst einzubestellen. Die Abstimmung darüber ergibt keine klaren Mehrheitsverhältnisse. Es folgt ein Hammelsprung zur Frage, ob Minister Ramsauer zur Auskunft über jenes informelle Treffen herzitiert werden solle. Die Tribüne lacht. Alle Abgeordneten müssen den Saal verlassen, nur die Protokollführer wieseln umher. Zu den Abstimmungen tröpfeln die Delegierten einzeln in den Saal. Es herrscht ein Geschrei wie auf dem Pausenhof, »ein Affentheater«, sagt ein Sicherheitsbeamter, »das können Sie schreiben«.

Mitten im Hammelsprung ist Ramsauer plötzlich da, nimmt sogar auf der Regierungsbank Platz. Der Hammelsprung aber, der darüber befinden soll, ob er einbestellt werden muss, geht weiter. Das akustische Signal ruft die Abstimmungsberechtigten aus den benachbarten Gebäuden. Die schweigenden Zuschauer auf den Tribünen sehen mäßig belustigt zu, wie sich die Arena langsam wieder füllt. Kopfschütteln überall, jemand nennt es »Farce«. Das Plenum ist nun erheblich voller. Alle drängen herein, nur damit entschieden werde, ob Peter Ramsauer mitzuteilen habe, was er bei einem vermeintlich eher zufälligen, nicht protokollierten Gespräch mit Herrn Amann über mögliche Terminschwierigkeiten beim Bau des Flughafens Berlin-Brandenburg erfahren oder nicht erfahren habe.

Erst wird die Rechtmäßigkeit der Abstimmung festgestellt, dann übermitteln Schriftführer der Präsidentin das Ergebnis: »der Antrag auf Herbeizitierung des Herrn Ministers« ist abgelehnt. Da Minister Ramsauer aber auch ohne Herbeizitierung auf der Regierungsbank sitzt und sich zur Antwort bereit erklärt hat, kann er nun trotzdem befragt werden. Das wird er, und er antwortet: »Eine derartige Situation habe ich in über 22 Jahren Mitgliedschaft in diesem Hohen Hause noch nie erlebt. Wie kann man bei einer solch absolut banalen Frage (…) die Geschäftsordnung des Hohen Hauses derartig missbrauchen!«

Was folgt, ist das zu Erwartende: Die einen nennen die Frage nicht banal, die anderen bezeichnen es als eine »Unverschämtheit«, einen geschäftsordnungsgemäßen Vorgang als »Missbrauch« zu bezeichnen. Die Dritten beklagen, der Minister sei in der Ausschusssitzung nicht da gewesen, erfahren aber von Ramsauer: »Ich habe dann in der Ausschusssitzung festgestellt, dass ich da bin.« Die Erregungen schaukeln sich hoch zu Turbulenzen, bis jemand fordert: »Frau Präsidentin, vielleicht können Sie hier die Arbeitsfähigkeit herstellen!« Er hält aber an, der Sturm ums Da-Sein oder Nicht-da-Sein.

Schließlich springt die eigene Fraktion dem Minister noch mit Gefälligkeitsfragen bei, und in diesem ganzen höfischen Zeremoniell sind die Abläufe zwar theoretisch sinnvoll, zugleich aber absurd, wo es um die Resultate einer viertelstündigen, offensichtlich ergebnislosen Zufallsbegegnung geht. Die Tagesschau wird abends aus all dem einen einzigen Satz Ramsauers herauslösen, der belegen soll, der Minister habe »gereizt« reagiert. Gereizt habe ich ihn nicht gesehen, eher zufrieden mit sich, mitgerissen von einem Hang zum Schwadronieren und zum Ausbreiten seiner Prinzipien: »Wenn es mir möglich ist, empfange ich Gäste und spreche mit ihnen.« Niemand, stellt eine Statistik noch im selben Jahr fest, sagt im Parlament so häufig »ich« wie Ramsauer. Auf der Tribüne ist zu dieser Zeit die Freude am Spektakel der Missbilligung gewichen.

Donnerstag, 17. Januar, 9 Uhr

Am Vortag hat Gregor Gysi seinen 65. Geburtstag in der Kuppel gefeiert. Im Dschungelcamp ging Georgina in ihre siebte Prüfung, der Bachelor verabschiedete sich beklommen von zwei Blondinen. Pep Guardiola unterschrieb bei den Bayern, Lance Armstrong feierte seine Doping-Beichte bei Oprah, und Gérard Depardieu, der Neurusse, polemisierte gegen die Pussy Riots. Der Bundestag beginnt seine Arbeit mit der Regierungserklärung zum Jahreswirtschaftsbericht.

Das Parlament ist heute gut gefüllt, auch die Regierungsbank zeigt ihr Personal vor. Noch drei Tage bis zur Niedersachsenwahl. Ist es das, was den Willen zur Präsenz stimuliert? Bundeswirtschaftsminister Philipp Rösler, der noch kürzeste Strecken so zurücklegen kann, als müsse er sie überfliegen wie ein Schriftstück, versprüht hochdosierten Optimismus. Die Wirtschaft, die er lenkt, ist »Stabilitätsanker« und »Wachstumsmotor«, die Aussichten, die sich mit Rot-Grün verbinden, das sind »Zusammenbruch der Währung« und »Enteignung«.

Es gibt niemanden, der das glaubt, aber es muss offenbar gesagt werden. Es ist wie die Waschmittelwerbung. Sie kennt Hausfrauen, die es in der Wirklichkeit nicht gibt. Aber es gäbe sie in der Werbung nicht, wenn sie nicht wirkten. Für die Tribünen-Zuschauer, die in ihrem Leben vielleicht nur einmal eine Stunde Live-Parlament bekommen, ist dies eine Enttäuschung, weil die Differenzierung hier nicht höher ist, sondern genauso wie im Fernsehen. Hört denn die Talkshow nie mehr auf? Da sitzen sie in ihren Lebensaltern: die Weißhaarigen, für die all das zu spät kommt, und die Jungen, die abgelöscht ins Plenum schauen, lange stumm und steif sitzen, dann zu zappeln beginnen, die Beine dehnen, mit den Fingern spielen, ihre Neurodermitis aufkratzen.

Hubertus Heil (SPD) komplettiert die Arbeit nach alten Mustern. Er spricht von den »klebrigen Fingern« des »Bundesfinanzministers«, dem Jahreswirtschaftsbericht als einem »Dokument der Untätigkeit«, dem Ministerium als einem »Totalausfall«. Er wendet sich direkt an eine Unaufmerksamkeit demonstrierende Kanzlerin: »Frau Merkel, hören Sie gut zu«, aber dann kommt eine Banalität, die kein Zuhören verdient, schon gar kein gutes, und Michael Grosse-Brömer (CDU/CSU) ruft rein: »Das Niveau von Eierlikör!« Am Ende wird Hubertus Heil das Verdienst für sich in Anspruch nehmen können, den CDU/CSU-Fraktionsvorsitzenden Volker Kauder in einer einzigen Rede zu folgenden Zwischenrufen inspiriert zu haben: »Ha, ha, ha!« – »Mann, war das eine tolle Nummer! Ha, ha, ha!« – »Herr Heil, das glauben nicht einmal Ihre Wohnzimmerfreunde!« – »Mann, sind Sie ein primitiver Kerl!« – »Sie arroganter Kerl, Sie!« – »Aufgeblasener Kerl!« – »Nein! Ich bin ganz fröhlich!« – »Weil Sie auf der Oppositionsbank sitzen, sind wir stark!« – »Ha, ha, ha!« – »Sie haben einen Totalausfall ganz woanders! Schauen Sie mal Ihre Totalausfälle an! Die sitzen heute hier!« – »Ha, ha, ha!« – »Genau!«

Gregor Gysi (DIE LINKE) macht sich bereit. Er kommt von außen, seine Position ist hoffnungslos. Deshalb spricht er gut, ohne die realpolitische Vernebelung, die die Koalitions- und Lobbyarbeit so mit sich bringt. Er ist der Typus des Parlamentariers, der das Richtige immer wieder vergeblich gesagt hat. Das hat seine Intelligenz geschärft, nicht beschädigt. Aber dies Vergebliche liegt auf dem, was er sagt, wie ein Film. Deshalb sitzt ihm der Humor locker. Er interpretiert ihn in der fröhlich-fatalistischen Variante.

Merkel geht, als Gysi kommt. Er spricht frei, bezichtigt den Wirtschaftsminister, seinen Jahresbericht erst mit den Wirtschaftsvertretern abzustimmen, bevor er ihn dem Parlament präsentiere. Er klagt über den »Primat der Wirtschaft über die Politik«, reklamiert genug Lohn für die, die ihr Leben lang arbeiten. Rösler reagiert mit der Schnute. Manchmal versucht er ein Feixen, mal ein Schmollen. Er, der so oft den Schlingelbonus für sich in Anspruch nimmt, trotzt jetzt kindlich.

Inzwischen referiert Gysi, wie die Reallöhne gesunken, die Armutsrisiken gewachsen sind. Er klagt über die erste Zeit in der jüngeren deutschen Geschichte, in der man mit Vollzeitarbeit nicht genug zum Leben hat, votiert für eine Vermögenssteuer, denn die Reichsten »merken gar nicht, wenn das abgebucht wird«. Er will ausholen, um den Wirtschaftsminister der Fälschung zu zeihen, doch Lammert unterbricht: »Da haben Sie aber fast Glück, dass dafür auch gar keine Zeit mehr besteht.« »Herr Bundestagspräsident«, kontert Gysi, »ich werde mir jetzt einmal notieren, wann Sie Geburtstag haben. Dann werde ich Ihnen eine neue Uhr schenken. Ich muss Ihnen Folgendes erklären: Es gibt hier Leute, die elf Minuten reden, und das kommt mir dann wie eine halbe Stunde vor. Bei mir rennt Ihre Uhr immer. Aber ich danke Ihnen trotzdem. Alles Gute.« Und Lammert erwidert: »Herr Kollege Gysi, falls Sie den verwegenen Gedanken mit der Uhr weiterverfolgen wollen, bitte ich herzlich darum, die Wertgrenzen einzuhalten, da Sie mich ansonsten zwingen würden, zunächst beim Bundestagspräsidenten die Genehmigung einzuholen.«

Der Saal fühlt kurz die vitalisierende Wirkung der Pointe, gleich wird er die sedierende des Gemeinplatzes fühlen. Hermann Otto Solms (FDP), einer der Stellvertreter Lammerts, steht am Pult, redet von einem Land, in dem die Löhne steigen, die sozialversicherungspflichtigen Beschäftigungsverhältnisse zunehmen, alle ein Auskom-

42

men haben und im Heimatroman leben. Es ist ein anderes Deutschland. Merkel sitzt wieder da im moosgrünen Jäckchen, einen geschlossenen Ordner vor sich, die Hände betend, dann wie am Tresen, einen geflüsterten Einwurf von Rösler ohne Mimik beantwortend. Solms hat Peer Steinbrück eben der »doppelten Moral« und der »absoluten Dummheit« bezichtigt. Er hat ihn außerdem den »Schutzpatron der Steuerhinterzieher« genannt. Aber da man das nicht glaubt, glaubt man ihm sein Deutschland?

Merkel zieht eine rote Tasche mit Henkeln heran, als handele es sich um ein angeleintes Tier, lacht noch rasch mit dem Gesundheitsminister, dann holt sie sich mit einem Nicken Volker Kauder herbei für ein Tête-à-tête in den hinteren Reihen. Die Redner der Grünen und der Linken wenden sich der »Würde« des Erwerbslosen zu. Jemand referiert über ein Kinderkrankenhaus in Griechenland mit Depressiven und Suizidfällen und schraubt sich empor zu dem Satz: »Insofern zieht die deutsche Politik mittlerweile mindestens durch Südeuropa eine breite Blutspur.« Das Kabinett ist fast vollzählig da. Aber nur von der Leyen, Schäuble und Rösler hören zu. Es haben sich in der ersten Tribünenreihe viele Fotografen postiert, die das, was eben zu sehen war, jetzt auf ihren Displays in Einzelbilder zerlegen – die Wirklichkeit eingefroren, aus dem Verlauf gerissen. Alle Bilder ein Déjà-vu, keines allein gegenwärtig, keines die Bebilderung einer »Blutspur«.

Es ist an Nadine Schön (CDU/CSU), das Land wieder aus dem Anthrazit der Vorredner zu befreien. Diese junge zarte Blonde liest bemüht ab. »Hinter all den abstrakten

Zahlen (...) stehen Menschen, hinter all den Zahlen und Diagrammen steht eine Botschaft«: Seit diese Koalition regiere, gehe es den Menschen besser. Die Zwischenrufe sind so laut, dass man die Rednerin kaum versteht. Auch ich erinnere mich, dass der Paritätische Gesamtverband soeben ein »Rekordhoch« in der Armutsstatistik vermeldet hat, aber die Tribüne wird gestreichelt von Wendungen wie »ihre Wünsche, ihre Träume erfüllen«, »fleißige Menschen«, »Zukunft gestalten«.

Das Hohnlachen der Zwischenrufer wird grausam, sie haben die Schweißfährte der Angst aufgenommen. Doch Nadine Schön ist schon bei dem »Rentner, der dem Nachbarn den Rasen mäht«, dem »Studenten, der einen Job annimmt«. Sie trägt das vor wie einen Schulaufsatz, wie zur Tafel geholt, die Anwältin von Gemeinsinn und Gemeinplatz. Doch warum sind diese Ideale offenbar nie aussprechbar ohne das spießige Glück, den Familienkitsch, über dem der Wohlstand wacht? »Wir sind das Land der Ideen, und wir wollen, dass aus diesen Ideen Produkte werden, dass aus den Ideen Wertschöpfung wird.« Doch, es existiert, das Rührende im Parlament, es verkörpert sich in Personen. Ideen aber denkt es am liebsten im Zusammenhang mit »Wertschöpfung«.

Die verbreitete Form der konservativen Rede ist jene, die das Leben für seine Tagesform lobt, schönsieht, Erfolge, Zuwachs verzeichnet und von jedem Umstand einen Weg zu den eigenen Verdiensten findet. Die seltenere ist jene, die die Einbußen und Verluste, die Notlagen und Desaster verneint, bagatellisiert oder veralbert. Diese

Rolle fällt in der heutigen Debatte Martin Lindner (FDP) zu. Es gebe eine Armutsdefinition, sagt er, die dafür sorge, dass es niemals keine Armut gebe. Der Reichtum steige in der Breite, und deshalb rutschten andere eben in die sogenannte Armut. Armutsgefährdung wird von ihm als polemische Erweiterung des Armutsbegriffs verstanden, wozu CDU/CSU und FDP geschlossen klatschen. »Es gibt in Deutschland eine Zunahme an Armutsberichten«, ruft Lindner, »aber keine Zunahme an Armut.«

Es sind diese Momente, diese Sätze, diese Applauswellen, in denen das Parlament aufhört, Volksvertretung zu sein. Denn wie immer man Armut erklärt, wen immer man verantwortlich macht – sie zu leugnen zeugt von Verachtung und richtet das Gemeinschaftspathos, das rhetorisch so gern beschworen wird. Man muss diesen Moment einmal isolieren, in dem man drei Parteien geschlossen einem Satz applaudieren sieht, der nur als Verleugnung der Realität großer Teile der Bevölkerung verstanden werden kann und sich der Zustimmung einer Mehrheit im Plenum erfreut. Es gibt Momente, in denen man dem Parlament die Verachtung zurückgeben möchte, mit der es seine Bürger bisweilen behandelt. Und das meint nicht, die geistig unbeschenkte Polemik eines einzelnen Freidemokraten, sondern den Gesinnungsapplaus der Claqueure.

Auf dem Saal ruht ein diffuses Winterlicht, unter dem man auf drei Ebenen Menschen flanieren sieht. Selbst aus der Kuppel blickt man auf uns herab. Ist dies ein Aquarium? Aber obwohl den Blicken von allen Seiten zugänglich, ist es noch nicht durchsichtig. Ich denke an die Assemblée nationale, holzgetäfelt, in imperialem Rot ausstaffiert, denke an das englische Unterhaus, das dunkle Holz mit grünen Sitzen bepolstert, das italienische Parlament in Dunkel und Rot. Alle diese geschlossenen Räume suggerieren, dass sich die Rede aller Zeiten noch darin aufhält. Wenn diese Wände reden könnten, denkt man und hört die Stimmen parlamentarischer Auseinandersetzungen aus allen Zeiten.

Glas redet nicht, es lässt durch. Dieser Raum will sagen: Es ist alles flüchtig. Wir werden von allen Seiten beobachtet. Wollen wir heimlich sein, müssen wir uns anstrengen, das heißt, noch undurchsichtiger werden, wenn schon der Saal es nicht ist, damit die Grenze zur Außenwelt, zur Allgemeinheit verwischt erscheine. Der Reichstag ist also modern als Monument des Flüchtigen. Seine gläsernen Flächen sagen: Wir bewahren nichts, wir merken uns nichts, aber alles ist hier schon durchgeflogen. Durchsichtige Wände sind ahistorisch, sie dokumentieren das Spur- und Folgenlose. Auch das ist symbolisch, denn vielleicht ist ja das Parlament kein Zentrum, sondern nur eines von zahlreichen Subzentren der Macht – wie das Hinterzimmer, der Ausschussraum, das Podium, der Gerichtssaal, das Fernsehstudio.

Das Zauberwort der zehner Jahre ist im Bau architektonisch vorweggenommen: Transparenz. Für die Dokumentation heißt das auch, neue und alte Daten sind heute leichter verfügbar. Ein Klatschen, das vor Jahren geklatscht wurde, ist in den Protokollen des Bundestags immer noch eingelagert – und bedeutet was, setzt wen ins Unrecht?

Und ist er noch blamierbar? Er wird sagen: »Später ist man immer klüger.« »Wir irrten.« »Wir meinten es gut.« Es gibt ein Ich, das hier redet, und eines, das sich revidieren lässt. Als es keine Massenvernichtungswaffen im Irak gab, wer trat zurück, weil er ihretwegen für einen Krieg votiert hatte? Wer versagte sich schamhaft Talkshow-Auftritte und neues Expertentum? Alle Informationen dazu sind verfügbar, aber über wenige wird verfügt. Zugleich wächst die Undurchsichtigkeit der politischen Prozesse. Wie kommen Entscheidungen zustande? Wer kann die Euro-Rettung noch erklären? Und ist der Ort für beides das Parlament?

Wie oft habe ich in wenigen Tagen auf der Tribüne Verweise auf Fernsehsendungen gehört, wie oft erlebt, dass politische Nachrichten nicht zuerst im Parlament, sondern dort verlautbart wurden. Das Wichtigste ist also oftmals längst dort gesagt, wo die Reichweiten größer sind. So tritt das Parlament die Hoheit des ersten Worts an die Massenmedien ab. Lange hatten sich Abgeordnete gegen Fernsehübertragungen mit dem Argument gewehrt, sie würden zur Verflachung der Debatten, zu »Fensterreden« führen. Heute behandeln sie das Parlament kaum anders als die Talkshow.

Gerade agiert am Pult Heinz Riesenhuber (CDU / CSU) im roten Pullover samt obligatorischer Fliege. Mit der Gestik des Opernsängers dirigiert er vom Pult aus jeden Flügel des Hauses, sackt, während er die Erfolge beziffert, in die Hocke, weicht zurück bis an die Kante des Pults hinter ihm, testet die Linke in der Hosentasche, während die

Rechte über seinem Kopf wie eine Drohne schwebt, ehe sie abwärts stößt, als wolle sie einen Vernichtungsschaden auf den Oppositionsbänken anrichten.

Bundestagsvizepräsidentin Katrin Göring-Eckardt thront hinter ihm, wie aus dramaturgischen Gründen als Kontrastmittel eingesetzt. Eben zeigt sie die elegische Ausstrahlung einer Mater dolorosa mit schwarz gerahmtem Gesicht. Jetzt schlägt Riesenhuber die Beine zusammen, jetzt ist er in den Knien wie ein Jockey, jetzt rührt seine Hand einen zähen Teig, jetzt segnet er Gangnam Style, ja, jetzt reitet er. Hat er eine Madonnenerscheinung? »Jawoll, das wollen wir!« Dazu öffnet er die Arme vor dem gereckten Bauch, Ohnmacht verkörpernd. In schöner Altarbild-Tradition nimmt er mit den Händen eines Verkündigungsengels das Licht aus der Kuppel auf, führt dann aber im nächsten Augenblick die Hände an die Hüften wie im Western: »Wir vertrauen auch darauf, (…) dass uns Deutschland gelingt, dass uns mit unseren Partnern Europa gelingt und dass wir frohgemut in das nächste Jahr schreiten.« Deutschland kann also noch – misslingen?

Angesichts der Ausbreitung des gestischen Repertoires kann Peer Steinbrück (SPD) nicht anders, als die eigene Rede mit diesen Worten zu eröffnen: »Lieber Herr Riesenhuber (…) Sie sind mit Abstand der eleganteste Tänzer am Podium dieses Deutschen Bundestages.« Was folgt, kommt leiser. Der Kanzlerkandidat der SPD tritt vergleichsweise sachlich, staatsmännisch, ohne Strahlkraft auf, vielleicht weil er sie gegen Angela Merkel nicht braucht. Einmal sagt er leise, »dass diese Krise sehr viel mehr kosten könnte als Geld«, eine Wendung mit Blick auf gebrochene Biographien. Die SPD applaudiert tapfer in hoher Schlagzahl.

Natürlich ist dafür gesorgt, dass die eigenen Leute da sind, wenn das sozialdemokratische Spitzenpersonal redet. Da sind die Reihen der CDU, während Steinbrück spricht, schon schwächer besetzt. Auch Merkels Stuhl bleibt leer, während ihr ehemaliger Finanzminister gegen das Erpressungspotential der Banken wettert und postuliert, eine Regulierung der Finanzmärkte könne schon deshalb nicht, wie von Merkel behauptet, fortgesetzt werden, weil sie noch gar nicht begonnen habe. Der Applaus wirkt lang und forciert, die größte Ausdauer beweisen die hintersten Bänke.

Im Showdown der Staatsmänner redet Wolfgang Schäuble jetzt vor allem zu den eigenen Leuten, schwört sie ein, um ihnen etwas begreiflich zu machen, das sie selbst bisweilen wohl nur unvollkommen verstehen. Doch freuen sie sich, als er seinen Amtsvorgänger anspricht und bekennt: »Da ich Protestant bin, habe ich auch ein bisschen Mitleid.« Das ist herablassend, soll es aber wohl nicht sein. Schäuble spricht wie ein Welt-Finanzminister und globaler Diagnostiker, der vom »Schritt für Schritt« der Lösungswege, von der Rückkehr des »Vertrauens der Finanzmärkte« wie ein Arzt referiert, der auch schlechte Nachrichten bringen muss, auch an düsteren Farben nicht spart: »Damit zerstören Sie auch Europa« und »untergraben jedes Vertrauen in die Stetigkeit der Entwicklung unserer Wirtschaft.« Zerstören und untergraben: Die

Prognosen zur SPD-Politik tendieren alle ins Apokalyptische, sie verlangen nach inständigem Sprechen und autoritärem Ton: »Reden Sie nicht dauernd dazwischen, es nützt gar nichts.«

Steinbrück lächelt sich kopfschüttelnd durch Schäubles Ausführungen. Der verteilt Prädikate: »Sie haben schon wieder etwas gesagt, was mit meinem Respekt für Sie nicht vereinbar ist.« Und man weiß: Schwer wiegt die Finanzkrise, schwerer die Respektskrise in der Schäuble-Zone. »Warum lassen Sie sich denn durch Tatsachen nicht belehren?« Diese Tatsachen lehren aber auch, wie selbst Schäuble einräumt, dass sich alle zusammen nicht genügend um die Regulierung der Banken – er sagt »die systemrelevanten Institute« – gekümmert haben. Nun tut man es, aber kann man eine zypriotische Bank, die kleiner ist als die Hamburger Sparkasse, wirklich als »systemrelevant« bezeichnen? Und kann man es mit Blick auf die Fakten wirklich leugnen, dass die Finanzinstitute Infektionskanäle in die europäischen Staatshaushalte gelegt haben? Für Schäuble aber ist dies eine »Verschwörungstheorie«, »die nun wirklich zum Himmel schreit«. So muss er sprechen, immerhin gibt es nur zwei Möglichkeiten: Ist die Schuldenkrise eine Staatsschuldenkrise, wird man mit Strenge, Disziplin, mit Sparmaßnahmen reagieren. Ist es aber eine Bankenkrise, muss man Regulierung fordern. Daran besteht offenbar wenig Interesse.

Zuerst aber schreit Schäuble zum Plenum. »Ich weiß, warum Sie dauernd dazwischenreden«, herrscht er Johannes Kahrs (SPD) an. »Ja, weil Sie Unsinn reden!«, ruft dieser, und Schäuble: »Oh Gott, Sie sind ja sowieso … Das lohnt ja gar nicht.« Die Protokollführerin, getaucht in nachtschwarzes Violett, beschriftet ihren Block mit somnambuler Souveränität. Ihr Kopf hebt sich wie am Vogelbrunnen, sie ordnet den Personen Zwischenrufe zu. Doch die sind nicht drastischer als das, was in den Reden formuliert wird.

Volker Wissing (FDP) hat Steinbrück gerade »maßlose Täuschung der Öffentlichkeit«, fehlenden »Anstand« und fehlende »Aufrichtigkeit« vorgeworfen, dann in den eigenen Triumphen gebadet. Zwischendurch geht eine große Müdigkeit durch den Saal. »Wir sind stolz auf diese Regierung«, sagt Wissing. Da er Teil der Regierungskoalition ist, ist er eigentlich stolz auf sich, und das glaubt man ihm auch. Das Prinzip der Wechselrede ist monoton: Man redet gegeneinander, wird persönlich in der Verletzung, eitel im Selbstlob. Man bedankt sich, sagt, »wir unterstützen die Bundesregierung auch darin …«. Also eigentlich: Ich unterstütze mich. Ich bin zufrieden mit mir. Ich bin weitsichtig. Ich handele besonnen. Ich habe alles wohl erwogen.

So verdichtet sich der Eindruck, dass sich dieser Apparat zunächst einmal selbst ernährt. Seine Egozentrik lässt in manchen Debatten keinen Raum für die Welt derer auf den Tribünen. Eher geht es, von hier oben gesehen, um Betrachtung und Erhaltung des Status quo, also mehr um einen Zustand als um eine Bewegung. So hat auch der Schüler vor mir aus der gesamten Debatte nur zwei Worte isoliert und sie in feinster Schreibschrift auf das leere Blatt geschrieben: »hanebüchene Fehleinschätzung«.

Als die Debatten für heute geschlossen werden, haben wir uns mit dem Fachkräftemangel, mit dem Essen an Ganztagsschulen, mit dem Kita-Ausbau, dem Bürgerkrieg in Kolumbien, mit der Betreuung psychisch Kranker beschäftigt, und zuletzt hat ein Kriminaloberkommissar aus der Rauschgiftbekämpfung bei seinem Versuch, die Legalisierung von Cannabis durchzusetzen, Turbulenzen verursacht. Da ist es 22 Uhr 43, und mein Kopf schwirrt vom Tages-Ausstoß alles dessen, was »wir brauchen«: Was wir brauchen, ist eine politische Rahmensetzung. Was wir brauchen, sind gutes Essen, Vielfalt, ein hoher Bioanteil, regionale Produkte für alle Kinder. Wir brauchen einen soliden Haushalt. Wir brauchen eine aktive Wirtschaftspolitik. Wir brauchen eine vorausschauende Wirtschaftspolitik. Wir brauchen den Politikwechsel in der Wirtschafts- und in der Sozialpolitik. Wir brauchen Investitionen. Wir brauchen endlich eine Art Masterplan. Wir brauchen, meine Damen und Herren, einen klaren Blick auf den Kern dieser Krise. Wir brauchen eine europäische Abwicklungsbehörde. Wir brauchen eine Strategie aller Länder. Wir brauchen einen europäischen Konsens. Wir brauchen ein gutes Bildungssystem und einen modernen Sozialstaat. Wir brauchen mehr Mittel für die Bildung. Wir brauchen keine Ausbildungsplatzgarantie. Wir brauchen eine qualifizierte Einstiegsvorbereitung auf den Beruf. Wir brauchen eine individuelle Berufswegeplanung. Ja, wir brauchen Ärzte, wir brauchen Ingenieure, wir brauchen Lehrer. Wir brauchen eine Rechtsgrundlage. Wir brauchen dazu keine SPD und keinen Peer Steinbrück und keine Braunschweiger Erklärung. Wir brauchen wesentlich mehr junge Leute. Wir brauchen Geld. Wir brauchen ein Umweltmonitoring. Wir brauchen eine ehrliche Analyse. Wir brauchen kein hastiges Rufen nach Verschärfungen. Wir brauchen einen vorsorgenden Gewässerschutz. Wir brauchen ambulante Hilfesysteme. Wir brauchen dringend eine Verbesserung dieser Situation. Wir brauchen ein Sofortprogramm. Wir brauchen einen fächerübergreifenden Ansatz. Wir brauchen endlich konkrete Informationen. Wir brauchen eine verbesserte Versorgung mit Informationen des gesamten Parlaments. Wir brauchen bundesweit qualitative Standards. Wir brauchen Mindeststandards. Wir brauchen Zulassungsregelungen. Wir brauchen die Zwangsbehandlung. Wir brauchen rechtliche Sicherheit. Wir brauchen die besten Köpfe und Hände. Wir brauchen alle klugen Köpfe. Wir brauchen längeres gemeinsames Lernen. Wir brauchen schleunigst den Wechsel im Land. Wir brauchen veränderte Mehrheitsverhältnisse. Wir brauchen eine neue Regierung. Das heißt, wir brauchen ein Sowohl-als-auch.

Ich brauche Schlaf.

Mittwoch, 30. Januar, 13 Uhr 30

Die Nation diskutiert nach einer Anzüglichkeit von Rainer Brüderle (FDP) gegenüber einer Journalistin den politischen Sexismus. Sechzig Prozent der Wähler sagen überraschend, Schwarz-Gelb müsse abgelöst werden. Desirée Nosbusch wird eine Romanze mit Dieter Zetsche, Daimler, nachgesagt. Spaniens Doping-Arzt Fuentes wird verhört. Joey Heindle kehrt als König aus dem Dschungel zurück. Ägyptens Präsident Mursi besucht Berlin.

In der Befragung der Bundesregierung ist heute das Familienministerium an der Reihe. Die Tribünen sind noch leer, der Plenarsaal ist gerade mal in der ersten Reihe besetzt. Zum Gong erheben sich die wenigen Journalisten, die Schulklassen. Man steht, bis Vizepräsidentin Petra Pau den Saal betritt. Als sie sagt, es sei schwierig, nach der vorangegangenen bewegenden Feier für die Opfer des Nationalsozialismus zum Tagesgeschäft überzugehen, wirkt ihre brüchige Stimme wie die wahrhaftige Übersetzung dieser Bewegtheit.

Als einzige Ministerin ist Kristina Schröder zugegen. Im grauen Hosenanzug mit hohem weißen Kragen und Pferdeschwanz stellt sie, wie sie mit Blick auf die schütteren Reihen des Plenums sagt, »in familiärer Atmosphäre« den »Bericht über die Lebenssituation junger Menschen und die Bestrebungen und Leistungen der Kinder- und Jugendhilfe in Deutschland« vor.

Fragil ist sie, gestikuliert, nickt, denkt sichtbar nach, spricht über die Zunahme der öffentlichen Verantwortung in der Kindererziehung, vom Bundeskinderschutzgesetz, den Familienhebammen, der frühkindlichen Bildung, den Kinderrechten. Sie trinkt Wasser, ihre Ohrringe funkeln, die rote Handtasche steht auf dem Sitz neben ihr, mit offenem Mund. Der Kopf der Ministerin liegt schräg, die Hände sind vor dem Schritt gefaltet. Das gerade umstrittenste Kabinettsmitglied agiert verbindlich, zugewandt. Man vermeidet jede Schärfe ihr gegenüber, und so fasst auch sie ihre Antworten freundlich, sagt wiederholt »liebe Frau Kollegin« oder »das, worauf Sie so nett anspielen, bestätige ich Ihnen gerne«.

Dann geht es um Kinder und Jugendliche, um Internet und Smartphones, um digitale Ungleichheit. Die Jugendlichen, die es betrifft, sitzen auf der Tribüne, sie wissen augenscheinlich noch nicht, dass sie das Thema sind, und die da unten, die ihre Blicke nicht zu ihnen aufheben, wissen es offenbar auch nicht. Die Ministerin referiert die schichtenspezifischen Unterschiede bei der Nutzung des Internets. Es erweise sich leicht als »Verstärker sozialer Ungleichheiten«. Für »Abhängigkeit, Verrohung oder Verschuldung« aber gebe es »empirisch keine Anhaltspunkte«. Doch kann man ernsthaft sagen, durch das Internet habe »das Schriftverständnis« zugenommen, weil heute mehr schriftlich kommuniziert werde, während es früher nur den Brief gegeben habe? Kann man das sagen, ohne von Einbrüchen in der Kultur des Lesens zu sprechen? Oder ist dies schon die Antwort darauf, dass die Jugendpolitik als zu »Problemgruppen zentriert« verstanden worden sei und die Betroffenen zu wenig beteiligt habe? Die sitzen auf der Tribüne und wirken gerade unbeteiligt.

Schröder hat etwas Flehentliches, steht da wie im Rigorosum, biegt das Mikrophon geräuschvoll, nennt gerne »Heller und Cent«. Sie breitet ihre Hände zu wedelnden Fächern vor der Brust aus, und wenn sie eben noch Kontur zu verlieren drohte, schnellen im nächsten Augenblick synchron ihre Zeigefinger hoch, und sie prononciert: »Ich habe sehr deutlich gemacht.« Ja, sie ringt, sie zeigt Nerven. Es verrät sich an den kleinen Gesten, so, wenn sie unwillig auf das Mikrophon schlägt, als es nicht gleich reagiert.

Inzwischen haben sich zwei Reihen gefüllt. Die Parlamentarier kommen aus der Mittagspause, doch sind die Tribünen immer noch dichter besetzt als das Plenum. Kristina Schröder spricht zunächst über »sexuellen Kindesmissbrauch«, dann über die aufgewendeten Mittel gegen Rechtsextremismus bei Jugendlichen. Erst auf dem Satz »Diese Bundesregierung ist nämlich der Auffassung, dass es keinen ›guten‹ Extremismus gibt, sondern dass alle Feinde unserer freiheitlich-demokratischen Grundordnung bekämpft werden müssen« erntet sie einen dünnen Applaus bei einzelnen Abgeordneten der Regierungsfraktionen. Das Kämpferische ist Geste bloß.

Obwohl die Debatte wegen des großen Interesses um drei Fragen verlängert wird, nimmt FDP-Generalsekretär Patrick Döring sichtbar desinteressiert in der ersten Reihe Platz, redet laut mit seiner Nachbarin, gestikuliert mit der Faust, schlägt sich mehrfach an die Brust, dreht sich demonstrativ in alle Himmelsrichtungen zur Kontaktaufnahme und bündelt die Aufmerksamkeit der Tribüne auf der eigenen Person. Dann wird die Debatte geschlossen, Kristina Schröder ergreift fahrig, schwach beklatscht die rote Tasche und geht.

Sie arbeitet unter Menschen, die selten echte Fragen stellen, und wenn, dann in Ausschüssen. Im Parlament gibt es kaum Fragen, die dem Informationsbedürfnis und nicht der Bloßstellung oder Polemik geschuldet sind oder als Gefälligkeitsfragen dem Redner der eigenen Fraktion die Ausbreitung seiner Standpunkte erleichtern. Auch in der »Fragestunde« ist dies kein fragendes, skeptisches, selbstkritisches System, sondern ein behauptendes.

Nur selten öffnet sich ein Spalt in den Zweifel. Dann hält alles inne, als ob sich gleich etwas entscheiden könne. Einmal sagt Antje Tillmann (CDU/CSU): »In sitzungs-freien Wochen bin ich viel in Schulen unterwegs und dis-kutiere mit Schülerinnen und Schülern über Punkte, über die wir auch im Parlament diskutieren. Zu Recht legen die Lehrerinnen und Lehrer Wert darauf, dass ich auch die Argumente der Opposition parteineutral darstelle. Das fällt mir in der Regel gar nicht schwer, weil ich durchaus auch an Argumenten der Oppositionsparteien etwas finde und nicht jedes Mal zu dem Eindruck komme, dass das, was Sie diskutieren, völlig absurd ist.« Und alle merken auf, auch auf der Tribüne, warten auf das »Aber« und er-reichen den Zenit der Aufmerksamkeit, wo es ausbleibt.

Es folgt eine Anfrage zum »Einspeisesystem« des Atom-kraftwerks Gundremmingen. In Vertretung des Ministers liest Staatssekretärin Katharina Reiche (CDU) ihre hoch-bürokratischen Antworten vom Blatt. Niemand scheint sie zu verstehen. Die Paragraphen donnern vorbei. Rei-che liest lange, überzieht die Zeit, wirft das »politische Momentum« in die Waagschale, ist irgendwo im »engen Kontakt« oder sagt Dinge wie »der Minister ist auf inter-nationaler Ebene initiativ«. Die Unzufriedenheit der Fragenden beantwortet sie patzig. Worum es gehe? »Es geht darum, dass Sie mir offenbar nicht zuhören«, oder: »auch Sie werden den Unterschied noch hinkriegen«, oder: »ich kann antworten, wie ich es für richtig halte«, oder auch: »der Inhalt dieser Frage war nicht Gegenstand der schriftlich eingereichten Frage. Insofern müsste ich sie gar nicht beantworten«.

Fragen werden gestellt, damit die Regierung Aufschluss gibt. Zieht sich die Regierung bei Bedarf aber darauf zurück, man wolle »informell« herauskriegen, was Staaten energiepolitisch bewege, dann erübrigen sich alle Fragen. Nur schlecht, dass der Minister schon öffentlich vom »Club der Energiewendestaaten« gesprochen hat, eine plötzlich fragliche, unbestätigte Größe. Immerhin, Tonga ist dabei! »Eine solche Idee braucht Zeit«, sagt Reiche, eine Zeit, die man sich nicht für die Ankündigung, nur für die Verwirklichung lässt.

»Ich habe deutlich gemacht«, fährt sie also fort und biegt in die nächste Wiederholung ab. Man tritt einen Schritt zurück und erschrickt: Es geht um das Weltklima, also schließlich um den Fortbestand der Erde, und was man hört, ist eine in Formeln erstarrte, von Bürokratismen überwucherte Rhetorik, in der sich alle Dringlichkeit neutralisiert. In zwei Formen verwirklicht sich die Arbeit des Parlaments: im Reden und im Handeln. Das eine wird durch das andere permanent in Frage gestellt, oder es wird eine Einheit beider simuliert. Gespenstisch aber wird die Parlamentsarbeit immer dort, wo sich das Reden vor das Handeln schiebt und es regelrecht unmöglich macht.

Die kollektive Bewegung tendiert gerade weiter ins Dezentrale: Alle sind bei ihren Displays, manche verlassen den Saal, kommen wieder. Die Objektive der Kameraleute schweifen suchend über das Plenum, senken sich. Manche Parlamentarier ziehen sogar eine Zeitung hervor. Plötzlich ist das im Saal, was man wohl den parlamentarischen Alltag nennt, Schwere lastet auf dem Haus. Die Kuppel ist jetzt eine Glocke, unter der sich Begriffe stauen wie »Beitrag leisten«, »wir werden prüfen«, »wir befinden uns in Gesprächen« und »Marktanreizprogramm für ökologische Dämmstoffe«.

Das Abstraktionsniveau wird gehalten, doch geschieht es, wie um die Ferne vom Leben zu gewährleisten. Wer jetzt den Saal beträte, müsste wirklich glauben: Die sprechen unsere Sprache nicht, sondern eine Diktion, in der die Realität, wenn sie sich denn einstellen sollte, gleich zum Aktenvermerk konvertieren müsste. Insofern ist dies eine echte »Anhörung«: Man hört sich das an, eine echte »Fragestunde«: Man fragt ja bloß.

Wenig später wird es noch einmal um die aktuelle Situation in Mali gehen. Guido Westerwelle und Thomas de Maizière adeln das Thema durch ihre Präsenz und erleben lauter Redner, die inzwischen zu Experten der Sahara und ihrer Volksstämme geworden sind. Das kommt abrupt und erstaunt mich, auch weil, als ich vor zwanzig Jahren selbst Timbuktu besuchte, dort schon ein Krieg mit einem verwandten Bedrohungspotential und einer Ausstrahlung bis Mauretanien und Algerien geführt wurde, ohne dass Europa viel mehr in der Stadt hinterlassen hätte als eine

Bronzetafel zum Gedenken an einen Besuch von Heinrich Lübke. Heute dagegen wird zwar Saudi-Arabien mit deutschen Waffen versorgt, Mali dagegen bedroht angeblich den Weltfrieden.

Auch hat es etwas Beklemmendes, zu erleben, dass die Debatte die Vorstellung vom »sauberen Krieg« zumindest so weit pflegt, dass Verweise auf eine mögliche wirtschaftliche Interessenlage, also auf Uran-Vorkommen, für anstößig gehalten werden, während man die Idee, mit Waffengewalt eine Demokratie zu sichern, die keine ist, plausibel findet. Auch die Debatten um kriegerische Einsätze haben ihre Stereotypen: der Dank an die Soldaten, das Herauspräparieren der Gegner als international bedrohlich, der eigenen Rolle als unblutig und klinisch, der »Alternativlosigkeit« von Einsätzen, die sich gegen pazifistische Blütenträume als Gebot der Stunde behaupten. Ihr Unwort muss Merkel geistesabwesend verwendet haben, da es so vieles von dem beschreibt, was parlamentarischer Alltag ist: »alternativlos«. Manche Entscheidung steht längst fest, ehe die Argumente eintrudeln.

Wolfgang Gehrcke (DIE LINKE) stellt einen Gedanken dagegen, den er selbst mit Hannah Arendt hätte belegen können und der gerade in kriegerischen Zeiten das Parlament ehrt, das ihn zu bedenken gibt, nämlich: »Frieden schließt man mit seinen Feinden. Deswegen muss man jetzt auch in Mali die Initiative ergreifen, um mit den Feinden in Verhandlungen zu Lösungen zu kommen.« Und wie kommentiert ein Zwischenrufer von CDU/CSU?

»Dummes Zeug!« Manchmal ist das Parlament das Haus, in dem die Kultur sprunghaft revidiert wird.

Vom Bundesaußenminister ist heute nur Diplomatie zu erwarten, hatte er doch noch am Morgen vor Kameras eine deutsche Unterstützung in Mali, wie sie nun beschlossen werden soll, abgelehnt. Jetzt schließt er stattdessen einen Kampfeinsatz aus, den allerdings niemand gefordert hat, beschwört den Burgfrieden, die hehren Werte Europas, die Einigkeit. Der Feind dagegen zeigt wieder einmal das Potential zur Terror-Hydra: die Stunde der Exekutive hat geschlagen, wir danken den französischen Soldatinnen und Soldaten, und was wir brauchen, ist jede Menge »roadmap«, damit man etwas hat, das man »implementieren« kann.

Da tritt Philipp Mißfelder (CDU/CSU) skeptischer auf und warnt: »Diejenigen, die jetzt in Mali am Straßenrand den französischen Truppen zujubeln, werden vielleicht zu einem späteren Zeitpunkt dieselben Soldaten als Besatzer empfinden.« In der Tat. Auch dies wäre dann eine Parallele zu Afghanistan, die von fast jedem Redenden gezogen wird und die der Debatte bisweilen Schärfe nimmt, aber auch den Weg vorzeichnet, auf dem dieses Thema einmal der Vergessenheit übergeben werden wird. Die meisten Sprecher bleiben wieder nur für die Dauer ihres Beitrags. Dann gehen sie, weil ihnen die Position des Gegners nicht unbekannt oder nicht wichtig ist. Wird ihnen vom Pult aus geantwortet, haben sie den Raum meist schon verlassen.

Und wir auf den Tribünen? Krieg und Frieden, Naturerhaltung und Zerstörung, Fragen der Gesundheit und des

Sterbens sind in Stunden durch den Raum passiert. Wir waren die Gaffer, die da unten die Akteure. In unseren Gesichtern hatten unsere Vertreter heute nichts gesucht, und sie hätten wenig gefunden. Denn wer wollte dem Verlauf der Argumente folgen, die oft niemand versteht und die so viel Vorwissen voraussetzen? Wir kennen die Abkürzungen so wenig wie die Vorgeschichten. Also stehen wir uns als Demonstranten gegenüber? Parlamentarier demonstrieren den Staat, das Publikum demonstriert seine Staatsverdrossenheit. Beide agieren rund um eine leere Mitte. Die Welt gestalten? »Ja, bitte«, findet eine Schülerin. »Aber so?«

Vizepräsidentin Katrin Göring-Eckardt schließt die Aussprache: »Genießen Sie den restlichen Abend und die gewonnenen Einsichten.« Es ist halb sechs. Ich nehme den ICE nach Hamburg. Auf dem Bahnsteig begegnet mir Martin Lindner (FDP) wieder. Er ist in Begleitung, das gegelte Haar schillert. Heute hat er einmal »Quatsch« reingerufen, einmal »albern«. Das war's. Gestern hat er gesagt: »Es gibt in Deutschland eine Zunahme an Armutsberichten, aber keine Zunahme an Armut.« Der Gedanke gefiel ihm so gut, dass er ihn sogar wiederholte. In einem ICE begegnet Herr Lindner der Armut nicht. Aber als ich auf dem Bahnsteig sehe, wie sich ihm die Verkäuferin des Obdachlosenmagazins »Straßenfeger« nähert, ist mir die Situation schon zu plakativ, denn ich weiß, was folgen wird: die abwehrende Geste, die sich abwendende Person. Hier wenigstens fielen Reden und Handeln zusammen.

Donnerstag, 31. Januar, 9 Uhr

Der Abgeordnetenparkplatz liegt fast leer da. Es ist noch Zeit, sich ein Detail des Reichstagsbaus anzusehen. Zu dem, was von der alten Substanz erhalten blieb, gehören auch jene Inschriften, die 1945 von russischen Rotarmisten an den Wänden hinterlassen worden waren und die über vierzig Jahre lang jede bauliche Erneuerung überlebten. Auch diese sind Geschichte, reflektieren Heimweh und Hass, Sentimentalität, Triumph und Gesinnung derer, die beim Sturm des damals bedeutungslosen Gebäudes glaubten, ein Symbol besetzt zu haben. Unter den oft kyrillisch geschriebenen Inschriften sind viele banal, bloße graphische Existenzbeweise, doch finden sich auch ein paar vulgäre oder sonst verächtliche darunter. Man hat diese Inschriften erhalten und nur auf ausdrücklichen Wunsch der russischen Botschaft einige wenige entfernt, die mehr über die Soldaten sagten als über die Besiegten. Man nimmt es genau. Was, wenn man dem Deutschen Bundestag vorwerfen würde, Geschichtsklitterung in seinen Mauern zu dulden? Gegen den heftigen Widerstand der CSU, die die Graffiti gänzlich gelöscht wünschte, entschied man sich für die Erhaltung und eine akribische Dokumentation.

Es hat symbolischen Wert, im Reichstag so auch eine Art Denkmal des unbekannten Soldaten zu erhalten, der von seiner Regierung in einen Krieg geschickt wird, ohne die reale Gefahr oder den Sinn seiner Unternehmung immer beurteilen zu können. Eine Generation später wird die Sowjetregierung junge Soldaten nach Afghanistan schicken. Viele von ihnen werden verletzt, drogenabhängig, sterben, und noch heute flattert auf zahllosen Gräbern in Afghanistan ein grünes Tuch für jeden einheimischen »Märtyrer«, der einen Russen tötete.

Der heutige Sitzungstag beginnt mit einer Verlängerung der »Beteiligung bewaffneter deutscher Streitkräfte an dem Einsatz der Internationalen Sicherheitsunterstützungstruppe in Afghanistan«. Schon der Name beschönigt. Vor einem Jahrzehnt hat man sich mit diesem Einsatz noch schwergetan, und die dabei waren, sagen, dass Gerhard Schröder und Joschka Fischer die Entscheidung »durchgepeitscht« hätten. Heute ist dies ein bürokratischer Akt, den man gerne abseits der öffentlichen Aufmerksamkeit verhandeln würde. Er wird kaum mehr von Pathos getragen, eher von der Einsicht in die Notwendigkeit, vom Gefühl, jetzt nicht – wie die Franzosen und andere – aussteigen zu können.

Honorigerweise denkt Stefan Rebmann (SPD) auch an die internationalen Helferinnen und Helfer und die Menschen in Afghanistan. Er sagt auch: »Menschenrechte, Kinderrechte und vor allen Dingen auch Frauenrechte sind für uns nicht verhandelbar.« Gut zu hören, aber in Afghanistan wirft diese Rechte niemand auf den Verhandlungstisch, es gibt nichts für sie einzutauschen, und abgesehen davon trifft der Satz auch dort nicht zu, wo selbst in friedlichen Breiten aus wirtschaftlichen Gründen Menschen-, Frauen- und Kinderrechte schon geopfert werden, wo es bloß um die Senkung der Produktionskosten für unsere Konsumartikel geht – ein Thema, das später noch eine Debatte beschäftigen soll.

Es wäre allerdings erstaunlich, wenn diese friedliche Diktion nicht rascher Militarisierung weichen müsste. So kündigt Andreas Schockenhoff (CDU / CSU) zwar den voraussichtlichen Abzug von 1100 Soldaten aus Afghanistan für Frühjahr 2014 an, er sagt aber auch: »Die Zukunft gehört der Drohnentechnologie. Deshalb halte ich die Anschaffung eines eigenen Systems von Drohnen für die Bundeswehr (…) für richtig und notwendig, und zwar nicht nur Aufklärungs-, sondern auch bewaffnete Drohnen.« Anschließend zitiert er die fatalen Sätze Thomas de Maizières: »Unbemannte, bewaffnete Luftfahrzeuge unterscheiden sich in der Wirkung nicht von bemannten. Immer entscheidet ein Mensch …« Das heißt aber doch, die Wirkung ist in jedem Fall tödlich. Eingesetzt werden bewaffnete Drohnen von den USA längst in Ländern, denen nie der Krieg erklärt wurde. Diese Information fehlt.

Thomas de Maizière aber wird an diesem Tag zum Thema nicht sprechen. So ist es dem Veteranen Hans-Christian Ströbele (B 90 / DIE GRÜNEN) vorbehalten, deutlich zu werden und offene Fragen zu nennen: »Gegen den Willen der deutschen Bevölkerung führt Deutschland Krieg in Afghanistan, und der zuständige Minister leistet keinen Beitrag dazu, die Kriegslage in Afghanistan hier mit einem Bericht darzulegen. Wie viele Tote gab es seit der letzten Befassung des Deutschen Bundestags im deutschen Bereich in Afghanistan? Wie häufig wurden die Kampfdrohnen eingesetzt, die im deutschen Gebiet seither stationiert worden sind? Wie geht es weiter? Welche Drohnen werden in Zukunft eingesetzt?« Dass diese Fragen heute gestellt und wieder unbeantwortet bleiben werden, ist beschämend auch angesichts der Tatsache, dass man noch vor einem Jahr auf Diplomatie zu setzen versprach, auf Verhandlungen, die es nicht gab, nicht gibt.

Antwort wird Ströbele keine. Die Zuhörer aber fühlen sich wenigstens auf die Fragen hingewiesen, die sie zu stellen versäumt haben. Die Geschäftsordnung triumphiert auch über die unbeantworteten Fragen zu einem Krieg. Stattdessen folgt rasch die namentliche Abstimmung. Eben war noch von den gefallenen Soldaten die Rede, jetzt moniert der Präsident: »Urnen fehlen«. Der Übergang zum Folgethema ist nahtlos. Denn jetzt referiert Gregor Gysi vor einem weitgehend schweigenden Haus, wie eine Große Koalition aus buchstäblich allen übrigen Parteien im Jahr 2011 »Waffenexporte in 125 Länder im Gesamtwert von 10,8 Milliarden Euro« genehmigt habe.

Die Zahlen bewirken, dass sich die Schüler untereinander vergewissern, ob sie richtig gehört haben: »Im Jahre 2011 gab es bei dem berühmten Bundessicherheitsrat, der ja zu entscheiden hat, ob ein Rüstungsexport genehmigt wird, 17 586 Anträge auf Genehmigung des Exports von Waffen« beziehungsweise Rüstungsgütern. »Von 17 586 Anträgen wurden 105 abgelehnt. Das sind gut 0,5 Prozent.« In welchem Verhältnis aber stehen diese Zahlen, denen nicht widersprochen wird, zur Aussage der Bundesregierung, man gehe »äußerst restriktiv« mit Export-Zulassungen um?

Heute steht Deutschland bei den internationalen Rüstungsexporten an dritter Stelle, und man kann sich von außen kaum vorstellen, wie schlicht die Argumentation ist, die das rechtfertigt. Joachim Pfeiffer (CDU/CSU) sagt: »Ich halte dies alles überhaupt nicht für verwerflich. Ganz im Gegenteil: Ich bin stolz auf das, was die 80 000 hochqualifizierten Arbeitskräfte, die in der Verteidigungs- und Sicherheitsindustrie in Deutschland unmittelbar beschäftigt sind, zustande bringen.« Offenbar kann die Rüstungsindustrie nicht als das benannt werden, was sie ist, sondern sie zieht Beschönigungen an, die sie zur moralischen Feuerwehr stilisieren durch Rennen, Retten, Löschen: »Diese Rüstungsexporte tragen nämlich auch zur Friedenssicherung und zum Schutz der Menschenrechte auf dieser Welt bei.«

Das ist der Pegelstand parlamentarischer Schamlosigkeit: Dass Rüstungsexporte der Erhaltung der Menschenrechte dienen sollen, bestätigt jeden, der dem Parlament Skrupellosigkeit in Rüstungsfragen vorwirft. Gleichzeitig hat die Genehmigung von solchen Exporten nach Saudi-Arabien auch dazu geführt, dass die Bewaffnung der Al-Qaida-nahen Islamisten aus der Sahelzone zu einem wesentlichen Teil mit deutschen Waffen geschieht. Der entlarvenden Debatte, die mit unverhohlen heuchlerischen Argumenten geführt wird, stellt sich auch heute kein Mitglied der Bundesregierung. Den Rest des Schweigens sichern Geheimhaltungsauflagen.

Für die FDP tritt Martin Lindner so vehement für Rüstungsexporte ein, dass einem Abgeordneten der Opposition ein »Unfassbar!« entfährt, worauf Lindner erwidert: »Wenn der Maßstab der politischen Debatte wäre, was Sie fassen können, dann bräuchten wir gar nicht weiter zu diskutieren.« Wenig später resümiert Jan van Aken (DIE LINKE): »Ganz praktisch heißt das, dass da draußen Menschen sterben, weil Sie sich weigern, Waffenexporte zu verbieten. So einfach ist das, und so brutal ist das.« Und Martin Lindner ruft: »So einfach ist die Welt von Herrn van Aken!« Bevor alle Dämme brechen, warnt Philipp Mißfelder (CDU/CSU) vielsagend: »Wir sollten nicht sensibelste Punkte der deutschen Außenpolitik zum Gegenstand parteipolitischer Auseinandersetzung machen.« Er sagt nicht »Wirtschafts-«, sondern »Außenpolitik« und meint die hässliche Seite der Diplomatie?

Verfolgt zu haben, wie fünf der sechs Parteien im Deutschen Bundestag Rüstungsexporte selbst in den Nahen Osten und nach Pakistan verteidigen, sich auf humanitäre Absichten, realpolitische Zwänge oder Arbeitsplätze herausreden, und wie sie sich in den einzigen glaubwürdigen Gegner dieser Politik verbeißen, mit welcher Empathielosigkeit dies geschieht, das wird auch noch ein Jahr später ein Tiefpunkt aller Debatten sein, die ich im Hohen Haus verfolgte.

Das Parlament als Ganzes ist ein arbeitsteiliges Gefühlswesen. Es bewegt sich dauernd durch unterschiedliche Empfindlichkeiten, und so klingt der Tag geradezu plakativ sensibel aus, als um 21 Uhr 40 Stefanie Vogelsang (CDU/CSU) ein Beispiel für Bürgersinn vorstellt. Es begann mit einer »Petition, die von einem engagierten Ehepaar, das oben auf der Tribüne Platz genommen hat, eingebracht worden ist. Dieses Ehepaar hat viele tausend Unterschriften gesammelt und in den Deutschen Bundestag eine Petition des Inhalts eingereicht, dass in Zukunft juristisch diejenigen, die mit einem Gewicht von unter fünfhundert Gramm leider tot zur Welt kommen, als Menschen, als Personen behandelt werden und nicht mehr als Sache oder gar als Klinikmüll.«

Der Applaus ist allgemein. Die Eintragung von sogenannten »Sternenkindern« im Personenstandsregister wurde durch eine Privatinitiative in die Wege geleitet. Der Eingabe lagen 8428 Mitzeichnungen, über 11 000 eingereichte Unterschriften sowie 19 484 Online-Unterschriften zugrunde. Die Initiative fand fraktionsübergreifenden Zuspruch, und die Anzahl der Unterschriften bewies allen Beteiligten, wie sehr das Thema bewegt. Der Schritt ist groß für die Betroffenen. Sie können nun auf den Standesämtern eine Bescheinigung erhalten, in der nicht von einer »Fehlgeburt« die Rede ist, sondern das Kind einen Namen trägt und als zur Familie gehörig erklärt wird.

Der Vorgang beweist, wie unmittelbar der Niederschlag sein kann, den Bürgerbeteiligung im Parlament findet. Er beweist aber auch, wie unterschiedlich die Temperaturgrade mitunter sind, mit denen das Parlament das nackte Leben begleitet – wie Schwund, wo es um das Töten durch deutsche Waffentechnik geht, wie ein Sakrament, wo es die Achtung des nicht-lebensfähigen Lebens betrifft.

Freitag, 1. Februar, 9 Uhr

Wenn ich morgens auf ihn zulaufe, ihn hinter den Bäumen mehr erahne als erkenne, erscheint er mir als ein Findling. Tatsächlich stand der Reichstag ja 1959, als umliegende Gebäude endgültig abgerissen waren, auf einer begrünten Brache. Schafe weideten dort, wo heute Litfaßsäulen an die Opfer des Nationalsozialismus erinnern, die Grünfläche zum Lagern einlädt. Die Instandsetzung des Gebäudes war keineswegs selbstverständlich, angesichts der Befürchtung, dies könne als Hinwendung zu imperialem Großmachtstreben verstanden werden. Da sich die Parteien trotzdem einig waren, begann man 1961 mit dem Wiederaufbau. Das Pathos des Bildprogramms wurde gemildert, der Skulpturenschmuck reduziert, auch kappte man die Ecktürme, entfernte die Embleme. Man verputzte die Einschusslöcher, vergrößerte die Fensterflächen und tat alles, den Charakter eines Wehrbaus zu mindern.

Der Platz hatte schon lange an Popularität gewonnen. Bei der Feier zum 1. Mai 1952 hatte sich etwa eine halbe Million Menschen vor dem Reichstag versammelt. Auf der Tribüne standen Ernst Reuter und Theodor Heuss, und dieser sagte: »Uns gegenüber liegt die Ruine des alten Deutschen Reichstages. Seine Vernichtung 1933 war das Signal, das Fanal zur drohenden Vernichtung des freien Willens in Deutschland. Wir alle leben und arbeiten, damit dieses Haus, aus den Ruinen neu entstanden, eines Tages wieder Herberge, Heimat und Werkstätte der deutschen Zukunft wird.«

Es wäre polemisch, den Bundestag vor diesem Ideal zu blamieren. Doch andererseits muss man ihn immer neu am Ideal der parlamentarischen Idee messen, um seine Realität zu begreifen, die auch den Missbrauch der Demokratie nie als etwas Überwundenes erachten darf. Wie hatte Joseph Goebbels 1928 in der NSDAP-Zeitung »Der Angriff« geschrieben: »Wir gehen in den Reichstag hinein, um uns im Waffenarsenal der Demokratie mit deren eigenen Waffen zu versorgen …« Und so kränkt ein leeres Plenum die Idee des Parlaments als Stätte einer lebendigen Selbstreflexion der Gesellschaft und ihrer Themen.

An diesem Morgen eröffnet Präsident Lammert die Sitzung mit den Worten: »Ich begrüße Sie alle herzlich, fast könnte ich es namentlich tun; das Plenum wird sich hoffentlich während des ersten Tagesordnungspunktes etwas auffüllen.« Zuerst geht es um den »Entwurf eines Gemeinnützigkeitsentbürokratisierungsgesetzes«, bei dem sich, wie Lammert auch sagt, der Eindruck aufdränge, »dass die Entbürokratisierung mit der Bezeichnung beginnen sollte«.

Gemeint ist das »Gesetz zur Stärkung des Ehrenamtes«, das die SPD gerne »Gesetz zur Stärkung des Bürgerschaftlichen Engagements« genannt hätte, aber in diesem Punkt war die Regierungskoalition »nicht kompromissbereit«. Was stört sie mehr: das Bürgerschaftliche oder das Engagement? Immerhin gibt es bürgerschaftliches Engagement auch, wo es nicht an ein Ehrenamt gebunden ist. Petra Hinz (SPD) ist deshalb zwar froh, dass heute »über 23 Millionen Menschen und ihr ehrenamtliches Engagement«

debattiert wird. Dass es sich dabei aber nicht um eine Großherzigkeit des Parlaments und eine kleinliche Begriffsklauberei um Engagement und Ehrenamt handelt, wird schnell offenbar. Schließlich, so die Regierungskoalition unverblümt, gehe es ihr darum, sich »in Zeiten knapper öffentlicher Kassen« und der damit verbundenen »unumgänglichen Haushaltskonsolidierung auf ihre unabweisbar notwendigen Aufgaben« zu konzentrieren. Deutlicher gesagt: Zieht man die unbezahlten Tätigkeiten ins Kalkül, lassen sich die Staatsaufwendungen reduzieren.

Was dergleichen für das Kulturleben bedeuten kann, verdeutlicht Barbara Höll (DIE LINKE) an einem Beispiel: Da die Museen immer weniger Geld haben, um Kunstwerke zu erwerben, springen zunehmend Privatiers ein. »Welche Kunstwerke erworben werden, hängt dann vom Geschmack des Stifters oder der Stifterin ab.« Womit sich die Arbeit von Kuratoren, etwa an Sammlungen und Museumskonzepten, erübrige.

Im Grunde geht es in der Debatte um die Instrumentalisierung des bürgerschaftlichen Engagements, also um die Umwertung seines Begriffs. Aus einer Entbürokratisierungsabsicht entstanden, kommt sie zwar nicht ohne einen hohen Aufwand an Termini wie »Übungsleiterpauschale«, »Rechtssicherheit«, »Abgabenordnung«, »Ehrenamtsfreibetrag« und »Haftungsrisiko« aus, höhlt aber eigentlich den selbstlosen Kern des bürgerschaftlichen Engagements aus.

Die Auseinandersetzung findet in gereizter Atmosphäre statt und wird harsch geführt. Manchmal erkennt man die

Verwerfungen der Ausschussarbeit an den bösen Tönen der Parlamentsdebatte. Selbst auf diesem Nebenschauplatz muss klargemacht werden, dass nicht einmal eine Petitesse gegen die Regierungsmehrheit durchsetzbar ist. »Das ist schlechter politischer Stil«, schimpft Ute Kumpf (SPD), »denn es war immer Konsens im Haus, dass wir Initiativen zum Thema ›bürgerschaftliches Engagement‹ über die Parteigrenzen hinweg ergriffen, mitgetragen und gemeinsam entschieden haben.«

Unterdessen huldigt der Redner den jungen Gesichtern auf der Tribüne. Man kann sich aber bei dieser Generation gar nicht so weit anbiedern, als dass sie nicht bemerkte, wo eine freiwillige Arbeit verzweckt wird. Insofern wirft Klaus Riegert (CDU/CSU) später einen Satz mit geradezu anarchischem Potential in die Debatte, als er den amerikanischen Soziologen Richard Sennett zitiert: »Ein Staatswesen, das Menschen keinen tiefen Grund gibt, sich umeinander zu kümmern, kann seine Legitimität nicht lange aufrechterhalten.« Die Schlussfolgerung wäre nämlich: Ein Staatswesen, das noch das gemeinnützige Engagement instrumentalisiert, entzieht seinen Bürgern den Wert der Gemeinnützigkeit und eröffnet die Frage nach dem wahren »Kernbestand an gemeinsam geteilten Werten und Überzeugungen« der Demokratie.

Dass in Deutschland Fragen der Rentabilität, der Wirtschaftlichkeit so fraglos in jede Debatte eingeführt werden können, hat auch historische Gründe. Die BRD konnte sich nach dem Nationalsozialismus nicht politisch neu gründen, sie tat es ökonomisch: in der Einführung der D-Mark, der sozialen Marktwirtschaft, im Wirtschaftswunder. Man könnte auch sagen: Entstanden aus einer Staatsphobie, hat sich die Republik in der Bundesbank ein Modell gegeben, das für die Welt taugte. Vielleicht ist auch hierin die Unangefochtenheit der ökonomischen Entscheidungen begründet, die in Deutschland weit stärker ausgeprägt ist als beispielsweise in Frankreich oder England. Gegen Margaret Thatchers soziale Einschnitte haben ehemals selbst Wirtschaftsverbände protestiert, weil sie der Ansicht waren, diese schadeten der Produktion.

So berührt das Parlament dauernd seine eigenen Voraussetzungen und steht mit vielen seiner Debatten selbst zur Diskussion, aber nicht als Form, sondern im oft scheiternden Versuch, dieser Form gerecht zu werden. Dies geschieht in der Folge gleich mehrfach: als die Debatte um ein NPD-Verbot eine hohe und nachdenkliche Differenzierung von Argumenten auch bei geteilten Überzeugungen des ganzen Hauses offenbart; als anschließend die persönlich erzählte Lebensgeschichte des Josip Juratović, der als junger kroatischer Gastarbeiter in die SPD eintrat, die Standpunkte des Parlamentariers beglaubigt; als noch später der Antrag unter dem Titel »Kein Zugang von Kindern und Jugendlichen zu Kriegswaffen bei Bundeswehr-Veranstaltungen« als Verunglimpfung und »Ächtung« der Bundeswehr verfälscht wird; oder zuletzt, als der Entwurf eines »Gesetzes zur Begrenzung von Parteispenden und Transparenz beim Sponsoring für Parteien« am Widerstand der Profiteure der bestehenden Praxis scheitert, die

sich ja auch gegen die »Strafbarkeit von Abgeordneten-
bestechung« sperren.

Aber sagt Artikel 38 des Grundgesetzes nicht: »Abgeordnete sind an Weisungen und Aufträge nicht gebunden
und nur ihrem Gewissen unterworfen«? Und heißt »unterworfen«, der Abgeordnete wird klein unter der moralischen Macht des Gewissens? Die Debatte endet jedenfalls
mit der Verweigerung der Regierungskoalition und dem
von Gelächter begleiteten Vorschlag von Raju Sharma,
dem Bundesschatzmeister der Linken: »Lassen Sie uns
doch hier und heute die Vereinbarung treffen, dass wir alle
ab heute bis zur Bundestagswahl keine Unternehmens-
spenden annehmen und unsere Parteitage nicht mehr
sponsern lassen. Wir sind dabei. – Sind Sie es auch?« Wären sie es, es käme einer Systemveränderung gleich.

Mittwoch, 20. Februar, 13 Uhr

Die Sexismus-Debatte um Rainer Brüderle wärmt alte
Stereotypen auf: Das Private ist wieder politisch. Die Über-
reste von Richard III. werden unter einem britischen
Parkplatz gefunden. Der beinamputierte Mittelstrecken-
läufer Oscar Pistorius erschießt seine Freundin. In der Su-
permarkt-Lasagne wird Pferdefleisch entdeckt. Cascada
reist für Deutschland zum Eurovision Song Contest nach
Malmö. Papst Benedikt XVI. hat seinen Rücktritt angekündigt, Annette Schavan den ihren vollzogen.

Während ich Parlamentarier in ihrem Für-sich-Sein beobachte, auf der Treppe, allein, unbegleitet von Dienstleistern, überlege ich, ob es das geben kann: den Typus des politikverdrossenen Politikers. Auf seine Weise könnte er sogar überzeugender verdrossen sein, kennt er die Grenzen seiner Entscheidungsgewalt doch besser als alle anderen. Ich lasse den Blick schweifen. Es gibt jetzt auch unter Abgeordneten eine Klasse »Stützen der Gesellschaft«, die durch Empathielosigkeit und Pragmatismus hervorsticht, solche, die von der Rührung nie in die Knie gezwungen, von der eigenen Sachkenntnis nie überrascht wurden. Sie haben es nur bis zur Ironie gebracht, leben im Interregnum, haben es zu allem gleich weit. Ihre Praxis existiert unabhängig von ihren Erkenntnissen, vom Verständnis der Welt.

Erst da setzt der dubiose Begriff der Glaubwürdigkeit ein: Den einen unterstelle ich eine Lebenspraxis, die sich nach ihren Erkenntnissen richtet, den anderen – meist jenen mit dem überdefinierten Äußeren – glaube ich nichts. Sie gehen nicht in die Irre, sie haben keine Zeit. Ihre Geradlinigkeit verdankt sich der Klarheit ihrer strategischen Ziele. Die Sachverhalte könnten schwierig sein, das Kalkül ist es nie. Ihre Parteigänger haben es leicht, rabiat zu sein, auch skrupellos, sie sind nicht demaskierbar. Was sich ihnen in den Weg stellen könnte, wären allenfalls ein Unfall, eine Krankheit, eine Wahlniederlage.

Nicht zu vergessen: Der Bundestag ist das Hollywood der Politik. Dies ist der Fluchtpunkt der Zielstrebigkeit. Sie alle hier kämpften sich durch, sagten, dass sie mitbestimmen, dass sie gestalten wollten, versprachen ihrem Wahlkreis, dass sie die Interessen der Bürger bei »denen da oben« vertreten würden. Man hat es hierher geschafft, zuvor aber Transparente hochgehalten, Plakate geklebt, hat an den Ständen der Partei unter Sonnenschirmen gestanden, ist von Tür zu Tür gegangen. Es gibt Menschen, die laufen herum, und ihr Gesicht will nirgends hin als ins Bett. Andere wollen ans Rednerpult. Da blühen sie.

Also gut, heute soll ich mich für die »Markttransparenzstelle für Kraftstoffe« und eine »Benzinpreis-App« interessieren. Das tue ich nicht. Anschließend wendet man sich in der Form der kurzfristig einberufenen »Aktuellen Stunde« einem Thema zu, das seine Durchsetzung dem ARD-Film »Ausgeliefert« verdankt, der die Arbeitsverhältnisse bei Amazon zum Thema hat. Doch bis auf die Tatsache, dass Ministerin Ursula von der Leyen zugegen ist, erweist sich die Debatte als voraussehbar: Die eine Seite wird die Verletzung der Arbeitnehmerinteressen monieren, die zweite die Leiharbeit insgesamt beklagen, die Regierung dagegen wird »Leitplanken« sagen und »schwarze Schafe« und »Einzelfälle«. Das, was man immer sagen kann, übernimmt Matthias Zimmer (CDU/CSU). Er spekuliert à la Baisse, verleugnet jede humane Absicht beim politischen Gegner und statuiert: »Es geht Ihnen gar nicht um die Hilfe für die Menschen, meine Damen und Herren von der Opposition, es geht Ihnen darum, die Bundesregierung und die Zeitarbeit zu diskreditieren, und das ist falsch.«

Diese abgenutzte Finte macht jede Debatte hermetisch und imprägniert sie zugleich gegen jedes Interesse. In dem Augenblick, da sich die politische Praxis nur noch aus dem taktischen Selbsterhalt der Herrschaftsverhältnisse erklärt, gibt es keinen Grund, in Vergangenheitsbewältigung, Opferschutz oder Antirassismus etwas anderes zu erkennen als Strategie. Wo sich Politik allerdings derartig selbstbezüglich verwirklicht, gibt es auch für Bürger keinen Grund mehr, an ihr teilzunehmen.

Donnerstag, 21. Februar, 9 Uhr

Peter Altmaier hat die möglichen Kosten der »Energiewende« auf eine Billion Euro beziffert und wird dafür als »Märchenpeter« bezeichnet. EU-Kommissar Oettinger kritisiert den zögerlichen Umgang mit dem EU-Aufnahmeverfahren für die Türkei. Es gibt Warnstreiks im Flugverkehr. Am Vorabend hat »der Bachelor« vor 22,2 Prozent des zuschauenden Publikums die Liebe gefunden und sie mit geschlossenen Lippen geküsst.

Heute bin ich mal gekommen, um alles zu mögen und mein Parlament wie etwas von mir Erstrittenes zu behandeln. Ja, heute sage ich mit Emphase: mein Parlament. Doch mögen die Sitze der Opposition auch hart sein, härter sind die der Tribüne. Deshalb will ich mir ab jetzt immer ein Kissen mitbringen. Der Tag wird sich ziehen, aber die Tribünenbänke sind für lange Verweildauer nicht geschaffen, die Plenarsessel schon. Eine Viertelstunde vor Sitzungseröffnung ist das Gedränge an der Garderobe groß. Ein Jugendlicher wird am Einlass aufgefordert: »Nehmen Sie bitte Ihr Kaugummi raus.« Es widerspricht der Würde des Hauses. Aber wird sich das Haus der Entsorgung des Kaugummis würdig erweisen?

In den Saal strömen Parlamentarier, mit Handschlag begrüßt, farbige Mappen werden verteilt, die Fotografen halten auch das fest. Ilse Aigner trägt jetzt den Pagenkopf, mit dem Michelle Obama gerade ihre Midlife-Crisis erklärte. Wolfgang Schäuble rast in Hochgeschwindigkeit die Rampe runter, helfende Hände ausschlagend, grüßende schüttelnd. Heute ist das Haus gut besetzt, eine Wichtigkeit liegt in der Luft, der Geräuschpegel steigt. Lange widmen sich die Fotografen dem Gespräch zwischen Thomas de Maizière und Rainer Brüderle.

Die Fraktionen bleiben unter sich, aber die Abgeordneten erscheinen einzeln, nehmen Witterung auf. Peer Steinbrück zeigt sich. Es folgt ein selektives Nicken, noch ausgewählteres Händeschütteln, ein Winken zu den rückwärtigen Bänken. Heute sind fünfzehn Kamerateams da, die Fotografen entscheiden sich zwischen den Stiefeletten von Sahra Wagenknecht und der Arena, in die gerade Angela Merkel trottet. Die Regierungsbank ist komplett, der Gong ertönt.

Eine Gruppe von Parlamentsreisenden aus Fehmarn ist da. Drei Tage haben sie für Berlin, eine Stunde für den Plenarsaal, danach die Kuppel, und was für ein Glück, dass es heute auch noch die Vereidigung der neuen Bildungsministerin Johanna Wanka zu bestaunen gibt! Vor der Rückwand geschieht das, neben der Deutschlandfahne.

Die Schavan-Nachfolgerin trägt ein französisches Pelzkrägelchen, Merkel den üblichen Brustpanzer. Irgendwie ist dieser Pelzbesatz mit seiner Wirtschaftswunder-Eleganz geradezu ambitioniert, gemessen an den anderen Garderoben. Er ist wie Schleierkraut im Haar. Auch absolviert Wanka den Akt offenbar gern zügig, hebt die Schwurhand gekrümmt, schwört flüssig, nimmt Glückwünsche und Blumen geneigt entgegen.

Ihre Vorgängerin erlebt die eigene Verabschiedung in der fünften Reihe. Sie trägt einen violetten Schal zur schwarzweißen Anzugsjacke, quittiert den Applaus, der lang und herzlich prasselt, mit zunehmender Rührung. Endlich erhebt sie sich, wendet sich zum Saal, neigt den Kopf. Das Bedauern, so scheint es, eint die Fraktionen.

Um 9 Uhr 9 ist es vorbei. Die Kanzlerin tritt ans Pult zur Berichterstattung über die Einigung beim Europäischen Haushalt. Ihre Jacke ist Mimikry-Grau. Sie passt sich der Wand hinter dem Rednerpult an, die ihren Schatten nur schwach konturiert. Die Kanzlerin, auch sie mit einem Sinn fürs Dramaturgische, kommt heran wie Hans Meiser in »Notruf«, unmittelbar vom Schauplatz des Geschehens. In wenigen Sätzen hat sie mitgeteilt, dass »ein hartes Stück Arbeit« hinter ihr liege, dass das Resultat »in seiner Bedeutung gar nicht hoch genug einzuschätzen« sei, ja, dass »nur wenige dieses Ergebnis für möglich gehalten« hatten, dass sich »die Anstrengung gelohnt« habe, die den Kompromiss ermögliche, der auch die »einzigartige Erfolgsgeschichte dieser europäischen Idee« kennzeichne.

Die Art, wie sie spricht, folgt wohl der Idee dessen, was man »staatsmännisch« nennt, ohne dafür ein weibliches Pendant gefunden zu haben. Es handelt sich um einen bürokratisch auftretenden Deklarationsstil, der die große Geste, das einprägsame Bild, die treffende Metapher, die rhetorische Überraschung, den wahrhaftigen Appell meidet. Der Regierungsapparat verlautbart. Es spricht die Behörde. Merkel sagt »Planbarkeit und Planungssicherheit«. Ihr Stimmklang hallt aus der Kuppel ganz leise nach, die Sonne scheint auf die Rückwand. Sahra Wagenknecht lässt sich vom Saaldiener ein Glas Wasser bringen. Die Regierungsbank hört zu, teils mit der Hand am Kinn, gehorsam auf die üblichen Displays, das Getuschel, das Aktenstudium verzichtend. Erstmals erlebe ich dies Parlament so, wie ich es mir früher vorgestellt hatte. Einmal sind alle Augen vorn. Für fünf Minuten meldet sich kein Zwischenruf. Dann ein einzelnes »Wo denn?«.

Die Rede der Kanzlerin braucht Begriffe wie »Augenmaß« und »Spielräume«, so wie sie Vokale braucht. Sie braucht auch die Anrufung des »Verbindenden«, aber so diffus, wie es ist, will ihm niemand applaudieren außerhalb der eigenen Koalition. Die »Investition in die Zukunft« kriegt schon schwächeren Applaus, und die Gefolgschaft verrät sich am ehesten, wo Merkel sich der politischen Folklore zuwendet und sagt: »Schließlich haben wir erreicht, dass darauf hingewiesen wird, dass es notwendig ist, insbesondere für die ostbayerischen Landkreise entlang der tschechischen Grenze Beihilferegelungen anzustreben, die die Brüche zwischen der Tsche-

81

chischen Republik und Bayern nicht zu groß werden lassen.«

Die Koalition beklatscht das Ungetüm des Satzes ungeachtet seiner Aussage: dass nämlich erreicht wurde, dass man hingewiesen hat, dass angestrebt werden solle. Aber Bayern kam vor. Das reicht dem genügsamen Claqueur. Und so setzt die Kanzlerin noch mal nach: »Die Gegebenheiten sind unterschiedlich, und man muss an alles denken.« Das klingt nach der Sorge der guten Hausfrau, und so bricht sich denn die Freude bei Abgeordneten der CDU / CSU und der FDP so ungehemmt Bahn, dass sie, jetzt auch Regierungspädagogin, mahnt: »Meine Damen und Herren, was ich jetzt sage, ist wichtig; deshalb bitte ich trotz der Freude über die Zukunft der ostbayerischen Landkreise noch einmal um ein klein wenig Konzentration.«

Merkel kämpft sich durch ihre Sache wie eine Person, die den Umgang mit Begriffsstutzigen gewohnt ist. Sie spricht jetzt, als grübe sie sich heraus aus dem Innersten des europäischen Bergwerks und apportiere, noch geblendet vom Tageslicht, Termini. Ihre Faust skandiert die Silben der wichtigsten Worte. Denen baut sie gern einen Sockel aus: »Ich darf heute sagen«, »Ich sage es ganz unmissverständlich«, »Ich kann auch sagen«, »Wir müssen sagen«, »Um es andersherum zu sagen«, gerne auch à la Kohl: »Ich sage ganz klar«, »ich sage in aller Deutlichkeit« und anschließend: »Ich bin fest überzeugt«, wenn nicht gar: »Ich bin aus tiefstem Herzen überzeugt«. Linguistisch würde man sagen, bei ihr wird der Sprechakt nur bezeichnet, nicht durchgeführt. Sie sagt, dass sie sagt, was sie gesagt hat. Auch in dieser elliptischen Form verrät sich ein politischer Stil.

Merkel steht auch dafür, politische Anästhesien zu erzeugen. Sie chloroformiert ihr Publikum. Themen, von denen jeder fragt, warum sie keinen Rang auf der politischen Agenda behaupten, werden von ihr verödet: Das ist beim NSA-Abhörskandal so, bei den ertrunkenen Flüchtlingen von Lampedusa oder auch in den deutschen Indolenzzonen wie dem Anstieg der Lebensmittelpreise, der viele Bedürftige hart trifft. Merkel gelingt eine Depolitisierung bei existentiellen Themen, denn sie weiß, was ein griechischer Rentner ist, interessiert in einem innenpolitisch fixierten Land gerade niemanden.

Ilse Aigner mustert die Tribüne Person für Person, legt ihren Kopf auf die gefalteten Hände, die Hinterbänkler schwätzen. Die Kanzlerin sagt schon wieder, was sie immer sagt, dass Deutschland stärker aus der Krise herauskommen werde, als es hineinging, das gelte auch für Europa. »Besondere Verantwortung«, sagt sie, »unsere Werte« müssten irgendwie verteidigt werden gegen die anderer Wertebesitzer. Das Kabinett bleibt, während sie spricht, komplett, klatscht aber nicht. So sind nun mal unsere Werte. Die Kanzlerin hat absolviert. Dann berät sie sich, an Rösler vorbei, mit Westerwelle. Man lacht, Rösler niest.

Es folgt der Kanzlerkandidat, es ist eines der letzten parlamentarischen Aufeinandertreffen vor der Wahl. Es lastet eine Bürde auf ihm – nicht die der Kanzlerinnen-

Rede, sondern die der Erwartung jener großen Rede, die er auch heute nicht halten wird. Steinbrück spricht unoffensiv, das Kolorit seines Einstiegs ist dunkel. Regierung und Opposition ergänzen sich und spielen eine eher phantasielose Variante von Schönreden-Schlechtreden. Die SPD klatscht, Merkel redet weiter, Westerwelle surft im Internet. Steinbrück kommt mit Daten, das Plenum wird desinteressierter. Die Kanzlerin sitzt diese Rede durch. Aber auf der Regierungsbank ist jetzt Unruhe, die Grüppchenbildung will sagen: Es lohnt sich nicht, das Elend ist nur in der Rede, nicht in der Welt. Wenn es aber anders wäre, würde man auch nicht zuhören, weil es eben das Elend ist, das die Opposition ausbreitet.

In Steinbrücks Sermon überschlagen sich jetzt die Begriffe »Tiefpunkt«, »Depression«, »Rezession«, »bedrückend« und »skandalös«. Man müsste jeden einzelnen fühlen können, aber tut man das? Steinbrück sagt, er habe die »Verelendungserscheinungen« bei seinem »jüngsten Besuch in Athen selber erlebt«. Kein Detail seiner Rede verrät, dass er den Kürzungspaketen für Griechenland ehemals selbst zustimmte, und keines verrät, dass er bei seinem Besuch mehr erfahren hat, als die allabendlichen Nachrichten mitteilen. »Gerade die jungen Menschen sagen dort: Wir haben keine Perspektive mehr.« Sie sagen es ihm? Und mehr sagt er nicht?

Die Kanzlerin redet lieber mit Rösler, Seibert tippt, Leutheusser-Schnarrenberger bespricht sich mit Friedrich, Westerwelle surft weiter, Schröder durchwühlt ihre Handtasche, von der Leyen schreibt handschriftlich. Steinbrücks

Trommelfeuer der Pessimismen geht weiter. Wenn er »Frau Merkel« sagt, ist das schon ein Kampfbegriff. Aber sie kriegt gerade ein Papier vorgelegt und reagiert auch auf direkte Ansprache nicht. Außerdem schmeckt die Rede nach Papier. So sagt Steinbrück nicht: »Wir vergessen nicht«, er sagt: »Unser Gedächtnis ist nicht so schlecht ausgestattet, als dass dies plötzlich aus unserer Wahrnehmung verschwinden würde.«

Merkel hat einen Fleck am Revers entdeckt, rubbelt, hebt ihre rote Henkeltasche an, prüft das Display ihres Handys, hält ihren gelben Kuli aufrecht. Kein Blick trifft Steinbrück, der redet und redet, während sie sich wieder Rösler zuwendet. Aigner winkt jemandem im Plenum dezent mit in der Luft trillernden Fingern. Jetzt spricht Steinbrück den Finanzminister an, seinen Nachfolger: »Verehrter Herr Schäuble«, sagt er, und wenig später: »Beenden Sie bitte Ihren Schleiertanz mit Blick auf die Fragestellung, wie eine Bankenunion in Europa aussehen soll.« Schleiertanz. Es ist nicht die stilvollste Metapher, mit der man einem Mann im Rollstuhl begegnen kann.

Merkel schmiegt jetzt die Wange in eine Hand. Sie sieht ihren Konkurrenten immer noch nicht an. Immer heftiger wird der Angriff, immer besser ihre Stimmung. Sie lächelt jetzt in einem fort, inzwischen mitleidig. Auch muss sie schon wieder ins Innere der Handtasche, das Display überprüfen. Anschließend verständigt sie sich mit Kristina Schröder, während ihr neuerlich ein Papier gereicht wird. »Sie sind, Frau Bundeskanzlerin, eine Last-Minute-Kanzlerin«, ruft Steinbrück – ein Prädikat ohne Schrecken.

Manchmal klatschen die Grünen lustlos mit. Der Redner kommt zum Schluss. Dass die SPD bereit sei, Regierungsverantwortung zu übernehmen, musste er noch sagen. Eine Sensation wäre das Gegenteil.

Rainer Brüderle (FDP), bleich und angegriffen aussehend, setzt auf kontinuierliche Selbstanfeuerung. Steinbrück werde als »diplomatische Neutronenbombe« bezeichnet, weiß er zu berichten, er »ticke auch volkswirtschaftlich falsch«, was er mache, sei »ökonomisch falsch«, es sei auch »politisch falsch«, es sei »Wünsch dir was«. Man glaubt das alles so sehr, wie man eine Sterbearie glaubt. Steinbrück war Merkels letzter Finanzminister. Brüderle war auch damals schon Brüderle. Seine Angriffe kommen jetzt persönlicher. Gerade läuft er zu einer Form auf, von der man ahnt, dass er selbst sie »groß« finden könnte. Immer böser wird er, aber auch immer unverständlicher. Von Marlon Brando sagte ein Kritiker einmal, er spräche, als habe er »feuchtes Klopapier im Mund«. Rainer Brüderle wird stattdessen von Jürgen Trittins Zwischenruf ereilt: »Wo sind die Untertitel wie bei der heute-show?«

Merkel ist inzwischen ins Innere ihrer Tasche zurückgetaucht. Dann geht sie wieder zu Schröder, die sich belehren lässt, dann zu von der Leyen, die schallend lacht, während Brüderle die Apokalypse beschwört. Steinbrück befindet sich gerade unter Trommelfeuer, aber er markiert mit Leuchtstift einen Text, berät sich mit Steinmeier, lacht, lacht lauter und demonstrativer. Schröder verschickt eine SMS. Brüderle, schmal geworden, beschwört die »fetten Jahre« und endet mit »Packen wir's an«. Er packt ins Leere.

Inzwischen hat sich aus der ersten Reihe eine rare Erscheinung gelöst und betritt die Szene: Sahra Wagenknecht spricht von Merkels »wunderbarer Märchenstunde«. Die Kanzlerin geht, Rösler geht, die Regierungsbank leert sich. Wagenknecht ist gerade die einzige Person im Hohen Haus mit Silhouette. Im petrolfarbenen knielangen Kostüm mit knöchelhohen Stiefeletten spricht sie nicht zur eigenen Fraktion, sie spricht mutig und offensiv zu den Regierungsparteien, im Wesentlichen frei, mit weit geöffneten Armen, für eine angesetzte Dauer von acht Minuten.

Und ist es nicht wahr? Die Banken wurden mit einem Hilfspaket von knapp einer halben Billion Euro gestützt, ohne dass jene, die darüber abgestimmt haben, den Eindruck vermittelten, sie wüssten, worüber sie da abstimmten. Es gab Sachverständige, Experten, Politiker und Ökonomen, man hatte Vertrauen in die Expertise, die zwar nicht selbstlos, aber offenbar »alternativlos« war. Nicht die Banken bezahlten, die Bürger taten es, betroffen vor allem die mit den kleinen und mittleren Einkommen. Sie blickten auf das Parlament, wenn sie noch blicken mochten, und verstanden nicht. Wann hätte sich das Parlament zuletzt gegen eine Empfehlung der Regierung ausgesprochen? Wann hätte es zuletzt seine Hoheit gegen die der Regierung behauptet? Nein, so hoch war das Haus lange nicht.

Wenn Wagenknecht »Mitglieder der deutschen Bundesregierung« sagt, blickt sie auf die Bank, aber da ist kaum noch jemand, und wer da ist, demonstriert Desinteresse.

Keine Fraktion im Haus ist jetzt noch so stark besetzt wie die der Linken. Sie klatschen frenetisch, immer wieder öffnet Wagenknecht ihre Arme – um wen zu umfangen? Die Zahlen prasseln. Da sind die »4,5 Billionen Euro, die die europäischen Steuerzahlerinnen und Steuerzahler dafür aufgebracht haben, marode Banken zu retten«, da sind die »3,2 Milliarden Euro«, die die Deutsche Bank im Jahr 2012 an Boni ausgeschüttet hat. Da sind die »bis zu eine Billion Euro faule Kredite in den Bankbilanzen europäischer Banken«. Es schwindelt die Zuhörer auf den Tribünen auch angesichts von Zahlen, die im Parlament niemand sonst zitiert.

Wagenknecht hat jetzt lauter rhetorische Fragen, lauter demaskierende Antworten. Mit zurückgesetztem rechten Fuß, geradezu mitten im Marschieren, erreicht ihre Empörung die Klimax. »Ihre Politik macht Europa kaputt. Ihre Politik macht die Demokratie in Europa kaputt«, sagt sie und droht zuletzt ihren »massiven Widerstand« an. Dann greift sie sich ihr Wasserglas und schreitet zu ihrem Platz in der ersten Reihe, wohl ahnend, dass ihre Erscheinung sie nicht minder vereinzelt als ihre Position.

Dagmar Enkelmann nickt, Dieter Dehm (DIE LINKE) spricht sofort mit hoher Suggestivität auf Wagenknecht ein. Die lacht, legt die Hände zusammen, nimmt sich ihr Mobiltelefon, verschickt eine Nachricht. Merkel ist jetzt wieder zurückgekehrt, aber nur zum Aktenstudium. In diesem Moment arbeiten gerade alle auf der Regierungsbank in ihren Papieren. Das Parlament ist am ehesten ein Büro mit angeschlossener »Speakers' Corner«.

Als Jürgen Trittin das Pult erreicht hat, reibt er sich erst mal lange die Hände und moniert, dass die Kanzlerin Europa nicht habe erklären können. Zwar ist die Kanzlerin wieder auf ihrem Platz, aber sie redet abgewandt mit denen, die hinter ihr sitzen. Der Besucher darf kein Kaugummi im Mund haben, aber Desinteresse demonstrieren, allen gegenüber, auch jenen auf der Tribüne oder an den Fernsehgeräten, ist für Parlamentarier nicht unschicklich. Trittin redet gut und frei, immer wieder wendet er sich der Kanzlerin zu, aber sie ist nicht mal zu sehen im Rudel ihrer Gesprächspartner.

»Sie wollen Dioxin im Hühnerei.« Sie taucht wieder auf, ist aber gleich wieder bei ihrem Mobiltelefon. »Sie wollen Pferdefleisch in der Lasagne!« Trittin lehnt jetzt auf dem Pult wie auf einer Theke, seine Hand schwebt im Luftraum und setzt von dort die Nadelstiche: »Sie wollen Antibiotika im Hühnerfleisch subventionieren.« Er redet entlang der Widersprüche einer Politik, die erratisch und unaufgelöst bleiben. »Was macht diese Kanzlerin?« Er zeigt mit dem Finger auf sie. Sie blättert. Die Situation umfasst das Künstlichste, was es in Kommunikationssituationen geben kann: Zwiesprache mit einer Abwesenden, Verletzungen ohne Körper, Beleidigung ohne Adressaten, Appelle ohne Gegenüber.

Als Johannes Singhammer (CDU/CSU) sich anschließend, man weiß nicht warum, für den Gebrauch der deutschen Sprache starkmacht, die er selbst in einer dunkel grundierten bajuwarischen Variante spricht, fühle ich Erschöpfung. Seine Mundart steigert die Glaubwürdigkeit alles dessen, was er zum Agrarischen sagt. Er steht auf der Scholle. Als er aber ausholt: »Es ist richtig, dass die Eierproduktion ein wichtiger Bestandteil der Landwirtschaft ist, aber Rumeiern hat nichts mit guter Landwirtschaftspolitik zu tun«, suche ich die Nassräume. Auf dem Rückweg frage ich die Garderobenfrau, ob sie denn etwas zum Mittagessen bekommen habe. Sie erwidert mit unerwarteter Härte: »Mir sind doch hier im Mittelalter, mir kriegen die Küchenabfälle zu fressen.«

Im Plenum geht es gerade um »Strukturen für die Zukunft«. Aber darum geht es oft. Man war einmal kurz draußen im Mittelalter, schon wird das Artifizielle drinnen offenbarer: aufgewärmte Emotionen, halbkalte Überzeugungen. Wo Argumente fehlen, treten Standpunkte ein, etikettiert mit »ich«. »Ich bin der festen Überzeugung«, sagt der Redner, und der Hörer fragt: »Wer?«

Ilse Aigner ist in diesem Augenblick die einzige Zuhörende. Aber jetzt, da die Zahlen kommen, schweift auch ihr Blick in die Kuppel, in die gerade niemand klimmt. »Es ist richtig, dass sie Eierpolitik …« Der Redner spricht mehrmals die Kanzlerin an, die nicht da ist. Aigner hat jetzt beide Hände vor das Gesicht geschlagen. Sie meint es nicht so. Der Redner ist CSU-Urgestein. Vielleicht ist sie ihm bloß ihre Anwesenheit schuldig, aber keinen Gesichtsausdruck. Eine großangelegte Debatte hat sich in ihre Niederungen gesenkt.

Und schließlich: Es muss Menschen geben, die hier geredet haben, und niemand, wirklich niemand hat sie gehört, denn sie redeten sich in die komplette Unsichtbarkeit hinein. Auf den Tribünen wandte man sich ab, oder die Blicke senkten sich oder irrten umher. Eben klatscht ein Abgeordneter einmal höhnisch. Aber wenn jemand so mit dem Manuskript kämpft wie Bettina Kudla (CDU / CSU), dann riecht es die Rotte. »Jetzt klatscht doch mal«, ermuntert Dieter Dehm (DIE LINKE) die Fraktion der CDU. Nein, die Rednerin bekommt keine Hilfe. Die Langeweile im Saal verbeißt sich in ihre Gestalt, und Dehm macht den Zampano: »Beifall!« Niemand reagiert. Vielmehr hört man spitzes, höhnisches Gelächter. Die Rednerin havariert, Abkürzungen und Fremdwörter überschlagen sich in ihrem Mund. Schon wenn sie »meines Erachtens« sagt, lachen die Verfolger. Um Ruhe bemüht, legt sie die Hände auf dem Rednerpult ab. Ihre Satzfolgen stottern, wieder dankt sie der Kanzlerin. Das passt immer. Die Regierungsbank ist nun fast leer, die der Opposition immerhin gut besetzt. Nachdem noch rasch ein Entschließungsantrag der SPD abgelehnt wurde, kann auch Sahra Wagenknecht gehen.

Sie verpasst, wie eine kämpferische Katrin Göring-Eckardt den sogenannten »Armuts- und Reichtumsbericht« der Regierung zerlegt, jenen Bericht, den Ursula von der Leyens Ministerium geschrieben und Philipp Röslers Ministerium geschönt hatte: »Ich sage einmal, welche Sätze Sie streichen wollen oder gestrichen haben: ›Die Privatvermögen in Deutschland sind sehr ungleich verteilt.‹ Gestrichen. ›Die Einkommensspreizung ... verletzt das Gerechtigkeitsempfinden der Bevölkerung und kann den gesellschaftlichen Zusammenhalt gefährden.‹ Gestrichen.«

Holger Krestel (FDP) produziert den Zwischenruf: »Im Sozialismus haben alle nichts!« Göring-Eckardt fährt unbeirrt fort: »Fast acht Millionen Menschen in unserem Land leben von Niedriglöhnen. Das sind übrigens mehr Menschen, als in den vier größten deutschen Städten (…) zusammen wohnen.« Alleinstehenden mit Vollzeitjob, deklamiert sie, »reicht der Stundenlohn nicht für eine Sicherung des Lebensunterhalts«. Gestrichen. Sie treibt die wirtschaftliche Analyse voran, zitiert den »Economist«. Holger Krestel feuert zwei Zwischenrufe ab: »Ach, davon verstehen Sie doch nichts!« und »Sind Sie sicher, dass das nicht die Bunte war?« Die Unterstellung, Frauen verstünden nichts von Wirtschaftspolitik und bevorzugten Klatschpostillen, geht unkommentiert durch.

Die Verachtung gegenüber den Frauen aber steigert sich in der Verachtung gegenüber den Armen. Man mag von Fall zu Fall streiten, wie aufrichtig ein Engagement für die »sozial Schwachen« im Parlament ist. Aufrichtig aber ist jedenfalls der Hohn, der sich in Zwischenrufen verrät, wo allein die Wirklichkeit der Armut anerkannt werden soll. Die Armen, so suggeriert vor allem die FDP, seien arm nur, um der Regierung zu schaden. Das ist nichts weniger als schamlos und widerspricht jenem sozialen Pathos, das das Hohe Haus sonst so gerne bemüht.

Der von all dem angesprochene Wirtschaftsminister Philipp Rösler ist nicht angesprochen, denn er ist nicht zugegen. Volker Beck stellt für die Fraktion B 90/DIE GRÜNEN den Antrag, ihn herbeizuzitieren. Vizepräsident Eduard Oswald, selbst CSU, bittet um Abstimmung durch

Handzeichen, und etwas Befremdliches geschieht: Obwohl alle Anwesenden sogleich überblicken, dass wegen der schwachen Anwesenheit der Regierungsfraktion diese die Abstimmung verloren hat (»Zweidrittelmehrheit!«, ruft Volker Beck), stellt Vizepräsident Oswald fest: »Man ist sich hier heroben nicht einig.« Gelächter bei der Opposition, Sigmar Gabriel (SPD) empfiehlt: »Fragen Sie einmal die Kameraleute!«

Oswald lässt lieber den Hammelsprung durchführen. Dass er sich so wenig zur Unparteilichkeit verpflichtet sieht, wirkt undemokratisch, wird aber akzeptiert wie Gewohnheitsrecht – nur auf den Tribünen nicht. Anschließend kommt Rösler noch rechtzeitig, um zu hören, wie Matthias Zimmer (CDU / CSU) erklärt, die ganze Armutsdebatte werde »zu sehr mit Blick auf lediglich materielle Faktoren geführt«. Ich stelle mir diesen Abgeordneten vor, der in seinem Frankfurter Wahlkreis eine Hartz-IV-Familie besucht und ihr erklärt, sie sei in ihrer Armut zu sehr auf materielle Werte fixiert. Er sagt auch, Menschen könnten sich »durchaus bei genügender materieller Grundausstattung als arm empfinden«. Armut kann also auch psychosomatisch, eine Sache der Einbildung sein, sagt er, der Privatdozent. Anschließend zitiert er Jonathan Swift mit einem Satz über die Lüge. Dabei liegt der passendere Satz dieses Jonathan Swift doch auf der Hand: »Man braucht nur das Gesicht derjenigen zu sehen, denen Gott Reichtum gegeben hat, und man weiß, was er von Reichtümern hält.«

Der Zynismus der Rede wird vor der Mimik einiger

augenscheinlich Schlechtgestellter auf der Tribüne zunichte. Er verrät auch, dass nicht allein die Geldverteilung ungerecht ist, sondern dass der Neoliberalismus keine Werte anzubieten hat, stattdessen aber der Entsolidarisierung Selbstbewusstsein verleiht. Den Armutsbericht zu beschreiben, als zeige er den Menschen, wie gut es ihnen eigentlich gehe, diese Infamie macht es Sigmar Gabriel leicht. In lapidarem Duktus spricht er mit der Sicherheit des Mannes, der die Fakten und die Erfahrung der Menschen auf seiner Seite weiß. Dabei überblickt er eine historische Spanne von den Vätern des Wirtschaftswunders und der sozialen Marktwirtschaft bis zu jenen Passagen in von der Leyens Bericht, die nach Linksposition klingen. Kern ist bei ihm die »kosmetische Berichtschirurgie«, und wie en passant entsteht dabei das Bild einer »neuen sozialen Frage«, der sich auch die Hartz-IV-Erfinderin SPD neu zu stellen hat.

Katja Kipping (Die LINKE) wird als Nächste sprechen. Noch hört sie aus der ersten Reihe zu, ergreift das Manuskript, trinkt, hört flüchtig, was ihre Nachbarin sagt. Es wird überraschend leise, als sie anhebt. In ihren abgewetzten Jeans steht sie klein, beteiligt und deplatziert da. Um Empathie braucht sie nicht zu ringen, das weiß sie. Deshalb wischt sie sich die Betroffenheit aus dem Gesicht mit Zahlen: »Die ärmste Hälfte der Bevölkerung verfügt über ein Prozent des Nettovermögens, und die reichsten zehn Prozent der Bevölkerung verfügen über die Hälfte der Vermögen.« Der Bahnchef verdient das 86fache eines Zugbegleiters im Nachtverkehr, der Chef der Deutschen

Bank das 447fache einer Reinigungskraft, die in einer Bank in den neuen Bundesländern saubermacht. Das Kämpferische ihrer Empörung ist noch unabgenutzt. Diejenigen, die zuhören, sind bewegt von der Erinnerung an etwas, das real ist und Armut heißt.

Matthias Zimmer (CDU / CSU) quittiert ihre Ausführungen mit dem Zwischenruf: »Armut für alle!« Kipping wird sich setzen, sich anhören, dass alles, was sie ausführte, Wahlkampf und billige Polemik gewesen sei. Sie wird auch hören, wie Max Straubinger (CDU / CSU) breit und pauschal deklariert: »Sehr viele Menschen würden die angebliche Armut in Deutschland liebend gerne ertragen.« Sie erfährt an solchen Rednern auch, wie weit der Weg für Menschen ist, die jung in den Bundestag kamen und »gestalten« wollten. Straubinger röhrt und stammtischlert, er tadelt Peer Steinbrück, lobt Uli Hoeneß und verlässt das Pult zufrieden lachend.

Man kann die alten Polterer zwar gut unterscheiden von den alerten Jungfunktionären, doch treffen sie sich oft in der kognitiven Dissonanz. Die moralisch Aufrechten haben es am schwersten. Immer müssen sie dasitzen und sich anhören, was ihrem Eintreten für Minderheiten widerspricht.

Rösler ist also nicht einbestellt worden, war trotzdem da, sagte aber nichts. Von der Leyen blieb länger, hörte zu, nickte, reagierte. Gerade halten die Friseurinnen in Sachsen wieder als Beispiel her. Wissen sie, die im selben Augenblick irgendwo über dem Waschbecken arbeiten, wie oft sie im Bundestag vorkommen?

Was denken die Besucher auf den Tribünen? Sie hören die Zahlen, es kommen und gehen die Informationen. Schon bei den Interpretationen setzt das Verständnis aus. Das Land kann man oft nicht erkennen, nur die Fraktionen. Vieles ist rhetorische Übung, leicht vorauszuahnen und besonders artistisch immer dort, wo man sich von der Realität am weitesten entfernt. Gerade geht es um die »Zukunftsperspektiven für Kinder aus schwierigen sozialen Verhältnissen«. Die Schülerinnen und Schüler erheben sich mit trotzigen Gesichtern, mürrische, ohnmächtige Oppositionelle.

Freitag, 22. Februar, 9 Uhr

Die deutsche Fahne flattert waagerecht auf dem Eckturm des Reichstags. Auf dem obersten Sims des Turms: Masken, auf dem First des Übergangstraktes: Amphoren, am Gebäude gegenüber: Putten – dieser ganze mythologische Krempel, dieser historisch kontaminierte Zierrat, der den Repräsentationsgedanken des Parlaments immer neu interpretiert, bringt die Amerikanerin, die zufällig neben mir auf der Bank an der Spree Platz genommen hat, dazu, »Grand Central« zu flüstern, während eine Französin innehält und dreimal hintereinander zu ihrer Begleiterin sagt: »Voilà!« Sie sagt es, als sei sie die Bauherrin.

Der Fuhrpark ist fast leer. In den Boden eingelassen, findet sich eine bronzene Tafel mit den Worten »Berliner Mauer 1961–1989«. In einem Winkel an dieser nördlichen

Flanke des Reichstags steht auch eine schadhafte Mauer aus porösem roten Ziegel. Dieses Stück stammt von der Danziger Lenin-Werft, Lech Walesa kletterte ehemals hier hoch, um den Arbeiterstreik zu organisieren. Mit dem Geschenk dieses Fragments unterstrich die Regierung Polens die Beziehung zwischen der »Solidarność«-Bewegung und der »Stillen Revolution« vor der deutschen Wiedervereinigung. Zwei Staaten schenken sich Mauern.

Im Treppenhaus steigt Ilse Aigner ihrem Auftritt vor dem Plenum entgegen. Der Verbraucheralltag greift in die Redeordnung des Bundestags ein. Denn auch wenn heute alle angetreten sind, die Beschlussempfehlung der SPD zum Ausbau der »Modernen verbraucherbezogenen Forschung« zu besprechen, kann die verantwortliche Ministerin ihre Stimme nicht erheben, ohne der unerfreulichen Aktualität ihrer Themen Tribut zu zollen: »Millionen von Verbraucherinnen und Verbrauchern in ganz Europa«, so sagt sie denn auch gleich zu Anfang, »wurden verunsichert; denn als Rindfleisch deklariertes Pferdefleisch ist in verarbeiteten Lebensmitteln gefunden worden«.

Sie weiß es selbst: »Ob Dioxinskandal bei Futtermitteln, ob die Tragödie um Ehec-Erreger in Sprossen, ob die Reaktorkatastrophe in Fukushima, ob Noroviren in Kindertagesstätten oder falsch deklarierte Lebensmittel«, am Ende wird man es ihr anlasten, dass Konzerne Profite über Gemeinwohl stellen. Aber hat nicht schon Gerhard Schröder konstatiert, wer gesundes Essen haben wolle, müsse mehr Geld ausgeben, anders gesagt, wer diese Mittel nicht habe, möge sich auf früheres Ableben einrichten? Nimmt man hinzu, dass ein effektiver Verbraucherschutz Verbände und Interessenvertreter gegen sich aufbringt, dann ist die Argumentationslinie vorgezeichnet: Rhetorisch drastisch auftreten, von »Hintermännern« reden, von »dreistem und skandalösem Etikettenschwindel«, dann die Aktionsschritte nennen: »zuerst Aufklärung, dann Verbraucherinformation und schließlich Konsequenzen ziehen«, anschließend die staatliche Überwachung hochfahren, einen »nationalen Aktionsplan« verabschieden, »Kontrollsysteme der Supermarktketten« stärken und sich »am Montag beim Ministerrat in Brüssel dafür starkmachen, dass endlich die Herkunftskennzeichnung verpflichtend kommt«.

Gerade noch sah ich Ilse Aigner, die Verleiherin der »Deutschen Rapsöl-Medaille«, auf einem Foto. Da kraulte sie einen Hund auf einer Wiese, während drei Blechbläser in Lederhosen die Wehrlose von rechts beschallten. Auf der Regierungsbank ist sie anders: Manchmal bullig offensiv, kann sie die Zürnende geben, mit der nicht gut Kirschen essen ist. Andererseits wirkt ihre gute Laune ansteckend bis auf die Tribüne. Heute aber hat sie ein Verbraucherschutz-ABC vorgetragen, das nach rhetorischer Laubsägearbeit klang und das man im Fernsehen verhöhnen wird. Solange die Ministerin sprach, klang faktisch alles plausibel. Aber dann?

Ist es wahr, wie Ulrich Kelber (SPD) sagt, dass nach ihrer Regelung »Schwarzwälder Schinken aus Dänemark stammen kann«? Ist es wahr, dass ihr Vorgänger Horst

Seehofer »dem Lkw-Fahrer, der den Gammelfleischskandal aufgedeckt hat, die Verdienstplakette des Ministeriums überreicht« hat, der Fahrer dann aber entlassen wurde und sich »die Mehrheit im Deutschen Bundestag einem Gesetz zum Schutz solcher Arbeitnehmerinnen und Arbeitnehmer« immer noch verweigert? Und höre ich recht, dass Volker Kauder (CDU / CSU) diese Forderung ungerügt mit dem Zwischenruf kommentiert: »Dann führen Sie die Blockwarte wieder ein«?

Es gibt aber einen Anwurf, der offenbar noch schwerer wiegt und den Hans-Michael Goldmann (FDP) vorbringt: »Wie gehen wir eigentlich miteinander um? Das ist doch nicht Ihr Ernst! Sie wollen doch Frau Aigner nicht ernsthaft unterstellen, dass sie sich im Schoß der Industrie wohlfühlt bzw. suhlt. Das kann doch nicht in Ihrem Kopf sein.« Jetzt ist es in meinem Kopf, das Bild einer Ilse Aigner, die sich im Schoß der Wirtschaft »wohlfühlt«, wenn nicht »suhlt«, womit das Bild zumindest viehwirtschaftlich intakt ist.

Für den Zuhörer changiert die Sprache des Parlaments zwischen grob vereinfachend und populistisch. So, wenn etwa Ralph Brinkhaus (CDU / CSU) resümiert: »Die Grundannahme von grüner und roter Verbraucherschutzpolitik ist: Der Verbraucher ist dumm; der Anbieter ist böse. (...) Wir glauben an die Mündigkeit der Verbraucher.« Vergeblich, denn wie der Verbraucher bei 100 000 Lebensmittelprodukten in den Supermärkten und etwa 800 000 Finanzprodukten auf dem Markt seine Mündigkeit erwerben soll, das weiß nicht mal der Markt, und das will er auch nicht.

Zugleich aber ist das Parlament damit beschäftigt, Nicht-Verstehen herzustellen. Manchmal muss eine Sache kompliziert scheinen, damit die Kompetenz der Volksvertreter umso nötiger werde. Erlöst uns von der Komplexität der Sachfragen, Abgeordnete, so denken die Wähler, nehmt uns das Wissen ab! Auch wegen des avancierten Expertentums auf der einen, dem Anspruch von Volksnähe auf der anderen Seite sind Personalisierungen, Psychologisierungen, Literarisierungen als Kontrastmittel so beliebt.

Schon fast im Aufbruch, lasse ich die Debatte über die Kulturwirtschaft noch ein wenig auf mich wirken. Alle Redner betonen, wie wichtig sie ist. Aber der Kulturstaatsminister spricht nicht, der Wirtschaftsminister fehlt. Dabei könnten sie hören, wie Dagmar Wöhrl (CDU/CSU) von der Kultur sagt, dass sie »kein weicher Standortfaktor« mehr sei, sondern mit ihren Umsätzen die der Automobilindustrie oder anderer großer Industriezweige erreiche. Das findet sich zwar in der Repräsentation durch das Parlament nicht wieder, erklärt aber einen geradezu künstlerischen Widerspruch: Auf den Gängen, in den Sälen, Lounges und Restaurants der parlamentarischen Bauten und des Reichstags ist eine vorzüglich kuratierte Sammlung deutscher Gegenwartskunst zu finden, im Parlament aber kommt die Kultur kaum vor oder in der Diktion von Dagmar Wöhrl: »Das bedeutet für unser rohstoffarmes Land, dass die Kultur- und Kreativwirtschaft eine der wichtigsten Zukunftsressourcen in unserem Land ist. Das heißt aber auch für uns, dass wir als Union kompromisslos davon überzeugt sind, dass wir in die Kulturschaffenden investieren müssen, um so Arbeitsplätze und Wirtschaftskraft auch in Zukunft zu erhalten.« In diesem Zusammenhang propagiert sie auch eine Stärkung des Kunsthandwerks.

Auch hier wird deutlich: Die Frage der Zukunft ist synonym für Rendite. Flankiert von einer Ökonomisierung aller Lebensbereiche, gibt der Zustand der Wirtschaft die Idee dessen vor, was Zukunft ist. Ja, selbst auf kulturellem Gebiet setzt man auf Wachstum und Gewinnmaximierung. Warum nicht auf Beständigkeit oder Vergangenheit? Die parlamentarische Kultur ist nun einmal strukturell konservativ, also am Fortbestand bestehender Strukturen interessiert.

Der nächste Regierungsvertreter stellt dann, wie er selbst sagt, »mit großer Überzeugung fest«, der Deutsche Bundestag bekenne sich »über alle Fraktionsgrenzen hinweg zu den Kreativen unseres Landes«. So weit, so gratis. Man stelle sich das Gegenteil vor: Der Deutsche Bundestag distanziert sich über alle Fraktionsgrenzen hinweg von den Kreativen des Landes. Aber ökonomisch hat Petra Sitte (DIE LINKE) recht mit dem Hinweis: »Der Mehrzahl der Kreativarbeiterinnen und -arbeiter fehlt massiv soziale Absicherung.«

Die Stimmung wird zickig, die Terminologie verleugnet jede Nähe zum Kulturellen. Rita Pawelski (CDU/CSU) fleht sogar: »Zertreten Sie doch nicht das Gesicht, das Sie selber geschaffen haben!« Allerdings hat auch die Sozialdemokratie in den letzten Jahrzehnten nicht eben durch ihr kulturelles Interesse auf sich aufmerksam gemacht.

Wolfgang Börnsen (CDU/CSU) bestätigt es durch den süffisanten Hinweis, dass »Herr Kollege Steinmeier« den Kulturausschuss in den vergangenen dreieinhalb Jahren keinmal beehrte, so wie auch der »Kollege Peer Steinbrück« dem Kulturausschuss zwar offiziell angehöre, aber an keiner »der bisherigen achtzig Sitzungen seiner parlamentarischen Verantwortung gerecht werden« konnte.

Ich gehe, setze mich unten in den Lichthof Nord, wo die Köche immer rauchen, versammelt um Hans Haackes ehemals heftig umstrittene Installation. Alle Abgeordneten bringen aus ihren Wahlkreisen Erde hierher, um sie in das Biotop rund um den Schriftzug »Der Bevölkerung« zu schütten. Dieses darf nicht beschnitten, gemäht oder künstlich verändert werden. Die Flora überwuchert »Die Bevölkerung«, die sich hier dem einzigen Gesetz unterwerfen muss, das bleibt: dem Naturgesetz.

Mittwoch, 27. Februar, 13 Uhr

Am Vortag war der neue US-Außenminister John Kerry zum Antrittsbesuch in Berlin. Der Film über Natascha Kampusch kommt in die Kinos. Stéphane Hessel ist tot. Steinbrück bezeichnet die italienischen Wahlsieger Beppe Grillo und Silvio Berlusconi als »Clowns«. Der nächste Massentierhaltungs-Skandal zeichnet sich ab. Michelle Obama ist bei der Oscar-Verleihung aufgetreten.

Wartungsarbeiten machen einen Besuch der Kuppel

gerade unmöglich. Ganz still liegt der Saal, manchmal klappt eine Tür, die Besucher hinter den Glastüren warten auf Einlass. Noch tuscheln die Schriftführerinnen. Ein Schwall Gelächter kommt zur Außentür herein, Kameraleute justieren ihre Geräte, das Rotlicht leuchtet schon. Die erste Schulklasse sammelt sich auf Empore 2. Neben mir kommen in bunten Pullovern die Senioren in den Saal.

Die heutige Tagesordnung ist kurz. Erst die halbstündige Regierungsbefragung zu aktuellen Themen. Dann die Aktuelle Stunde zum Thema »Haltung der Bundesregierung zur vollständigen Gleichstellung von Lebenspartnerschaften und Ehe«. Ein paar Lebensfragen weiter, nach 16 Uhr, sollte Schluss sein. Oben geben die Saalordner noch Anweisungen, das Plenum bleibt leer. Die Ruhe der Besucher ist jetzt wie die vor dem Gottesdienst. Noch neun Minuten. Die Saaldiener stehen mit verschränkten Armen. Auf der Regierungsbank stellen sich ein paar Staatssekretäre ein. Die Senioren sitzen vorgebeugt, die Teenager lehnen sich zurück.

Ein Kameramann schwenkt die Gesichter ab. Noch fünf Minuten. »Die Leute sind total unzufrieden«, sagt der Journalist hinter mir. Der Satz geht so durch die Luft. »Schwierig«, erwidert sein Nachbar. Beide schweigen. Zwei Protokollführer haben ihre Plätze eingenommen. Eine Lehrerin auf der Schülertribüne unterrichtet mit gedämpfter Stimme. Der dritte Journalist kommt. »Pat und Patachon«, sagt er zu denen, die schon sitzen. Noch zwei Minuten. Das Plenum ist fast leer. Die Tribünen sind fast

voll. Die Besucher suchen immer noch: Nein, ein Star ist
nicht im Raum.

Es ist 13 Uhr. Der Gong ertönt. Bundestagsvizeprä-
sident Wolfgang Thierse kommt rasch, redet schon im
Gehen: »Guten Morgen, liebe Kolleginnen und Kollegen.
Die Sitzung ist eröffnet.« Es ist, als sei es ihm peinlich, dass
wir stehen. Noch erklingt seine Stimme unverstärkt.

Am Anfang steht der Jahresrüstungsbericht. Die Stimme
des Auskunftgebenden ist sanft und verbindlich. Es geht
um Rüstungslieferungen an den Persischen Golf. Wir hatten das. De Maizière verteidigte sie als Antwort auf die
Bedrohung durch den Iran.

Michael Link, Staatsminister im Auswärtigen Amt,
sagt nun erst einmal: »Abrüstung, Rüstungskontrolle und
Nichtverbreitung sind vorrangige Handlungsfelder deutscher Außen- und Sicherheitspolitik.« Er redet gewählt,
behutsam. Man hat den Eindruck, die rhetorische Sanft-
mut wächst, wo es um Rüstungsgüter geht. Auch antwortet er nicht gern, genauer gesagt, am liebsten gar nicht.
Lieber streut er Begriffe aus wie »mehr Sicherheit und Stabilität«, »Verhinderung von Proliferation«, »kooperative
europäische Sicherheitsarchitektur«, »Konfliktprävention
und Postkonfliktbewältigung«, »Gesamtabwägung« und
natürlich »Transparenz«. Die Fragenden bleiben stehen,
bis sich die Antwort erschöpft hat. Wer sich früher setzt,
wird gestisch oder rhetorisch aufgefordert, sich wieder zu
erheben. Man hält auf Etikette in den Abläufen, so mons-
trös die Inhalte auch sind. Denn wie will man den »Vorrang« der »Nichtverbreitung« von Waffen einem Land er-

klären, das drittgrößter Waffenexporteur der Welt ist? Durch Desinformation oder durch Lüge?

Als Jan van Aken (DIE LINKE) in Jeans und Kapuzenpulli vom Treffen mit den Abrüstern im Sudan berichtet und schließlich wissen will, wie viele Waffen in Libyen konkret eingesammelt und vernichtet worden seien – »Ich möchte nämlich die Zahl der abgerüsteten Waffen mit der Zahl der exportierten Waffen vergleichen« –, da zieht der Staatsminister, der diese Aktion eben noch als Regierungserfolg deklariert hatte, es vor, keine Antwort zu wissen, den Erfolg aber weiter zu rühmen.

Die Senioren sind gerade hochgespannt. Man kann sehen, dass einige die Wirkung von Waffen aus eigener Erfahrung kennen, also sitzen sie vorgebeugt, mit der Hand vor dem Mund. Die Blicke der Jugendlichen schweifen. Gerade hat sich der Staatsminister »für eine atomwaffenfreie Welt ausgesprochen«. Die Stimmen dringen in den Raum, manche bemühen sich um Fassung, andere klingen mütterlich: »Ich möchte gerne nach der Glaubwürdigkeit der Bundesregierung fragen.«

Diese steht auch einen Tagesordnungspunkt weiter zur Debatte, verlangt aber eine andere Sensibilität, geht es doch hier um einen unrühmlichen Fall von Bürokratie, um »Menschen, die anerkanntermaßen freiwillig gegen Entgelt in einem Ghetto gearbeitet haben«. Nach einer Ablehnung von Entschädigungsleistungen in neunzig Prozent der Fälle im Jahr 2002 rang sich die Bundesregierung 2007 zu einer pauschalen Entschädigung in Höhe von zweitausend Euro durch. 2009 änderte sich die Rechtsprechung, weitere Fälle wurden positiv beschieden. Die schon 2002 Berücksichtigten hatten jetzt einen zusätzlichen Anspruch auf die pauschale Entschädigung von zweitausend Euro, die früher nur für Menschen vorgesehen war, bei denen eine entsprechende Rentenleistung abgelehnt worden ist. »Es geht nicht darum, ob ein hochbetagter Mensch eine Rente bekommen soll oder nicht«, erläutert der Staatssekretär, »es geht hier nur um die Frage, ob möglicherweise eine mathematisch neutrale Umstellung erfolgen soll.« Ich verstehe die »mathematisch neutrale Umstellung« nicht, empfinde den juristisch-bürokratischen Sachverhalt als undurchsichtig. Aber was sind das für Debatten, um, wie Ulla Jelpke (DIE LINKE) sagt, »hochbetagte NS-Opfer«, »die möglicherweise nicht mehr erleben, dass sie zu ihrem Recht kommen«?

Man kann fühlen, dass die leiseren Töne der Debatte, auch die Konzentration im Plenum, mit einem unterschwelligen Eingeständnis von Mitschuld zu tun haben. Früher hatte man gestritten, was ein Ghetto überhaupt sei, wann man in diesem Zusammenhang von »freiwilliger Arbeit« sprechen könne. Man war zu keiner Lösung gekommen, »wegen der Schlampigkeit des Gesetzgebers, wofür wir natürlich die Verantwortung tragen«, sagt Anton Schaaf (SPD) in einem seltenen Akt parlamentarischer Selbstkritik.

Volker Beck (B 90/DIE GRÜNEN) schließlich bittet inständig: »Wir haben doch keine Zeit mehr. Wollen wir jetzt wirklich noch einmal anderthalb Jahre darüber reden, dass immer nur die Erben der Rentenbezugsberechtigten die Rente bekommen? Ich möchte, dass die Menschen, die damals in den Ghettos unter der deutschen Gewaltherrschaft gelitten haben, etwas von diesem Geld haben. Es sind ohnehin geringe Beträge, die ausbezahlt werden. Deshalb bitte ich Sie inständig: Sagen Sie uns, wann Sie einen Vorschlag vorlegen, der aufzeigt, über welchen Lösungsweg man zu einem Ergebnis kommen kann.«

Nicht oft klingen Reden im Bundestag aufrichtig überzeugt, wirklich verzweifelt, kompromisslos drängend oder gar radikal. Hier tut es die von Beck, aber der Regierungsvertreter erläutert als Antwort einen Konflikt zwischen der »entschädigungsrechtlichen« und der »rentenrechtlichen Lösung«. Die Gemengelage ist diffus: das Parlament im Modus der Selbstbezichtigung, die Regierung offenbar verlangsamt, die Bürokratie grotesk, dazu eine Gruppe Gutwilliger, eine Gruppe Engagierter und eine Gruppe alter Opfer des Nationalsozialismus, die ihre gerechte Entschädigung nicht mehr erleben werden, weil das biologische Leben weniger Atem hat als die Bürokratie. Der Fall wird wiederkehren.

Auch in der zweiten großen Debatte des Tages treten Gewissen, Weltanschauung und Überzeugung in ein eigenes Mischungsverhältnis. Es ist eine Frage, in der sich die Zeit erneuert, eine historische Wegmarke also, an der sich das Parlament nicht alle Tage befindet: Die Frage der »vollständigen Gleichstellung von Lebenspartnerschaft und Ehe« drängt, nachdem ein Urteil des Bundesverfassungsgerichts das Parlament implizit der Diskriminierung bezichtigte.

Nun muss man nacharbeiten, die Positionen sind vielfältiger, als das Unisono des Fraktionszwangs es suggeriert. Noch dazu hatte sich die Kanzlerin noch unlängst dagegen ausgesprochen, dass »die Privilegierung der Ehe auf die homosexuellen Partnerschaften ausgeweitet« werde, und auch bei der namentlichen Abstimmung hatten die Abgeordneten der FDP geschlossen und 219 Abgeordnete von CDU/CSU mit Nein gestimmt. Doch so viel konservativer Rigorismus ist mit dem Gesetz nicht vereinbar. So erlebt man die Regierung in der windigen Situation der Selbstverleugnung, die Opposition im Triumph über den moralischen Fortschritt und Erika Steinbach (CDU/CSU) mit einem unparlamentarischen Angriff auf eines der obersten Organe des Staates, als sie twitterte: »Wer schützt eigentlich unsere Verfassung vor Verfassungsrichtern?« Und Horst Seehofer stellt sich mit der Aussage, die CSU bleibe bei ihrer Linie, »wie auch immer die Richter entscheiden«, gleich über das Gesetz.

Nein, es wird keine Demonstrationen gegen dieses Gesetz geben wie in Frankreich und Ungarn. In Deutschland sind 74 Prozent der Bevölkerung und 64 Prozent der Unionswähler für die Gleichstellung. Doch während man andere Entscheidungen leichter revidieren kann, wird sich diese als unumkehrbar erweisen. Auch das ist unüblich im Bundestag: Man wird erleben können, wie die Mehrheit der CDU/CSU alten Überzeugungen abschwört, die Minderheit puristisch am konservativen Gedanken festhält und die Oppositionsparteien den Fortschritt feiern. Sie alle versammeln sich sicherheitshalber um eine unbekannte Größe mit dem Namen »Wohl des Kindes«, über das da bloß gemutmaßt wird.

Zusätzlich verkehren sich in der Debatte ausnahmsweise die Verhältnisse: Die Opposition, vom Gericht ins Recht gesetzt, triumphiert im Bewusstsein der emanzipatorischen Errungenschaft. Die Regierung, in die Defensive gebracht, ordnet den Rückzug, fragt nur noch, ob es zwischen Ehe und homosexuellen Lebenspartnerschaften nicht doch »Anknüpfungspunkte für Differenzierung« gebe, fühlt sich »in beispielloser Weise attackiert«, beklagt »das Gegenteil einer demokratischen Diskussionskultur«, um in den Worten Günter Krings' (CDU/CSU) den letzten Zipfel traditionellen Familienverständnisses festzuhalten: »Ich halte es aber für besser – aus dem Blickwinkel des Kindes betrachtet –, wenn ein Kind nicht zwei Männer oder zwei Frauen, sondern einen Vater und eine Mutter als Eltern hat.«

In den Extremen stehen sich also zwei Lager gegenüber: jene, die am Ende eines langen Prozesses die Gleichstellung als eine aufklärerische Errungenschaft feiern, gegen jene, deren christliches Weltbild sich gegen die neue Lösung sperrt. Als ein solcher spricht Norbert Geis (CDU/CSU) jene Sätze, für die er in den nächsten Tagen viel Spott ernten wird: »Wir halten fest daran, dass die Ehe privilegiert ist. Da kann das Verfassungsgericht nicht kommen, und den Versuch unternehmen – Sie auch nicht –, mithilfe der Rechtsprechung die Verfassung zu ändern. Sie wollen die Verfassung ändern. Da können Sie noch so laut rufen; das ist der Sachverhalt. Sie können ruhig laut reden; ich werde es noch lauter sagen: Gegen diesen Sachverhalt wehren wir uns. Wir sind der Auffassung, dass wir an der Privilegierung der Ehe festhalten müssen.« Um schließlich mit der Unterstellung zu enden, dass auch »Eltern, die ihr Kind zur Adoption freigeben, natürlich wollen, dass das Kind in einer vernünftigen Gemeinschaft lebt, nämlich bei Vater und Mutter und nicht bei ›Papa, Papa‹ oder ›Mama, Mama‹«.

Das Plenum zeigt sich empört, die Kabarettisten haben Material, die Gegner sagen, Geis mache es für junge Menschen schwierig, zu ihrer Neigung zu stehen, doch Christel Humme (SPD) resümiert schlicht, stilvoll und lakonisch, indem sie ihre Rede mit den Worten beginnt: »Herr Präsident! Liebe Kollegen! Liebe Kolleginnen! Lieber Herr Geis, es nützt nichts.«

Ja, es nützt nichts. Trotzdem scheint mir dieser Veteran, der gerade eine seiner letzten Reden im Hohen Haus hielt, respektabel, steht er doch mit der ganzen Person für ein Weltbild ein, das er nicht einfach verraten kann, und dieses Weltbild ist in der traditionellen Ehe zentriert. Christdemokrat zu sein, das hieß doch immer auch, gewisse Dinge aus der Befragbarkeit herauszunehmen und auch dieses Thema zu behandeln, als sei mit der Entscheidung für die CDU die gegen die Homo-Ehe schon gefallen. Andere plädieren, dem Volk, der Wählerschaft, dem Parlament gegenüber diese Position aufzugeben, sie ist nicht zu halten. Doch eine solche Option bietet sich Geis nicht. Er hat keinen Spielraum für Kompromisse, und so blitzt in seinem ehrenhaften Starrsinn auch etwas von der vielgesuchten »Glaubwürdigkeit« des Parlamentariers auf.

Wenig später werde ich mit Geis zufällig im Aufzug stehen, in seiner Begleitung eine junge Frau, der er das Parlament erklärt, seine Umgangsformen von ausgesuchter Höflichkeit, die Konversation zugewandt und voller Liebenswürdigkeit, sein Habitus der des Gentlemans, der sich nicht anmerken lässt, dass er gerade im Feuer steht. Als der Aufzug hält, ist es der jungen Frau und mir unmöglich, nach Geis ins Freie zu treten. Er besteht darauf, uns den Vortritt zu lassen – die flüchtige Begegnung mit einem Typus, dessen Verschwinden das Parlament nicht bereichert.

Donnerstag, 28. Februar, 9 Uhr

Heute ist die Stimmung hitzig, ein stickiger Dunst sammelt sich unter der Kuppel. Die Debatten arbeiten sich an Fragen ab, die wieder und wieder besprochen worden sind. Es gibt wenige neue Argumente zur Unterstützung Frankreichs in Mali, zum Mindestlohn, zum Wohnungsbau. Die Regierung schützt die Investoren, die Opposition die Mieter. Die SPD forciert den Mindestlohn, die Linke reklamiert das Copyright dafür. Als habe man sich aufgerieben, setzt man den abgetretenen Argumenten eine erhöhte Dosis an Beleidigung zu. In kürzester Zeit hat man sich des Unwissens, der Dummheit, der Dreistigkeit, der

Schönfärberei, der Täuschung, der Lüge, der Verlogenheit, des Unsinns, des Umfallens, der Heuchelei, des Populismus, der ideologischen Borniertheit, des schlechten Charakters bezichtigt, und dabei sind nicht mal Stunden vergangen.

Es macht müde und kommt über den Saal wie Musikberieselung. Heute erscheint mir der Raum ein wenig antikisch. Zwölf Säulen akzentuieren ihn, der durch sie und die Kuppel etwas von einem Rundtempel hat und deshalb noch von fern an die Agora erinnert, die Mutter des Hickhacks. Manchmal wirkt es, als sei die Tagespolitik dazu da, von den Jahrhundert-Veränderungen abzulenken, von all den schleichenden großen Prozessen der Umwälzung unserer Lebensbedingungen, die man geschehen lässt, während man an den kleinen Dingen arbeitet. Wäre es anders, mit der »Zukunft« könnte man kaum Wahlkämpfe führen.

Die Reihen sind gerade dünn besetzt. Man stellt sich immer vor, das Parlament nähme an allem teil, es sei so etwas wie der geballte gesunde Menschenverstand. In der Annäherung merkt man, es sitzen meist die Fachleute der Fraktionen zusammen. Sie kommen aus den Ausschüssen, hauen sich das dort Gesagte effekthascherisch noch einmal um die Ohren und verlassen, kaum ist die Simulation einer entscheidenden Debatte vorbei, den Raum. Wenige Beschlüsse werden im ganzen Plenum getroffen, wenige Abgeordnete befinden sich auf dem Informationsniveau der Fachgruppen, wenige treten als Universalisten auf und können eine Vielzahl von Themen gleichermaßen bearbeiten.

Ich setze mich außen vor dem Plenarsaal auf eine Bank und schaue der Garderobenfrau zu, die die Flaggen auf einem Faltblatt auswendig lernt. Ich erlebe das Parlament ja im Zustand dessen, was aus ihm geworden ist. Die immer dort arbeiten, haben die leise Verschiebung ins Rabiate vielleicht gar nicht bemerkt. Aber der Mensch, der jetzt eintritt und sich ein ganzes Bild machen will, er staunt über das, was die Form und ihre Übertretung aus dem Haus machen konnten.

Manches ist deshalb nur plausibel als die Reproduktion eines lange vergangenen Rituals – so wie die Saaldiener Schwalbenschwänze tragen, weil das mal feierlich war, wo es heute eher kostümiert wirkt, aus der Zeit gefallen. Denn wir sind in diesem Ikea-Ambiente eben nicht das englische Unterhaus. Wir sind Demokraten ohne Nimbus, und alles andere ist Attrappe. In den Reden bayerischer Abgeordneter zittert immer noch das Erbe von Franz Josef Strauß nach. Selbst der bajuwarische Yuppie tritt wie ein Kraftmeier auf und möchte donnern – seine Rede aber gibt nur ein Räuspern her. Aus dem Satzbaukasten der Brachialrhetoriker hat man sich die Filetstücke herausgelöst, und nun sagen alle: »Wir dulden nicht …«, »nicht mit uns …« Es ist, als wollte jeder das Zola'sche »J'accuse« noch einmal sagen, auf den Barrikaden stehen, aber dafür keinen Strafzettel bekommen.

Politiker wirken in Talkshows auch deshalb oft unaufrichtig, weil sie sich im Argumentationsmodus der Ausschüsse und des Parlaments so aufgerieben haben. Irgendwann einmal sind sie vielleicht so enttäuscht worden davon, Überzeugungen instrumentalisiert zu finden, dass sie sich ein strategisches Verhältnis zum Argument angeeignet haben. Der Politiker, der sagt, ich wollte Wirklichkeit gestalten und habe die Erhöhung der »Heimwehpauschale« durchgesetzt – er wurde vielleicht zuletzt von drei Leuten beklatscht. Ist es nicht auch heroisch, so zu leben?

Auf der anderen Seite besitzen Politiker häufig die Eitelkeit jener, die sich nicht gewählt, sondern auserwählt fühlen und mit der großen Geste des »Wir gestalten das Land« auftreten. Sie genießen die Freuden der Verantwortung, die Autos, die Saaldiener, die Passierscheine, die Garderobenfrauen, die Reden im Wahlkreis, wo sie namentlich begrüßt werden, die Dinner, die Beschäftigung der Außenwelt mit dem, was an ihnen hintergründig sein soll oder privatmenschlich. Als Thomas de Maizière nach den Grenzen seiner Disziplin gefragt wurde, sagte er: Beim »Mensch ärgere dich nicht« lasse er auch schon mal »die Sau raus«. Man muss den, der das sagt, mit dem identifizieren, der Waffenlieferungen nach Saudi-Arabien verteidigt. Die Entscheidungen sind fatal, die Entscheidungsträger trotzdem banal.

Ich blicke auf die Glaswand, die die oberste Ebene des Plenarsaals von den wartenden Schulklassen und Senioren, den Garderobenfrauen, Sicherheitsbeamten und Parlamentsdienern trennt, und denke ohne Ergebnis über einen Satz des chinesischen Weisen Laotse nach: »Der Mensch kann nur unter einer nicht aktiven Politik glücklich sein.« Glücklich wäre er vielleicht unter einer Politik der Notwehr, die nicht vor allem den Kampf um die Herrschaft organisierte.

114

Als ich in den Saal zurückkehre, nimmt es Ulrich Lange (CDU/CSU) gerade mit der Privatisierung des Wassers auf. Ich höre »Deckmantel«, ich höre »besonderes Lebensmittel«, ich höre höhnischen Applaus, kann den Redner nicht immer verstehen, der Zwischenrufe wegen. Er sagt »Rekommunalisierung«, sagt, nein, er gestatte keine Zwischenfrage. »Unser Wasser ist auch regionale Wertschöpfung«, sagt er und fährt mit einem »kleinen Exkurs zur Bayerischen Rieswasserversorgung« fort. Er attackiert, höhnt, ermuntert die Opposition, die ihm ironisch applaudiert: »Sie können gleich weiter klatschen.« Heute ist das Parlament geradezu stürmisch. Es ist wie ein Organismus, der zum Leben erweckt wird. Dann kehrt der Redner breitbeinig an seinen Platz zurück mit dem stolzen Lächeln des Mannes, der seine Bedeutung am Widerspruch misst.

Auch wo sie sich selbst nicht so wichtig nimmt, wird die Rede vor dem Parlament so bedeutend gefunden, dass jedes Wort, jeder Zwischenruf protokolliert wird, ja, selbst wer geklatscht hat und ob er es allein tat in seiner Partei, wird von Protokollanten verzeichnet. Nie war die Parteizugehörigkeit eines Klatschens so wichtig wie im Parlament. Nur hier wird er aktenkundig, der einsame Klatscher in der Wüste.

Kristina Schröder im schneeweißen Blazer zeichnet Schriftstücke ab, während der SPD-Redner am Pult mit gesenktem Kopf seinen monoton empörten Text abliest. Gerade hört man »Unsinn«, dann »Chaos in der Merkel-Truppe«, dann stürzt die Rede, wie vom Fatalismus gefällt, in sich zusammen. Der Zuschauerzustrom ist heute so groß, dass die Pressetribünen für das Publikum geöffnet werden. Frau Schröder sinkt über ihrer Strafarbeit immer tiefer zusammen. Ströbele schleicht durch die hinteren Reihen wie der antike Seher Teiresias, ein Wiedergänger des Gewissens.

Die Rede von Staatssekretär Otto muss sich nun gegen die Wogen des Widerstands durchsetzen. Kristina Schröder kratzt sich am Scheitel, das Grundrauschen bleibt. Auf amüsierte Weise reizbar sind wir heute. »Aaahhh«, ruft eine Frauenstimme wegwerfend, höhnisch. Hans-Joachim Otto erwidert: »Ach, schreien Sie doch nicht, Frau Haßelmann; das ist uncharmant, das gefällt keinem.« Das ist die moderate Ausbaustufe des Zwischenrufs, den sich Helmut Schmidt 1966 erlaubte, als er eine Abgeordnete mit dem Satz bedachte: »Ich weiß zwar, dass die Frau Kollegin weiblichen Geschlechts ist. Aber man vergisst das manchmal, wenn man ihr zuhört.« Und damals hatte der Vizepräsident Carlo Schmid erwidert: »Herr Abgeordneter, diese Bemerkung war unziemlich.« Im Zwischenruf steckt ein anarchisches Potential, das vom Parlament sonst nicht mehr repräsentiert wird: der Gedanke, man könne, überwältigt von Gefühlen, von der nicht auszuhaltenden Spannung hingerissen sein und spontan etwas beitragen müssen. Tatsächlich aber ist der Zwischenruf häufig wie das Fluchen des Autofahrers, wie die Schiedsrichterbeleidigung vom Spielfeldrand.

Das Plenum ist nun sehr voll, entsprechend schwillt der Lärm der Stimmen an. Selbst mit Mikrophon setzen sich die Redner kaum mehr durch. Sie erhalten keinen Widerspruch, bloß Missbilligung, und diese ist überzeugender als die Empörung in der Sache Wasserversorgung. Man hört nur die Akkorde auf der Klaviatur des Widerspruchs: »Sie verstehen es nicht.« »Sie haben es nicht gemacht, als Sie es machen konnten.« »Sie haben geschlafen.« »Sie blockieren es im Bundesrat.« »Sie machen es in den Ländern anders.« »Sie können es nicht.« »Sie machen es aus taktischen Gründen.« »Es ist bloß Wahlkampf.« »Sie sind populistisch.« »Sie haben Ihre Hausaufgaben nicht gemacht.« »Sie haben es immer noch nicht verstanden.«

Redundant auch die Nennung der Gremien, die die Durchsetzung der vermeintlich richtigen Position vereitelten: die Länder, der Bund, die Kommunen, das Europäische Parlament, die Nachbarn, die Verbündeten, der Arbeitsmarkt, die Gerichte, die Verbände, die Wähler … Redundant die Selbstbehauptung: »Wir sind auf einem guten Weg«, »Wir haben die Rahmenbedingungen geschaffen«, »Gestaltungsspielraum eröffnet«, »Chancen verbessert«, »haben unsere Hausaufgaben gemacht«, »Verantwortung übernommen«, »gestaltet«, mit einem Wort: »Es waren vier gute Jahre für Deutschland!« Die beiden Anträge mit dem Titel »keine Privatisierung des Wassers« klingen wie das Vernünftigste von der Welt – beide werden abgelehnt. Die falsche Fraktion hat sie eingebracht.

Und dann die Gegenwelt, das Ideal, das einmal kurz aufscheint, wo es die Voraussetzungen erlauben. Entschieden wird über den gemeinsamen Gesetzentwurf von

CDU/CSU, SPD, FDP und B 90/DIE GRÜNEN zur schnelleren Rückholung radioaktiver Abfälle und der Stilllegung der Schachtanlage Asse II. Hier ist alles anders. Die Parlamentarische Staatssekretärin Ursula Heinen-Esser dankt erst mal ausführlich den Mitwirkenden des Ausschusses, memoriert »fraktionsübergreifende« Anstrengungen, referiert Gefahren, war selbst Augenzeugin »in der Asse«. Sie spricht warm und verbindlich, der Applaus ist allgemein. Auch bei den folgenden Rednerinnen erlebt man, wie sich Einigkeit in einer Sache und die Einbeziehung der Bürger auswirken können. Es überträgt sich: Eine Mädchenklasse sitzt auf der Tribüne, sie wühlen sich in das Gesagte ein, ihre Blicke insistieren.

Der Ernst der Situation wird fassbar. Es geht, da ist man sich einig, um den größten Umweltskandal der bundesrepublikanischen Geschichte und seine gemeinsame Bewältigung. Es gibt keine Fraktion, die bagatellisierte oder dramatisierte. Man ist gemeinsam gegen die Privatisierung von Kontrollen, ist sich einig bei der Beschreibung des »Unheils«, bei der Bezifferung der Haushaltsmittel, der notwendigen Aufklärung der Bürger, denen niemand sagen kann, wann die Situation um diese 126 000 eingelagerten Fässer unkalkulierbar werde. Die Debatte ist anschaulich auch als Beispiel für sorgfältige Sacharbeit. Die Berichterstatter sind sämtlich Frauen. Sogar der neue niedersächsische Umweltminister hört zu, ist er es doch, der das Gesetz umzusetzen hat.

Man kann beobachten, was mit einem Problem passieren kann, wird es »aus dem politischen Gerangel« herausgeholt, um vor allem gelöst zu werden. Nicht nur das Problem, sogar die Aufmerksamkeit ist jetzt groß. Die Frauen referieren alle im Dienst der Sache. Die Männer kommen herrschaftlicher, auch floskelhafter daher. So versucht Matthias Miersch (SPD) eine parlamentarische Rede zu halten, wendet sich an alle Seiten, deklamiert: »Ich möchte an dieser Stelle ganz bewusst auch als Niedersachse sein …« Er spricht mit starker Stimme, beschwört gestisch, trägt sein Ich pastos wie eine Farbe auf, und schon rückt der Tatbestand wieder in die Distanz, hinter das Ego des Sprechers. Der Gesetzentwurf aber wird geradeheraus angenommen.

Und gleich noch einmal: Auch der nächste Fall taugt nämlich als Lehrstück für eine parteiübergreifende Erörterung, noch dazu in einem historisch brisanten Fall. Raju Sharma (DIE LINKE) setzt mit seiner Rede im Jahr 1803 ein. Damals schuf man Rechtsfrieden, indem man den Kirchen als Entschädigung für frühere Enteignungen alljährlich pauschalierte Summen für Personalkosten und Baulasten zusprach – Beträge, die also nichts mit der Kirchensteuer zu tun hatten. Die Weimarer Republik erließ dann den Verfassungsauftrag, diese Zahlungen einzustellen. Doch der neunzig Jahre alte Auftrag wurde nie erfüllt. Also erhalten die Kirchen immer noch per annum knapp eine halbe Milliarde Euro, die laut Verfassungsauftrag nicht gezahlt werden dürfte.

Der unbedarfte Bürger staunt, so wie an diesem Tag so mancher Parlamentarier staunt, dass ein Verfassungsauftrag nicht umgesetzt, eine immense Summe aus Steuergeld bezahlt und von der Bundesregierung »kein Handlungsbedarf« angezeigt wird. So, könnte man sagen, geht man weder mit dem Grundgesetz noch mit dem Geld der Bürger um, und weil offenbar alle angesichts der Faktenausbreitung ein wenig fassungslos sind, dokumentieren auch die Zwischenrufe vor allem ungläubiges Staunen.

Als Dieter Wiefelspütz (SPD) an das Rednerpult schleicht, seine Rede stockend in Fahrt gebracht hat, weiß man schnell: Das rituelle Linken-Prügeln wird diesmal ausbleiben müssen. Er setzt ein: »Ich habe eigentlich immer geglaubt, ich kenne unser Grundgesetz ganz gut. Ich musste mich aber eines Besseren belehren lassen. (…) Ich stellte fest, dass wir seit 1919 einen Verfassungsauftrag haben, der nicht erfüllt wird.« Sein Erstaunen über diese Lücke ist echt, er bekennt sich zum Respekt vor dem Antrag, auch weil er finde, man könne auf diese »Missachtung eines Verfassungsauftrages durch uns Parlamentarier (…) nicht wirklich stolz sein«. Und: »Das ist nicht wenig Geld.«

Die Situation, die hier entsteht, ist originell: Das Parlament muss sich schuldig bekennen, Geld zu verschwenden und dabei nicht einmal Raum für Deutungen oder für parlamentarische Scharmützel zu haben. Stattdessen führt jede neue Recherche nur tiefer in die Gewissheit des Versäumnisses, und so wendet sich Wiefelspütz endlich verbindlich, aber ratlos den Antragstellern zu: »Ich wäre sehr für einen kollegialen, fairen Diskussionsprozess. (…) Der jetzige Zustand kann im Grunde niemanden, der es mit unserem Grundgesetz ernst meint, wirklich zufriedenstellen.« Während das Thema zuletzt an den Innenausschuss überwiesen wird, läuft in Rom ein Gottesdienst zur Verabschiedung von Papst Benedikt. Im Live-Ticker der Online-Dienste kann man dabei sein, wie er im Helikopter nach Castel Gandolfo fliegt. Benedikts letzte Worte sind: »Danke und gute Nacht.« Endet so nicht auch die »Truman Show«? Das Thema der unrechtmäßigen Millionenzahlungen an die Kirchen schafft es in keinen Dienst und in keine Zeitung.

Es dämmert, vor dem grauen Himmel bewegen sich die Silhouetten durch die Kuppel, auch die Beleuchtung ist trüb wie der Winterhimmel. Immer noch werden neue Schulklassen auf die Tribünen geführt. Es gibt nicht viele Abgeordnete, die sich gleichermaßen für Unterlassungssünden gegenüber den Kirchen und für ein »effizienteres Tierarzneimittelgesetz« interessieren. So kommt es zum Auszug der vielen. Zurück bleiben die Vollblut-Landwirtschaftler. Gerne sprechen sie mit einer gewissen Ruppigkeit, fallen bei den bäuerlichen Themen in ihren Dialekt, gestikulieren mit der Faust, geben sich robust. Auch wird die Sprache leiblicher, wenn von der Mastdichte und der Mastdauer, von Fußballen- und Fußklauengesundheit, von Stallklima und Schlachtkörperuntersuchung die Rede ist, aber in Koben und Nutztierhaltung macht ihnen niemand etwas vor.

Wilhelm Priesmeier (SPD) hat eineinhalb Jahre Diskussion im Ausschuss hinter sich. An deren Ende steht diese Debatte um Viertel vor acht am Donnerstagabend. Der Saal ist schwach besetzt. Die Jugendlichen auf den Galerien folgen dankbar der Veranschaulichung durch den

Sozialdemokraten mit dem Ruhrpott-Slang, der die unverständlichen Entwürfe in etwas Fassbares zu verwandeln sucht. Ein Saaldiener lehnt am Geländer und hört zu, als täte er das zum ersten Mal. »Ich glaube, in diesem Haus ist niemand, der so viele Antibiotika verordnet hat wie ich«, sagt der Redner mit der Verachtung des Praktikers für die, die bloß schlau daherreden. Er dagegen spricht von Ursachen und Haltungsbedingungen, und plötzlich ist Stallgeruch im Saal. Selten hat jemand bei einem Thema so viel Boden unter den Füßen wie dieser Tierhalter, der die Schweinehaltungshygieneverordnung auswendig und den Gegner niederreden kann mit einem: das »fehlt Ihnen«, das »fehlt Ihnen komplett«, »ich kann Ihnen sagen, wie das funktioniert«, »komplett«.

Der Rücken schmerzt, der Hintern ist durchgesessen, mein Stall ist diese Tribüne. Das Liebespaar vor mir hält sich umschlungen, hört zu, als sei man für die Tiere hier. Zwischendurch krault er ihr den Rücken. Doch, die Emotionen kochen selbst nach 20 Uhr höher, wenn es um Tierhaltung geht. Sie werden erst wieder abebben, wenn es nachher um die UN-Konvention für die Rechte älterer Menschen gehen wird.

Die Garderobiere studiert immer noch das ausgehängte Faltblatt mit den »Flaggen der Welt«. Unten im Parlamentsrestaurant sitzt nur ein Pärchen. Eine Klaviermusik donnert von der Decke. Es ist jetzt halb neun, einige Tische sind schon fürs Frühstück eingedeckt. Der Junge am Nebentisch spricht und spricht, die Blondine bestätigt alles mit einem Grunzen eine Oktave tiefer. Auf den Monitoren sieht man die Debatte weitergehen, sie könnte irgendwo sein. Die Musik ist nicht wiedergekommen, auf jedem Tisch steht eine Gerbera und welkt unter so viel Rede.

Als ich zurückkehre, wirkt das Licht heller. Das Thema ist das alte. Auf den Tribünen sitzt nur noch eine einzige Schulklasse, aber die Abgeordneten sind noch munter genug für den Applaus. Es ist 21 Uhr. Warum fehlen die öffentlichen Personen immer zur späten Stunde? Eine Schülerin schläft auf der Schulter der Nachbarin. Zwei Halbwüchsige haben begonnen, die Rede des CSU-Abgeordneten Alois Gerig zu dirigieren, weil sein Tonfall so lustig ist und weil er selbst sich zu dirigieren nicht aufhören kann. »Besserwisser und Theoretiker« sind sein Feindbild, »Tierkomfort« ist sein Ideal, und seine Helden sind »unsere Landwirte«, denn »sie versorgen uns mit Lebensmitteln und pflegen ganz nebenbei unsere schöne Kulturlandschaft«.

Man blickt auf die Weißschöpfe der CDU/CSU-Fraktion, auf die nackten Tonsuren, die schwarzen Anzüge. Man blickt, zwei Blöcke weiter, auf die farbenfrohe Linke, die schon aus Überzeugungsgründen Rot trägt, so wie der Landwirt Hornknöpfe. Ein Redner sagt eben: »Wir sollten in diesem Hause …« Da flackert er wieder auf, der Respekt, der die Institution meint, das Hohe Haus, das manchmal erhaben ist, manchmal bloß eine Kneipe. Noch in der Nacht überziehen sie alle gerne ihre Redezeit, sagen nicht einfach »Nutztiere«, zählen sie lieber einzeln auf. Die Anwürfe kommen jetzt flau. Geschrieben wurden diese Reden am Tag, im Wachzustand. Jetzt aber scheint auch die Empörung so müde wie die Reaktion. »Das müssen wir miteinander besprechen«, sagen sie, aber besprechen tun sie es hier nicht. Noch um 21 Uhr 35 trifft eine neue Schulklasse ein. Sie kommt gerade rechtzeitig, um zu sehen, dass die Mehrheit der CDU-Abgeordneten dem SPD-Redner den Rücken zudreht.

Ich habe lange Phasen erlebt, in denen kein einziger Abgeordneter bei dem war, was vorne gesprochen wurde. Da beugten sich Männer lachend über Displays, feixten mit dem Rücken zum Podium, ballten sich in Grüppchen. Nicht nachlässig war das, sondern offensiv vorgetragene und durch Rufe ins Plenum unterstützte Missachtung. Die Schulklasse, die hier auch nach 22 Uhr noch sitzt, hat auch schon bemerkt, dass man Schülern weit mehr Disziplin abverlangt als Volksvertretern. Nur die Letzteren sehen gerade nach ADS aus. Der Redner kämpft eben gegen die Syntax und für die »Auenwälder«. Nur den letzten Kampf kann er noch gewinnen. Dann geht er und verbeugt sich vor Vizepräsidentin Petra Pau wie ein Kapellmeister. Das war die »Flusspolitik«, die die Linken auch mit Blick auf den Klimawandel beantragt haben. Aber was kann Flüssen Schlimmeres passieren, als in einem Antrag der Linken vorzukommen? Also abgelehnt.

Spät ist es geworden. Die Reden zu den Tagesordnungspunkten »Anforderungen an Notfallsanitäter«, »Zusammenarbeit mit China«, »Änderungen im Soldatengesetz«, »Planfeststellungsverfahren bei Großprojekten«, »Rechte indigener Völker stärken« werden zu Protokoll gegeben.

Im Eildurchmarsch zur Beschlussempfehlung finden deshalb keine Beratungen mehr statt. Die Handzeichen fliegen hoch, Zwischenrufe bleiben aus. Die Mechanik des Fraktionszwangs ist freigelegt. Alles wird unbesprochen en bloc entschieden. Der Tag war lang, draußen warten die Limousinen. Die Abstimmungen kommen jetzt so rasch hintereinander, dass man nicht mal mehr schwätzen kann. »Syrische Flüchtlinge nicht im Stich lassen, Diplomatie stärken«? Abgelehnt!

21 Punkte werden so durchgepeitscht. Es zeigt sich das Skelett der Formalia hinter der »parlamentarischen Debattenkultur«. Kaum stimmt jemand anders als erwartet, hört man den Zwischenruf: »Was ist da los?« Vorbei fliegen Doping, Filmförderung, Gebührenrecht des Bundes. Aber ich erinnere mich noch, wie Heidrun Dittrich (DIE LINKE) in der Debatte über die Menschenrechte der Alten mit Stéphane Hessel geschlossen hatte, der vor zwei Tagen mit 95 Jahren starb: »Er überlebte die Deportation durch die Gestapo und blieb aktiv. Er schrieb ›Empört euch!‹, setzte sich für Menschenrechte und die Überwindung der Armut ein. Er schlug vor, das Gemeinwohl vor die Interessen des Großkapitals zu setzen. Das sollten wir auch tun.« Dies war das einzige Mal, dass im Parlament eine Erinnerung an die außerparlamentarische Opposition aufschien.

Zuletzt dankt Petra Pau denen, die zugegen waren »bei unserem Ritt durch beinahe jedes Feld der Politik«, sie dankt »für die gute Zusammenarbeit. Die Sitzung ist geschlossen«. Einzelne verabschieden sich mit Umarmung, streben in Fraktionsgrüppchen hinaus. Saaldiener räumen Aktenordner, Gläser, Untertassen, zurückgelassene Utensilien ab. Es wird leise. Ein letzter Seufzer geht durch den Saal. Der Parlamentsassistent kommt heran und sagt höflich: »Sie müssten dann jetzt auch diesen Saal freimachen.« Die Kamerafrau im Aufzug stöhnt nur ein einziges Wort: »Langweilig.« Finde ich nicht. Da schweigt sie endgültig. Es ist 22 Uhr 45, im Vestibül putzen rotierende Bürsten die Schuhe von Peter Hintze, während er telefoniert.

Freitag, 1. März, 9 Uhr

Barack Obama kämpft mal wieder um den Haushalt, Clint Eastwood bekennt sich zur Homo-Ehe, Helmut Kohls Söhne greifen mal wieder die neue Lebensgefährtin des Vaters an. »Roncalli«-Chef Bernhard Paul attackiert Peer Steinbrück: Es sei eine Beleidigung für die Clownsehre, mit Berlusconi verglichen zu werden.

Als ich eintreffe, will die Plenarsaalassistentin wissen, ob ich heute Nacht hier geschlafen habe. Eine Viertelstunde vor der Eröffnung der Sitzung wird die Tribüne von einem graubärtigen Kollegen auf die Themen vorbereitet. Schulklassen und Senioren stimmt er auf Urheberrecht, Google, Internet ein, der Begriff »Weltmacht« fällt. Er kennt sich im Thema gut aus, kann die Konflikte zu jedem Problem des Tages benennen. Noch sieben Minuten, das Plenum füllt sich rapide. Philipp Rösler schaukelt hospitalistisch auf dem Sessel Nr. 2 der Regierungsbank. Die Farbe seines Schlipses scheint er auf die Polsterbezüge abgestimmt zu haben.

Präsident Lammert beglückwünscht Luc Jochimsen (DIE LINKE) zum 77. Geburtstag. Unter Applaus legt sie mehrfach die Hand auf ihr Herz und verneigt sich. Auf der Regierungsbank nimmt jetzt auch der Innenminister Platz, Altmaier folgt, dann Ramsauer, Hintze, Aigner. Die Parlamentarischen Geschäftsführer Volker Beck (B 90 / DIE GRÜNEN) und Thomas Oppermann (SPD) verlangen eine Absetzung des Tagesordnungspunkts zum Urheber- bzw. Leistungsschutzrecht. Sie monieren Unklarheiten, Formfehler, Veränderungen in letzter Minute. Dagmar Enkelmann (DIE LINKE) befindet, Rechte von Minderheiten seien mit Füßen getreten worden. Sie bezweifelt die Verfassungsmäßigkeit von »gravierenden Veränderungen«, die von der Regierung nach abgeschlossener Ausschussarbeit in den Gesetzentwurf hineingeschrieben worden seien. Auch das gibt es. »Das, liebe Kolleginnen und Kollegen«, sagt sie, »ist die Arroganz der Macht.«

Die Abgeordneten spazieren weiter herein, Grüne und SPD applaudieren schon im Kommen. Auch wenn die SPD den Antrag nicht eingebracht hat, stützt sie ihn, aus Protest gegen die nachträglichen Retuschen. Die großen Journalistenverbände haben den Entwurf abgelehnt, und vor dem Brandenburger Tor findet zur gleichen Zeit eine Demonstration gegen ihn statt.

Man rüpelt herum, der Saal ist offensichtlich noch frisch. Man schreit, höhnt, spricht nachdrücklich und mit starken

Gesten. Wir sind in Minute 20. In Minute 23 ist der Antrag auf Verschiebung des Tagesordnungspunkts abgestimmt, das heißt abgelehnt. Geburtstagskind Jochimsen geht, die Regierungsbank leert sich, Hintze und Aigner schütten sich gerade aus vor Lachen. Nachdem der Antrag also abgelehnt wurde, folgt die Debatte. Dass sie das Gesetz im Bundesrat kippen werden, dass man dann neu verhandeln müsse, kündigen die Oppositionsparteien schon an. Verhandelt wird dennoch – für wen? Für uns Bürger, die wir uns die Nasen platt drücken an den Scheiben zu diesen Hohen Häusern, in denen unsere Vertreter gerade Pirouetten drehen? Denn wohlgemerkt geht es um ein Gesetz, gegen das alle relevanten Gruppen protestieren, das vernichtende Kritik auch in den Ausschüssen erntete. Selbst Siegfried Kauder (CDU / CSU), der Vorsitzende des Rechtsausschusses, räumt ein, »das Dilemma ist, dass wir einen großen Teil unserer Hausaufgaben nicht gemacht haben«.

Brigitte Zypries (SPD) steht in roter Jacke am Rednerpult, mustert, während sie spricht, die Regierungsbank, wo niemand zuhört. Was hier folgt, ist das Resultat aus drei Jahren Diskussion über das Leistungsschutzgesetz. Es geht um das ausschließliche Recht von Verlagen, Presseerzeugnisse oder Teile davon zu gewerblichen Zwecken öffentlich zugänglich zu machen – »es sei denn, es handelt sich um einzelne Wörter oder kleinste Textausschnitte«. Diese Ausnahme war noch in dieser Woche hinzugefügt worden. Es geht um kreative Kräfte, auch um Journalisten, von ihnen zähle ich drei auf meiner Tribüne. Zypries will wissen: »Was dürfen Suchmaschinen lizenzfrei anzeigen?« Sie bemängelt fehlende Klarheit, unklare Begrifflichkeit, diffuse Zuschreibungen: Was sind Presseerzeugnisse? Auch Blogs? Auch die Internetseiten von Bundestagsabgeordneten? Und wie viele Innovationen und Apps sind eigentlich noch denkbar, wenn alles lizensiert werden muss? Sie resümiert mit einem Wort von Montesquieu: »Wenn es nicht notwendig ist, ein Gesetz zu machen, dann ist es notwendig, kein Gesetz zu machen.«

Dass es dennoch gemacht werde, so rekonstruiert Petra Sitte (DIE LINKE), folge dem Druck des Medienkonzerns Springer, der das Thema im Koalitionsvertrag von Union und FDP durchgesetzt habe. »So viel zum Thema ›Machtverschiebung zwischen Medien und Politik‹, so viel zum Thema ›Erpressbarkeit von Politik durch die Macht der Medienkonzerne‹.« Sitte steht da in der abgewetzten Jeans, der olivgrünen Weste, schon stilistisch in Opposition. Ungeklärte Fragen schwirren durch den Raum, aber sicher ist: Finanzfragen sind gerade mitentscheidend für Rechtsbelange. Bis auf die Justizministerin haben jetzt alle Minister die Regierungsbank verlassen. Als Sitte endet, hört man Bravo-Rufe.

»Showdown im Bundestag« titelt später die SZ online. Noch sieht es nicht danach aus. Man hat jetzt eine Stunde debattiert, das Resultat ist: keine Bewegung, viele Schlagwörter, zahlreiche Rechtsunsicherheiten. Man hat das Gefühl, auch bei den Parlamentariern: Viele zeigen sich nur. Der Abgeordnete will zwar »entscheiden«, trägt aber meist Entscheidungen nur mit, die wetterleuchtend über den Horizont kommen. »Dass ausgerechnet der Axel-

Springer-Verlag eine Leistungsschutz-Infusion braucht, um seine Journalisten anständig zu bezahlen«, bemerkt Tabea Rößner (B 90/DIE GRÜNEN), »kann ich mir bei einem Gewinn von 590 Millionen Euro alleine 2011 nur schwer vorstellen. Das Gesetz wird heute allein zur Gesichtswahrung verabschiedet. Ich hoffe, das reicht, um sich bis auf die Knochen zu blamieren.« Die, die von der Blamage hätten erzählen können, sind die Nutznießer.

Angela Merkel betritt den Raum, wendet sich aber gleich an Peter Hintze. Präsident Lammert ermahnt die Abgeordneten zur Ruhe. Aber auch die Kanzlerin hört nicht zu, und wenn, dann Hintze. Thomas Silberhorn (CDU/CSU) redet und redet, der Saal kennt kein Erbarmen. Niemand scheint bei der Sache, und versuchte man es, es wäre vergeblich. Der Lärmpegel ist zu hoch. Jetzt scheint selbst Lammert hilflos. Auch die Kanzlerin hat zehn Minuten nach Betreten des Raums noch keine Minute zugehört. Wir auf der Tribüne schauen uns an. Man könnte denken, jeder hier oben habe ein entschiedeneres Verhältnis zum parlamentarischen Reden als die da unten. Die Stimmkärtchen werden gereicht. Einzelne Netzpolitiker der schwarz-gelben Regierung wollen gegen das Leistungsschutzrecht stimmen.

Die Besucher hinter mir ärgern sich lautstark über die Unruhe im Saal. Die Frau neben mir macht ein Handyfoto, was ihr untersagt wird. Einige der Antragsteller unten haben zuvor im Abstimmungsprocedere gar nicht mehr die Hand gehoben, so wenig glauben sie selbst an ihre Erfolgsaussichten. Um 10 Uhr 42 ist der Spuk vorbei.

Lammert ermahnt die Abgeordneten erneut, ihre »sonstigen« Gespräche außerhalb des Saals zu führen. Von der Besuchertribüne flammt zu diesen Worten erstmals – und zum einzigen Mal in diesem Jahr – Applaus auf. Da staunt selbst der Präsident. Nie war die Zustimmung so groß wie im Augenblick, da das Parlament ermahnt wurde, Parlament zu sein. Die Ergebnisse der Abstimmung zum Leistungsschutzgesetz werden wenig später mitgeteilt: 293 Ja-, 243 Nein-Stimmen, drei Enthaltungen. Es ist angenommen.

In der anschließenden Debatte um Renten und Altersarmut stoßen die saftigen Einzelfallbeschreibungen wieder hart an die Statistiken. Die Linke kommt mit exemplarischen Fällen, entwaffnenden, weil sie aus der Realität stammen. Andere werden sie mit dem Totschlagargument »populistisch« nennen. Aber wenn es so ist, dann leben Menschen eben populistisch, und sie erscheinen hier mitten in einer Arbeit am Vergeblichen. Ihre Geschichten wirken wie emotionale Zusatzstoffe. Also bleiben die Veteranen des parlamentarischen Geschäfts unbeeindruckt.

In der Folge löst sich das Thema in Terminologie auf. Der ganze Himmel ist überstrahlt von Leuchtraketen wie »Erwerbsbiografien«, »Rentenüberleitungsgesetz«, »Vorwegabzug der demografiefesten Reserve«, »Versorgungssystemen« aus »Zuschussrente«, »Lebensleistungsrente«, »Solidarrente« und »Erwerbsminderungsrente«, »Rente nach Mindestentgeltpunkten« in unserem »Solidarsystem«, seiner intendierten »Generationengerechtigkeit«, die auch eine Folge ist des »Äquivalenzprinzips« im »Rentendialog« an der »unteren Auffanglinie« »unseres Alterssicherungssystems«. Zum Trost sei gesagt: Es ist wohl wahrscheinlicher, dass jemand Rente bekommt, als dass er versteht, warum.

Aber wenn dann Bettina Kudla (CDU/CSU) an das Rednerpult tritt und sagt: »Lassen Sie mich als letzter Redner der Debatte einige wichtige Punkte zusammenfassen«, dann möchte man sie als erste Rednerin der nachfolgenden Debatte zum Internationalen Frauentag nominieren. Und nicht nur wie Rita Pawelski (CDU/CSU) sagen: »Liebe Mädchen, sucht euch bitte auch einmal andere Jobs! Wählt Männerberufe!«, sondern auch: Wählt erst mal Rednerinnen, die sich selbst nicht »Redner« nennen.

Das ist kein Sophismus. In der Antike war die rhetorische Bildung für einen Politiker unabdingbar. Heute hält man sich für »authentischer«, wenn man sie ablehnt. Aber das »Authentische« bringt die Person ungefiltert zur Erscheinung, und wer im Parlament kann sich das leisten? Es ist so viel geballte Intelligenz im Raum: in der Architektur, im Design, in der Verfeinerung der Rituale, der Rhetorik, im angesammelten Sachverstand, auch in der Debatte. Doch erscheint das Unwillkürliche der Politikerpersönlichkeit manchmal wie ein unbearbeiteter Rest, und die Brüche zwischen der »Arbeitskommunikation« und der »Darstellungskommunikation« führen bisweilen zu einer Entfremdung von den Sachverhalten, den persönlichen Interessen, dem eigenen Ich.

Mittwoch, 13. März, 13 Uhr

Die Papstwahl hat gestern begonnen. Der erste schwarze Rauch trat zutage. Rosemarie Fendel ist tot. Die parlamentarische Woche wird wieder mit der Befragung der Bundesregierung beginnen. Das Parlament, denke ich, während ich auf den kolossalen Bau zugehe, will nicht nur das Volk, es will sich auch selbst repräsentieren. Allein die Sitzordnung in diesem »Fraktionsparlament« ist voller Herrschaftssymbolik. Sie folgt dem Vorbild der Französischen Nationalversammlung, also einer ungefähren Anordnung der Fraktionen von links nach rechts. Demnach gäbe es kein Rechts von der FDP.

Die Herrschaftsinsignien sind zu Schrumpfformen reduziert: die verlängerte Lehne am Stuhl der Kanzlerin, der erhöhte Sitz des Sitzungsvorstands, zusammengesetzt aus dem Präsidenten mit zwei Abgeordneten als Schriftführern. Der Präsident ist auch disziplinarische Instanz. Er teilt die Reihenfolge der Redner mit, entscheidet über die Zulässigkeit schriftlich eingereichter Fragen, kann das Wort entziehen, die Redner des Saales verweisen, sie für maximal dreißig Sitzungstage sogar ausschließen, kann Rügen erteilen, eine Sitzung unterbrechen oder aufheben. Er hat die Glocke zur Hand und kann als letztes Mittel seinen Stuhl verlassen. Die Kritik an der Amtsführung des Präsidenten, der dabei vom Ältestenrat unterstützt wird, gilt als schwerer Ordnungsverstoß.

In den Fünfzigern hieß das Parlament nach Wolfgang Koeppens Roman »Das Treibhaus«, in den Neunzigern hieß es ohne Roman »Das Raumschiff«. Auch die Rhetorik hat sich gewandelt. War die Adenauer-Ära noch eher belehrend und schulmeisterlich, ist seither eine Zunahme des Polemischen feststellbar, auch ein effektvolleres Werben um Aufmerksamkeit. Auch haben die Fragetypen an Vielfalt gewonnen. Die Abgeordneten brauchen die Intervention, die Zwischenfrage, die rhetorische Frage, die Suggestivfrage, die Scheinfrage, die bestellte Frage oder persönliche Erklärung, und manchen Zwischenruf befeuert die Hoffnung, er könne den Redner verunsichern, entblößen. Manchmal ist eine Rede am besten ex negativo verstehbar: durch alles, was sie meidet – die Festlegung, die Kritik, die Pointe, die persönliche Meinung. Sie ist ja auch Auftragsarbeit im Dienst einer Partei, einer Fraktion, eines Ausschusses und exponiert die Sprecherinnen und Sprecher genug, um sie für Anschlussverpflichtungen zu qualifizieren.

Man hört sie und denkt unwillkürlich an die Geschichte derer, die auf den Schiffsschnabel, die Barrikaden, die Kanzel, auf Apfelsinenkisten gestiegen sind, um dem Ideal der freien Rede zu huldigen – und dann das: Die Idee ist eine hohe und scheint doch nicht blamierbar. Keine Unterstellung ist zu niedrig, kein Vorwurf zu drastisch, kein Nachweis zu entlarvend, kein Anwurf zu ehrenrührig. Gerade im Parlament, wo die Fallhöhe am empfindlichsten sein müsste, existiert sie kaum. Alles ist a priori legitimiert. Es werden keine Reden gehalten, von denen sich der Saal nicht gleich erholen würde. Kein Argument ist zu schlicht, keine Fälschung zu dreist, um es nicht in den

Bundestag zu schaffen. Ja, vielleicht darf die parlamentarische Rede gar nicht zu gut sein, gilt doch der Volksredner als Agitator, der Rhetoriker als Propagandist, der Überzeuger als »Rattenfänger«.

Man hat es also einerseits mit dem wohl bedeutungsvollsten Ort öffentlichen Redens zu tun, zugleich setzt sich in diesem Reden immer wieder das Prinzip der Verachtung durch: ein Triumph des Behauptungswillens, geeignet, einen Redenden in seiner Nichtigkeit zu enthüllen. Weil das so ist, empfinden es die Zuschauer als Verrat, wenn die Kombattanten gleich nach dem Angriff beieinander stehen, lachen und unzertrennlich wirken wie Freunde und Widersprüche.

Heute vollzieht das Parlament in seiner Fragestunde das bekannte, abgestorbene Ritual: Die Fragen tendieren zum Leitartikel, die Antworten zum Schuldigbleiben von Antworten, anders gesagt: Abgeordnete fragen, Ressorts lesen vom Blatt. Sie fragen Dinge wie: »Ist das Bundesministerium der Verteidigung bzw. die Bundeswehr direkt oder indirekt an dem Projekt ›SAGITTA – Open Innovation‹ von Cassidian, der Rüstungssparte der Firma EADS, beteiligt, und, wenn ja, in welcher Weise unterstützt sie die im Rahmen dieses Projekts geplante Erstellung eines UAV-Demonstrators und damit die Entwicklung einer Kampfdrohne?« Und sie antworten Dinge wie: »Mit dem Technologiedemonstrator sollen anhand eines Nurflügelkonzeptes innovative Antriebs- und Flugsteuerungskonzepte untersucht werden. Schon aus dem Begriff SAGITTA – lateinisch für Pfeil – ergibt sich ja, dass hier gerade dieses Spezifikum eines Nurflügelkonzeptes untersucht werden soll.« Warum dieser Informationsaustausch die Öffentlichkeit des Hohen Hauses braucht, bleibt sein Geheimnis.

Donnerstag, 14. März, 9 Uhr 01

Der Winter ist zurück, der Schnee liegt hoch, die Temperaturen sinken wieder erheblich unter null. Das »Schneechaos«, ein deutsches Phänomen, legt die Flugplätze lahm und die Straßen. Am Vorabend ist der erste nicht-europäische Papst gewählt worden. Er nennt sich Franziskus. Norbert Lammert gibt eine Presseerklärung heraus in der Hoffnung, nun beginne »ein neues Kapitel der Kirchengeschichte und vielleicht auch eine Öffnung zur Welt und den Herausforderungen unserer Zeit«. Der neue, generalüberholte »Stern« erscheint. Renate Künast, erfährt man dort, »kann sich ein Leben ohne Zestenreißer nicht mehr vorstellen«. CSU-Generalsekretär Alexander Dobrindt nennt Schwule und Lesben »eine schrille Minderheit«. Philipp Rösler hat sich auf dem FDP-Parteitag behauptet, Dirk Niebel dagegen wurde degradiert. Am Vorabend begründete Peer Steinbrück bei Anne Will, warum er sozial glaubwürdig sei. Gerhard Schröder war seit 2005 erstmals wieder bei der Partei und ließ sich für die Agenda 2010 feiern.

Als ich die Tribüne betrete, steht auf der Ankündigungstafel: »Regierungserklärung zur Energieinfrastruktur.« Im Plenarsaal wogen die Stimmen gegeneinander. Philipp Rösler am Rednerpult schwebt auf einer Wolke der Zufriedenheit, in der er sich auch mimisch immer wieder auflöst. Die Zwischenrufe von Sigmar Gabriel und Bärbel Höhn sind laut und ironisch. Auch applaudieren die beiden synchron und demonstrativ. Ja, der Applaus wird ausgestellt. Rösler hangelt sich von Satz zu Satz, von Einwurf zu Einwurf. Andere fallen ein, verbeißen sich. Sie wittern seine Schwäche, aber der Minister spart sich Unterwerfungsgesten. Er spricht aus der Höhe seines Amtes, degradiert seine Gegner zu Anhängern der »Planwirtschaft«, was er, wie vieles, wiederholt. Und wiederholt. Auch hat er ermittelt, dass seine Gegner »kein Interesse an den Arbeitsplätzen in Deutschland haben«. Das glaubt zwar niemand, aber wo ein Politiker »Glaubwürdigkeit« beansprucht, heißt das ja nicht, dass er sich auch selbst glauben muss.

Sigmar Gabriels Replik spart nicht mit Standards, bemüht auch den unfrischen Witz noch einmal, Altmaier als »Schwarzen Peter« zu bezeichnen, und wenn er bloß »Frau Merkel« sagt, meint er es schon vernichtend. Vor allem aber orchestriert er das Lied von der großen Stagnation: »Sie haben dreieinhalb Jahre nichts getan, um (die Probleme) zu lösen.« »Keines der (…) Pilotvorhaben (…) haben Sie in Ihrer Regierungszeit bis heute umgesetzt.« »16 der 24 Vorhaben von damals sind im Zeitverzug.« »Was haben Sie eigentlich die letzten dreieinhalb Jahre getan?« »Und was passiert? Gar nichts passiert.« »Sie stehen in Europa auf der Bremse.« »Sie verhindern«, Sie »stoppen«,

»Sie setzen nichts um«, »Sie versagen komplett«. Die Steigerung davon ist psychopathologische Anamnese: »Was Sie da vorschlagen, ist doch irre.« »Weil Sie offenbar von allen guten Geistern verlassen sind, wollen Sie das jetzt im Schweinsgalopp durchsetzen. Sie müssen wirklich, Entschuldigung, nicht mehr ganz bei Trost sein.«

Der Grundfehler dieser Kaskaden ist Gabriels Fehleinschätzung der Wähler: In der Parlamentsarbeit mag »Stillstand« qualvoll wirken, für die Wählerschaft hat er in krisenhaften Zeiten keinen Schrecken. Mag sich die Opposition an den Blockaden der Regierung die Zähne ausgebissen haben – Bürgerinnen und Bürger wünschen sich vor allem die Wahrung des Bestehenden. Für sie ist die Trägheit des Netzausbaus kein Abwahl-Argument, ihre großen Träume sind ausgeträumt, in das rosige Morgengrauen sozialdemokratischer Zukunftshoffnungen werden sie nicht reiten. »Stillstand« ist in diesen Zeiten einfach zu gut beleumundet.

Vieles von dem, was nun folgt, kann man vom Blatt spielen: Die SPD schimpft, dass Merkel dieser Rede, die CDU, dass Steinbrück der ganzen Debatte fernbleibe. Bärbel Höhn (B 90 / DIE GRÜNEN) ruft: »Fahren Sie mal in die Eifel!« Georg Nüßlein (CDU / CSU) bevorzugt Bayern. Die präsidierende Göring-Eckardt trotzt mit verschränkten Armen der Springflut der Argumente. Das Ehepaar vor mir aber sieht sich an mit dem Gesichtsausdruck: »Habe ich es dir nicht gesagt?«

Anschließend wird Rösler aufgefordert, »die Realität zur Kenntnis zu nehmen«. Aber er nimmt nicht einmal den Redner zur Kenntnis. Dann wird er bezichtigt, etwas »vollmundig« gesagt zu haben. Er schürzt unfreiwillig die Lippen. Jetzt hat er einen sehr dicken Aktenordner vor sich, korrigiert darin herum, die Linke im Nacken. »Ja, verflixt noch mal, dann machen Sie Ihren Job!«, herrscht ihn der Redner an. Eben das tut er offenbar gerade. Als er kurz aufsieht, treffen sich die Blicke von Angreifer und Angegriffenem in vollendeter Indifferenz. Es ist mucksmäuschenstill in diesem Blick, geradezu lyrisch, dann rollt die nächste Welle der Attacke.

FDP-Mann Meierhofer schwadroniert, seine Partei habe »in den Jahren 2000, 2002, 2005 wie auch im Jahr 2013 die gleichen Ziele gehabt«. In dieser Zeitspanne propagierte die FDP de facto einen mittelfristigen Atomausstieg, dann einen mit gestreckter Mittelfristigkeit, dann einen revidierten Ausstieg, nach Fukushima dann einen raschen und kompletten Ausstieg und neuerdings eine vorsichtige Infragestellung auch dieses Ausstiegs. Anders gesagt, eine Rede muss sich nicht an der Realität messen, die sie beschreibt, sondern an der Funktion, die sie besitzt. Ihr Wahrheit abzuverlangen ist sentimental.

Jetzt spricht der Redner von »vollkommener Unfähigkeit«, jetzt höhnt er: »Was haben Sie denn vorzuweisen?« Sein Ton ist aggressiv und herablassend, den Beitrag seines Vorredners nennt er ein »Daherschwafeln«, dann ein »Gefasel«. Es ist eine würdelose, ehrabschneidende Kraftmeierei. Rösler lehnt sich zurück, das Licht liegt auf seiner großen metallenen Gürtelschnalle, er wenigstens nickt dem Parteikollegen dankbar zu.

Ein Abgeordneter der Linken attackiert mit sächsischem Akzent und unter Zuhilfenahme einer Dagobert-Duck-Parabel. Im Tonfall eines Comics arbeitet er sich durch bis zur bitteren Pointe: »Herr Minister, haben Sie sich erkannt?« Rösler, selbst ein Freund von Comic-Auftritten, hat sich nicht erkannt. Sein Blick auf den Redner zeugt von allenfalls anthropologischem Interesse. Was er sieht, könnte auch rührend sein: Vielleicht ist da ein Ehemann, der heute seinen Auftritt hat, ein Vater, der die Kinder stolz machen, ein Nachbar, der abends vor der Garage begrüßt wird. Dieser Redner muss ja nicht unrecht haben, aber manchmal ist es schwer, ein Argument vor dem Argumentierenden zu retten. Der schließt mit dem Satz: »Füllen Sie nicht die Geldspeicher der Spekulanten, sondern folgen Sie unseren Vorschlägen!« Doch Rösler hat schon Schwierigkeiten, sich selbst zu folgen.

So geht es weiter. Alle schweifen in die Vergangenheit und feilschen um Dinge, die gewesen sind, die gesagt, die angekündigt oder versprochen wurden, aber niemanden mehr blamieren. Die Gegenwart ist einfach an der Vergangenheit gescheitert, aber das setzt den Werbewert der »Zukunft« nicht herab. »Erzählen Sie doch nicht solchen Unfug!«, poltert der Redner noch. Dann schwankt er stolz durch die Reihen der klatschenden Kollegen auf seinen hinteren Platz.

Während jetzt ein Deeskalations-Rhetoriker der Regierungsfraktion die Karte Besonnenheit spielt, streunt Sigmar Gabriel durch die Reihen, grüßt einen Hinterbänkler mit der gereckten Che-Guevara-Faust. Ein Grüppchen lässt sich von ihm amüsieren, er klopft Schultern und bestellt eine Abgeordnete ein, die sofort ihre Tasche packt, während der Redner vorne Vorschläge macht, die man jetzt sofort umsetzen könne. Pragmatismus aber ist gerade nicht gefragt, auch bei den eigenen Leuten nicht. Die Polemik fällt aus, das bedeutet, dass die Lebenszeichen aus dem Plenum abebben, die Zwischenrufe ersterben. Der Redner hat sie alle so betäubt, dass selbst der Applaus bloß pflichtschuldig klingt.

Hubertus Heil (SPD) spricht, eine weiße Karteikarte vor sich, während Steinbrück hereinschlendert. »Das ist wirtschaftlich Unsinn, was Sie da produzieren«, sagt Heil, wohl über Rösler. Steinbrück klatscht sofort, auch wenn er noch nicht im Raum war, als Heil erläutert hatte, welcher Unsinn da gemeint war. »Sie müssen Ihre Hausaufgaben machen«, sagt Heil. Franz Müntefering sitzt ganz ohne Papiere, mit gefalteten Händen hinten. Dass er sich des Klatschens enthält, könnte so gut Ungehorsam sein wie Weisheit.

Wieder mal schimmert die Zukunft in Pastell. Woher sie bloß ihren guten Ruf bezieht? Alles galoppiert hinein in einen offenen Horizont, den manche als Zeitenwende feiern, dabei geht es allenfalls um einen Regierungswechsel. Wer noch an ihn glaubt, klatscht. Steinbrück und Steinmeier sitzen in einer hinteren Bank, Steinbrück wie der Bundesadler, mit ausgebreiteten Armen auf den benachbarten Lehnen, Steinmeier eingedreht in der Einflüsterer-Position, wie im Hintergrund eines niederländischen Wirtshausgemäldes. Was Szene war, wird gerade Allegorie.

141

Der Regierungsredner vorn lobt gerade das Handwerk, warum nicht, die Lehrlingsarbeit, die qualifizierten Zuwanderer, die »guten Leute«, wegen derer wir trotzdem »nicht einfach die Schleusen aufreißen« dürften, »denn wir brauchen keine Zuwanderer in unsere Sozialsysteme«. Das taugt als Umschreibung dessen, was früher »Das Boot ist voll« hieß – eine Formulierung, die seit den vielen toten Flüchtlingen vor Lampedusa vermieden wird.

Es ist halb zwölf, die Vitalitätskurve senkt sich. Der Finger des Redners steht mahnend in der Luft und wird von der Sonne getroffen. Die weiße Hemdbrust flammt auf, so hell reflektiert das Märzlicht, während er gerade etwas als »kompletten Schwachsinn« bezeichnet. Da ist die Beleuchtung wieder einmal raffinierter als die Rhetorik. Gregor Gysi hebt an zum Verriss der »Agenda 2010«, dem »größten Sozialabbau«. Denn mögen auch bessere Beschäftigungszahlen verzeichnet werden, es sei keine einzige Arbeitsstunde hinzugekommen, seit der Zeit, als die Arbeitslosigkeit noch über fünf Millionen lag und Kohl regierte. Er breitet Zahlen aus, blamable, demaskierende, er hat es oft getan. Es widerspricht auch niemand, und Zahlen sind hier ja auch nur die Startrampe für Geschichten von prekär oder befristet Beschäftigten mit Halbjahresverträgen und Kinderwunsch.

»Wenn Franziskus die Agenda 2010 kennen würde«, ruft Gysi den Christdemokraten entgegen, »wäre er strikt dagegen; er stünde an unserer Seite.« Vereinzelte Proteste. Ein Sozialdemokrat nennt die Bemerkung ein »starkes Stück«, und Gysi quittiert die Proteste mit einem gutgelaunten »Ich wollte, dass Sie mal Reaktionen zeigen«. Erstmals sieht man jetzt auch auf den Zuschauertribünen lächelnde, aufmerksame Gesichter. Das Leben der Familien, das Schulessen, die Gesundheit kommen vor. Philipp Rösler hört es mal lachend, mal kopfschüttelnd, einmal hält er sich pantomimisch die Ohren zu. Die CDU fehlt jetzt fast komplett. Die Währung parlamentarischer Missbilligung heißt Aufmerksamkeitsentzug.

Birgit Homburger (FDP), die auf dem Parteitag eben noch Deklassierte, verwandelt ihre Abstimmungsniederlage in Angriffsenergie. Ihr rotes Jackett, ihre extrovertierte Gestik, die hohe, dünne Stimme – alles an ihr schreit nun nach Beachtung, und selbst der Bundesadler wirft ihre Stimme metallisch zurück. Die Wirtschaftspolitik von Rot-Grün, findet die Rednerin gerade, sei »an Schizophrenie nicht zu überbieten«. Dass die Pathologisierung des Gegners im Parlament so oft als Argument herangezogen wird! Wie auf dem Pausenhof: alles Bekloppte. Da es sich bei der Schizophrenie aber um eine Krankheit handelt, die man so wenig steigern kann wie die Masern, havariert hier zunächst mal das Bild. Die Präsidentin hinter Homburger hebt das Gesicht in die Sonne, verharrt so. Eine Abgeordnete im Plenum zeigt der Rednerin gerade einen Vogel. Renate Künast berät sich stehend, das Deckleder ihres rechten Schuhs am linken Hosenbein polierend.

Homburgers Furor steigt von der hohen Tonlage zum Sinuston. Er ist erreicht, wo sie der SPD »schamlose Klientelwirtschaft« vorwirft. Jemand muss jetzt »Hotelpartei« rufen. Es geschieht. Jemand anderes muss dagegen Stein-

143

brücks »Redner-Honorare« ins Feld führen. Auch das geschieht. Es gibt immer Funktionen, die von Menschen Besitz ergreifen, und diese wissen dann gleich, was zu rufen, zu meinen, zu behaupten ist. Der Protest wird jetzt flammend. Alle versuchen, die Rednerin niederzubrüllen. Aber die ist ganz rasende Medea. »Ja, Herr im Himmel: Was machen Sie eigentlich in Deutschland?«, fragt sie die Opposition. Wenig, muss man ehrlich antworten, denn es ist nun mal die Regierung, die macht, wenn sie macht.

Allmählich hört man nur noch Floskeln, alle einzeln herausgestanzt. Die Rednerin breitet die Arme aus, schlägt das Pult, sichelt mit der Handkante durch die Luft und erreicht die Klimax der Erkenntnis: »Es gibt einen Unterschied zwischen Schwarz-Gelb und Rot-Rot-Grün.« Es sind diese rhetorischen Figuren, die dazu führen, dass man das Parlament unterschätzt, dass man keine Zeit mit ihm verbringen mag. Wenn die Tatsache, dass sich im Parlament Parteien überhaupt unterscheiden, vom Parlament selbst gefeiert wird, ist auch dies ein Dekadenzphänomen. Es gibt Reden, die setzen Geschmacksverstärker zu, und es gibt solche, die bestehen aus nichts als Geschmacksverstärkern. Und so lässt sich Homburger in der ersten Reihe nieder, schüttet sich das Restwasser aus ihrem Glas geradezu aggressiv in den Mund und genießt ihre Empörung als Folge geglückter Selbstentzündung.

In einer der hinteren Reihen des Plenarsaals verabschieden einander gerade Gysi und Ramsauer, ganz gentlemanlike mit Händeschütteln. Dann kehrt Gysi zurück auf seinen Angriffsplatz.

Am Pult feiert Ernst Hinsken (CDU / CSU) gerade seine Heimat in bayerischer Breite. Gedrungen über dem Manuskript hängend, dann O-beinig vor- und zurückschwankend, jedes Wort ablesend, sagt er Dinge wie »alles, was Sie fordern, machen wir schon lange«. Es ist eine dieser Reden, denen wirklich niemand mehr zuhört, und als er ermahnt wird, zum Ende zu kommen, da muss er doch noch schnell sagen: »Wir gestalten die Zukunft.« Es kommt wie Schluckauf.

Vielleicht sollte man denken, dass sich im Laufe der Jahrzehnte die rhetorischen Formeln verfeinert hätten. Das Gegenteil ist der Fall. Sie sind Piktogramme geworden.

Das Nachschlüsselwort, geeignet, alle anderen Werte zu übertrumpfen, heißt »gemeinsam«. Weil man in Wirklichkeit weniger gemeinsam macht als gegeneinander, appelliert man dauernd an das Unmögliche: das Gemeinsame, das in hoher Dosierung auch im »Gemeinwohl« enthalten ist. Für die Regierungskoalition ist der Satz »Wir leben in einem schönen Land« schon ein politischer Satz, weil er sich auf ein Glück bezieht, das vermeintlich der Staat schenkt.

Im Parlament geht es um alles. Deshalb muss alles gemeint und belastbar sein. Deshalb ist das Uneigentliche, die Ironie etwa, bedenklich. Zugleich aber ist hier so vieles uneigentlich: die Übererregung, die gespielten Feindschaften, die fingierten Gefühle, die felsenfesten Überzeugungen. Der Nachvollzug einer Parlamentsdebatte setzt deshalb eine Rezeption auf mehreren Ebenen voraus. Dass diese Debatte allerdings im Ernst, im »hohen Ton«, in der Sachauseinandersetzung ihr bestimmendes Element haben soll, erschließt sich in der Gesamtschau der Debatten nicht.

Kaum verlagern sich diese auf Felder, die nicht die Geldverteilung betreffen, kaum wenden sie sich etwa – wie an diesem Tag – der Frage zu, wie Deutschland mit entdemokratisierenden Prozessen in Ungarn umgehen soll, kann man das Potential der öffentlichen Debatte auch als Form bestaunen. Plötzlich treten nämlich fast alle sachlich, manchmal beteiligt, unpolemisch, gleichwohl dezidiert und mahnend, aber nicht bevormundend auf und stellen sich der Frage, was eine »Wertegemeinschaft« unter dem Dach Europas sein könnte und müsste. Nur eine einzige Debatte nach der weitgehend kleinlich und verletzend geführten Auseinandersetzung um Wirtschaftsthemen ist das Parlament in der Lage, etwas so Immaterielles wie die Erosionsprozesse der Menschenrechte in Europa zu spiegeln und Themen zu behandeln, die an keinem anderen öffentlichen Ort mit diesem Sachverstand diskutiert werden. Hier ergibt sich sogar die Gelegenheit, einen Satz von Klaus-Michael Bogdal zu zitieren, der keinen Widerspruch findet: »Die Fähigkeit zur Entzivilisierung ist den europäischen Gesellschaften nicht abhandengekommen.« Warum sollte diese Fähigkeit ausgerechnet vor den Parlamenten haltmachen?

Wir gehen in den Abend mit einer Tour de force der Themen. Man streitet für und wider: »eine bessere Bildungssituation weltweit«, die »Verkehrsinfrastruktur«, Kaffeefahrten, die Digitalisierung in der Rechtsprechung, die Beamtenbesoldung, die Unterstützung für die Giftgas-

146

opfer von Halabdscha, die Stärkung der Rechte von Be-
schuldigten in Strafverfahren, die Ächtung von Folter, das
»Professorenbesoldungsneuregelungsgesetz«, die »bessere
Krankenhauspflege durch Mindestpersonalbemessung«,
die »Emissionsminderungsmöglichkeiten der Mobilfunk-
technologie«, die Ausrichtung des »Kindernachzugsrechts
am Kindeswohl«.

Es ist dunkel geworden. Die Zwischenrufe kommen
nur mehr schwach und selten wie die letzten Vogelrufe.
Die meisten Reden werden zu Protokoll gegeben. Die wenigen Verbliebenen lässt Vizepräsident Wolfgang Thierse
wissen: »Die Sitzung ist geschlossen. Ich wünsche Ihnen
eine freundliche Nacht.« Es ist 21 Uhr 28.

Freitag, 15. März, 9 Uhr 01

Der Geruch der Spree steht heute zwischen den Parla-
mentsgebäuden, den Gerüsten und Baukränen der Erwei-
terungsbauten. Auf der einen Seite befindet sich diese
hohe schmale Fußgängerbrücke, die der Volksmund »die
höhere Beamtenlaufbahn« nennt, auf der anderen Seite,
hinter der Brücke beim »ARD-Hauptstadtstudio«, die Fas-
sade, auf die man eine Menschenpyramide gemalt hat
samt dem Slogan »Stimmen für den Mindestlohn«. Dunja
Hayali vom »Morgenmagazin« trinkt in der Trainings-
jacke einen Kaffee an der Straße. »Noch auf oder schon?«,
frage ich. »Noch«, sagt sie.

Hinter der Plexiglasscheibe, in die der israelische Bildhauer Dani Karavan die Artikel des Grundgesetzes geprägt hat, spiegeln sich die Abgeordnetenbüros, die Baustellen gegenüber. Einzelne Angestellte rauchen auf dem Balkon und blicken auf die Jogger. Wir hatten noch nicht viel Sonne in diesem Jahr. Ein Junge in grüner Kapuzenjacke liest seinem Kumpel den Artikel 1 vor, und weil der andere »cool« erwidert, setzt er zur Lektüre des zweiten an. Allerdings kommt der Vorleser jetzt ins Stocken, so stark ist die Spiegelung der Gerüste von der Großbaustelle gegenüber.

Vielleicht war das die Vorstellung des Künstlers: Ein Grundgesetz, das unter bestimmten Lichtverhältnissen kaum entzifferbar ist, eines, in dem sich die Widerspiegelung der wirklichen Welt als Störung des reinen Textes entpuppt und sich die Realität über den Text legt? Dann ist hier alles symbolisch, auch, dass die neunzehn Artikel nur lesbar sind, wenn die Sonne, das Licht der Erkenntnis, direkt darauf fällt. Jetzt bleiben auch andere, Versonnene stehen und werden versonnener.

Schiffe gleiten vorbei. Sie bringen Musik mit. Die grünen Netze vor den Rohbau-Fassaden schweifen bauchig hin und her. 620 Abgeordnete zählt dieses Parlament, verteilt auf 5660 Büros, fast alle Gebäude im Umkreis sind dem Parlament zugeordnet. Im Himmel fünf deutsche Flaggen und zwei Europas, Kondensstreifen über und über, Fensterputzer auf den Gesimsen, Passanten, die sich mit erhobenen Tablets wechselseitig fotografieren.

An der Absperrung vor dem Hauptportal hat jemand

vier rote Grableuchten abgestellt. Ein vertrockneter Blumenstrauß liegt dabei. Woran das Ensemble erinnern soll, weiß hier niemand. Es liegt da als ein Gedenken an das Gedenken. Es gibt Gründe genug. Nicht weit von hier warten auch die Rikschafahrer, die Besucher streunen. Sie tragen Wintergarderobe. Der gelbe Bus 100 fährt eine Werbung mit dem Gesicht von Ulrich Deppendorf spazieren: »Wir sehen uns im Studio oder sonntags um 18 Uhr 30. Bericht aus Berlin.« Der Mann am Würstchenstand wütet, dass er dies alles bezahle, den Reichstag, die Abgeordneten, »den ihren Fuhrpark«, »den ihren Deppendorf auch«.

Nicht aber den Mauerfriedhof, eine improvisierte kleine Anlage, eine selbstgemachte Gedenkstätte in Zeichen und Tafeln. Fünfzehn hölzerne Kreuze wurden errichtet und beschriftet, das erste zum Mauerbau, das letzte für Chris Gueffroy, den letzten an der Mauer Erschossenen. Man hat all dem Informationstafeln beigegeben. Gedankt wird für einen Spendenscheck von hundert Mark, »für dessen Einlösung die Bank 14 Mark 50 einzog«. Eine Tafel richtet sich gegen »das rote Berlin«, das die Blumenkübel entfernte, eine andere gegen »Hugendubel«, weil man sich dort geweigert habe, eine im Selbstverlag produzierte Lebensgeschichte zu verkaufen, während das Kochbuch von »Stasi-Wolf« Erfolge feiere. Es finden sich auch Hinweise auf andere verbotene oder nicht lieferbare Bücher. In diesem Winkel sammelt sich mehr Volkszorn.

Präsident Lammert eröffnet die 229. Sitzung des Bundestags in der Hoffnung, »dass sich im Laufe des Vormittags die Regierungsbank noch teilweise füllt«. »Ich erteile dem Finanzminister das Wort, der im Unterschied zu anderen bereits gleich zu Beginn dieser Sitzung im Saal war. – Bitte schön.« Und Wolfgang Schäuble hebt an: »Herr Präsident! Meine Damen und Herren! Wie sollte ich hier auch reden, wenn ich nicht da wäre!«

Der Humor im Parlament tritt kathartisch auf, reinigend und erleichternd, aber er ist schwer zu dosieren – zu viel davon, und der Redner ist unseriös, nichts davon, und er ist kompetent. Das Lachen im Parlament enthält den Verweis darauf, dass es eine Wirklichkeit jenseits vom Ernst des Lebens gibt. Andererseits hat sich der Eröffnungs-Gag in so manche Rede geschlichen als eine Anleihe an das Fernsehen, und dann gibt es noch diese eigene Unheimlichkeit des Lachens. Da stehen Redner am Pult, beschwören den Weltuntergang, sammeln Indizien, stellen Hypothesen auf zu Klimaveränderungen, Migrationen, Verteilungskämpfen, und sie lachen dazu, lachen zu jedem Untergang. Es gibt dreihundert Weltuntergangsphantasien, sagte neulich einer, da lachten sie wieder.

Schäuble ist der Typus Politiker, der die Pointe nicht vorbereitet, eher stößt sie ihm zu. Er hat sich auf die nüchterne Ausbreitung von Sachverstand eingerichtet. Gewohnt, nicht begriffen zu werden, fällt er manchmal ins Didaktische. Sein Weltbild ist ein Kokon, und wo er spricht, tut er es aus dem Inneren dieses Kokons und erntet auch heute keinen einzigen Zwischenruf. Seine Sätze beginnen gern mit »Deshalb sagen wir« oder »Ich will darauf hinweisen« oder »Es leiten uns die folgenden Prinzipien« – lauter Podeste, auf denen Maximen Platz nehmen, künftige Gesetze und Sanktionen, lauter Haltepunkte in einem Fluss, weil wir doch »Schritt für Schritt« gehen und dabei dauernd »Zukunft« produzieren müssen.

Etwas an dieser Debatte ist leblos, so, als wolle man gar nicht mehr versuchen, eine Diskussion auf den neuesten Stand zu bringen, die keinen neuesten Stand hat. Die SPD beginnt noch einmal damit, wie 2008 die Lehman-Pleite die Finanzmärkte erschütterte, und sie landet bei der Aufforderung, Schäuble solle anfangen, »wirklich zu arbeiten!«. Flau. Wer wollte dem Minister, den man gerade an jedem zweiten Abend in einem anderen Land sehen kann, Faulheit vorwerfen? Man reagiert automatisch psychologisch, bedauert den, der diese Last schultert, seine Strapazen, seine Arbeit mit Zahlen.

Der Kern der Sache liegt anderswo, weder bei den Regierungsparteien, die sich der Bankenregulierung so lange widersetzten, noch bei der SPD, deren Kandidat als ehemaliger Finanzminister die bestehenden Verhältnisse stabilisierte. Die Kritik trifft das System und muss von einem exterritorialen Standpunkt aus formuliert werden. Wenn also Sahra Wagenknecht darauf hinweist, dass Derivate, »also das, was Warren Buffett finanzielle Massenvernichtungswaffen nannte«, heute »im Nominalwert von 640 Billionen Dollar auf dem Markt« sind, dem Zehnfachen von dem, »was die gesamte Weltwirtschaft an Gütern und Leistungen produziert«, wenn sie den Wunsch der EU-Kommission nach Straffreiheit für betrügerische Banken benennt, wenn sie die Euro-Rettung als eine Bankenrettung beschreibt, dann ist an den Einwürfen ablesbar, dass es um Grundsätzliches geht, dem sachlich offenbar nicht zu begegnen ist. Ich höre »Demagogie!«, »Blödsinn«, »Bullshit-Bingo!« aus dem Plenum.

Dabei formulieren alle Redebeiträge letztlich den Grundwiderspruch zwischen dem systemkonformen Standpunkt, der die Banken schützt wie etwas Eigenes, und einem systemkritischen Standpunkt, der die Banken als Dienstleister versteht, nicht als Spekulanten. Es muss auch im Parlament erlaubt sein, die Idee eines Landes aufrechtzuerhalten, in dem sich das Gemeinwohl nicht über das Wohl der Banken definiert. Die Debatte, die jetzt geführt werden müsste, wird aus vielen Gründen nicht geführt. Das System begründet sich selbst nicht mehr. Seine Krise, die auch eine Krise seiner »Werte« ist, wurde nicht von der Kritik oder vom Protest ausgelöst, sondern von immanenten Prozessen und dem folgenden Kollaps.

Wo das Parlament die Bedingungen seines Handelns reflektieren müsste, wird es meist enttäuschen. Statt also die Gelegenheit zu ergreifen, die eigenen Voraussetzungen zu befragen, fährt Gerhard Schick (B 90/DIE GRÜNEN) schlicht realpolitisch fort: »Herr Präsident! Liebe Kolleginnen und Kollegen! Nach dem Standardvortrag von Sahra Wagenknecht wäre es einmal sinnvoll, über die Anträge und Gesetzentwürfe, die vorliegen, zu sprechen.« Es gibt eben kein Jenseits zu jenen Anträgen und Gesetzesentwürfen, die sich das Parlament selbst vorlegt. Das verhindert nicht, dass die SPD gleichzeitig ein »Papier« vorlegt mit dem Titel »Deutschland besser und gerechter regieren«. Aber CDU-Redner Michelbach nennt ja schon das, »was hier Rot-Rot-Grün« betreibt, »ideologische Bankenhetze«.

Plötzlich steigt die bleierne Müdigkeit des Parlaments auch auf die Tribüne. Es macht gedanklich so träge, sich aber- und abermals dieselben Argumente vorzutragen, dieselben Posen phallischen Drohens einzunehmen, dieselben Faktenverdrehungen und Persönlichkeitsverletzungen auszuführen wie immer. Wenn die Politiker, die hier streiten, etwas verstehen vom Kämpfen, Unterwerfen, strategisch Auskontern, verstehen sie dann deshalb schon etwas von der Sache? Sind sie überzeugt und überzeugend?

Ist also die Erschütterung anlässlich der Gedenkstunde zu Fukushima echt, oder tollen hier alle um ein Themenknäuel? Denn was sagt es aus über den Wahrheitsanspruch einer Gedenkrede, wenn ein CDU-Redner den Atomausstieg für seine Partei reklamiert, jene Partei, die noch 2010 den beschlossenen Ausstieg rückgängig machte und die Atomkraftwerkslaufzeiten verlängerte? Wenn mit den Tatsachen keine Gedenkreden zu bestücken sind, dann folge man wenigstens Peter Altmaier, der zum Atomausstieg sagt: »Ich hätte mir an einem Tag wie heute auch gewünscht, dass wir einmal nicht nur polarisieren und polemisieren, sondern anerkennen, welche die demokratischen Parteien übergreifende Kraft diesem Parlament innewohnt, dass es zu solchen richtunggebenden Entscheidungen fähig ist.« Eine »staatsmännische Rede« war auf allen Seiten gefragt. Die Irrmeinung aber, dass Rechthaben der schnellste Zugang zur Wählerstimme sei, führte zu kleinen Reden, aus denen sich das Volk auf der Tribüne schnell verabschiedete, vielleicht weil es erkannte, dass das Parlament zum Gedenken an Fukushima zumindest heute nicht in der Lage war.

Aber es geht weiter, zum nächsten Problem, zum nächsten Konflikt, zur Not auch makaber. Zu einer Beschlussempfehlung einzelner Abgeordneter und der Fraktion der Linken heißt es auf der Tagesordnung: »Angriffskrieg verfassungs- und völkerrechtskonform unter Strafe stellen. Nach einer interfraktionellen Vereinbarung ist für die Aussprache eine halbe Stunde vorgesehen.« Nach dieser halben Stunde ist auch dieser Antrag abgelehnt.

Mittwoch, 20. März, 13 Uhr

Angela Merkel kursiert wieder mit Hitler-Bärtchen in ausländischen Zeitungen. Zypern hofft auf die Rettung durch Russland, die Europäische Zentralbank stellt ein Ultimatum. Das »Dschungelcamp« wird für den Grimme-Preis nominiert. Gegen Ende der Brüderle-Debatte fordert Dirk Niebel eine Debatte über Sexismus gegen Männer. Die FDP hat in Niedersachsen fast zehn Prozent der Zweitstimmen abgezweigt. In Syrien und Ägypten erheben sich die Völker gegen ihre Regierung, in Portugal und Spanien gegen die deutsche, in Indien gegen Vergewaltiger.

An diesem Mittwochmittag folgt auf die Befragung der Bundesregierung die Fragestunde, die sich immer wieder in den Formalia verheddert. Häufig lässt sich aus den Fragen mehr ableiten als aus den Antworten, handelt es sich doch eher um eine Simulation des Dialogischen. Wer ist Adressat? Die Kameras? Die Tribüne? Der Gegner? Die eigenen Leute? Das Land? Die Gesichter der Schülerinnen und Schüler auf der Tribüne wirken gerade so erloschen und stumpf, wie ich mich fühle. Die Argumentationsgeschwindigkeit ist behäbig. Wir sind brav, wir schauen der Demokratie zu, nein, unser Zuschauen ist Teil der Demokratie oder ihres Entwicklungszustandes.

Der Blick über die Tribüne verrät auch: Man müsste uns allen das Ich zurückgeben, wir müssten wieder fragen: Wer spricht meine Überzeugungen aus? Wer verkörpert meine Ideen? Soll dies repräsentativ sein, warum stellt sich jeder der Redner zurück, sorgt sich um den Koalitionsfrieden, den Fraktionszwang, die strategische, realpolitische, psychologische Bedeutung der eigenen Wortmeldung? Warum ist der Weg zum Ich gerade beim Wählen so weit? Warum wählen Menschen selten, was laut Wahl-O-Mat ihren Absichten entspräche? Warum lassen sie sich von den eigenen Interessen abspalten, in wessen Dienst, zu welchem Zweck? Es ist wie in einer Erzählung, wo die spontane Frage lautet: Komme ich vor? Heute kam ich vor. Ich war der Bürger, der im Schatten von Windrädern lebt, der Fisch isst, der Neonazis nicht will. Ich kam vor, habe mich aber nicht erkannt. Doch wurde geworben und gestritten um mich.

Die mediale Wirkung des Streits innerhalb der Partei ist unverhältnismäßig. Sie verrät eine Müdigkeit vor dem, was das Politische ist an der Politik und eben nicht das Psychologische, Dramatische, Literarische. Mag sein, all das ist Politik auch, aber im Kern verrät doch die »mangelnde Geschlossenheit« einer Fraktion oder einer Partei die Lebendigkeit des parlamentarischen Gedankens. Dieser basiert schließlich auf der Kontrolle der Regierung durch das Parlament, also auf einer Vielfalt der Gewissensentscheidungen.

Politiker klagen gerne über Medien, die aus jedem Dissens ein Politikum machen. Kaum aber zeigt sich in der Front der politischen Gegner ein Widerspruch, sind sie selbst die Ersten, die »mangelnde Geschlossenheit« zum Argument erklären. Es ist keines. Die guten Stunden des Parlaments hingen immer mit der Ausdifferenzierung von Standpunkten, mit echten Kontroversen, Gewissenskonflikten und orchestral arrangierten Argumenten zusammen. Wollte man das Parlament stärken, man müsste ihm mehr von dieser Uneinigkeit einräumen, wenn nicht wünschen. Solange die regierenden Parteien im Parlament ihre Hauptaufgabe aber darin sehen, die von der Regierung eingebrachten Vorschläge gegen Diskussionen zu verteidigen und anschließend durchzuwinken, hat das Parlament keine aktive Kontrollfunktion, und so erübrigt sich oft selbst das Debattieren.

Das parlamentarische Sprechen ist also uneigentlich, wo es so tut, als diene es der Entscheidung. In Wirklichkeit steht das Resultat fest, und es geht mehr um die Schaufensterdekoration. Die Rede aber tut, als mache sie sich auf, Gemeinschaften zu sammeln. Doch hängt von der

Überzeugung der Redenden nichts mehr ab. Etwas an diesem parlamentarischen Reden ist ein Schwindel, auf den sich alle geeinigt haben und der mitschuldig ist, wenn Bürger Glaubwürdigkeit zur obersten politischen Tugend, das Lügen zum Kardinallaster des Politikers erklären.

Auf andere und doch gleiche Weise sind die Reden der Opposition ironisch. Ihr Gestus ist rabiat, er zielt auf das Absolute eines anderen Weltverständnisses, seine Malerei ist düster, es umweht ihn immer etwas vom finalen Desaster. Doch weder glaubt sich die Rede selbst, noch glaubt sie an die eigene Wirksamkeit. Oder wann hätte zuletzt eine Oppositionsrede die Standpunkte der Regierung zum Wanken gebracht? Nein, die Parlamentsrede kommt aus einer anderen Zeit – historisch, weil sie erkämpft und geachtet war, als man an die Wirksamkeit des guten Arguments noch glaubte. Heute liegt etwas Verspätetes, Nachgereichtes im parlamentarischen Reden. Es klingt wie die Zusammenfassung von Fortsetzungsromanen: Was bisher geschah …

Inzwischen hat die Aktuelle Stunde begonnen, und das mit dem ansprechenden Satz des schleswig-holsteinischen Wirtschaftsministers Reinhard Meyer: »Ich möchte Ihnen heute den Nord-Ostsee-Kanal ein wenig näherbringen.« Das tut er. Ich sehe Auen, erfahre, dass hier mehr Schiffe passieren als durch den Panama- und den Suezkanal zusammen, dass diese also die am meisten befahrene künstliche Wasserstraße der Welt ist, dass Bayern dank ihrer sechsmal mehr vom Hamburger Hafen profitiere als Schleswig-Holstein, dass Schiffe, die den Nord-Ostsee-Kanal umgehen, einen Umweg von achthundert Kilometern in Kauf nehmen müssen – und dass dies jetzt immer mehr Schiffe tun wegen der Bauverzögerung bei den Schleusen.

Vor meinem inneren Auge erscheint der Schiffe-Stau auf diesem Kanal, der seit mindestens zwanzig Jahren »auf Verschleiß gefahren« wird, und ich schaue nach Verkehrsminister Ramsauer, der eine Brücke wird schlagen müssen zwischen der »nationalen Aufgabe«, Infrastruktur zu gewährleisten, und den Reparaturarbeiten im Schlamm. Den Kanal, sagt der Minister, gibt es seit Ende des 19. Jahrhunderts, den Minister im Amt aber erst seit dreieinhalb Jahren, und seit zwei Jahrzehnten reihen sich parteiübergreifend Minister, die an dieser Stelle nicht agiert haben.

Dafür kann der jüngste nun berichten, eben sei der Engpass an der Schleuse Brunsbüttel »viel, viel schneller als vorgesehen, nämlich eine Woche früher« beseitigt worden. Anschließend das Vertraute: Der Minister beweist seine Volksnähe, indem er dem Volk sein Volk-Sein dankt: »Ich möchte mich (...) bei den dortigen Handwerkern und bei den Tauchern voller Respekt und auf das Allerherzlichste dafür bedanken, dass sie dort unter schwierigsten, widrigen Umständen fleißig gearbeitet haben. Man muss es mit eigenen Augen gesehen haben: Unter Wasser, in dieser Brühe, diesem Schlick, sieht man nichts.«

Eben, das Ministerauge reicht bis in den Schlick der Schleuse von Brunsbüttel und darüber hinaus in Zonen, wo niemand mehr klar sieht. Was man in der Debatte dagegen beobachten kann, ist die Schwäche der parlamentarischen Selbstkritik. Da gesteht Staatssekretär Hans-

Joachim Otto auch Versäumnisse seiner Partei ein, da moniert Valerie Wilms (B 90 / DIE GRÜNEN) parteiübergreifend, es werde »gebasht« und »aufeinander eingeschlagen«, »worum es aber eigentlich geht«, werde »dabei ziemlich verdrängt«. Und wie lautet der Zuruf von der FDP? »Aber nicht von uns!«

Zu einer parlamentarischen Arbeit, die dem Journalismus nicht die alleinige Hoheit der Kommentierung überließe, müsste Selbstkritik gehören wie ein fortlaufender Kommentar. Sie wird vermieden aufgrund der schlichten Überzeugung, nur eine unfehlbare sei eine wählbare Partei. Die Popularität der Selbstkritik ist in vielen anderen Bereichen der Gesellschaft angekommen, nicht im Parlament. Aber dafür endet diese Aktuelle Stunde wenigstens mit latenter Ironie: »Vizepräsidentin Petra Pau: Kollege Kammer, auch Sie müssen bitte zum Schluss kommen. Sie müssen das an anderer Stelle fortsetzen. Hans-Werner Kammer (CDU/CSU): Frau Präsidentin, das ist so spannend. Vizepräsidentin Petra Pau: Ja, ich bin fasziniert.«

Donnerstag, 21. März, 9 Uhr

Alles ganz ruhig. Zum Frühlingsanfang ist Schnee gefallen. In der Nacht hat Zypern einen Plan B vorgelegt. In den Medien spielt auch heute das Parlament keine Rolle, aber die Ausschüsse, Konferenzen, Brüssel, die gedruckten Interviews und die Talkshow-Auftritte.

Im Hotel schaue ich mir das Reichstagsgebäude auf einer Aufnahme von 1900 an, ein Foto mit der Feinstruktur eines Kupferstichs. Es sieht prunkvoller aus mit den Reliefs in den Giebeln, den Skulpturen auf den Sockeln, dem Zierrat an den Gesimsen, ein zeitlos historischer Repräsentationsbau, der auch in Wien oder Buenos Aires, in Minsk oder in Kabul stehen könnte. Offenbar greift der Gedanke der Repräsentation weltlicher Macht zu den immer gleichen antikisierenden Formen, die sich der Säule, des Giebels, des Tympanons, des Bossenwerks und der Allegorien bedienen. Alle zusammen machen aus dem Profanbau einen Schrein, sagen gemeinsam, dass groß und schützenswert sein muss, was sich eine solche architektonische Erscheinung gibt.

Als ich eintreffe, finde ich: Dieser Reichstag sagt auch, dass er nicht leicht bezwingbar sein dürfte. Er ist auch ein Bau der Effekte, er prunkt und protzt, möchte Palacio Real, Palazzo Pitti, Hofburg und Louvre sein. Er entspricht dem Geschmack der italienischen Hochrenaissance. Seine Mauern sind hundertzwanzig Jahre alt. Seine Geschichte war kurzatmiger. Von der ersten Sitzung 1894 bis 1932 Sitz eines demokratisch gewählten, gesamtdeutschen Parlaments und in dieser Funktion erst von 1999 an wieder in Betrieb, hat er seine Symbolik gewechselt wie der umliegende Platz seinen Namen. Hieß dieser doch auch mal »Platz der Republik«, mal »Exerzierplatz vor dem Brandenburger Tor«, mal »Königsplatz«, dann wieder »Platz der Republik«.

In Deutschland war der Reichstag ursprünglich eine

mobile Institution. Gewöhnlich trat er alle paar Jahre an einem anderen Ort zusammen. Seine Mitglieder waren nicht gewählt, sondern wurden von den Ständen benannt. Mit dem Wiener Kongress von 1815 änderte sich das: Die Bundesstaaten waren jetzt angehalten, Parlamente zu errichten, und in Frankfurt entstand der Bundestag, eine Versammlung der Lobbyisten, wie man heute sagen würde. Diesen Bundestag löste der Reichstag des norddeutschen Bundes ab. Dieser wiederum ging schließlich 1871 im Reichstag des Deutschen Reiches in Berlin auf.

Verfolgt man die Vielfalt der Debatten um den Bauplatz, die Entwürfe, die Anforderungen und die Kosten, glaubt man sich schon mitten in einer bundesrepublikanischen Parlamentsdebatte. Es meldeten sich damals sogar Stimmen, die ein Reichstagsgebäude überflüssig fanden. Verfassungsgemäß könne doch der Kaiser nach wie vor den Parlamentsort bestimmen, fanden sie. Endlich wurde in einem zweiten, von 189 Architekten anonym bestrittenen Wettbewerb der Sieger für ein Projekt gekürt, das in Deutschland ohne Vorbild war und das man in Fragen der Größe, der Akustik, der Funktionen nur imaginieren konnte. Der Frankfurter Architekt Paul Wallot erhielt die Mehrheit der Stimmen. Mitte des Jahres 1883 konnte er sich nach seiner Revision des Erstvorschlags und der Abwehr der Intrige eines Mitbewerbers an die Arbeit machen. Als der Grundstein am 9. Juni 1884 gelegt wurde, taten Wilhelm I., sein Sohn und sein Enkel die ersten Hammerschläge. Das Wetter war mies, das Publikum weniger parlamentarisch als militärisch.

Zwei Jahrzehnte dauerte es, bis die Widmung »Dem Deutschen Volke«, die Wallot sich selbst ausgedacht hatte, angebracht werden konnte. Der Kaiser hatte sie auf allen Wegen zu verhindern gewusst. Erst als er 1915 mit jedem Kriegstag um die Unterstützung des Volkes fürchten musste, ließ er wissen, wenn man die Inschrift denn anbringen wolle, so werde er sie zwar nicht offiziell genehmigen, sich aber auch nicht widersetzen. Die sechzig Zentimeter hohen, aus dem Metall von zwei in den Freiheitskriegen von 1813 erbeuteten Geschützrohren gegossenen Lettern wurden im Dezember 1916 als »Weihnachtsgeschenk für das deutsche Volk« über dem Hauptportal angebracht.

Auf dem alten Foto, das noch den Zustand zeigt, in dem Paul Wallot seinen nach zehnjähriger Arbeit 1894 vollendeten Bau übergab, findet sich statt der Kuppel nicht nur ein gewölbtes Dach auf quadratischem Grundriss, besetzt mit einer Laterna, es fehlen auch die Ecktürme, die Fenster waren schlichter. Es ist dies die versachlichte, wenn mal will: verschämte Version eines alten Repräsentationsgedankens.

Heute ist das Plenum überheizt, die Luft steht stickig, während draußen Schnee liegt. Er bedeckt sogar die Kuppel und dämpft das Licht. Die Reihen sind schwach besetzt, nur das Volk auf den Tribünen ist wieder vollzählig. Die Frage, die das Plenum beschäftigt, lautet: Wie kann ein Land, das nur 1,2 Prozent der Weltbevölkerung stellt und demnächst auf 0,7 oder 0,8 Prozent fallen wird, seine Rolle als viertgrößte Industrienation und seinen entsprechenden Wohlstand bewahren? Die Frage konfrontiert das Plenum mit der Groteske des Wachstums, einer Denkform des Unmöglichen, in dem man sich aber eingerichtet hat, denn die »Visionen« beziehen sich alle auf eine ideale, aber fiktive Zukunft. Eine Zukunft dagegen, die von diesen Privilegien nicht gesegnet ist, scheint für das Parlament kaum denkbar, sie würde unsere Lebensform in Frage stellen.

Deshalb formuliert Bildungsministerin Johanna Wanka auch nicht: »Wie soll das weitergehen?«, sondern: »Was ist die Ursache dafür, dass wir so gut sind?« Die Antwort ist parteiisch und lautet: »Die Ursachen sind eigentlich die Entdeckerfreude und der Erfindergeist der Menschen und die Innovationsfähigkeit der Bundesrepublik Deutschland.« Lauter Dinge, die in Indien, Brasilien oder Südafrika offenbar schwächer entwickelt sind. Es ist aber, wo eine »Generaldebatte über Bildung« geführt werden soll, signifikant, dass auch sie in wenigen Sätzen bei der Konkurrenz der Industrienationen und beim »Wohlstand« angekommen ist. »Ich weiß ja nicht, ob Sie das immer alles kapieren«, meint Wanka herablassend, und Michael Kretschmer (CDU/CSU) entfaltet seinen Esprit und ruft hinein: »Die SPD kapiert meistens nichts!« Damit ist man mitten in der Gegenwart der Zukunft, und das heißt auch im Verteilungskampf um die Verdienste am Wohlstand.

Das Streiten um die Urheberschaft von Erfolgen macht jede Debatte einfältig, wird aber die Zukunft zuverlässiger prägen als alles, was hier unter dem Wissenschaftsthema »Industrie 4.0« besprochen wird und in der Rede der Mi-

nisterin nicht in seiner sozialen oder kulturellen Tragweite beobachtet wird. Angesichts aller Widersprüche,
die zwischen Ressourcenknappheit, Verteilungskämpfen,
Nord-Süd-Gefälle auf der einen und dem Festhalten am
deutschen Status quo auf der anderen Seite bestehen,
muss etwas ewig Menschliches die Abgründe schließen,
etwas, das den Geist des Heimatromans mit dem der
Science-Fiction versöhnt.

Dieses stiftet Heinz Riesenhuber (CDU/CSU): »Dass
wir in Fröhlichkeit und mit Eigenständigkeit in einer kom-
plexen Welt leben, ist eine begeisternswerte Tatsache, an
der wir uns alle erfreuen.« Man weiß nicht – ist das eine
Zustandsbeschreibung, dann sagt mir ein Blick über die
Tribüne, dass sie falsch ist, ist es eine Ermunterung, dann
sagt mir derselbe Blick, dass sie ins Leere geht. Ist es aber
eine Form der Selbstbefeuerung, die keine Rückversiche-
rung bei der Wirklichkeit mehr braucht, dann wäre sie
schlicht »naturstoned«. »Wenn wir in diesem Geist an
die Sache herangehen, mit einer frohgemuten Zuversicht,
mit dem Unternehmungsgeist, der dem ganzen Deutschen Bundestag zu eigen ist, mit der fröhlichen Gestal-
tungskraft, die auf die Zukunft vertraut, in einem Geist,
der nicht die Probleme problematisiert, sondern sich
für Lösungen begeistert (…) dann, Freunde, werden wir
Deutschland in eine Zukunft führen, an der wir alle
Freude haben werden, auch die Menschen, die gestalten.«
Das ist lustig, und so breitet sich über uns ungestalteten,
gestaltungsfernen Menschen auf der Tribüne das selbst-
mitleidige Lächeln von Menschen aus, die offenbar von

der Wirkung psychoaktiver Substanzen ausgeschlossen wurden.

Schon eine Debatte weiter, wo es um die soziale Gestaltung der Energiewende geht, sieht die Zukunft unfröhlicher aus, und die Industrie, die eben noch Lust auf Zukunft machte, verdirbt einem gerade die Lust auf Gegenwart. 2,8 Milliarden Euro Gewinn machte der Stromkonzern E.ON im vergangenen Jahr. Dafür erhöhte er das Jahresgehalt seines Chefs von 4,5 auf 5,7 Millionen Euro, entließ massenhaft Beschäftigte, stellte Hunderttausenden im Land den Strom ab, weil sie ihn nicht bezahlen konnten, verlangte vehement nach höheren Strompreisen. Der Abgeordneten Caren Lay (DIE LINKE), die all das moniert, entgegnet Thomas Bareiß (CDU/CSU) ungewollt deutlich, sie habe bewiesen, dass sie »immer noch nicht in der sozialen Marktwirtschaft angekommen« sei.

Debatten, von denen große Konzerne betroffen sind, werden meist heftiger geführt als Debatten, in denen bloß immaterielle Werte zur Diskussion stehen. Die Freiheit des Menschen hat konziliantere Anhänger als die Freiheit der Marktwirtschaft. Hubertus Heil (SPD) aber könnte sich abarbeiten, woran er wollte, er könnte auch noch mehr entlarvende Artikel aus dem »Tagesspiegel« zitieren, Aufmerksamkeit wird ihm nicht geschenkt. Immer wieder spricht er Umweltminister Altmaier persönlich an, aber der beugt sich gerade lachend über das Handy seines Nachbarn. Abermals wird er angesprochen, lacht aber weiter. Jemand ruft rein: »Der hört doch gar nicht zu.« Ist

165

er es sich schuldig, es weiter nicht zu tun? Gewiss, es geht um die »Zukunft«, aber man kann sie auch ignorieren.

Hinten treffen sich einzelne Abgeordnete zum Klönen. Annette Schavan sitzt isoliert und spart sich den Applaus für die Parteikollegen unter den Rednern auf. Am aggressivsten aber formuliert durchgehend die FDP, war sie doch, so sagen ihre Vertreter, eigentlich immer Vorreiter: Vorreiter Europas, Vorreiter der Energiewende, Vorreiter bei den Mindestlöhnen, Vorreiter bei den Behauptungen und den geschmackvollen Wortspielen. Bärbel Höhns Ausführungen, so Klaus Breil (FDP), könne er »nur als höhnisch auffassen«. Wer sich das traut, ist zumindest sprachlich zu allem fähig.

Und so trudelt auch die Debatte rasch in ein Schaulaufen, das skandiert wird von Gesten, Posen, Attitüden. Der Abgeordnete Georg Nüßlein (CDU / CSU) kultiviert rhetorische Schwulstformen wie: »Ich sage Ihnen ganz offen: Wir haben zum Thema Energiewende immer klar gesagt, dass sie nicht zum Nulltarif zu haben ist.« Er sei kein »Atomkraft-Lobbyist«, sagt er, doch da er selbst es sagt, ist die Quelle unrein. Die eine Hand hat er in der Tasche, mit der anderen fuhrwerkt er durch die Luft, unterbricht sich selbst durch ein eingestreutes Hohnlachen und wiederholt sicherheitshalber alles, was ihm an sich selbst so gut gefiel. Also alles. Dann dehnt sich dieses Ich immer weiter aus, bis es synonym ist mit der Partei, die auch nichts anderes ist als ein großes »Ich. Ich. Ich.«.

Jetzt spricht Rolf Hempelmann (SPD) Altmaier direkt an. Der spaziert gerade langsam in das Halbrund vor dem

Rednerpult und gibt jedem einzelnen CDU-Mann in der ersten Reihe die Hand. Immer noch prasseln die Kolonnen angeblich gefälschter, unterschlagener, widersprüchlicher Zahlen über ihn herein. Dann erhebt sich Altmaier wieder, zieht die Hose über das schon lose flatternde Hemd und schwankt zu Bärbel Höhn und stützt sich schwer auf ihren Tisch. Lange wendet er dem Redner den Hintern zu, was dieser erfolglos kommentiert. »Jetzt lieber zuhören, Herr Altmaier!«, ruft auch Hubertus Heil (SPD), gleichfalls erfolglos. Wenig später aber, die Debatte läuft noch, sind Altmaier und Heil unter sich, herzlich verbunden.

Komisch, ich mache selten Entdeckungen. Manchmal meine ich, einen überraschenden Redner gefunden zu haben. Doch wenn ich ihn zum zweiten Mal höre, weiß ich, es war nur sein Redenschreiber, der ihn einmal so gut erscheinen ließ. Manche Redner sind eben multiple Personen, man tut ihnen unrecht, nimmt man sie als Entität. Manchmal hören sie auch wirklich zu, aber dann oft, weil sie bloß müde sind vom Dazwischenrufen oder Ignorieren. Gerade kehrt Horst Meierhofer (FDP) an seinen Platz zurück und lässt sich feiern. Wofür? Ich habe bloß behalten: Die FDP ist »beim Gülle-Bonus gesprächsbereit«.

Im Arsenal der rhetorischen Mittel stecken die immer gleichen Werkzeuge: Zitate aus der Vergangenheit, der Vorwurf mangelnden Sachverstands, des Selbstwiderspruchs, der Weltfremdheit, der Heuchelei, der Inkonsequenz, der Unredlichkeit, des Opportunismus; der Missachtung des Stils, des Parlaments, ganz Europas; das Zitieren von Gerichtsbeschlüssen, Leitartikeln, Talkshows; der Vorwurf der Amoral, der niederen Beweggründe, der Vetternwirtschaft, des Verharrens im ewig Gestrigen, der Missachtung der Gesetze, der Blockade im Bundesrat, des Widerspruchs um jeden Preis, des Wankelmuts. Als Bindemittel wird Volksnähe simuliert, Zitate aus der Geistesgeschichte werden als Furnier verklebt, und das alles wird schließlich wie im Eiskunstlauf nach Kür und Pflicht absolviert und mit Haltungsnoten belohnt.

Große Teile der Reden sind mir gerade nicht verständlich, weil sie Expertentum voraussetzen. Außerdem findet parallel ein Kompromissgipfel zum Klima statt, auf den man dauernd Bezug nimmt. Entscheidungen fallen also wieder anderswo. Ich gehe raus auf die Straße und lasse mich durch das Viertel treiben – auch, um so viel Nicht-Verstandenes zu entsorgen, um die Welt zu betreten, um die es im Hohen Hause gehen soll, und um aus dem Zwielicht in den Tag zurückzukehren. Heute habe ich Sahra Wagenknecht ganz allein spazieren sehen, die, mit ihrer hohen Gestalt und gekleidet in einen langen schwarzen Mantel mit Fellkragen, daherkam wie eine russische Diplomatin im Schnee.

Als ich in die Zwielicht-Zone des Plenarsaals zurückkehre, wo sich das Kunstlicht aus dem dicht gesteckten Ring der Scheinwerfer mit dem Tageslicht aus der Kuppel und von der Rückseite hinter den Tribünen mischt, klagt Daniel Volk (FDP) gerade über »Heftigkeit und Lautstärke« der Opposition, über die »höchste Form der Verantwortungslosigkeit«, das Herbeireden von »Unsicherheit«: »Ich bin in dieser Hinsicht wirklich erschüttert. (Beifall bei der FDP und der CDU/CSU).« Seine Attitüde ist die Herablassung. Er legt den Kopf auf die Seite, wischt ganze Fraktionen von der Landschaft der Menschheit und redet mehr und mehr mit der Absicht, nur den Fluss der Rede aufrechtzuerhalten. Er spricht, als sei er an allen Krisenherden zu Hause, will »mit internationalen Verhältnissen auf Augenhöhe verhandeln«, wirft ein »Hä?«, ein »Wissense«, ein unterdrücktes Lachen in die Runde, er mahnt und fordert auf und schmeißt ein paar rhetorische Hülsenfrüchte hinterher.

In diesen Reden hat sich die Rhetorik so weitgehend von ihrem Gegenstand entfernt, dass man den Eindruck gewinnt, gewisse parlamentarische Entscheidungen können nur gefällt werden, weil es unter Umgehung der Realitätswahrnehmung geschieht. Es ist die Verleugnung dessen, was nicht zum eigenen Weltbild passt: So hält die Rhetorik das Weltbild des Ressentiments aufrecht, so wie es Ralph Brinkhaus (CDU/CSU) mit geradezu exemplarischer Schlichtheit und Animosität formuliert: »Ich bin jetzt 44 Jahre alt. In den siebziger Jahren haben mir meine sozialdemokratischen Lehrer erzählt, ich sei schuld am Hunger und am Elend der Welt. In den achtziger Jahren hat mir die Friedensbewegung – auch links – erzählt, ich sei schuld an einem drohenden Atomkrieg. Ende der 80er Jahre haben mir die Grünen – auch links – erzählt, ich sei schuld am Tod der Wale, am Sterben der Wälder und an explodierenden Kernkraftwerken. In den neunziger Jahren war es die große Schuld Deutschlands, dass es eine unverdiente Wiedervereinigung gab. Wenn ich heute, im Jahre 2013, in die freudlosen Gesichter einiger Vertreter von NGOs schaue, dann weiß ich nicht, woran ich heute wieder schuld bin. Und jetzt sind wir daran schuld, dass es Zypern schlecht geht und es keinen Weg aus dieser Krise findet. Das ist absurd; aber das ist seit vierzig Jahren linke Politik in diesem Land.«

Nicht die Stammtischrhetorik ist es, die die Idee des Hohen Hauses blamiert, es ist vielmehr die Nichtanerkennung der Verluste, die Verachtung der Empathischen und Engagierten, die aus einem solchen Redner den legitimen Repräsentanten eines blasierten Zynismus macht, der noch den Mitarbeitern von Hilfsorganisationen vorwirft, dass sich die Not, die sie sehen, in ihren Zügen wiederfindet. Solche Verachtung mag ihm zwar den Beifall der CDU / CSU und der FDP einbringen, eigentlich aber verrät er die hehre Idee des Parlaments, das in diesem Augenblick dem Hohn über den Widerstand und das bürgerschaftliche Engagement applaudiert.

Es sind diese Stellen, die den Tiefstand nicht allein des Wirklichkeitssinnes, sondern auch der Achtung für die Bevölkerung verraten. Wollte man nur protokollieren, zu welchen Aussagen Fraktionen mit Pawlow'schem Reflex Applaus spenden, man müsste am Ernst dieses Parlaments zweifeln. Seiner Funktion nach darf der Abgeordnete kein Zyniker sein, schließt doch Zynismus die Zustimmung zur Zerstörung ein und enthält so eine Absage an den Humanismus, dem sich das Parlament verdankt und den es immer wieder auf den neuesten Stand bringen sollte.

Zum vollständigen Bild dieses Parlaments aber gehört es auch, dass es nicht als intakte, ganzheitliche Persönlichkeit zu sehen ist, sondern eher als ein System von Modulen, heterogenen Sensibilitäten und Kompetenzen. Deshalb ist es im selben Atemzug zur Negation der Conditio Humana ebenso in der Lage wie zur Würdigung menschlicher Leidenssituationen. Mit dem in Kroatien geborenen gelernten Kfz-Mechaniker Josip Juratović (SPD) verschafft sich eine solche Gehör in einer Debatte, die ohne kulturelle Sensibilität nicht führbar wäre. Es geht um die Reduzierung der psychischen Belastungen in der Arbeitswelt. Juratović repräsentiert schon allein durch seinen Akzent die große Gruppe derer, die in Deutschland nicht geboren wurden. Er erzählt von seiner Frau, einer Krankenschwester, die unter dem Druck der täglichen Arbeit gefährdet ist, selbst krank zu werden. Es handelt sich um einen Augenblick aus der wirklichen Welt, der für kurze Zeit etwas wie Mitbewegung, wenn nicht Rührung auslöst.

Der Redner verzichtet auf Polemik, eher bleibt er beim Leiden. Es ist sein unbeholfenes Reden, das die Wahrhaftigkeit desjenigen steigert, der gewissermaßen außerhalb der parlamentarischen Lager redet. Er kann leise sein, denn er spricht als Stimme seiner Frau, und das tut er einsam vor sich hin. Als er sich aufrafft, um dann doch in die Polemik zu finden, sitzt sie verrutscht im Redefluss. Dafür bekommt er endlich zwar auch Applaus, aber wahrhaftig wirkt sein schwaches Eifern nicht, eher wie ein mühseliges Hineinfinden in ein Ritual, das nicht das seine ist. Noch seine kämpferischsten Sätze werden leidend gesprochen, deshalb lösen sie keinen Zuspruch aus, und die »Antistressverordnung«, die er fordert, wirkt nicht einmal als Vokabel vertraut in seinem Mund. »Das muss besser werden«, sagt er und ist beim Abschalten des Firmenhandys nach Feierabend. Manchmal kommt die Utopie in den Raum. Dann erscheint das Wahre, Schöne und Gute, es wird beschworen mit einem hohen Aufwand an »liebe Kolleginnen und Kollegen«, und so geht es auch wieder. Der Redner nimmt Platz, wendet sich zurück, setzt die Brille ab, erntet Zustimmung. Das Gedrückte an ihm ist verflogen, er ist erleichtert.

Während jetzt Heinrich L. Kolb (FDP) den Schaden durch psychische Arbeitsbelastungen auf 29 Milliarden Euro für Unternehmen beziffert und irgendetwas aus dem »statistischen Krankheitsgeschehen« referiert, setzt sich der alte Saaldiener auf die hinterste Bank des Bundesratspodiums. Da sitzt er, hineingesackt in seine Weste, die grau ist unter dem schwarzen Frack, so wie auch er grau wirkt, altgedient. Er hat sein Papier sinken lassen, kratzt sich am Kopf, erhebt sich mühsam, macht seinen Weg, lässt sich vom letzten Redner das Manuskript geben, sortiert die Blätter, legt sie dem Protokollanten auf den Tisch, kehrt zu seinem Platz zurück und mustert das Geschehen.

Der »Platzmeister« ist Teil des Parlaments-Assistenzdienstes, jener vierzig Angestellten, die die Türen bewachen, den Einlass kontrollieren, Wasser bringen, putzen, Papier anreichen, Protokolle einsammeln oder Abfall entsorgen. »Am Abfall merkt man keine Unterschiede«, hörte ich einen Saaldiener sagen, und: »Zeichnungen sind ganz aus der Mode: die malen nichts mehr.« Dann steht der Veteran da unten auf, tritt nah wie ein Kurzsichtiger vor die große Anzeigetafel und liest die Ankündigung zur »Beratung der Beschlussempfehlung«: »Rentenzahlungen für Beschäftigungen in einem Ghetto rückwirkend ab 1997 ermöglichen.«

Das Thema erscheint innerhalb weniger Wochen zum zweiten Mal. Heute ist sogar der israelische Gesandte gekommen, um der Debatte zu folgen, die wieder diesen leisen Akkord spielt aus Schuldbewusstsein, Selbstbezichtigung, historischer Besinnung und Kapitulation vor den bürokratischen Gegebenheiten. Peter Weiß (CDU/CSU) erklärt dem Plenum zunächst einmal, was ein Ghetto ist. Mit Stolz sagt er dann, dass ehemaligen Ghetto-Insassen »das offenkundig bei etlichen Betroffenen vorhandene Gefühl einer subjektiven Ungerechtigkeit« genommen werden solle. Der Redner ist Didaktiker, er stellt rhetorische Fragen. Zu moralischen Auslassungen trägt er Pathos auf, es ist kostenlos. Wo es um die realen Zahlungen geht, herrscht materialistische Sachlichkeit im Ringen um »ein Stück Gerechtigkeit«. In der Tat, ein Stück.

Anton Schaaf (SPD) tritt mit der Überzeugungskraft dessen auf, der aus seinem Herzen keine Mördergrube macht und dem schon dafür alle Sympathien zufliegen. Heute ist auch er leise. In feierlichem Ton erinnert er an Otto Wels, der »vor achtzig Jahren, am 23. März 1933, für die damalige SPD-Reichstagsfraktion« begründete, warum diese Fraktion Hitlers Ermächtigungsgesetzen nicht

173

zustimmte. Er macht lange Pausen, die nicht künstlich wirken, sondern der Sache geschuldet.

Das Plenum wird ruhig. Das Gesagte ist wohlerwogen, die Aufmerksamkeit ungebrochen. Wo Widerspruch ist, wird er ohne Schroffheit angemeldet. Erdrückend sind immer die Fakten. Schaaf rekapituliert sie frei. Als er das Podium verlässt, liegt ein echter Moment hinter ihm und dem Saal. Das haben alle gemerkt, auch Heinrich L. Kolb (FDP), der ihm sogar zu einer »großen Rede« gratuliert. Diesmal klatschen alle, vielleicht in Anerkennung der Tatsache, dass eine gute Rede zu einem gewichtigen Thema dem ganzen Hause Ehre macht.

Danach ist keine Polemik mehr möglich, alle sind plötzlich behutsamer, das Haus ist wirklich Hohes Haus, auch weil man begriffen hat, dass man in der Entschädigungsfrage Versäumnisse auf sich lud. Kolb hält diese sogar für eine der schwierigsten Fragen der Legislaturperiode. Der ganze Saal sieht sich im Widerspruch zwischen Rechtsprechung und Gerechtigkeitsgefühl. Zwei Kameramänner sind die Einzigen, die hinter der obersten Reihe der Tribüne unverhohlen miteinander reden. So machen sie die Stille nur noch fühlbarer. Plötzlich sind diese beiden Stimmen wie stellvertretend für alle, die sich immer hinwegsetzen oder kein Gefühl für den Atemstillstand im Saal haben.

Sie verpassen auch, wie Ulla Jelpke (DIE LINKE), die schon so lange Fragen der Aufarbeitung und Entschädigung zu ihrer Sache gemacht hat, dasteht, aus dem Zentrum ihrer Überzeugung redet, appelliert, den Saal beschämt und selbst beschämt ist. Das ist hier eine seltene Empfindung, auf die alle mit herabgesetzter Lautstärke reagieren, und stiller noch werden sie, als Wolfgang Strengmann-Kuhn (B 90/DIE GRÜNEN) eine Opferstimme zitiert – »damit ist dann Schluss, mehr wollen wir nicht von Euch. Wir bitten nur darum, dass das erledigt wird« – und diese nicht deplatziert wirkt. Am Ende werden die Anträge der Linken abgelehnt, niemand enthält sich, der »rechtliche Rahmen des Rentenrechts« triumphiert.

Freitag, 22. März, 9 Uhr

Am Abend hat Carla Bruni bei der »Echo«-Verleihung gesungen. Heute eröffnet der Staatsanwalt ein Verfahren gegen ihren Mann Nicolas Sarkozy, der eine demente Milliardärin zu Wahlkampfspenden gedrängt haben soll. »Campino hofft auf neuen Papst«, schreibt ein Online-Magazin, ein anderes moniert den »schwarz-gelben Stillstand« und fragt: »Werden wir überhaupt noch regiert?« Der »Energiegipfel« des Vortags gebar nur Floskeln. Nordkorea forciert seine Aufrüstung. In Zypern greift man zu auf die Sparguthaben der Bürger. Forschern in Maryland gelingt es erstmals, die vollständige Hirnaktivität eines Wirbeltiers auf Zellniveau zu messen. Das ZDF wird fünfzig.

»Spiegel Online« schreibt zur gestrigen Ghettorenten-Diskussion: »Fassungslos verfolgte der israelische Gesandte in Berlin, Emmanuel Nachshon, die Debatte im Bundestag. Nachdem ein Jahr über das Problem nicht gezahlter Renten an die Überlebenden der Nazi-Ghettos geredet wurde, nachdem eigentlich alle Rentenexperten auf einer Anhörung im Dezember Handlungsbedarf angemahnt hatten und Bundessozialministerin Ursula von der Leyen Lösungsvorschläge präsentiert hatte, stellten sich die Regierungsfraktionen am Donnerstagabend stur.« Auch habe der Botschafter des Staates Israel in Deutschland, Yakov Hadas-Handelsman, seine »große Enttäuschung« zum Ausdruck gebracht. Die hochbetagten Überlebenden erwarteten, »dass es eine moralische und gesetzliche Lösung gibt, bevor es zu spät ist«. Die israelische Regierung ist verstimmt, die Knesset-Abgeordneten, so heißt es, wollen den deutschen Botschafter vorladen und »verlangen eine Erklärung für das unwürdige Hin und Her«.

Das Plenum ist heute gut besetzt. Bundestagspräsident Norbert Lammert erinnert im Stehen an das »Reichsermächtigungsgesetz«, auch an Otto Wels, der am Vortag zitiert worden war. Das Gedenken löst Pietät aus. Jede dieser Gedenkreden feiert implizit auch den Weg, der zu diesem Parlament geführt hat. Aus der Zeit des Nationalsozialismus schauen gerade alle nach vorn, in diese Gegenwart. Es ist ein Innehalten, in dem die Idee dieser höchsten demokratischen Institution vor der Widerspiegelung ihres Scheiterns gefeiert wird. Hat Hitler nicht einmal sinngemäß gesagt, er habe die Demokratie »mit ihren eigenen Mitteln« zur Strecke gebracht? Der Parlamentarismus wird heute als »robust und vital« gefeiert. Man beschwört die Gemeinsamkeit. Danach erheben sich alle und schweigen. Angela Merkel kommt verspätet. Eine Sitzung, heißt es entschuldigend. Das Gedenken hat sie verpasst, dem »Bericht der Bundesregierung zum Stand der Aufarbeitung der SED-Diktatur« wird das nicht passieren.

Kulturstaatsminister Bernd Neumann liest etwas ab zur Aufarbeitung der DDR-Vergangenheit. Seine Worte sind von so großer Allgemeinheit, dass sie synonym auch auf den Nationalsozialismus oder das Pol-Pot-Regime zutreffen würden. In jeder Floskel verflüchtigt sich der Gegenstand, aus Gedenken wird Vergessen, Papiergeschmack bleibt zurück: »Die 40-jährige DDR-Diktatur darf nicht verdrängt, nicht vergessen und schon gar nicht verharmlost und verniedlicht werden. Dies sind wir nicht nur den Opfern schuldig, sondern auch den Werten unserer Demokratie, aber auch den Menschen, die die friedliche Revolution 1989 erst möglich machten.«

Es ist jetzt 9 Uhr 10. Angela Merkel ist schon wieder gegangen. Wenn ein Gedenken dem Grundsatz folgt, pauschal zu erinnern mit den immer gleichen Stereotypen und zugleich präzise zu vergessen, nämlich alles, was das Erinnern verbindlich machen würde, dann handelt es sich hier um ein Vergessen durch Erinnern. So ist es also vielleicht auch nur ein Investieren in Gesten, wenn der Kulturstaatsminister sagt, er habe »bewusst die Mittel für die Aufarbeitung beider deutscher Diktaturen um fünfzig Prozent erhöht«. Wieder werden beide Systeme parallelisiert. Die Rede dazu belegt nicht nur kein echtes Erinnern, sie verrät nicht einmal den Kulturvertreter. Den Parteifunktionär aber verrät die polemische Schärfe etwa gegen Wolfgang Thierse.

Angela Merkel kommt zurück mit Volker Kauder. Sie sitzt nun allein auf der Regierungsbank unter Staatssekretären, bedröppelt, mit verschränkten Armen. Neumann ist strahlend kunstbraun, Merkel dagegen blass und blickt abgekämpft an sich herunter, prüft ihre Fingerkuppen, starrt vor sich hin. Als Wolfgang Thierse Neumanns Polemik gerade beantworten will, geht sie. Die Lehne ihres Stuhls wendet sich dem Redner zu als Repräsentant ihrer Haltung. Dann kehrt sie doch zurück, liest, was ihr hingelegt wurde, berät sich.

Thierses Stimme ist Flanell. Er hat eine Sorge, eine Betrübnis in seinem Timbre, die verhindert, dass er selbst im Forte schneidend wird. Er erwidert Neumann, aber der bricht gerade auf. Thierse arbeitet mit Ideen, vor allem mit einer hohen Idee vom Parlament. Er spricht mit der Autorität dessen, der die Stasiunterlagenbehörde mitbegründete und zu echtem Erinnern fähig ist: »Es ist ein Irrtum, zu glauben, die bloße Anschauung der Diktatur bringe Demokraten hervor«, sagt er. Der Applaus kommt dieses Mal auch aus der Linksfraktion.

Der Fortgang der Debatte zeigt die Grenzen der Aufarbeitung. Man erkennt in den Reden der Regierungsparteien nicht, dass die Existenz der DDR eine Folge des Nationalsozialismus war. Statt einer tiefenscharfen Differenzierung sucht man die agitatorische Wirkung, die manchen ehemaligen Bürger der DDR auf der Tribüne sichtlich verfehlt.

Patrick Kurth (FDP) propagiert, die Linke habe den SED-Staat zum Stasi-Staat gemacht. Man hört Hohngelächter, Zwischenrufe, sieht das Abwinken aufseiten der Linken und hat nicht den Eindruck, dass die Auseinandersetzung noch ernst ist oder dass sie sich in den 24 Jahren nach der Wende merklich verfeinert hätte. Nein, die Regierungsparteien wollen diese Debatte offenbar lieber plakativ. Die Realität historischer Prozesse stört die Unterstellung der niederen Beweggründe und lässt sich vielleicht nicht mehr durch Niederbrüllen beantworten, und das bedeutet: Nahe am historischen Ereignis werden oft noch Differenzierungen versucht, sie werden sogar von den Opfern eingeklagt. Aus dem historischen Abstand aber wird das Erinnern instrumentalisiert und dazu vergröbert.

Zuletzt wird Peer Steinbrück vorgeworfen, dass er sich vom Grünen-Oberbürgermeister Fritz Kuhn zum Neujahrsempfang der Stuttgarter SPD eine Mao-Zedong-Fibel habe schenken lassen und diese, als »jemand, der Deutschland regieren« wolle, auch angenommen habe. Bei den Lektüren ihrer Kontrahenten sind die Freidemokraten offenbar weniger liberal als die Bundesprüfstelle. Die Blicke der Protokollantinnen schwenken die Front der Klatschenden ab und notieren auch Sigmar Gabriels Zwischenruf: »Wie blöd muss man eigentlich sein, um bei der FDP Bundestagsabgeordneter zu werden?«

Wolfgang Wieland (B 90/DIE GRÜNEN), in der DDR offenbar noch Mao-Anhänger, schließt fugenlos an die FDP-Position an, wird kollektiv beklatscht, und am Ende applaudieren sich stolz alle wechselseitig, bis auf die Linke, angesichts der Überwindung der DDR, der sie sich auch in diesem Augenblick nicht stellen, sondern die sie zum Steinbruch für tagespolitische Gemeinplätze missbrauchen. Nur Wolfgang Thierse enthält sich des Applauses.

Als Gast spricht der Ministerpräsident von Sachsen-Anhalt Reiner Haseloff. Für einen Satz wie: »Einen Schlussstrich kann und wird es nicht geben«, erntet man den Applaus der gesamten Regierungsfraktion, obwohl er nicht einmal sachlich stringent ist. Den gleichen Applaus setzt es für: »Wir müssen uns der Geschichte stellen.« Solche Sätze wären nur in einer Diktatur mutig. Hier sind sie nichts weiter als der unverbindliche Versuch, ein substantielles Erinnern zu umgehen. Wollte man mehr leisten als eine Bewältigungsanstrengung, müsste man zum Beispiel jene Blockparteien des Ostens einschließen, die nicht eben Oppositionsparteien waren, sondern in der DDR sogar Minister stellten. Ist nicht außerdem gerade bekannt geworden, unter welchen Bedingungen westdeutsche Unternehmen ihre Produkte in Haftanstalten der DDR fertigen ließen, ja, wie selbst politische Häftlinge für Devisen aus dem Westen geknechtet wurden?

Nein, wenn Haseloff nun noch die Jugendlichen zitiert, die keine Kenntnis mehr besäßen, dann muss man hinzusetzen, dass das Parlament in diesem Augenblick weder zum Erwerb von Kenntnissen noch zum Differenzieren von Bewertungen einlädt, sondern nur zu jenem Urteilen ohne Begriff und ohne Anschauung ermuntert, das man dem Vorurteil reserviert. Man sagt diesen gescholtenen

Jugendlichen, die hier auf der Tribüne zuhören, aber auch: Jahrestage und Gedenkstunden sind mitunter eine feierliche Form, durch Erinnern der Vergangenheit den Garaus zu machen.

Doch der Atem des Gedenkens ist kurz. Als Siegmund Ehrmann (SPD) seine Sätze leise und bemüht herausbringt, sind viele im Saal nicht bei ihm. Bei den Grünen gibt es gerade nur Tratschrunden, die Mehrheit der anderen ist bei ihren Displays. Es ist, als habe jemand aufgerufen zur stillen Selbstbeschäftigung, und der Redner gedenkt und bewältigt weiter. Die Besucher, die gerade erst kamen, gehen wieder, lamentierend. Die Regierungsbank liegt leer da.

Wenn unter allgemeinem Kommen und Gehen das Debattenthema gewechselt wird, ist die Unruhe immer am größten. Wer jetzt am Rednerpult steht, ringt vor allem um das Rederecht, um sich, seinen Standpunkt, das eigene Rechthaben. Die Gesichter der Menschen auf der Tribüne beantworten diese Reden nicht. Die Blicke schweifen. Man verwendet nun neunzig Minuten auf die Darlegung dessen, was jedes Jahr fast gleichlautend gesagt und allenfalls in den Zahlen auf den neuesten Stand gebracht wird. Jedes Jahr sagt eine Fraktion zum Thema »Entgeltgleichheit für Frauen und Männer«: Man muss sie gesetzlich verankern. Die Gegenseite setzt dann auf Freiwilligkeit. Die dritte beklagt zu viel Bürokratie. Die letzte sagt einfach mal: skandalös! Und am Ende bleibt alles, wie es ist. Warum? »Leider ist die Wirklichkeit komplex«, verkündet Nadine Schön (CDU/CSU) im Tonfall der Saarländerin und wird gnädig übersehen von den Ministerinnen von der Leyen und Schröder.

Da ist Frank-Walter Steinmeier (SPD) schon ein anderes Kaliber, bringt echten Furor hinter seine Überzeugungen, streut ein »verdammt noch mal« ein, lässt die Faust sausen und die Fakten sprechen und erntet endlich einen Applaus, der nun zum Teil sogar von den Linken kommt. In diesem Augenblick fällt das Licht auf Familienministerin Schröder. Es ist ihr Thema, aber sie langweilt sich, wird auch nicht sprechen, sosehr man das erwartet. Stattdessen greift sie immer wieder nach dem Handy, tippt eine Nachricht, strafft ihren Blazer. Es wogt auf der Oppositionsbank. Als Diana Golze (DIE LINKE), eine jener Jungen, die sachverständig, engagiert und überzeugend wirken, lauter triftige Einwürfe formuliert und bedauert, dass sich Schröder nicht zu Wort melde, macht einer der Staatssekretäre auf der Regierungsbank eine Scheibenwischerbewegung vor dem Gesicht, was wohl »Plemplem« bedeuten soll. Die Ministerin schaut kurz von ihrem Display auf, sinkt aber schnell wieder zurück.

Sie werden in rascher Folge kommen und gehen an diesem Pult: eine kämpferisch frontal agierende Katrin Göring-Eckardt (B 90/DIE GRÜNEN); eine entgegenkommende Elisabeth Winkelmeier-Becker (CDU/CSU), der die Ablehnung der Oppositionsanträge so schwer fällt, dass sie offenbar ein wenig über sich selbst erschrickt; eine im roten Don-Kosaken-Kittel salopp vorpreschende Elke Ferner (SPD); eine aggressive Miriam Gruß (FDP), die erst Wort für Wort abliest: »Wer Rechte hat, hat auch Pflichten«, um dann die These zu wagen, der Beitrag zur Entgeltgleichheit beginne in der frühkindlichen Bildung.

Doch die Ministerin ist bloß Phantom. Einmal funkeln ihre Ohrringe im Sonnenlicht. Das bleibt die einzige Pointe. Auf der gegenüberliegenden Tribüne wird von einer Gebärdendolmetscherin jedes Wort visualisiert. Die Besucher dort wenden keinen Blick von ihr. Die Reden strömen weiter. Es ist 15 Uhr 40, als Petra Pau die Sitzungswoche mit den Worten schließt: »Ich wünsche Ihnen für die folgende Zeit alles Gute.« Dazu hat das Gute drei Wochen.

Mittwoch, 17. April, 13 Uhr

Die USA schicken Kampfjets nach Südkorea. Wladimir Putin wird in Hannover von barbusigen Femen-Frauen bestürmt und reagiert mit erhobenem Daumen. Margaret Thatcher ist tot. Franziskus wäscht Füße und verärgert damit konservative Katholiken. Am Vortag wird der Boston-Marathon von einem Anschlag erschüttert. Der »Wirtschaftsweise« Christoph Schmidt nennt 8,50 Euro Mindestlohn »entschieden zu hoch«. Der HSV verliert 2:9 gegen Bayern. Steinbrück trifft Hollande. Die deutsche »Vogue«-Chefin lobt Angela Merkels Urlaubs-Outfit. Der Parfüm-Kritiker Luca Turin befindet, zu Merkel passe »echte bedrohliche Dunkelheit«. Ein Parteienforscher hat ermittelt: Die Wähler sind wählerisch geworden.

Ottmar Schreiner ist tot. Neulich saß er neben mir im Flugzeug, ein Parteisoldat, der sich aufgerieben hatte. In seinem Gesicht war beides: diese Sorge, die es von überall gleich nah hat zur sozialen Frage, und eine Art Fatalismus, eine Sturheit in der Niederlage, sichtbar bei Menschen, die lange Zeit ihres Lebens auf verlorenem Posten geredet haben. Ich wollte ihm sagen, dass mir seine Stimme fehle im Parlament, ließ es aber. Hätte ich gewusst, dass er Krebs hat, hätte ich es gesagt. Stattdessen tauschten wir zwei Belanglosigkeiten aus, und er versenkte sich in seine Papiere, in denen es um Politik ging. Etwas Bemitleidenswertes ging von ihm aus – ob es daran lag, dass er auf der Linken der SPD ein historischer Verlierer war, oder am nahenden Tod? An der Gestaltung des Landes arbeitete er trotzdem.

In der Zeitung sagt Wolfgang Schäuble über die Möglichkeit einer abermaligen Krise wie 2008: »Dann stünde nicht nur die marktwirtschaftliche Ordnung auf dem Spiel, sondern unsere gesamte Gesellschaftsform der westlichen Demokratie.« Also sind die beiden Ordnungen eine oder zumindest so verwachsen, dass man nicht weiß, wo hört die Wirtschaftsordnung auf, wo beginnt die des Staates? Dieser organisiert schließlich die demokratische Reichtumssicherung, und es scheint, dass kein System Reichtum so zuverlässig sichern kann wie die Demokratie. Dazu braucht man allerdings die Parteien, das Parlament, die Exekutive etc.

Der Frühling ist da, die Farben auf den Tribünen werden heller. Schon eine Viertelstunde vor Sitzungsbeginn sind sie fast voll. Der Plenarsaal aber liegt noch verlassen, die Schriftführer setzen sich, die letzte Bank hinter der Regierungsbank füllt sich, es sind mehrere Bundeswehr-Vertreter darunter. Dagmar Enkelmann (DIE LINKE) kommt mit ihrem notorischen Rollkoffer und in roter Strickjacke, hievt die Aktenmasse auf das Pult, setzt sich auf die äußerste linke Position, ihr Nachbar reckt sich. Das Händeschütteln der Abgeordneten geschieht oft jovial, im Vorbeigehen, geschäftsmäßig, im Kohl-Stil, das heißt, ohne dass sich die Beteiligten in die Augen sehen.

Es ist 13 Uhr, so leer war es kaum je. Ein gebräunter Journalist im hellen Anzug tritt heran. »Na, da war aber einer im Urlaub«, schallt es laut durch das Rund. Es gongt, die Schüler sehen als einzige feierlich aus, erheben sich, weil alle es tun, halten die Hände vor dem Schritt verschränkt wie die Nationalspieler zur Hymne. Vizepräsidentin Petra Pau eröffnet die Befragung der Bundesregierung mit dem »Bericht zur Entwicklungspolitik«.

Dirk Niebel (FDP) hat einen Bericht vorgelegt, den niemand lesen konnte, da er erst um 11 Uhr die Büros erreichte, eben als die Ausschusssitzungen begannen. Die mögliche Lektürezeit also beläuft sich auf null Minuten, merkt jemand an. Niebel spricht schnell und zeigt sich von seiner Arbeit überschwänglich begeistert. Er sagt Dinge wie: »Wir probieren auch als Deutschland …«, dann lobt er sich dafür, seine »Hausaufgaben gemacht«, »Triple-win-Situationen«, die »Steigerung der Transparenz«, der »Akzeptanz« geschaffen, also insgesamt »vier gute Jahre auch für die deutsche Entwicklungszusammenarbeit« absol-

185

viert zu haben. Er fasst sogar am Ende eines »Zielkorri-
dors« bereits das »Ende der Armut« in den Blick.

Die Regierungsbank ist inzwischen gut gefüllt, vor
allem von Staatssekretären. Es ist jetzt heller im Haus.
Der Bundesadler schimmert in lichtem Silber. Die ersten
Fragen werden gestellt. Der alte Saaldiener hat wieder auf
der Bundesratsbank Platz genommen, er sieht mit einer
Goya-Grimasse auf die Streithähne, die sich gerade um die
Begriffe »Lüge«, »Täuschung« und »Unwahrheit« raufen.
Dirk Niebel nutzt die Möglichkeit, nicht zu antworten,
sondern lieber weiter mitzuteilen, was alles in seiner
Amtszeit sich verbesserte. Er tut das breitbeinig, wie je-
mand, der gewohnt ist, grundsätzlich mit doppelter Dosis
heimzuzahlen.

Man wirft ihm vor, Parteifreunde auf wichtige Posten
seines Ministeriums gebracht zu haben. Die Aussage ist
nicht neu, sie ist längst publizistisch nachrecherchiert und
bestätigt worden. Doch der Minister schraubt sich zu
einem Crescendo der Wut, brüllt schließlich, qualifizierte
Mitarbeiter würden diffamiert, die sich nicht wehren
könnten. Nein, echt klingt es nicht, das Engagement des
Ministers für seine Angestellten. Jetzt behauptet er sogar,
das Parteibuch der Leute nicht zu kennen, die er einstellte
und die gewissermaßen zufällig seiner Partei angehören.
Und tobt: »Ich kann mir in meinem Ministerium keine
einzige Pfeife leisten. Wenn hier im Parlament toleriert
wird, dass hier Pfeifen gewählt werden, kann ich das nicht
ändern; das macht der Wähler.«

Auf der Tribüne lächelt kein Schüler. Ein nachfolgender

Fragesteller weist jetzt auf die hohe Unzufriedenheit von Niebels Mitarbeitern hin. Dieser, stehend, berät sich mit einer Blonden in Rot, die neben ihm sitzt und soufliert. Dann tritt der Minister mit trockener Kälte für »Armutsminimierung« ein, leiert die humanitären Krisen, die Notsituationen herunter und resümiert: »Deshalb sage ich auch immer, charity is nice to have«, aber ihn interessierten eher die Regierungen, die Wirtschaft. Ute Koczy (B 90/DIE GRÜNEN) lässt nicht locker und fragt: »Sind Sie mit mir der Auffassung, dass Sie innerhalb der kurzen Zeit, die Sie jetzt im Amt sind (…) bis zu fünfzig FDP-nahe Mitarbeiterinnen und Mitarbeiter ins Ministerium geholt haben und Sie dafür das hausinterne Auswahlverfahren außer Kraft und eigene Regeln in Kraft gesetzt haben?«

Der Minister wischt sich das Gesicht mit einem Taschentuch. Seine Begleiterin soufliert ihm weiter. Sein Gesicht sagt, dass er sich behelligt fühlt, dass er die öffentliche Kommentierung seiner Arbeit als Zumutung empfindet, dass er keine weitere narzisstische Kränkung duldet. Also wiederholt er flau, »vier gute Jahre für Deutschland« seien das gewesen. Was er vorbringt, lässt eher auf einen Verteidigungsminister denn auf einen entwicklungspolitischen Humanisten schließen. Nur eine Formulierung zuletzt verrät den wahren Stand der Erregung: »Ich bin es leid, so zu tun, als hätte die BRD keine Interessen.« Dass er etwas »leid« ist, sagt er zum wiederholten Mal, dass die »Interessen« nicht auf humanitärem Gebiet definiert werden, ist deutlich, und plötzlich erinnert man sich wieder, dass es ja gerade sein Ministerium war, das Niebel, bevor er für sein

187

Amt nominiert wurde, abschaffen wollte, was er heute, vereitelter Wirtschafts-, vereitelter Verteidigungsminister, vielleicht von innen heraus tut.

Donnerstag, 18. April, 9 Uhr 01

Der »Stern« erscheint mit einer Enthüllungsgeschichte über die Mafia-Verbindungen des Rappers Bushido. Darin spielen auch Verflechtungen mit jenem CDU-Abgeordneten eine Rolle, bei dem er ein Praktikum absolvierte, ein Foto von Bushido mit Innenminister Friedrich steht daneben.

Vor dem Osteingang des Reichstags treffen die Limousinen ein. Dirk Niebel knöpft sich die Jacke über dem Bauch zu, es ist die Jacke von gestern. Auch Interviews werden schon hier gegeben. Heute ist der Auftrieb groß. Als ich den Saal betrete, summt und schwirrt er, die Grüppchen lösen sich, formieren sich neu.

Nie war die Pressetribüne so voll, nie ein solches Kameraufgebot auf den Rängen. Alle Objektive richten sich auf Ursula von der Leyen, von der es vor Tagen noch hieß, sie werde sich gegen die Fraktion und für die Frauenquote entscheiden. Abweichlerinnen werden erwartet. Im letzten Moment aber hat man sich auf den Kompromiss geeinigt: Ab 2020 gibt es dann dreißig Prozent Frauen in den Führungsetagen ... Die Arbeitsministerin steht gerade in einem Hof aus Sonnenlicht.

Lammert eröffnet mit dem Nachruf auf Ottmar Schreiner. Wir erheben uns. Von der Leyen hat die Hände gefaltet. Sie hebt in diesem Fünf-Minuten-Nachruf den Kopf für keinen Moment. Die Einkehr ist vollkommen, auch im Saal. Merkel legt die Hände auf der hohen Lehne ab. Das Kabinett ist fast komplett.

Manchmal sagt mir ein Blick in die Kuppel, dass der Himmel blau ist. Den Frühling aber erkenne ich vor allem an den frischen Farben der Besucher, die kariert und geblümt, hell gestreift, sogar in Bermuda-Shorts gekommen sind. Über Ottmar Schreiner sagt Lammert gerade: »Er setzte sich früh dafür ein, dass aus der Marktwirtschaft keine Marktgesellschaft wird. Immer wieder warnte er vor den negativen Folgen, wenn Märkte sich in Bereiche ausdehnen, wo sie nach seiner Überzeugung nicht hingehören.« Ein Satz, der geradezu unparlamentarisch klingt, gibt es doch auch hier kein Feld, auf dem der Begriff »Wettbewerbsfähigkeit« nicht als Leitwert taugte. Wir nehmen Platz.

Anschließend gibt Schäuble eine umständliche Erklärung zur Finanzhilfe für Zypern ab. Er spricht als das Orakel, das sich durch badische Färbung humanisiert. Attackieren muss er niemanden. Je länger er spricht, desto mehr Grüppchen bilden sich wieder. In den hinteren Reihen hört niemand mehr zu. Durch den Rollstuhl ist auch der gestische Bewegungsradius Schäubles eingeschränkt. Er schöpft ihn aus. Hinter mir beginnen unterdessen zwei Sicherheitsbeamte mit der Diskussion des Mittagessens. Es ist 9 Uhr 23. Sie entscheiden sich für ein Hähnchen mit

Chili-Soße. »5 Euro 90, da stimmt das Preis-Leistungs-Verhältnis«, anders gesagt, auch die Wettbewerbsfähigkeit des Kantinen-Geflügels ist gesichert. Schäuble beziffert die Zypern-Milliarden. Seine Stimme aber kann sich in diesem Augenblick gegen den Lobpreis des Hähnchens kaum durchsetzen.

Zypern, sagt Schäuble, habe »unser aller Anerkennung verdient«. Da pladdert der Applaus herein wie ein heftiger Regenschauer. Es wird gemocht, wenn die Funktion, die eben noch Zahlen, Daten, Kurven, Progressionen ausspuckte, plötzlich ihre Zuwendung den Menschen in Zypern, Griechenland und Spanien zukommen lässt. Für diese Menschen klatschen alle gemeinsam. Auch klingt Schäubles Entsetzen über eine Jugendarbeitslosigkeit von dreißig Prozent aufrichtig. Ja, es verdüstert sich sein Gesicht mit Falten über der Nasenwurzel, begleitet von Gesten, die den Raum bearbeiten wie eine Stickerei. Merkels Gesicht ist jetzt nur grimmig zu nennen und erhellt sich allenfalls kurz, als Schäuble an der Regierungsbank vorbeirollt, mühsam, denn es klemmt noch eine Akte neben dem Oberschenkel. Der Lichtstrahl auf Ursula von der Leyen ist inzwischen weitergezogen.

Frank-Walter Steinmeier (SPD) absolviert das Nötige: Seine Partei wird dem Rettungspaket zustimmen, reklamiert dessen »Erfolg«, ferner die Urheberschaft am Vertrag auch für die SPD und ihren Kandidaten. Sagen kann er nicht, was falsch ist am Paket, sagen muss er, was Verdienst der SPD an all dem ist. Er ist laut, er insistiert und fordert. Aber da die Entscheidungen gefallen und die großen Parteien sich einig sind – für wen wird die Debatte geführt, und wo ist sie wirklich eine? Merkel erwacht. Erst amüsiert sie Rösler an ihrer Seite, doch der ist leicht amüsierbar. Dann schmeißt sie Aigner eine Pointe nach hinten, doch die prallt ab, so dass Merkels Gesicht heiterer ist als das Aigners. Dann dehnt die Kanzlerin ihre Stimmungsoffensive auf die erste Bank der CDU-Fraktion aus und kehrt frohgemut zu Rösler zurück.

»Diese Regierung verschläft die Zukunft in diesem Land«, donnert Steinmeier. Der Applaus kommt reflexartig. Doch genau besehen, was wird da beklatscht? Dass wir unsere Zukunft verpassen? Dass der Redner die Regierung blamiert mit einer Floskel? Dass er den Mut hat, sie noch einmal zu bemühen? Nicht zu tilgen ist das Missverhältnis: Schäuble doziert, Steinmeier attackiert. Was bleibt ihm übrig? Er muss kleine Felder für sich reklamieren, vom großen Kuchen abbeißen, einen Wahlsieg seiner Partei antizipieren, an den er vermutlich nicht glaubt, und deshalb fällt der Schatten dieses Zweifels auch auf alles andere.

Gregor Gysi (DIE LINKE) erhebt sich wie immer mit der Geste des Jacke-Zuknöpfens. Merkel ist gegangen wie meistens bei seinen Reden. Der Sicherheitsbeamte hinter mir möchte die Hähnchenfrage neu verhandeln. »Was bitte soll das alles?«, ruft Gysi gerade ins Plenum. »Ja, was bitte soll das alles?«, wiederholt die Journalistin an meiner Seite und erhebt sich. Was das soll? Gysi zählt die Einbußen der Bürger Zyperns auf und schließt eine synoptische Übersicht der Ungleichbehandlung von Banken und

Hartz-IV-Empfängern an. Seinen Abgang begleiten die Bravorufe seiner Partei. Alle anderen Parteien haben dem Paket zugestimmt.

Gysis Nachfolger am Pult, Michael Meister (CDU/ CSU) teilt dem Plenum mit, dass es Deutschland gutgehe, dass alle Parteien fänden, dass es Deutschland gutgehe, dass er selbst es »sehr erfreut« gehört habe, dass es Deutschland so gutgehe, aber Gregor Gysi müsse er sagen: »Das ist kommunistische Politik. Sie führt die Menschen in den Abgrund und ins Elend.« Von seinem Blickwinkel aus sieht man weder Menschen noch Abgrund noch Elend. Angela Merkel ist wieder da. Da der Redner ihr Komplimente macht, nimmt sie diese mit lächelndem Nicken entgegen. Sie ist nicht für alles verantwortlich.

Meister aber verbeißt sich in eine Anschlussüberlegung: Bei der »Frage der Gerechtigkeit« müsse man »sehr deutlich die Frage stellen: Was ist denn gerecht?« Die Frage selbst ist so undeutlich, dass man in der Tat deutlich sagen muss: Außerhalb der Frage der Gerechtigkeit ist die Frage »Was ist gerecht?« nicht stellbar. Also muss man auch bei der Parlamentsrede sehr deutlich die Frage stellen: Was ist Gerede?

Als Meister an seinen Platz zurückkehrt, klopft ihm sein Banknachbar auf die Schulter. Danach aber wird der Redner von Gysi auf Sachfehler bei der Darstellung der zyprischen Politik hingewiesen. Meister erwidert nicht. Bei der Frage der Wahrheit muss man nicht mal undeutlich fragen: Was ist wahr? Man frage einfach: Was ist passé? Denn da steht ja schon Renate Künast (B 90/DIE

GRÜNEN) am Pult, reklamiert Verhandlungserfolge für sich, findet den Staat »ein Stück verhunzt«, beschwört »Voodoo« und »Mantra«, und während sie die Kanzlerin angreift, begrüßt diese mit herzlichem Handschlag Claudia Roth (B 90/DIE GRÜNEN).

Kein Widerspruch, der nicht beiseitegewischt werden könnte, kein Zwist, der nicht unter Umständen Scheingefecht sein oder schlicht übergangen werden könnte. Wie ungehört etwa die Stimme des Abweichlers Frank Schäffler (FDP), der auch heute wieder darauf besteht, das abzustimmende »Rettungspaket« fuße auf einem »kollektiven Rechtsbruch«, ein »Taschenspielertrick« sei es, die größte Bank Zyperns als »systemrelevant« für Europa zu erklären und diese an die »Brandstifter« der Europäischen Zentralbank zu verraten. Wie fundiert auch immer das sein mag, tatsächlich vertritt er einen der wenigen originellen Standpunkte. Natürlich erhält er dafür kaum Applaus und auch von den eigenen Leuten nur den leisest möglichen.

Man beherrscht die Rage gegenüber den Linken im Schlaf. Ein systemkritischer Einwand aus den eigenen Reihen allerdings überfordert selbst die Logik des Applauses. Der junge FDP-Mann ist sich seiner Sache auch einfach zu sicher, während seine konservativen Altersgenossen eher gelernt haben zu sagen, »dass dieser Weg richtig ist …«, weil der andere »Weg falsch ist«, weshalb wir »diesen Weg (…) weiter beschreiten« werden. Sie alle lieben den Weg. Er schützt als vages Sinnbild das »Weiter so«. Ja, es gibt sie in allen Parteien, die Yuppies der neuen Generation. Zuerst haben sie sich wohl einen Habitus zugelegt, dann eine Haltung, und man kann immer sicher sein, auf eine sprachliche Unsicherheit folgt ein umso stärkerer Überzeugungsausbruch, das Herausstreichen von einem »ganz wichtigen Punkt« oder gleich die Anmaßungsrhetorik des Notenverteilens an Nationen.

Der Saal gärt, aus der Perspektive der Tribüne herrscht die große Unübersichtlichkeit. Niemand wird viel von dem hier Behaupteten beurteilen können. Wer hat was wann gesagt? Was wurde wo entschieden? Wer hat zuerst behauptet, dass ...? Die Kohorten der Statistiken kollidieren, die Quellen laufen ineinander. Das Flussbett, durch das sich der Redestrom wälzt, hat zwei Ufer: Selbstlob und die Herabsetzung des Gegners.

Ich habe in diesem Jahr keinen Regierungsvertreter verunsichert erlebt, auch nicht in der Krise um »Euro Hawk« und Frauenquoten. Die Sicherheit von Ministern hat aber auch mit ihrer Unangefochtenheit zu tun. Am interessantesten sind Debatten immer, wenn Abweichler auftreten, den Fraktionsfrieden gefährden und neuen Standpunkten die Bahn bereiten. Deshalb ist in toto die Linke das am wenigsten verzichtbare Element, und deshalb ist jeder Moment, in dem das Parlament seine triste Stabilität einbüßt, einer, in dem der Parlamentarismus strahlt, weil seine reine Idee zutage tritt. Das ist keine romantische Idee, sie liegt nicht einmal fern aller realpolitischen Möglichkeiten.

Der Geräuschpegel im Saal steigt weiter an, eine namentliche Abstimmung steht bevor. Der Redner ist jetzt eine lästige Geräuschquelle, gegen die es sich durchzusetzen gilt. Auch die Tribünen halten nicht mehr still, das Plenum füllt sich. Bartholomäus Kalb (CDU / CSU) am Rednerpult spricht gerade von seiner Mutter, die immer sagte, »mit Geld spielt man nicht«. Da ist selbst Vizepräsident Wolfgang Thierse in heitere Zwiegespräche vertieft, und die Rede des Abgeordneten versinkt immer tiefer im akustischen Hintergrund. Der Redner röchelt seine Vokale, wiederholt abermals, dass wir mit dem Geld sorgfältig umgehen müssten, wie er selbst, so sagt er, schon oft gesagt habe, deshalb sagt er es noch einmal. Napoleon behauptete einst: »Die einzige rhetorische Figur, die ich kenne, ist die Wiederholung.« Mancher im Parlament redet, als müsse er Soldaten für den Kampf motivieren.

Es sei, so Michael Stübgen (CDU / CSU), eine besondere Herausforderung, vor der namentlichen Abstimmung zu reden, aber: »Ich nehme diese Herausforderung an.« Das ist heroisch, ignoriert wird er trotzdem. Merkel steht mit dem Rücken zum Podium und beschwört Westerwelle. Fotografen schrauben an ihren Objektiven herum, das Haus ist komplett. Ein weißer Blumenstrauß in der Vase steht auf dem Platz, der Ottmar Schreiners war. Jemand von der »heute-show« irrt über die Tribüne. »Ich danke für Ihre Aufmerksamkeit«, schließt der Redner. Niemand kommentiert diesen Hohn.

Die eigentliche Aufmerksamkeit an diesem Sitzungstag aber zieht das nächste Thema auf sich, die Frauenquote in Führungsgremien. Die EU-Kommissarin Viviane Reding, eine Konservative, will sie in Europa durchsetzen. In Frankreich, Spanien, Italien, Belgien, den Niederlanden und Island existiert sie schon. Die Regierungskoalition hat dreieinhalb Jahre lang verhandelt, dann versprochen, einem Kompromiss zuzustimmen, den der Bundesrat vorschlug. Am Ende hat Ursula von der Leyen Abstand vom eigenen Vorschlag genommen und ist auf die Fraktionslinie gegen den Kompromiss eingeschwenkt. Sie wird heute als »Umfallerin« betitelt, alle Augen sind auf ihr. Brüche werden sichtbar – zwischen Merkel und ihr, zwischen den enttäuschten Frauen, die mit ihr in allen Parteien für den Kompromiss gestritten haben. Diese Frauen hatten zur heutigen Abstimmung schon den Sekt kalt gestellt. Jetzt sollen sie am Rednerinnenpult dennoch gute Miene zum bösen Spiel machen?

Die Ministerin sitzt hell gewandet, ernst, das Profil dem Rednerpult zugewandt. Dass sie in diesem Augenblick vom einzigen Sonnenstrahl aus der Kuppel illuminiert wird, verleiht ihr eine Aureole, die man erst für Kameralicht halten könnte. Es ist aber die Natur selbst, die mit einer Shakespeare'schen Dramaturgie die schweigende Protagonistin isoliert.

Die Reihe der Gegnerinnen wird eröffnet von Katrin Göring-Eckardt (B 90/DIE GRÜNEN). Sie saß am Vorabend bei Anne Will, sagte dort, was sie hier noch einmal sagen wird, sanft Kämpferisches gegen die »Dreimal-Umfallerin« Ursula von der Leyen, die immer noch reglos zuhört, während die Rednerin mit der Frische einer Schülersprecherin von der »bitteren Enttäuschung«, den gebrochenen Versprechen, von der fraglosen Ungleichbehandlung spricht, wenn es »in den Aufsichtsräten einen Frauenanteil von 3,7 Prozent gibt und immer noch fast neunzig Prozent der Führungen großer Unternehmen von Männern gestellt werden«.

Haltlos ist die Position, sich einer Quote zu verweigern, nachdem die vielbeschworene »Selbstverpflichtung der Wirtschaft« zu keinem Resultat führte. Man ahnt, dass von der Leyen selbst sie haltlos findet, dass nicht geringe Teile der eigenen Fraktion sie haltlos finden, verteidigt wird sie trotzdem, starr wie die Körperhaltung, die die Ministerin auch beibehält. Zur gleichen Zeit findet man auf den Startseiten der Online-Magazine die ersten Berichte zur laufenden Debatte. Begleitet werden sie von einem Foto, auf dem man eine betrübte von der Leyen sieht, die mit vor dem Schoß gefalteten Händen zu Boden blickt. Die Zeile darunter fragt: Umfallerin oder Verräterin? Das Foto aber stammt nicht aus der Debatte, es stammt aus der Gedenkminute für Ottmar Schreiner, in der jeder im Saal genauso dastand wie sie.

Heute aber vertritt selbst Volker Kauder (CDU/CSU) die eigene Position nur halbherzig. Sie lässt sich paraphrasieren mit den Worten: Die Wirtschaft will es besser machen. Macht sie es nicht bald besser, werden wir demnächst eingreifen. Was er sagt, wird von Zwischenrufen so lange unterbrochen, bis er die seltsame Replik formuliert: »Frau Künast, ich höre Ihnen als Mann zu und bitte Sie, dass Sie als Frau mir auch zuhören.« Man erfährt nicht, mit welcher Geschlechtlichkeit Renate Künast anschließend zuhört, Zwischenrufe aber werden in der Regel von denen getätigt, die zuvor zugehört haben. Dann geschieht das Erwartete. Kauder hat herausgefunden, dass der grüne Ministerpräsident Kretschmann nur vier von zwanzig freien Stellen an Frauen vergab! Die Bemerkung wird von der Kanzlerin mit demonstrativem Schaukeln des Rumpfes, also nicht nur einem Kopf-Nicken, sondern einem Torso-Nicken beantwortet. Sie hört gar nicht mehr auf zu schaukeln.

Dann erhebt sie sich und konferiert auf der Regierungsbank mit Kristina Schröder, während Kauder das letzte Wort aus dem Phrasenarsenal zieht und sagt: »Das ist ein guter Tag für die Frauen in unserem Land.« Ein guter Tag, an dem den Frauen gesagt wird: Bis zum Jahr 2020 bekommen die Unternehmen die Möglichkeit, die Quote von dreißig Prozent zu erreichen. Wenn sie diese bis dahin nicht erreicht haben, kommt die gesetzliche Vorschrift. Einen Einwand von Volker Beck nennt Kauder dann rasch noch »schäbig« und geht ab, ganz der triumphierende Soldat einer verlorenen Sache, an die er selbst nicht glaubt.

Es ist dann Frank-Walter Steinmeier (SPD), der die Stimmung auf den Begriff bringt, als er sagt: »Ich weiß nicht, was mich in dieser Situation fassungsloser macht: die Ignoranz, die dahintersteckt, wenn man das Problem überhaupt nicht erkennen will, oder aber zu wissen, was eigentlich zu tun ist, und dann am Ende, wie ich befürchte, hier im Hause gegen die eigenen Überzeugungen zu stimmen.« Angela Merkel hört die Worte nicht, sie redet gerade mit jeder Frau auf der Regierungsbank außer mit von der Leyen, denn sie weiß: Dieses Bild, auf das die

Fotografen heute vor allem warten, wäre zu missgünstig deutbar. Da kann Steinmeier noch so sehr »an ihre Ehre« appellieren, er tut es ohne Gegenüber.

Doch bleibt es einer Frau vorbehalten, einer Liberalen namens Nicole Bracht-Bendt (FDP), dem Thema die letzte, groteske Wendung zu geben, indem sie gleichermaßen Freiheit und Firmen gegen die Frauen verteidigt und sagt: »Deshalb will ich hier der Wirtschaft ganz klar sagen: Sie stehen nicht auf verlorenem Posten. Wir werden nicht stillschweigend zulassen, dass Ihnen im rauen Wettbewerb ein wichtiges Stück Freiheit genommen wird.«

Da dreht sich selbst von der Leyen weg, blass wie ihr Jackett. Heikel, dass eine Frau am Pult steht, die dort nicht stehen sollte, die jedes Wort abliest, an jedem zweiten Satz scheitert, die Frauenquoten als »Planwirtschaft« bezeichnet und am Ende nichts hinterlässt als ein Befremden darüber, was im Parlament, anders als an fast jedem anderen Ort des Landes, noch sagbar sein soll, und mir fällt Otto von Bismarck ein, der 1884 im Reichstag klagte: »Es gibt kaum ein Wort heutzutage, mit dem mehr Missbrauch getrieben wird, als mit dem Worte ›frei‹.«

Von der Leyen sitzt wieder reglos. Es ist bemerkenswert. Die Ministerin, um die sich heute alles dreht, wird zum Thema nicht sprechen. Sie wird abends bei »Maybrit Illner« alles sagen, was sie hier nicht gesagt hat. Heißt das, die Talkshow gewährt ihr, was das Parlament ihr nicht gewährt, Redezeit? Und ist es nun unparlamentarisch oder bloß unverblümt, die wichtigsten Dinge zuerst nicht der

Volksvertretung, sondern dem politischen Unterhaltungs-
fernsehen zu sagen?

Statt von der Leyen also tritt Kristina Schröder (CDU /
CSU) ans Mikrophon. Angela Merkel kommt rechtzeitig
zurück, um zu hören, wie sich die Ministerin als Humoris-
tin versucht. Sie zitiert zwölf Jahre alte Aussagen von Gerhard Schröder, hat entdeckt, dass im Aufsichtsrat von Borussia Dortmund neben Peer Steinbrück fünf Männer
sitzen, lobt sich noch ein bisschen selbst und kehrt auf
ihren Platz zurück, stolz wie eine, die alles auswendig
wusste, und alle lächeln ihr zu. Auch Merkel kommt vorbei, sichtlich zufrieden. Warum? Weil die Gefahr abge-
wendet ist, dank einer solchen Quote kämen ungeeignete
Frauen auf Spitzenpositionen? Oder weil es um all das gar
nicht geht, sondern bloß um ein Gesichtwahren in der
Gesinnungsblamage?

Der Himmel trübt sich ein. Plötzlich ist mehr Lam-
penschein im Raum. Es herrscht ein Halblicht, ein Streu-
licht, ein Zwielicht. Es liegt da wie eine Lauge, aus
der sich etwas materialisieren, ein Medium, in dem sich
etwas zeigen könnte. Dies ist in der Tat ein Ort mit
eigentümlicher Affektivität. Zugleich ist da dieses welt-
läufige, sachliche Agieren derer, die alle Schläfer sind
und erst am Pult zu großer Erregung, Abstoßung, Mitbewegung kommen. Parlamentarische Sammlung ist nicht
zu sehen. Eher korrespondieren sie alle mit ihren Filial-
Existenzen.

Unterdessen werden in der Debatte die Grenzen des
Parlamentarismus neu abgeschritten: Nichts bewegt sich.

Die wenigen Abweichlerinnen vollziehen weiter den Eiertanz derer, die Gründe gefunden haben, sich gegen die eigene Überzeugung zu entscheiden. Gerade verlassen zwölf Ordensschwestern lächelnd die Zuschauertribüne. Die anschließende Abstimmung geht rasch über die Bühne. Die meisten haben vor der Ergebnisverkündung den Saal bereits verlassen.

Es folgt aber noch die persönliche Protestnote im Namen von Frauen, die über die Fraktionen hinweg eine »Berliner Erklärung« formulierten. Für diese bleibt heute der »historische Tag« aus. Auch ist der Saal bei der Verlesung nur noch zu einem Drittel gefüllt. Dabei geht es hier einmal um das Übergreifende, echt Parlamentarische, und immerhin stehen vermutlich Millionen von Frauen hinter dieser Erklärung. Ihnen sind heute selbst Frauen aus den eigenen Reihen in den Rücken gefallen. Von der Leyen ist nicht zugegen, Merkel nicht, Schröder nicht. Es ist eine gute Erklärung. Das Ergebnis der Abstimmung besagt: Aus der Regierungskoalition hat sich genau eine Person enthalten. Sonst bleibt alles beim Alten.

Schaut man in die Zeitung, so war das heute eine leidenschaftliche, turbulente, heftige Auseinandersetzung um die Frauenquote. Saß man dabei, war es ein inszenierter, durchchoreographierter Schwank, aus dem sich einzelne Redebeiträge wie Fontänen erhoben. Andererseits: Was habe ich denn erwartet? Dass sich das Parlament mit jeder Sitzung wieder selbst begründet? Dass jemand nicht weiter weiß, zusammenbricht, weint? Dass es zu Entgleisungen kommt? Nein, die Entscheidungswege sind ausgetreten, die Rituale triumphieren und unterwerfen sich der Dramaturgie aus dem Hinterzimmer.

Es ist 17 Uhr 19. »Die Gestaltung der Teilzeitarbeit« wird angekündigt. Für eine Weile höre ich zu, fasziniert vom Anblick der betrachtenden Gesichter, alle in einem Sicherheitsabstand zum Thema. Ein Gesicht ist gerade ländlich, eines frömmelt, eines sucht eine Idee, eines schaukelt in der eigenen Schläfrigkeit, eines hat sich tief in die Verpuppung zurückgezogen. Da unten kommen Menschen herein, stellen ihre Rede in die Schlange aller Reden und gehen. Nicht jeder sagt mit demselben Recht »ich«. Nicht hinter jedem »Ich« sammelt sich die ganze Person. Manchmal steht jemand hinter dem Pult, der nur zaghaft sein Ich sagt und es gleich wieder ausradieren möchte, und manchmal bezieht dieses Ich seine Wucht aus einem weit entfernten Wahlkreis, wenn der Redner sagt: »Ich bin nicht überzeugt.«

Als ich meinem Hunger endlich nachgebe und den Saal verlasse, ist das Parlament fast leer. Die Verwaltung der Langeweile setzt ein. Sie ist ein Berufsmerkmal des Parlamentariers. Manchmal gehe ich inzwischen ja selbst in dieses Haus wie in eines dieser alten Nonstop-Kinos, in denen immer etwas los war. Wenn man den Saal betritt, befindet man sich nie im Zusammenhang, aber manchmal sind Vorgeschichte und Fortsetzung auch egal. Jemand steht am Pult und nimmt doppelt Recht für sich in Anspruch: das Recht zu reden und das Recht in der Sache. Die Spuren der verflossenen Scharmützel sind verwischt, die Wirkungen der Anwürfe haben sich verflüchtigt. Kaum zu glauben, dass sich hier heute Morgen noch die Erregungen ballten, dass »über Deutschland« entschieden wurde, dass es ein guter oder ein weniger guter Tag für dieses Land sein konnte. Ich erinnere mich an diese Frauen gegen die Frauenquote – Merkel, Aigner, Schröder, von der Leyen –, die manchmal wie Komplizinnen wirkten, wie eine Gang – die sich gegen was verschworen hatte? Die eigene Sache.

Sie sind eben schon wieder »auf einem guten Weg«. Die politische Rhetorik schließt diesen »Weg« notorisch ein. Das entlastet; kein Ziel, kein Ankommen muss es geben, doch immerhin sind wir aufgebrochen. Das ist zwar eine Binsenwahrheit, aber Teil der parlamentarischen Sprachordnung: Dass wir »vor Herausforderungen stehen«, heißt ja auch bloß, dass wir bisher zu wenig getan haben. Es ist eine Redeform, die sich so herausbilden konnte, weil sie um Zuhörerschaft nicht mehr ringen muss. Die Bedeutung wird unterstellt, der Ort der Rede verleiht sie. Man kann die Würde des Hauses also nicht auf die Sprache übertragen. Denn diese muss, Friedrich Hölderlin zufolge, nicht vor allem gesprochen, sondern bewohnt werden. Wird sie es nicht, klingt sie wie aus dem rhetorischen »man« gesprochen.

Das Recht der öffentlichen Rede ist ein kostbares Privileg, man darf es also nicht missbrauchen. Die beste Form, von ihm Gebrauch zu machen, ist es, für jene zu reden, die selbst nicht dürfen oder können. Aber wie lange kann man sie aufrichtig vertreten? Andererseits haben viele im Saal zahlreiche Enttäuschungen hinter sich. Selbst die erfahrenen Redner existieren neben ihrer Rede, flanieren durch Sätze, die sie nicht meinen. Nur die Jungen, in ihre Sache Verbissenen oder besonders Ehrgeizigen müssen erst düpiert werden, um in das Metier des Parlamentariers zu passen.

Man hört also zu. Phasenweise ist man der Meinung dessen, der gerade redet. Er ist ja auch selbst seiner Meinung und begleitet sie mit Ausdruck. Überhaupt sind Menschen privat nicht so leicht erregbar wie der Politiker an seinem Pult. Manchmal erinnert dies an Schauspielschulen für Opernsänger. Mit beiden Händen ans Herz zu greifen heißt: Ich bin bewegt, mit der Faust auf den Tisch schlagen: Ich bin zornig, die Arme ausbreiten: Ich meine euch alle. Es ist ein Reden in Schaubildern.

Draußen vor dem Gebäude empfängt mich die Wirklichkeit mit allem, was drinnen verhandelt wird: die Bürger, betriebsam inmitten dieses vielsprachigen Gewirrs der Vergnügungssüchtigen, die Radler, die fahrend flanieren, die Spaziergänger, die duftend eine Straßenbar suchen, die auf dem Trottoir vor dem »Einstein« sitzen mit schimmernden Gläsern, während sich die Abgeordneten mit dem Contergan-Entschädigungsgesetz, der Piraterie vor Somalia, der Straßenreparatur, der Telefonwerbung befassen.

Als ich zurückkehre, sitzen auf der Seite der Linken noch vier Abgeordnete. Sie klatschen tapfer, drängen sich mit Applaus in die Sprechpausen. Andrea Nahles klatscht manchmal amüsiert mit, um ein wenig Flankenschutz für die offenbar richtige Sache zu geben. Man verständigt sich über den Gang hinweg. Jutta Krellmann (DIE LINKE) fleht: »Wollen Sie mir bitte mal zuhören?!« Matthias Zim-

mer (CDU / CSU) sagt: »Sozialismus muss man sich leisten
können. Wir können es nicht.« Gitta Connemann (CDU /
CSU) ruft: »Frau Nahles, hören Sie auf zu quaken!«

Das Thema? Man ist bei der Gestaltung der Teilzeitarbeit. Die Rednerin am Pult deklamiert ihre Standpunkte. Die einzige Bewegung im Saal sind die Auf- und
Absteigenden in der Kuppel. Unter dem Adler hängen
zwei Fahnen in Sonnenschirm-Größe am Mast, links die
deutsche, rechts die europäische. Der Mast der deutschen
steht zwischen den Sitzen der letzten Reihen auf der
Regierungsbank und ist aus Holz. Der Mast der europäischen steht neben den Sitzen der letzten Reihe der Bundesratsbank und ist aus Metall wie diese seltsame Spindel,
die aus der Basis der Kuppel aufsteigt wie ein Schalltrich-
ter, der alles hier Gesagte in die Wölbung entlässt, und als
ergieße es sich von da in den Himmel.

Diese spiegelverkleidete Spindel unter der Kuppel lenkt
zwar das Tageslicht in den Plenarsaal. Auf Kunstlicht kann
man trotzdem zu keiner Zeit verzichten, wurden doch
Sichtblenden eingezogen, damit man den Abgeordneten
nicht von oben auf den Kopf schauen oder ihre Displays
heranzoomen könnte. Norman Foster selbst wählte für
sein Gebäude übrigens eine biologische Metapher: »Der
Reichstag ist wie ein Mensch: er hat ein Herz, einen Verstand und einen Körperbau, das gehört alles zusammen.«
Das bedeutet, ohne diese Dachlösung würden Luft-,
Licht-, Energiezufuhr zusammenbrechen. Zugleich aber
sind die Menschen, die durch die Kuppel kommen, Teil
des Baus, sein soziales Gesicht.

Worum geht es in der Debatte? Ach so, um »Abo-Fallen«, Abzocke, unseriöses Inkasso, ein Thema, das RTL2-fähig ist, für das es den »Zuschaueranwalt« gibt und das hier gesetzlich gestaltet werden soll. Ein Parlament befasst sich dauernd mit Problemen, die im Leben des Einzelnen kaum je auftreten. Es setzt sich erst ein Bewusstsein des Problems, dann ein Ordnungsgedanke, der Wunsch nach einer Direktive durch, und plötzlich wächst dem Thema die Leidenschaft der Parlamentarier zu. Die Rednerin spricht eben als Anwältin für die Alten, die am Telefon oft überrumpelt werden, jetzt aber gerade die Tribüne verlassen.

Die Abendsonne fällt satt und warm auf die Wand hinter dem Rednerpult. Dort tauchen jetzt die Schatten der Besucher auf wie in Platons Höhlengleichnis, ja, und für diesen Augenblick lässt sich das Gleichnis weiterdenken: Da ist die Idee von Menschen, da ist eine wahre Sonne der Erkenntnis draußen, da sind, theoretisch aufbereitet, die Schatten von Ideen, Menschen, Verbesserungen …

Für die Debatte gilt unterdessen: Alle kommentieren den Disput lieber, als ihn zu führen. Wie soll es auch anders sein, wenn die Manuskripte fertig sind, ehe die Debatte beginnt, und man nicht wendig genug ist, jetzt noch auf die Vorredner einzugehen – zumal in einer Debatte, die die Eintracht orchestriert. Andererseits ist kein Problem zu klein, als dass man über ihm nicht einen Überzeugungskonflikt austragen könnte. Eigentlich Banales wird dramatisiert. Jede Gruppierung, die plötzlich im Zentrum des Interesses steht, macht aus dem eigenen »Casus« ein

»Problema«. Die Einlassungen liegen inhaltlich oft ganz dicht beieinander, aber weil man ein Redemanuskript offenbar nicht freiwillig um schon Gesagtes kürzt, sagt man dasselbe einfach noch mal, nur in anderer Tonlage, meist noch entschiedener, damit es klingt, als sei es neu: »Betrug darf sich eben in Deutschland nicht lohnen.« Muss man auch die Sätze unbedingt sagen, deren Verneinung unsagbar wäre? Oder hängen alle diese pädagogischen Schwulstformen damit zusammen, dass zwei Drittel aller Deutschen in ihrem Leben schon einmal Lehrer waren?

Man ist jetzt bei der Wohn- und Mietsituation von Studierenden. Nicole Gohlke (DIE LINKE) hält das Pult fest, als fiele es sonst auseinander. Dabei ist sie selbst es, die sich Haltung geben muss. Sie spricht zu schnell, ist nervös, aber dieses ungewollte Ausscheren aus der Routine bindet Aufmerksamkeit. Verkehrsminister Ramsauer erlaubt sich einen Zwischenruf, nennt »Quatsch« und »Unfug«, was sie sagt, unüblich für die Regierungsbank. Es folgt die Zwischenfrage eines CDU-Abgeordneten, dem sie unerwartet forsch, aber sachlich fundiert antwortet. Ja, vielleicht redet sie auch nur so schnell, weil sie so viel zu sagen hat, und das sagt sie mit erhobener Faust.

Als Karl Holmeier (CDU/CSU) das Gesagte gleich »sozialistisch« nennt und befindet, dass es sehr wohl bezahlbaren Wohnraum für Studenten gebe, schütteln die Studenten auf der Tribüne unverhohlen die Köpfe. Der CSU-Mann kennt offenbar sein München nicht, hat auch nicht aufgeblickt, nicht gesehen, dass während dieser Debatte Studenten und Schüler, die es schlechter wissen, auf vier Tribünen sitzen. Es wird über ihre Gegenwart oder Zukunft verhandelt, aber sie werden nicht angesprochen oder zur Kenntnis genommen. Stattdessen hören sie, wie die Verantwortung verschoben wird auf vergangene Regierungen, auf Bürgermeister, Länderparlamente, denen man jetzt mit einem »Runden Tisch« begegnet.

Was wird aus dem Blumenstrauß für Ottmar Schreiner?

Freitag, 19. April, 9 Uhr 01

Am Vorabend war von der Leyen bei »Maybrit Illner«. Ernst, geschickt, aber sachlich wenig überzeugend, manövrierte sie auf der Linie: Die Mehrheit für die Frauenquote hätten wir ohnehin nicht gekriegt. Jetzt können wir rascher vorgehen, weil sie im nächsten Wahlprogramm festgeschrieben sein wird. Und Illner fragte wirklich: »Hätte die Kanzlerin Sie entlassen müssen?« Da war es dann für alle fassbar, wie weitgehend sich das Thema veräußerlicht hatte.

In den USA werden die Fotos zweier möglicher Boston-Attentäter veröffentlicht. Man sieht Obama auf der Kanzel einer Kirche predigen, die große Nation beschwörend in der Woche seiner Niederlagen. Nicht einmal die Kontrolle von Schnellfeuerwaffen hat er durchgesetzt. Es gibt neue Hungerstreiks und neue Selbstmordversuche in Guantánamo. Nach zehn Jahren Foltercamp aber ist das öffentliche Interesse längst weitergezogen.

Das Gedenken des Tages gehört dem siebzigsten Jahrestag der Vernichtungsaktion im Warschauer Ghetto. Die Anwesenden im Bundestag erheben sich. Norbert Lammert verneigt sich vor den Opfern und sagt: »Ihr Kampf um die Menschenwürde ist und bleibt ein Vermächtnis für die nachfolgenden Generationen.« Die Verneigung ist aufrichtig. Aber was für ein Vermächtnis soll das sein, wenn man den bestehenden Gefangenenlagern der »Verbündeten« gegenüber stumm bleibt?

Als Daniel Bahr, Bundesminister für Gesundheit, anschließend die Diskussion um die Prävention im Gesundheitswesen eröffnet, nennt er »Solidarität und Eigenverantwortung« die Leitbegriffe der christlich-liberalen Koalition. Ich hänge noch hinterher. Wo zeigt sich eine »Solidargemeinschaft« außerhalb gesetzlicher Verordnungen? Haben die Häftlinge in Guantánamo keinen Anspruch auf die Solidarität eines Landes, das immer noch schwer an der Verantwortung für seine ehemaligen Lager trägt? Und wenn es um Solidarität geht, warum sagt auch der Gesundheitsminister kein Wort über den Zusammenhang von Armut und schlechter Gesundheitsvorsorge?

Inzwischen zählt Johannes Singhammer (CDU/CSU) in breitem, selbstbewusstem Bayerisch Krankheiten auf und steigert sich bis zur Organtransplantation. Der Abgeordnete Ernst Hinsken (CDU/CSU) ruft rein: »Sehr Hinsken!« Existenzbeweis oder Dadaismus? Vielleicht ist es ungerecht, aber kaum tritt ein Redner selbstzufrieden auf, nimmt man ihm die Sorge für die Notlagen, von denen er spricht, nicht mehr ab. Andere Ärzte und Ärztinnen werden sprechen, besorgt. Eine von ihnen, Ärztin und Mutter, spricht aus der Praxis, verliest dann Stimmen von Experten aus dem Land: »Sind Sie so naiv oder handeln Sie wider besseres Wissen?« Das Parlament ist ruhig. Vielleicht, weil es noch nicht wach ist oder weil eine Kehraus-Stimmung über dem Haus liegt nach der gestrigen »großen« Debatte zur Quotenregelung.

»Schaut auf die Gesundheit!«, sagt die Rednerin. Manchmal sitzen die Abgeordneten in der Fraktion, haben die zu jedem Klatschen entschlossenen Hände schon geöffnet und warten so in der Luft, bis ihr Einsatz kommt. Die Rednerin wendet sich nicht an die eigenen Leute. Sie wendet sich an die Anzugsfraktion von CDU und FDP, konfrontiert sich mit den Gegnern, während der Minister geistesabwesend einen Text redigiert.

Ich höre weiter zu. Nein, es mangelt dem Parlament nicht an den Glaubwürdigen. Aber wir kennen nur jene, die sich für Talkshows nicht zu schade sind. Die Realität des Parlaments kann nichts anderes sein als die Abweichung von jenem Ideal des Hauses, in dem die disparaten Gruppen einer Gesellschaft miteinander in Verbindung treten sollten. Es ist ein gekränktes Ideal, und erstaunlich: Die Dokumentation des Geschehens im Saal ist maximal, gemessen an Kameras, Teleobjektiven, Zuschauertribünen, Protokollen, der Parlamentszeitung. Zu sehen aber ist vor allem Ablenkung, Zerstreuung, Missachtung. Gerade hat jemand unten im Plenum breit die Zeitung aufgeschlagen und liest. Der Blumenstrauß für Schreiner ist abgeräumt. Eine Abgeordnete hat seinen Platz eingenommen.

Der Gesundheitsminister sitzt allein, unflankiert. Angelika Graf (SPD) nennt den Gesetzentwurf ein leeres Glas mit falschem Etikett. Im selben Augenblick bringt die Saaldienerin dem Minister ein volles Glas Wasser. Immerhin schüttelt er jetzt manchmal den Kopf mit Blick auf die Rednerin, wendet sich auf dem Wort »Murks« aber wieder seinem Smartphone zu. »Sie haben ein Feigenblatt vorgelegt«, schimpft Graf.

Doch dann folgt einer jener Fälle, in dem sich das Leben gewissermaßen selbst zum Thema macht und vor die Rede drängt. Erwin Lotter (FDP) schreitet aus der ersten Bank behutsam ans Rednerpult. Schneeweißhaarig und rotgesichtig ist er, die brüchige Stimme verrät eine Schwäche. Erst auf den zweiten Blick aber erkennt man von der Tribüne, dass er einen flachen Rucksack trägt. Auch sind Schläuche, die über und unter seinem Anzug geführt werden, mit diesem Gepäck auf dem Rücken verbunden. Er ist krank, etwas Inständiges liegt darin, ihn von Krankheit reden zu hören. Auch ist er selbst Arzt, spricht, als stünde er in seiner eigenen Praxis, wobei sein Einatmen manchmal mühevoll klingt.

Der Respekt für die Person des Redners verhindert bis kurz vor Schluss jeden Zwischenruf. Seine letzten Worte sind ein Appellieren »im Interesse der Gesundheit unserer Bürger«. Eine SPD-Abgeordnete wirft seiner Koalition vor, sie habe »Zeit verstreichen lassen«. Das aber bekommt einen makabren Doppelsinn, als Lotter seinen Nachtrag formuliert und sagt: »Liebe Kolleginnen und Kollegen, das war voraussichtlich meine letzte Rede hier an dieser Stelle, weil ich aus gesundheitlichen Gründen nicht mehr für den Deutschen Bundestag kandidieren werde. Ich möchte mich an dieser Stelle ganz herzlich für die gute Zusammenarbeit mit den gesundheitspolitischen Sprechern aller Fraktionen bedanken. Man erlebt als Parlamentarier nicht unbedingt immer nur Glücksmomente. Aber es gab Momente, in denen man jenseits der parlamentarischen Rituale und des Aufeinander-Eindreschens doch bei allen Kollegen das Ringen um die beste Lösung gespürt hat. Es gab auch Momente, in denen man das Gefühl hatte: Ja, die menschliche Basis stimmt. Da möchte ich mich – das wird Sie jetzt vielleicht wundern – stellvertretend für alle anderen beim Kollegen Lauterbach bedanken, weil ich ihn trotz der politischen Meinungsverschiedenheiten, die wir haben, immer als sehr kollegial empfunden habe und weil er in menschlicher Hinsicht hochanständig war gerade in dem Moment, als ich krank geworden bin. Dafür herzlichen Dank. Ich wünsche mir und dem nächsten Deutschen Bundestag, dass dieser menschliche Aspekt erhalten bleibt. Vielen Dank.«

Der Beifall ist allgemein. Erst Lauterbach, dann Lammert reagieren, wünschen ihm wohl, und zuletzt verlässt selbst Daniel Bahr die Regierungsbank, um ihm die Hand zu schütteln, wie ihn auch andere Abgeordnete aus dem Ausschuss umringen. Darunter Frauen, die ihn umarmen, solche, aus deren Zügen das Mitleid nicht weicht. Präsident Lammert schließt seinen Dank mit den Worten: »Die allermeisten von uns haben mit großem Respekt registriert, unter welchen erschwerten Bedingungen Sie Ihr

Mandat in den letzten Monaten wahrgenommen haben. Deswegen gilt Ihnen unser Dank und Respekt mit allen guten Wünschen für die Zeit nach Ende dieser Legislaturperiode.«

Verwandte Worte werden auch die nächsten Redner finden, und zwangsläufig werden sie anschließend kälter und schärfer, sobald sie zu ihrem Thema abbiegen. Erwin Lotter sitzt währenddessen immer noch in der ersten Reihe. Sein Glas ist leer. Wo er klatscht, tut er es dreimal, als reiche die Kraft nicht zu mehr. Meist faltet er die Hände vor dem Gesicht. Arbeitet er für eine Zukunft, die er nicht erleben wird? Anlehnen kann er sich nicht, denn da ist der Rucksack, der Rede von Stefanie Vogelsang (CDU/CSU) folgt er also aufrecht und konzentriert. Ihr Ton ist sanft wie im Nachhall auf seinen Appell an die Menschlichkeit. Lotter rollt verlegen eine leere gelbe Klarsichthülle in den Händen. Er hört vom Podium die nächsten guten Wünsche für »seinen weiteren Werdegang«, den sich wohl niemand so recht vorstellen kann. Seit Ende 2011 leidet er an idiopathischer Lungenfibrose, die ihn zwingt, ein Sauerstoffgerät mit sich zu führen. Noch immer kommen Abgeordnete und schütteln ihm die Hand, dann leert sich der Saal, und der Alte geht ab. Das Plenum wendet sich der »Wirtschaftskriminalität« zu.

Mittwoch, 24. April, 13 Uhr 01

Am Vorabend hat Bayern München im Hinspiel des Champions-League-Halbfinales Barcelona mit 4:0 besiegt. Uli Hoeneß absolvierte den ersten öffentlichen Auftritt nach der Enthüllung seines Steuerbetrugs, trug einen Fan-Schal und wurde vom Verein gestützt.

Das Licht ist freundlich, das Plenum fast leer. Als Thema für die Befragung der Bundesregierung wird von Lammert »Die Verordnung über die Kompensation von Eingriffen in Natur und Landschaft«, genannt »Bundeskompensationsverordnung«, angekündigt. Auf der Tribüne haben sich jetzt die hellen Farben des Frühsommers durchgesetzt, Pastelltöne, Polohemden, Blazer, Ringelleibchen. Die Besucher bringen die Natur geradezu mit.

Minister Altmaier seufzt vernehmbar in seinen Ausführungen. Das hat wohl vor allem mit dem Thema zu tun und dem Unterholz der Terminologie, durch das er sich schlägt. Diese kennt den Begriff »Lebensräume«. Aus der Sprache aber hat sich das Leben nicht nur zurückgezogen, sie wirkt geradezu wie ein eigener Angriff auf die Natur. Es geht um die »naturschutzrechtliche Eingriffsregelung«, um »Biotopwertverfahren«, die »vertikale Beeinträchtigung des Landschaftsbildes«, die »flächensparende Aufwertung von Natur und Landschaft«, die »Entsiegelung und Wiedervernetzung von Lebensräumen«, den »Vollzug der Eingriffsregelungen«, die »Freiflächenregelung für Photovoltaik«, die Einrichtung eines »Kompensationskatasters«, um »agrarstrukturelle Belange« und das »objektive Kriterium« des »Bodenschätzungsgesetzes«. Fazit: »Der Kernbereich der Verordnung ist abweichungsfest.« Welchen weiten Weg muss die Naturbetrachtung gegangen sein, bis sie bei dieser Terminologie ankam und irgendwann den Begriff »Landschaftsverbrauch« gebar.

Dass Altmaier diese Sprache nicht flüssig spricht, sichert ihm Sympathie. Auf eine Nachfrage gerät er ins Schwimmen, blättert, murmelt, »soweit ich das hier sehe«, muss in den Text zurück, den er in der Hand hält und studiert, während weiter Fragen gestellt werden. Sein violetter Schlips fließt über die Bauchwölbung. Die Antworten kommen zögernd. Mit all den losen Blättern vor dem Rumpf agiert der Minister eher gesprächsbereit, und ebenso reagieren jetzt die Fragesteller der Opposition. Ein seltenes Mal hat man den Eindruck, alle beugen sich unparteiisch über ein Problem des Naturschutzes und der Flächennutzung.

Man kann in den hin und her gehenden Kommentaren der Abgeordneten keine Parteizugehörigkeit erkennen. Die Fragen treiben die Vertiefung des Themas so sachlich weiter, dass Altmaier verschwenderischen Gebrauch von seinen Lieblingswörtern »gemeinsam« und »Konsens« machen kann, den größten Dissens aber mit einem der eigenen Parteikollegen erlebt: »Ihr Entsetzen teile ich nicht.« Es handelt sich um eine kleine, glanzlose, statt von der großen Öffentlichkeit nur von der Tribüne aus verfolgte Auseinandersetzung, die vielleicht deshalb so sachlich ist. Man arbeitet.

Der alte Saaldiener sitzt unterdessen wieder auf seinem angestammten Platz, obere Reihe, zweiter Sessel von rechts auf der Bundesratsbank. Er rutscht immer ein wenig in sich hinein und wirkt mit den Papieren in den ruhenden Händen wie einer jener Greise aus einem russischen Roman, die in der Pflicht windschief wurden. Was muss er gesehen, gehört, überhört und vergessen haben!

Als die Fragestunde beginnt, übernimmt die Parlamentarische Staatssekretärin Katharina Reiche. Es geht um die Gesundheitsrisiken durch Laserdrucker, die »eine Milliarde Nanopartikel an Schadstoffen pro Seite« ausschütten. Eben noch beugte sich das Parlament über Lebensräume, jetzt über eine ausgedruckte Seite. Frau Reiche redet von »Kleinfeuerungsanlagen«, von »Luftqualität«, sie trägt den Kollektivstandpunkt der Bundesregierung vor. Die Schülerinnen auf der Tribüne blicken sich um. Vielleicht wollen sie in den Gesichtern der Schulkameradinnen lesen, ob die es auch so … so öde, fremd, lebensfern, unverständlich finden. Dann wird es ihnen zu viel, und sie gehen vor ihrer Zeit. Unterdessen wird da unten auf dem Nebenschauplatz der Druckseite, also immerhin mitten im täglichen Leben vieler, sachlich weitergearbeitet. Die Konzentration hat etwas Somnambules. Um 17 Uhr 01 wird die Sitzung geschlossen.

Donnerstag, 25. April, 9 Uhr

Am Vorabend hat Borussia Dortmund vor 13,7 Millionen Fernsehzuschauern Real Madrid mit 4:1 im zweiten Halbfinalspiel der Champions League geschlagen. Borussia Dortmund und Bayern München und die »Vernichtung« der beiden spanischen Mannschaften aus Madrid und Barcelona bestimmen die Aufmacher. Auch dass Italien einen neuen Regierungschef hat, kommt vor. Auch, dass Uli Hoeneß gejubelt hat.

Der Sommer ist kurzfristig eingetroffen, das Schattenspiel in der Kuppel konturiert wie nie, so viel Kraft hat die Sonne schon. Der Himmel strahlt stahlblau. Als ich meinen Platz eingenommen habe, zermatscht Rainer Brüderle (FDP) Silbentrauben im Mund. Er eifert: »Wir haben im Haushalt die schwarze Null auf den Weg gebracht, erreicht.« Das ist zweierlei, aber Hubertus Heil (SPD) ruft rein: »Sie sind die schwarze Null!« Ja, so kenne ich mein Hohes Haus: dauernd den Kopf im Himmel der Visionen, aber mit den Füßen im Matsch.

Brüderle kennt die Politik der Gegner in drei Formen, als »absolut falsche Politik«, als »grottenfalsche Politik« und in der Version: »Die Bürger werden entscheiden, ob eine vernünftige Politik fortgesetzt wird oder irrer Gulasch gemacht wird.« Irrer Gulasch? Die Rede wirkt semantisch so unaufgeräumt wie phonetisch. Die Zwischenrufe der SPD lesen sich später im Protokoll: »Tötö, tötö, tötö!«, und nach Ende der Rede: »Helau und Alaaf! Narrhallamarsch!« Ganz leicht ist es gerade nicht, unter dem Kostüm des Humoristen eine Person zu identifizieren, die die Lebenswirklichkeit anderer Menschen prägen will.

Wenig später quittiert Volker Kauder (CDU/CSU) die Rede von Hubertus Heil (SPD) mit den Zwischenrufen »Dümmlich« und »Blödmann«. Auch das geht ungerügt durch. Als Kurt Schumacher Adenauer ehemals als »Bundeskanzler der Alliierten« titulierte, wurde er vom Bundestagspräsidenten für zwanzig Sitzungstage von den Debatten ausgeschlossen. Es gab Ordnungsrufe für »Marionettenregierung«, »Hetzer«, »Krieg vorbereiten« oder dafür, wenn jemand zum zweiten Mal nicht auf das Glockenzeichen des Präsidenten reagierte, für »Lüge«, für »Unerhört« gegenüber dem Präsidenten, für »Dummheit«, »der ist besoffen«, »armselig«, »unverschämter Lümmel«, »Wühlratten«, »Sie leiden ja an geistiger Schwäche«, »schweinische Hetze«, »Schafskopf«, »Heckenschütze«, »Flegel«, »Verleumder«, »Fälscher« und »der Kopfjäger von Formosa«. Die Frage an den ehemaligen Minister Leber, ob er bereit sei, sich einem »Promilletest« zu unterwerfen, wurde tatsächlich geahndet, dass mehrere CDU-Abgeordnete Helmut Schmidt als »Goebbels« bezeichneten, dagegen nicht. Auch bezeichnete man das Parlament nicht ungetadelt als »größte Schwindelbude der Nation«.

Unterschiedliche Ressorts, so scheint es, entwickeln unterschiedliche Aggressionsgrade. Um ökonomische und wirtschaftspolitische Themen wird ruchloser gestritten als um solche der Ökologie oder Bildung. Zugleich lässt sich eine Ökonomisierung aller Lebensbereiche auch sprachlich nachweisen. So nimmt Peer Steinbrück der Gerechtigkeit ihren Rang als absoluter Wert der Demokratie, indem er sagt: »Ich bin überzeugt, dass Gerechtigkeit nicht nur für den gesellschaftlichen Zusammenhalt von zentraler Bedeutung ist, sondern sich auch für alle rechnet und für alle rechnen muss.«

An der Realität geht diese Aussage in allen drei Satzteilen zu Bruch: Der gesellschaftliche Zusammenhalt funktionierte auch in der Demokratie immer schon ohne Gerechtigkeit, sie rechnet sich auch nicht für alle, und das muss sie nicht einmal, solange das Volk sein Volk-Sein so passiv interpretiert. Im hohen Ton der parlamentarischen Rede kann also alles ertränkt werden: Der sozialdemokratische Kanzlerkandidat sagt Dinge, die kein konservativer Neoliberaler anders sagen würde, und die dann immer noch falsch wären und von den Falschen beklatscht würden. Nur sieht das Grundgesetz vor, dass Gerechtigkeit ein Selbstwert ist, der sich ökonomisch nicht bewähren muss, weil er das Menschenrecht charakterisiert, auf dem Demokratien vermeintlich fußen.

Das Parlamentarische heißt aber auch: Widerspruch um jeden Preis, das heißt, man staunt, an welcher Stelle Einwände überhaupt formulierbar, wo sie zum Prinzipienstreit aufzublähen sind. Demokratie ist ja nicht nur die Herstellung eines Konsenses, sie ist auch die Formulierung eines Widerspruchs, der klingen muss, als läge die ganze Welt mit sich im Hader. Und so festigt sich nach Monaten der Eindruck: Jeder Standpunkt ist präsent, jeder vertretbar, jeder kann rhetorisch sinnvoll durchdekliniert und bei Bedarf verraten werden. Und die Bevölkerung?

Sie wird zwar immer glauben, belogen zu werden, zugleich aber jedes Wort für bare Münze nehmen. Sie wird sich aus dem Fundus der Floskeln bedienen und Rednerinnen und Redner mit Glauben adeln oder nicht. »Ich muss Ihnen ganz ehrlich sagen«, sagen diese, weil sie nicht ehrlich sind, »ich sage es Ihnen offen«, weil sie nicht offen sein dürfen, »in aller Deutlichkeit«, weil sie wolkig klingen.

Im Plenum rüsten sich die Abgeordneten eben für die angekündigte »umfassende Debatte zum Thema Kampfdrohnen«. Man sei an einer Entscheidung vor der Bundestagswahl nicht interessiert, so hat Agnes Brugger (B 90/DIE GRÜNEN) aus den Reihen der Regierungskoalition intern erfahren, da das Thema »wegen der völkerrechtlichen Diskussion emotional zu stark besetzt« sei. Wenig später habe auch der Verteidigungsminister die Diskussion um die Bewaffnung der Bundeswehr durch Drohnen auf einen Zeitpunkt nach der Wahl verlegt. Die Rednerin rekapituliert trotzdem schon einmal die Auffassung des UN-Sonderberichterstatters Alston: Die Verfügbarkeit bewaffneter Drohnen, so hatte der Verbündete gesagt, befördere »das Risiko, dass die Hemmschwelle zum Einsatz von militärischer Gewalt« sinke. Ich erinnere mich, wie vor Wochen der Verteidigungsminister diese Position in aller Schärfe als Verunglimpfung der Truppe gegeißelt hatte. Der Antrag der Rednerin bittet um nicht mehr, »als ethische, menschen- und völkerrechtliche Fragen in Bezug auf den Einsatz bewaffneter unbemannter Systeme zu prüfen und zu diskutieren«. Die Regierungskoalition lehnt dies ab.

Drei Reihen Bundeswehrsoldaten sitzen auf der Pressetribüne unbewegt. Der nächste Redner, der CDU/CSU-
Abgeordnete Florian Hahn, ist eben ans Pult getreten, als
sich von der Publikumstribüne vier Aktivisten erheben,
eine unverständliche Parole in den Saal schreien und ihre
symbolisch rotgefärbten Handflächen gegen die Hoch-
rüstung der Bundeswehr und die Kriegspolitik erheben –
ein Zwanzig-Sekunden-Protest, den Florian Hahn mit dem
Satz kommentiert: »Das ist nicht demokratisch, was Sie
hier auf der Besuchertribüne tun. Setzen Sie sich bitte hin,
und folgen Sie einfach der Diskussion«, worauf Vizepräsidentin Katrin Göring-Eckardt anschließt: »Ich bitte Sie,
die Besuchertribüne zu verlassen.« Aber da haben die
Sicherheitskräfte schon zugepackt und die zappelnden
Demonstranten aus dem Saal spediert. Es ist in Monaten
der einzige Zwischenfall, die erste Situation, bei der der
Protest nicht vor der Tür geblieben ist, und er ist zu
schnell vorbei, um von Fernsehkameras eingefangen zu
werden. Eine solche Aktion wäre den GRÜNEN mal sympathisch gewesen, heute aber werden diese Friedensakti-
visten von einer Grünen-Präsidentin des Saals verwiesen
und von einem CSU-Mann belehrt, was »demokratisch«
ist. Menschenrechte sind einfach schwerer zu verteidigen
als die Hausordnung des Bundestags.

Nicht minder aussagekräftig ist es, dass die Demonstranten ihre blutbeschmierten Hände gerade in dem Moment
zeigten, als mit Florian Hahn der entschiedenste Parteigänger dieser Waffentechnologie ans Rednerpult trat.
Er spricht von den »Chancen und Möglichkeiten« der

Drohnen, von der Notwendigkeit, diese Technologie, die bereits in der Entwicklung sei, selbst zu beherrschen und sich nicht von anderen abhängig zu machen, er räumt ein: »Natürlich gibt es wie bei jedem Waffensystem Nachteile. Die wollen wir auch nicht unter den Teppich kehren.«

Nichts in dieser Rede verrät, dass es um Leben und Tod geht, dass im Augenblick, in dem er redet, Drohnen eingesetzt werden, die weder »völkerrechtlich legitimiert« noch »ethisch abgewogen« sind. Die Rede hat sich von ihrem Gegenstand so weit gelöst, dass sie auch Persiflage sein könnte. Auf der Bundeswehrtribüne wird zustimmend genickt. Warum nur fühlt sich diese Bundeswehr so verpflichtet, jedem militaristischen Standpunkt gegenüber so loyal zu sein, als vertrete er ihre Interessen?

Der Redner der SPD spricht glanzlos, bürokratisch. Verteidigungsminister de Maizière hört seinen Namen zwar, arbeitet aber mit den Fingernägeln an einem Fleck auf seiner roten Krawatte. Zwei Liebespaare betreten gerade die Tribüne, sie kommen Hand in Hand, während unten von Drohnen gesprochen wird. Die nächste Rednerin gehört der FDP an und belehrt das Plenum zu den Themen Debattenkultur und Al-Qaida. Als Hans-Christian Ströbele eine kritische Zwischenfrage formuliert, wenden sich ihm viele Köpfe zu. Er war schon zuvor von der Rednerin larmoyant als »junger Mann« bezeichnet worden. Zwischendurch applaudieren ihm einzig ein paar Abgeordnete der Linken, zuletzt dann immerhin Teile der eigenen Fraktion und die Mehrheit der Linken.

Die Rednerin erwidert. Was andere als »Lebensraum« bezeichnen würden, nennt sie ein »Einsatzsegment«. Das macht es den Drohnen leichter. Als anschließend Jan van Aken (DIE LINKE) jene Einsatzgebiete der Kampfdrohnen aufzählt, in denen niemals bemannte Einsätze geflogen würden, ist dies auch ein Widerspruch gegen die SPD, die am liebsten erst nach der Wahl entschiede. In seiner Argumentationsnot zitiert Bernd Siebert (CDU/CSU) schließlich Umfragen, nach denen über siebzig Prozent der Bevölkerung dieser Technologie positiv gegenüberstehen. Wie tief in der Defensive muss man sich befinden, wenn man die Volksmeinung zu einer Waffentechnologie befragt?

Kristina Schröder trifft ein, schwarz gekleidet wie in Trauer. Sie stützt den Kopf auf, hebt ihre Knie bis zur Kante der Regierungsbank, niest laut und zuckt selbst zusammen über das Geräusch.

Inzwischen verhandelt man das »Conterganstiftungsgesetz«. Dorothee Bär (CDU/CSU) leiert ihre Sache herunter, nummeriert die Vorteile der Gesetzesänderung. Nur der »Kollege Seifert« von der Linken unterbricht sie beharrlich mit seinen Zwischenrufen. Er sitzt ganz allein, breit im blauen Pullover, vier Bänke hinter seinen Kollegen. Erst als sich jemand zu seinen Füßen zu schaffen macht, erkennt man, dass er im Rollstuhl sitzt. Einmal ruft er, dass die Abstimmung doch ohnehin einstimmig sein werde. Also führen sie die Auseinandersetzung für wen, und hat das Einfluss auf ihren Stil? Kaum.

Das Abendlicht liegt jetzt in warmen Flecken auf dem

Plenum, es reflektiert vom Rednerpult. Jede Partei muss nun noch einmal sagen, warum sie für das Conterganstiftungsgesetz ist, alle danken allen, die an diesem Resultat mitgearbeitet haben. Die Rednerin trägt ein Fünfzigerjahrekleid in Ocker, Schwarz und Weiß. In diesem Augenblick, in dem auch noch die Tribünenbesucher ausgetauscht werden, hört niemand mehr zu. Die Rede ist gerade von der »schweren Schädigung der Wirbelsäule«. Es gibt ein deutliches Missverhältnis zwischen der Empathie für die Contergan-Geschädigten und der für die fast unsichtbaren Opfer der Drohnenangriffe. Die Rednerin ist gerade im falschen Absatz, verliest sich, schwankt vom Pult zu ihrem Platz wie bei Seegang.

Als Ilja Seifert (DIE LINKE) in seinem Rollstuhl an das Pult gefahren ist, eröffnet er die Debatte neu und verzichtet auf Redundanzen. Er fordert eine Entschuldigung ein, wirft Fragen auf, die nicht beantwortet sind und die nun fast querulantisch wirken, nachdem alle schon so zufrieden schienen. Auf viel Ungelöstes weist er hin. Das ist gut und richtig, und auch wenn Frau Schröder nun wieder durch das Netz surft, hat er in der Sache alle Aufmerksamkeit verdient, spricht er doch von Einschränkungen, die er selbst kennt. Ja, er trägt den Gesetzentwurf mit, zeigt sich aber unzufrieden mit der eigenen Entscheidung, aus Skepsis gegenüber der Exekutive. Allen Applaus hat er verdient, erhält ihn aber nur von den vier Abgeordneten der Linken. Das ist borniert. Aber das Parlament zeigt sich in diesen Dingen oft stolz borniert.

Guido Westerwelle trifft ein, setzt sich auf seinen Sitz,

belobigt jemanden im Plenum mit gerecktem Daumen. Vizepräsident Solms leiert die Beschlussempfehlung herunter, Frau Schröder packt ihre rote Tasche, das Gesetz ist in dritter Lesung angenommen. Westerwelle befeuchtet den Finger zum Studium einer Akte über die Piraterie vor Somalia. Das Haus ist erstaunlich voll für die Zeit, es ist kurz vor 20 Uhr. Seeräuber hin oder her, die Angehörigen der Bundeswehr gehen, die Minister folgen.

Mittwoch, 15. Mai, 9 Uhr

Forscher entdecken zwei erdähnliche Planeten. In den Niederlanden wird der Thronwechsel vollzogen. Die Posse um die Verlosung der Plätze im Münchner NSU-Prozess hält an. Beate Zschäpe wird wegen Fluchtgefahr gefesselt in den Verhandlungssaal geführt. Bayerische Abgeordnete beschäftigen Verwandte, Horst Tappert war bei der Waffen-SS.

Ein Schwätzchen mit dem Sicherheitsbeamten an der Schleuse, ein Nicken den beiden Assistentinnen im Aufzug zur Besucherebene, dann dem Garderobenpersonal, der Reinigungskraft auf den Toiletten, den Wächtern an der Tür, den parlamentarischen Assistenten, den Nachbarn auf der harten Bank der Tribüne. Kunstlicht brennt immer, aber es könnte nicht sonnenheller im Saal sein. In den Spiegelflächen der Kuppelverstrebungen sind sogar Mauerstücke der Außenwände zu erkennen. Auf der Tri-

büne sitzen zwei Reihen Mädchen in Tracht, sitzen da
wie die Weinköniginnen. Einige haben sogar Diademe im
Haar, rote Röcke, grüne Schürzen, weiße Rüschenblusen.
Unter den Jungen sind vor allem solche, die Kniebund-
hosen tragen und dazu Turnschuhe.

Der Präsident beherrscht die Kunst des würdevollen
Schlenderns. So erreicht Lammert seinen Platz, ein guter
Hirte. Sein Blick sagt: Da seid Ihr wieder! Das Wort hat
die Ministerin Johanna Wanka. Sie erläutert den »Berufs-
bildungsbericht«, »das Programm, das ich ganz klasse
finde ...«. Mit der Stimme einer Nachrichtensprecherin
spricht sie flüssig und konziliant, doch den Fragenden der
Opposition antwortet sie konziliant – nicht. Dennoch besitzt sie eine eigene Vornehmheit, die sich in der Diktion
zeigt, im Habitus: Sie kann nicht anders, als Dame zu sein,
und ist es auf schlagfertige Weise.

Zwei Schlipsträger auf der Tribüne kauen synchron
ihre Fingernägel. Dem Fragenden aus der eigenen Partei
ist Wanka dankbar für seine Frage. Beantwortet wird sie
trotzdem nicht. Unsicherheiten in ihrer Diktion korrigiert
sie durch nachdrückliche Gestik. Ihre rechte Hand pointiert manchmal Silbe für Silbe: »alle zusammenarbeiten«,
»breite Basis«, »ist die Wirtschaft gefragt«. Die Konsens-
vokabeln klingeln. Auch liebt sie Verstärkungen wie »sehr,
sehr«, »ganz, ganz wichtig«, »das heißt«. Mit dem Charme
der Direktorin, die heute einen guten Tag hat, überzieht
sie, wird ermahnt, lacht. Der Präsident verweist auf die
Uhr. »Ich könnte ein schönes Beispiel nennen«, bietet sie
an. »Nein, nein, nächstes Mal«, fleht Lammert.

Manchmal ist die Handlung am Pult reduziert. Sie hat zwar das akustische Vorrecht, die eigentliche Handlung aber ballt sich oft zwischen den Tribünen und ihren Migrationen, den Kleingruppen im Plenum, den Rudeln um einzelne Sitze, den Fanblöcken und ihren Bewegungen. Im Augenblick ist die Stimmung phlegmatisch, niemand greift an. Manchmal ploppt die Stimme der Rednerin am Mikrophon, das Aggressionspotential aber hat sich erschöpft.

Beim nächsten Thema dieser Fragestunde geht es um die Einhaltung der Zusagen auf der Internationalen Klimakonferenz bei gleichzeitigen Kürzungen des »Energie- und Klimafonds«. Diese langfristigen Fragen sind gleichwohl drängend. Verhandelt aber wird in stoischer Gelassenheit. Die Regierung sagt auch, man »habe Hoffnungen«. Die auskunftgebende Vertreterin des Bundesumweltministeriums steht an ihrem Platz mit reglos hängenden Händen. Nur in der Taille bewegt sie sich nach rechts oder links, ihre Antworten kommen näselnd. Weit entfernt von den Sachverhalten regnen ihre Aussagen ab. Angela Merkel wird zitiert, und alle beugen sich wie die Exegeten einer frühchristlichen Runenschrift über etwas, das »Das Buch Angela« ist.

Das Rednerpult steht verwaist. Die Fragenden erheben sich, die Antwortenden auf der Regierungsbank tun es auch. Wenn die Mikrophone wieder heruntergeschoben werden, machen sie das Geräusch einer Tür in einem Edgar-Wallace-Film. Nach dem Empfang der Antwort setzen sich die Fragesteller wieder hin und schütteln, zum

Sitznachbarn gewandt, den Kopf, um zu verbildlichen, wie unbefriedigt sie die Antwort lässt. Dies ist gewissermaßen die zu Protokoll gegebene Missbilligung der Auskunft.

Eine schwergewichtige Rothaarige im blauen T-Shirt hat sich zurückgelehnt und schläft auf der Tribüne. Die Regierung referiert unterdessen, wie zufrieden sie mit der Reduzierung des Treibhausgas-Ausstoßes ist. Nein, das kann keine Regierung sein. Die Opposition hält prompt andere, schlechtere Zahlen der Emissionswerte dagegen. Die Standarten der Statistiken sind umkämpft. Offenbar hat man erst Ziele formuliert, anschließend muss beraten werden, wie sie erreichbar sein sollen, also erst ob, dann wie, dann wann. International sollen diese Ziele erst 2030 erreicht werden, national schon 2020.

Es ist auch eine Schwangere unter den Zuschauern. Mit der Besorgnis einer Mutter schaut sie, die in die Zukunft des Ungeborenen blickt, lacht zu keinem Scherz, schüttelt bloß den Kopf.

Wie schützt man Mineralwasserquellen, die nicht im Wasserschutzgebiet liegen, will ein Fragesteller wissen. Die Staatssekretärin nimmt einen Schluck, während die Frage läuft. Ihre Antwort braucht weniger Zeit als der Schluck, um die Speiseröhre zu passieren. Es geht um die Frage, wie sauber künftig das Wasser bleibt. Knapp wird auch das beantwortet. Der hinter mir Sitzende teilt seinem Nachbarn glücklich mit, er sei doch tatsächlich gerade kurz eingenickt. Rechtzeitig erfährt er, ein »runder Tisch Meeresmüll« ist geplant. Der Rest wird in einem Meer aus Bürokratie-Deutsch verklappt.

Donnerstag, 16. Mai, 9 Uhr 01

Der kroatische Taxifahrer, der mich heute zum Reichstag fuhr, irrte sich zweimal im Weg, überquerte dann seelenruhig eine rote Ampel. »Ich träume. Entschuldigen Sie. Meine Frau hat mir heute von daheim die ganze Nacht SMSe geschrieben. Du bist mein Schatz, solche Sachen, mein Herz, mein lieber Mann. Dann zehn Minuten später schon wieder: Wie ich dich vermisse, mein Herz! Das geht doch nicht. Ich sitze doch den ganzen Tag im Auto, ich muss doch schlafen. Jetzt kann ich mich kaum noch konzentrieren.« Er klagt, dass ihm die Liebe sein Arbeitsleben vermassele. Berlin liegt in einem 28-Grad-Frühsommer. An der Sperre vor dem Fuhrpark muss ich heute alle Ausweise vorzeigen, Presse- und Personalausweis und Akkreditierung. Ein Wunder, dass ich für die Überquerung des Parkplatzes nicht gefilzt werde.

Jede und jeder auf der Regierungsbank hat heute eine eigene Notierung an der Börse der Meinungsumfragen. Verteidigungsminister de Maizière beginnt seine Rede mit der Erinnerung an einen Gefallenen in Afghanistan. Doch jeder denkt an die fünfhundert Millionen Euro, die er mit dem verunglückten Drohnen-Projekt vergeudet hat. Von Kristina Schröder hört man, dass sie nicht nur amtsmüde, sondern sogar willig sei, noch vor der Wahl das Kabinett zu verlassen. Die Umfragen sagen hämisch: Soll sie. Dirk Niebel verteidigt sich immer noch gegen den Vorwurf, Parteimitglieder in sichere Positionen seines Ministeriums zu hieven. Ilse Aigner hat es mit der Europäischen

Saatgutverordnung zu tun und muss für die heimischen Arten kämpfen. Philipp Rösler kämpft mit »Schlingel-Bonus« und nennt Trittin einen »bösen Räuber Hotzenplotz«. Von der Leyen muss offen dementieren, als Nachfolgerin von Angela Merkel zur Verfügung zu stehen. Diese wird nebenbei beschuldigt, für die FDJ Propagandaarbeit gemacht zu haben.

Beim Hereinkommen sieht man gut, wer sich grußlos aneinander vorbeischlängelt, wer mit dem Arm wen aus dem Weg schiebt, wer sich kollegial, wer respektvoll, freundschaftlich oder komplizisch begrüßt. Zuerst die Nachrufe. In den Schweigeminuten hört man das Summen der Lampen in der Decke. Die Zuspätkommenden warten pietätvoll in den Fluren. Heute sind sie wieder alle da, die Kanzlerin in Eierschalengelb, Ilse Aigner in Schlammfarbe, die FDP-Herren geschlossen in anthrazitfarbenen Anzügen. Die Fotokameras schießen aus der ersten Tribünenreihe.

Am Anfang jeder Sitzung sind die Abgeordneten immer noch bei der Sache, dann allmählich werden die Accessoires hervorgebracht, synchron zur Entstehung der Langeweile, und ich frage mich, wo repräsentiert mich selbst das Hohe Haus? Haben am Ende vielleicht alle gleich recht? Ich nenne es das »Hohe Haus« mit schwankenden Amplituden, weil es mir manchmal prachtvoll erscheint, weil es einfach wunderbar ist, einem repräsentativen Kollektiv beim Wägen von Wichtigkeiten zu folgen. Im nächsten Augenblick aber bin ich abgestoßen von dem Bodensatz, der aufgewirbelt wird, wo niedrigste Beweggründe unterstellt werden und jede höhere Idee brüskiert, gekränkt, wenn nicht verraten wird.

Als Thomas de Maizière sein Amt als Verteidigungsminister antrat und gefragt wurde, was nun neu sei in Afghanistan, erwiderte er: »Neu ist, wir haben eine Strategie« – nach acht Jahren Einsatz eine Strategie! Des Ministers »Regierungserklärung zur Neuausrichtung der Bundeswehr« kommt nun wie Reklame abermals mit dem Attribut »neu« daher und ist eine einzige Werberede für die Truppe. Es scheint, als seien die Soldaten die Einzigen, die ihr Leben riskierten, nicht Polizisten, nicht Mitarbeiter von Hilfsorganisationen oder Aufbauhelfer. Auch handelt es sich um die gewohnt pauschale Vereinnahmung aller Stimmen der Bundeswehr durch den Minister, der sich gegen Revisionen verwahrt, Moral beschwört, einen Redetypus pflegt, der Zuspruch erzwingt.

Kaum hat der Minister geendet, wendet sich ihm Merkel zu, lobend und lächelnd. Während dann der SPD-Redner opponiert, verlassen zahlreiche Abgeordnete den Saal. Von der Leyen charmiert, Merkel erhebt sich, redet mit gleich mehreren auf der Regierungsbank. Der Redner steigert sich, sagt »Mogelpackung«, sagt »Reformruine«. De Maizière wendet sich dauerhaft den hinter ihm Sitzenden zu, während der Redner jetzt einen Täuschungsvorwurf gegen ihn erhebt. Die Moral bewegt sich im Vakuum. Ungeheuerlich die Vorwürfe, ausgelassen die Stimmung. Ursula von der Leyen empfängt lächelnd, ihr Charme erreicht die Tribünen.

Auch der Oppositionsredner deutet jetzt die Soldaten,

231

spricht mit ihrer Stimme. Es ist ein einziges Buhlen. Eine Kamera nähert sich und filmt die jetzt aufmerksam-fotogenen Gesichter der Uniformierten auf der Tribüne. In seiner Inständigkeit geht der Redner in die Knie, feuert eine rhetorische Frage nach der anderen ab: »Macht Ihnen das keine Sorge?«, noch mal: »Macht Ihnen das keine Sorge?« Von Sorge keine Spur. Vierzig Minuten nach Beginn der Debatte fehlen Merkel und die meisten Kabinettsmitglieder. Die Tribünen dagegen sind dicht besetzt. Selbst Journalisten sind gekommen, schreiben in Kladden, halten Mikrophone in Richtung des Plenums wie zum Lauschangriff, während sich unten die Reihen weiter lichten. Dort hält Elke Hoff (FDP) gerade ihre letzte parlamentarische Rede. Als sie sagt, »die Soldaten brauchen uns alle«, brandet frenetischer Applaus auf. Dann salutiert sie gut militärisch: »Ich melde mich ab.« Hinter ihr Sitzende ergreifen ihre Hand, Lammert würdigt sie, sie verneigt sich darauf seltsam buddhistisch mit den gefalteten Händen vor der Stirn. De Maizière verlässt die Regierungsbank und küsst sie auf beide Wangen.

Unterdessen spricht Paul Schäfer (DIE LINKE) endlich das Desaster um den »Euro Hawk« an. Aber der Minister plaudert gerade mit Kristina Schröder. Als sie geht, wendet sich de Maizière, wiewohl gerade angesprochen, seinem nächsten Gesprächspartner zu. Die Sitzung ist eine Stunde alt, das Plenum zerfällt. Annette Schavan schleppt sich aus dem Saal, die heranfliegenden Hände schüttelnd. Brüderle hat ein Kränzchen von Adepten um sich versammelt, die ihm minutenlang beipflichten.

Am Pult arbeitet sich eben ein Hinterbänkler der CDU an den »empfindlichen europäischen Fähigkeitsverlusten« und den eigenen Visionen ab. Man sage nicht, hier habe niemand Visionen. Sie trudeln geradezu frei im Orbit des Meinens und Wünschens, der fiktiven Ängste und der Beantwortungen dieser Ängste, der Hoffnungen und Bedrohungen. Das alles ist quasi religiös, ist Teil des »Glaubens«. Aber das Parlament ist gerade desinteressiert. Nicht mal die eigene Fraktion hört den Visionen des Mannes zu, der mit weit vorgestreckten Kopfbewegungen seine Rede prononciert. Auch der zuständige Minister liest lieber etwas anderes, während sich der Redner müht und müht und den Anschein der Beflissenheit doch nicht mindern kann. Es gibt eben neben der Sache immer noch die Person, und diese wird aufgefangen vom zustimmenden Händedruck des Volker Kauder.

Es stehen ja hier fünfhundert Millionen Euro Steuergelder im Raum, die irgendwo zwischen den Verteidigungsministern Scharping, Jung, Struck, Guttenberg und de Maizière verlorengegangen sind, und erstaunlich ist nicht der Bezichtigungswirrwarr, sondern wie gelassen der Verlust toleriert wird. Dem uneingeweihten Zuschauer könnte die Debatte verraten, wie entspannt sich der Umgang mit Steuergeld vollzieht, zumal offenbar nicht einmal der Rechnungshof Einsicht gewinnen konnte. »Geheimhaltung«, »Sicherheitsbedenken« bauen sich vor dem legitimen Aufklärungsbegehren auf.

Die Vorwürfe der Opposition prasseln nieder, Zwischenrufe kommen nicht. Das Schweigen auf der Seite der

Regierung wirkt weniger schuldbewusst als unbeeindruckt. Es entsteht keine Vorstellung von dem, was man mit einer solchen Summe hätte machen können, kein Blick auf das, was andernorts eingespart werden muss. Es ist Schwund, die Sünde bleibt lässlich. Hans-Peter Bartels (SPD) greift eben die Seriosität des Ministers an, der an dieser Stelle seine Augen reibt, müde, erschöpft, genervt. Dann taucht er mit neutralem Gesicht aus den eigenen Händen wieder auf, der Blick geht stumpf zum Rednerpult und verliert sich im Nichts.

Dass es in der Debatte auch um die Vernichtung oder die Verteidigung von Leben geht, ist hinter dem Jargon aus »Interoperabilität«, »Pooling und Sharing« oder »Smart Defense« nicht zu erkennen. Auch fehlt der anbiederische Kotau vor den Soldaten nicht, von denen der Redner der FDP findet: »Die gefallenen Soldaten und ihre Angehörigen gehören in die Mitte der Gesellschaft.« Was ein solcher gefallener Soldat in der Mitte der Gesellschaft macht, weiß der Redner allein. Vielleicht stellt er dort ja einen Einsatz in Frage, der nicht »Krieg« genannt werden durfte, als man die Soldaten zum Einsatzort schickte, und der »Krieg« hieß, als sie dort eintrafen. Es gibt aber durchaus Soldaten, die die Bevormundung fühlen, mit der ihnen unterstellt wird, sie seien eine Befehle erfüllende, unkritische und auch im Kampfeinsatz alles blind affirmierende Truppe.

Unterdessen entfaltet das Parlament sein Farbenspiel zur Bildungs- und Integrationspolitik und malt mit breitem Pinsel: Dorothee Bär (CDU / CSU) trägt die höchsten

Schuhe zum leuchtendsten Kleid in Violett, das Flagiolett ihrer Stimme färbt der fränkischste Akzent, und auch rhetorisch favorisiert sie den Superlativ: »Mehr Integration als wie wir geleistet haben, kann man sich gar nicht vorstellen!« Man kann. Ekin Deligöz (B 90/DIE GRÜNEN) etwa folgt der Vision einer Gesellschaft, die allen Kindern gleiche Chancen einräumt. Sie ist engagiert, sie kennt sich aus, sie leidet, und unter allem, was Menschen auch im Bundestag von sich zur Erscheinung bringen, ist es das nicht unterdrückbare Leiden, das immer entwaffnend wirkt. Jede und jeder verrät einen anderen Hintergrund des Engagements. Immer kann man die wirklich Beteiligten von den Strategen unterscheiden.

Bildungsministerin Johanna Wanka ist gerade weder das eine noch das andere. Sie ist heute im hellsten Lindgrün erschienen, hat die Farbe ihrer Schuhe auf die ihrer Haare abgestimmt und wirkt bisweilen wie eine dieser Arztgattinnen in der Werbung, die aus dem Garten kommen und sagen: »Gebissreiniger, Gott ja, ich habe viele ausprobiert!« Dabei ist sie angriffslustig, disqualifiziert einen »Quatsch«, den sie gelesen habe. In der Quintessenz aber handelt es sich auch hier um das Schönreden dessen, was im Land gerade »Bildung« heißt und offenbar nur von der Regierung ein gutes Zeugnis bekommt. Aber die schreibt es sich ja auch selbst.

Gerhard Schick (B 90/DIE GRÜNEN) setzt ein mit den faulen Stellen an Erdbeeren. Gerade kommt eine Schülergruppe rein, die Mädchen alle mit nackten Beinen. Erdbeeren im Bundestag? Aha. Kurz hat er alle Aufmerksamkeit. Kaum sind die Früchte den Paragraphen gewichen, beginnen die Blicke zu schweifen, dann leert sich die eine Tribüne wie bei einer Zwangsräumung. Carsten Sieling (SPD), ein grauer Brillenträger mit keckem roten Schlips, hat einen hohen Stapel Gesetze mitgebracht, auf dem er sich abstützt, um es einmal »sinnlich erfahrbar« zu machen, wie viel die Verschleppung von Gesetzen an Kosten verursacht habe. Meine Nachbarin flüstert mir zu, so einer sei ein verkappter Exzentriker, der bestimmt ein irres Hobby habe, am Abend im Trainingsanzug auf dem Sofa sitze und beim Eurovision Song Contest für Moldawien votiere. Sein Habitus jedenfalls meint schon das Millionenpublikum, doch ist der Saal fast leer.

Der nächste Redner ist ein weißhaariger Jüngling, der gerne mit verteilten Rollen spricht, mit der natürlichen Stimme aber mehrfach am Diskant kratzt. Über seinen Karteikarten reibt er sich die Hände, verschiebt imaginäre Blöcke. Der auf ihn Folgende kommt mit einer Kaskade der Abkürzungen und möchte, wie er sagt, »diesen Zeitgeist mal hier in die Runde werfen«.

Als sich das Hohe Haus schließlich noch der »Verpflegung in Schulen und Kindertagesstätten« zuwendet, wird es volkstümlich. Mit dem überverpflegten Körper in den Sandaletten und der Neigung, mit dem Daumen zu gestikulieren, ist die Rednerin eine pastorale Hüterin der familiären Werte: »Die Familien sollen sich morgens für ein gemeinsames Frühstück zusammensetzen. Ich weiß, dass das nicht in jedem Fall möglich ist, aber man kann den Kindern zumindest einen schön gedeckten Frühstückstisch bieten, so dass sie sich an den Tisch setzen und frühstücken. Die Eltern müssen darauf achten, dass dies auch getan wird. Wenn das nicht möglich ist, kann man auch zusammen Abendbrot essen. Das fördert Ernährungsbildung zuallererst.« Nur: »Essen müssen die Kinder selbst.«

Das Ganze ist gemeint als ein Plädoyer gegen das freie Schulessen, bleibt aber selbst von den eigenen Leuten belächelt und weitgehend unbeklatscht. In diesem Debattenteil entstehen Einzelbilder der Familie, vom diskriminierungsfreien Abendessen bis zu den Zutaten der Pausenbrote. Als aber eine CDU-Abgeordnete sagt, beim Belegen der Brote zeige sich eine »große Verunsicherung«, wird es Zeit für mich zu gehen, unverunsichert.

Freitag, 17. Mai, 9 Uhr

Russland liefert moderne Raketen an Syrien, Obama trudelt in innenpolitische Krisen. Die Kanzlei eines Opfer-Anwalts im NSU-Prozess wird mit Kot beschmutzt. Umweltschützer kritisieren den Roten Teppich in Cannes als eklatante Teppich-Verschwendung. David Beckham erklärt seinen Abschied vom Fußball. Der asiatische Marienkäfer breitet sich dramatisch aus.

Die gestrige Debatte erkenne ich im Zerrspiegel der Tagespresse kaum wieder. Da wird von vehementem Widerstand gegen de Maizières Erklärung und das »Euro Hawk«-Debakel berichtet. Aber es haben doch nur zwei

Oppositionspolitiker gesprochen, und die SPD hielt sich kleinlaut zurück.

Die Konzentration im Saal ist gut. Man trifft sich zur »Aktuellen Stunde«, sucht den gemeinsamen Nenner wirklich. Die Protagonisten Altmaier und Trittin agieren ausgeglichen. Auch des Ministers »Regierungserklärung zur nuklearen Entsorgung« ist ohne Schärfe. Vielmehr appelliert er an den Gemeinschaftsgeist bei der Suche nach dem Endlager, legt sich Zurückhaltung auf, wirbt um die Wiederherstellung »verlorenen Vertrauens«. Niedersachsens Ministerpräsident Stephan Weil, der Landesherr der leckgeschlagenen Lagerstätte Asse II, spricht auch als Leidtragender der Fehler früherer Endlagerbestimmungen, der Fehler von Gorleben. Auch er bemüht Werte der Empathie, des »Vertrauens«. Das Muster der Debatte ist jetzt anders als sonst. Es geht um die unausweichliche Suche nach dem Gemeinsamen als Bedingung für die Lösung eines Problems.

Merkel folgt der Auseinandersetzung mit betenden Händen. Zwei Bundesländer haben ihre Bereitschaft zur Endlagerung signalisiert. Doch das Lob für diese beiden wird, da es sich um SPD-regierte Länder handelt, nicht mehr vom Beifall aller bedacht. Kein Applaus ohne Fraktionszwang. Angelika Brunkhorst (FDP) wirkt in ihrem grellgelben Leibchen zur schwarzen Lederjacke selbst wie ein nukleares Warnschild. Aus ihrem monotonen Singsang löst sich der Name »Gorleben« immer wieder, denn sie möchte diesen Standort weiter in die Suche einbeziehen, erntet Gelächter, als sie zwischendurch Baden-

Württemberg zur »küstennahen« Region macht, und der große Verschiebebahnhof öffnet sich: Kommissionen werden gefordert, Konferenzen angesetzt, alle »laden alle ein« zur »dynamischen Öffentlichkeitsbeteiligung«, zum »Endlagersymposion«, in den Umweltausschuss, in die öffentliche Anhörung, und alle hoffen, dass da auch ein Volk ist, bei dem ihr Ruf nach Gemeinsamkeit ankommt. Und doch entwickelt das Parlament seine repräsentative Größe wieder da, wo die Probleme jenseits der Fraktionsgrenzen liegen, und sei es auch nur, weil fast alle Fraktionen Mitschuld am Problem tragen. Dort wird auch der Ruf nach Bürgerbeteiligung immer am lautesten.

Auch Jürgen Trittin (B 90 / DIE GRÜNEN) beginnt an der untersten Schwelle der Erregung, staatsmännisch, erklärend, biegt generös in einen Konsens ein, promoviert dazu seine Rechte in die Hosentasche und hebt die Linke als mahnendes gestisches Gewissen. Unter Aufwendung von allerlei Bekanntem spricht er schon eher zum Volk als zum Plenum, geht unter der Last der Überzeugung fast in die Hocke, bleibt gegenüber dem Umweltminister, der auch sein Nachfolger ist, versöhnlich und endet damit, dies einen »guten« Tag zu nennen. Gemessen an der Ratlosigkeit, die den Verbleib des Atommülls umgibt, ist es zumindest einer für das Parlament, wenn schon nicht für das Land.

Als schließlich Andreas Jung (CDU / CSU) noch einmal sagen muss, »dass die Kernenergie eine Technologie ist, die Risiken mit sich bringt«, dass es »Ängste bei den betroffenen Menschen« gibt und man »diese Ängste (…) weiter-

hin ernst nehmen« müsse, als sich schließlich Georg Nüßlein (CDU / CSU) daran berauscht, dass hier eine »große
Chance« liege, die man »gemeinsam« ergreifen müsse, um
zu »zeigen, dass Politik in Deutschland auch handlungsfähig ist«, da möchte ich doch wissen, wie sie alle ihre
Reden in die Gemütslage ihrer Wahlkreise übersetzen,
sollten dort Zwischen- oder Endlager konzipiert werden.

Mittwoch, 5. Juni, 13 Uhr

Das zweite »Jahrhunderthochwasser« in zehn Jahren
produziert Déjà-vus: Diesmal sieht man die Kanzlerin in
Gummistiefeln, wie ehemals Gerhard Schröder am Oder-
bruch. Assads Truppen nehmen Al-Kusair ein, in Istanbul
organisieren sich Proteste gegen Erdoğan, »Brangelina«
sind in Berlin, Jupp Heynckes feiert seinen Abschied von
Bayern München. Während der Bundestag eine »Aussprache« angesetzt hat, sagt Thomas de Maizière im Ausschuss zu »Euro Hawk« und Drohnen aus und kündigt
eine Erklärung an. Darin wird er Mitarbeiter und Vorgänger belasten.

Als ich um 12 Uhr 50 den Saal betrete, arbeitet Renate
Künast still in der ersten Reihe. Die Zuschauertribünen
sind bis zum letzten Platz besetzt, die Pressetribünen leer.
Zwei Protokollführer lachen, er ein beschlipster Knabe,
sie eine Blondine im weißen Blazer. Noch zwei Minuten.
Von hinten kommen einzelne Abgeordnete herein. Ein

240

Kameramann filmt schon mal eine Tribüne, auf der gerade nur Alte und Herren im Anzug sitzen.

Renate Künast (B 90 / DIE GRÜNEN), im blauen Blazer mit goldenen Knöpfen matrosenhaft wirkend, eröffnet die Aussprache zum Staatsangehörigkeits- und Aufenthaltsrecht mühsam. Sie spricht, als müsse sie sich ihr Rederecht erst erkämpfen, wird auch dauernd unterbrochen, weshalb sie nachdrücklicher wird, erst feststellt, »dass es in diesem Land unheimlich viele Leute mit Migrationshintergrund gibt«, die sich selbstverständlich integrieren. Einen Satz später gibt es »wahnsinnig viele Leute mit Migrationshintergrund in diesem Land, die besser Deutsch sprechen als mancher Deutsche und manche Deutsche«. Mitgerissen von der eigenen Entschiedenheit, nimmt die Rede Fahrt auf, nennt es einen »Irrsinn«, dass »wir« Menschen zu Ausländern in ihrem eigenen Land machen, zitiert »Kulturschaffende« wie »Navid Kermani oder Shermin Langhoff«, Berliner und Deutsche, die sich immer noch ihres Aussehens wegen legitimieren müssen.

Jetzt sackt sie zusammen über ihren gefalteten Händen, dann schwirren die Hände auf und kehren zurück. Sie stellt eine Alternative in den Raum, votiert dafür, dass der »Optionszwang« abgeschafft und Bürger nicht mehr zur Annahme einer einzigen Staatsangehörigkeit genötigt werden dürften. Sie weist mal in die eine, dann in die andere Richtung, verheddert sich in ihren Karten, will »endlich Schluss machen mit einer Politik des erhobenen Zeigefingers«, kommt ohne diesen aber selbst nicht aus, rollt ihre Kärtchen, setzt ein paar Sätze hinzu, nimmt ihr Glas, trinkt im Abgehen und weiß beides zugleich: dass sie Recht hat und dass sie es nicht bekommen wird.

Entsprechend polemisch antwortet ihr der Parlamentarische Staatssekretär Ole Schröder, der Ehemann der Familienministerin, ein alerter Jüngling im Anzug, indem er Künast erst einmal das Vertrauen in den eigenen Antrag abspricht. Anschließend entwirft er großflächig das Horror-Fresko eines Landes, in dem alle eingebürgert werden, »die weder Deutsch lesen noch schreiben können«, »die in Deutschland von Sozialleistungen leben« und an die man hier »die deutsche Staatsbürgerschaft verramschen« wolle. Er spricht fließend Sarrazin. Dann rafft er seine Standpunkte zusammen unter das Dach des Satzes: »Wir haben eine Willkommenskultur« – und haben diese gerade belegt.

Seinen schlechten Ruf verdankt der Politiker auch der Tatsache, dass er, als Massen-Individuum auftretend, wenig von dem hat, was man am Einzelmenschen schätzt. In dieser Hinsicht ist er wie ein Saalpublikum oder ein Fußballstadion. Sowenig er zurückscheut vor Exzessen des Eigenlobs, so wenig blamiert ihn jede denkbare Verunglimpfung des Gegners. Der Abgeordnete ist nicht demaskierbar, auch nicht durch die Wahrheit. Denn solange er seine Funktion für Partei und Fraktion erfüllt, sind rhetorisch fast alle Mittel erlaubt. So entwickeln sich die Abgeordneten allmählich zu Charaktermasken. Wie die handelnden Personen im Kasperletheater erfüllen sie die Auflagen ihrer Rollen-Charaktere: Gretel, Polizist, Teufel, Hanswurst, Krokodil.

Thomas Oppermann (SPD) tritt kämpferischer auf als Renate Künast und fragt: »Lieber Herr Schröder, wo immer Sie politisch herkommen (Volker Kauder [CDU/CSU]: Aus Deutschland kommt er!), Ihre Rede hat gezeigt: In Europa jedenfalls sind Sie politisch noch nicht angekommen.« Er zählt die Länder auf, die die doppelte Staatsbürgerschaft erlauben, beschwört die Gemeinschaft mit den Immigranten, mit fünfzehn Millionen Menschen, die im Lande arbeiten, Steuern und Sozialversicherungsbeiträge zahlen und unter fairen Bedingungen Zugang zur vollen Staatsbürgerschaft erhalten sollen, so wie sie durch die doppelte Staatsangehörigkeit ermöglicht würde.

Hartfrid Wolff (FDP) reagiert darauf mit monotoner Aggressivität. In der Erregung aber materialisieren sich aus dem Brei der Rede einzelne Gebilde, Kampfbegriffe, die den politischen Gegner meinen, aber den Migranten treffen: »Schaumschlägerei«, »peinlich«, »wohlfeiler Aktionismus«, »aktionistisch«, »ideologisch«. Seine Stimme fällt mehrfach in den Diskant, was angesichts des großen Jungenkörpers wie Stimmbruch wirkt. Das Thema schrumpft zum Vorwand für Positionskämpfe, unter denen sich die Spur der Betroffenen verflüchtigt. Seine Partei sei bereit, »über die vermehrte Hinnahme der doppelten Staatsangehörigkeit nachzudenken«, sagt er, als handele es sich um die »vermehrte Hinnahme« von Hochwasser. Auch das nennt er »freiheitlich«, nennt er »Willkommenskultur«.

Wie schmerzhaft der Einbruch der Wirklichkeit in den Hochsicherheitstrakt dieser Kultur sein kann, verrät Sevim Dagdelen (DIE LINKE) allein durch den Nachweis, »dass die Mehrstaatigkeit bei nicht türkischen Staatsangehörigen in Deutschland doppelt so häufig akzeptiert« wird »wie bei türkischen Staatsangehörigen«. Die engagierte Rednerin bebildert damit nicht nur den Vorwurf der »Türkenfeindlichkeit dieser Bundesregierung«, sie illustriert auch, wie diese Politik Ministerpräsident Erdoğan die Anhänger zutreibe. Man könnte denken, angesichts der NSU-Morde und der rassistischen Verblendung deutscher Behörden würde diese Debatte behutsamer geführt. Aber die frommen Selbstbezichtigungen und Besserungsversprechen galten im Kokon der Gedenkreden. So wird die türkischstämmige Abgeordnete hier nicht als Sachverständige gesehen, sondern nur als politische Gegnerin.

Hinter ihr demonstriert Eckart von Klaeden, Staatsminister der Bundeskanzlerin und wenige Monate später im Führungspersonal bei Daimler, sein Desinteresse. Seit vierzig Minuten befindet er sich in lachender Zwiesprache mit seinem Nachbarn, kauert sich anschließend zwischen die ersten Plätze der CDU-Bank und sammelt alle Köpfe über sich, kehrt zurück, telefoniert, räkelt sich, versendet Textbotschaften, liest, zeichnet Papiere ab. Eine Stunde ist vorbei, er hat noch keinen Moment bei der Debatte verbracht – für die Türken auf der Tribüne auch eine pantomimische Übersetzung dieser »Willkommenskultur«. Voraussetzung für diese wäre es, zumindest die Existenz derer, die hier klagen, zur Kenntnis zu nehmen.

Mit Reinhard Grindel (CDU/CSU) aber wird das Latente des Themas schließlich akut. Er malt am Gespenst der Unterwanderung, weiß von türkischen Mädchen, die nicht auf Klassenfahrten oder zum Sportunterricht dürfen, von »Parallelgesellschaften«, die die unsere gefährdeten, von einer »Wertegemeinschaft« mit EU-Ländern: »Aber von der Türkei sind wir meilenweit entfernt.«

Es geht um die doppelte Staatsbürgerschaft, ans Licht aber kommen Nationen-Klischees, wie sie von der außerparlamentarischen Rechten nicht anders artikuliert werden. Heftige, lautstarke Zwischenrufe sind zu hören, »Blödsinn« ruft jemand, Grindel schwimmt. Zwischenfragen und tumultartige Empörungsbekundungen pariert er hilflos und vielsagend: »Wir sollten uns zumindest gegenseitig ertragen.« Die Meute aber fühlt die Schwäche, lässt nicht ab, und in seiner Angst, die deutsche Staatsbürgerschaft könne durch Fremde entwertet werden, trollt er sich nach patzigem Schlusswort. Jetzt ist das Plenum gut besetzt und muss sich von Daniela Kolbe (SPD) vorhalten lassen, »Ressentiments bis hin zum Anklang von Rassismen« produziert zu haben.

In der stockenden Diktion von Memet Kilic (B 90 / DIE GRÜNEN) dringt dann noch einmal die Realität in den Saal und konterkariert so manches Gesagte: »Liebe Kolleginnen und Kollegen, mich hat vor zehn Minuten die Meldung erreicht, dass ein dritter Demonstrant in Istanbul an seinen Kopfverletzungen gestorben ist. Herr Kollege Grindel, es ist nicht angemessen, wenn Sie ein ganzes Volk mit einem breitbeinigen despotischen Islamisten identifizieren und alles über einen Kamm scheren. Täglich gehen in Istanbul über eine Million Menschen auf die

Straße. Sie treten ein für ihre Freiheit, für die Werte der Europäischen Union, aber auch für die universellen Menschenrechte. Sie sind bereit, dafür ihre Gesundheit und ihr Leben zu opfern. Das muss man anerkennen. Man muss sagen: Diese Leute gehören zu Europa, und auch die Türkei gehört zu Europa.«

Man sieht, ein Parteistandpunkt zerfällt in Module: Hier die Sympathie mit den türkischen Demonstranten, dort ihre Ausgrenzung in rechtlicher und weltanschaulicher Hinsicht. Wo ist die Stringenz der Standpunkte, und wer forderte sie ein oder richtete sein Wahlverhalten an ihr aus? Gerade ist der Erregungspegel hoch. Der Redner der CDU / CSU propagiert, Mehrstaatlichkeit führe zu Identitätskonflikten, gefordert sei eine »Missbrauchskontrolle«. Der Redner der SPD verweist auf Roland Kochs fatale Unterschriftenkampagne gegen die doppelte Staatsbürgerschaft. Der Saal ist jetzt fast voll, die Aufmerksamkeit kläglich. Die meisten FDP-Abgeordneten haben den Rücken zum Rednerpult gewendet, wo der CDU-Mann eben resigniert. Er redet jetzt für sich, endet mit ersterbender Stimme, auch der Applaus flüstert bloß. Nein, diese Rede suchte keine Legitimität mehr, sie wollte es nur noch hinter sich haben.

Zur namentlichen Abstimmung werden die Urnen wieder umschwirrt wie die Bienenstöcke. Lammert sitzt als Wagenlenker hinter dem Mikrophon und moderiert das Verfahren, räuspert sich mehr Aufmerksamkeit herbei. Eine kunstbraune CDU-Abgeordnete zieht sich die Lippen nach, tatsächlich, steht im Plenum abgewandt und

schminkt sich. Die Abstimmung ist wieder das Langwei-
ligste. Die Bank gewinnt immer. José, der Saaldiener, erzählt mir unterdessen, er sei der Sohn eines spanischen
Kranführers und einer spanischen Hausfrau, die in Bonn
auch als Reinigungskraft arbeitete und immer verlangt
hatte, dass er gut Deutsch lerne, sich integriere. Heute arbeitet er im Bundestag, weiß bei Länderspielen zwischen
Deutschland und Spanien nicht, zu wem er halten soll,
und singt beide Hymnen mit.

Es folgt die Befragung zum »Bericht der Bundesregierung über die Maßnahmen zur Förderung der Kultur-
arbeit in den Jahren 2011 und 2012« – ein Etikettenschwindel, hat doch Kulturstaatsminister Bernd Neumann
eigenhändig entschieden, ausschließlich über die Verwendung jener sechzehn Millionen Euro zu referieren, die er in
die Pflege des »kulturellen Erbes der früheren deutschen
Ost- und Siedlungsgebiete« gesteckt hat. Von seinem Platz
liest er den Text ab, als sähe er ihn zum ersten Mal. Kein
Satz kommt frei, mancher zögernd, dann sucht der Redner grammatische Klammern oder verbucht den Besuch
eines Projekts von Peter Maffay in Rumänien als »Erinne-
rungskultur«. Die Alten auf der Nachbartribüne schlep-
pen sich in Sandalen dem Ausgang entgegen. Da endet
auch Neumann, legt die Uhr an, zieht sich die Hose hoch,
prüft den Sitz seines rosa Schlipses und erwartet die erste
Frage.

Als sie kommt, muss er blättern, kann die Seite nicht
finden. Als er die Themenverfehlung seines Berichts begründen soll, kann er es nicht. Als er gefragt wird, nach

welchen Maßstäben er vorgegangen sei, als er allein zehn Millionen Euro an das Sudetendeutsche Museum in München gegeben habe, verweist er auf den Haushaltsausschuss, sagt: »Solche Museen sind eine Bereicherung für den Kontakt und den Kulturaustausch mit den verantwortlichen Leuten in diesen Gebieten.« Wie viele Menschen aber diese Einrichtung besuchen, die er mit diesen zehn Millionen Euro unterstützt, weiß er nicht. Seine Antworten könnten vager nicht sein. Nur seine Redezeit überzieht er regelmäßig bis zur wiederholten Ermahnung durch den Präsidenten.

Als er eine Gefälligkeitsfrage aus der eigenen Fraktion erhält – und mehrere solcher Fragen kommen ihm jetzt zu Hilfe –, muss er auch hier ablesen, antwortet in Hülsen oder muss versprechen, Auskünfte nachzuliefern. Einmal sagt er auch einfach: »Jetzt habe ich die dritte Frage vergessen.« Agnes Krumwiede (B 90 / DIE GRÜNEN) ruft: »KZ-Gedenkstätten!«, und er fährt fort: »Aber ich habe auch gar keine Zeit mehr, sie zu beantworten.«

Nicht nur der immer offensichtlicher werdenden Unkenntnis des Staatsministers wegen wird dem Plenum das Fragen schwergemacht. Der zugrundeliegende 44-seitige Bericht hat wieder erst eine Stunde vor dieser Befragung die Abgeordnetenbüros erreicht. Diese Praxis macht eine Befragung zur Farce, wird aber von Lammert und Neumann unisono für üblich erklärt und verteidigt. Als wenig später herauskommt, dass Neumann den eigenen Bericht offenbar nicht richtig kennt, erwidert er der Fragenden: »Ihre Vermutung, dass ich den Bericht nicht gelesen hätte, ist falsch. Ich habe ihn vor einiger Zeit gelesen, muss mich nur noch daran erinnern können.« Warum er dann erst vor einer Stunde vorlag, sagt er nicht. Doch ohnehin bleibt der Eindruck zurück, dass das Parlament nur selten eine vergleichbare Ausstellung von Ratlosigkeit erlebt.

Donnerstag, 6. Juni, 9 Uhr

Die Ungeschicklichkeiten von Uli Hoeneß bei seiner Selbstanzeige als Steuersünder kommen ans Licht. Die Flutkatastrophe währt an, der Sonnenschein ist strahlend. De Maizière wurde erst im Ausschuss, dann im Fernsehen verhört. Michael Jacksons Tochter Paris hat man nach einem Suizidversuch blutüberströmt in einem Pariser Hotel gefunden.

Im Parlament geht es heute um die Situation der Kommunen. Basis ist ein Bericht der Regierung, in der sie sich selbst 92 Fragen stellt und nicht zuungunsten der eigenen Politik beantwortet. Gleich zu Beginn moniert Präsident Lammert, dass die Bundesratsbank auf nur zwei Plätzen besetzt sei, obwohl es um ein Thema gehe, das vor allem die Länder betreffe. Man könnte meinen, das Verhältnis zwischen Parlament und Kommunen sei ein gestörtes, haben diese doch, anders als die Länder, keine Vertretung. Ihre Expertise ist nicht gefragt.

Angela Merkel war für zehn Minuten da, zog sich dann mit Volker Kauder rituell in eine hintere Reihe zurück.

249

Auf ihrem Platz bleibt eine Kladde liegen, hinter ihrem leeren Sitz telefoniert der Kulturstaatsminister. Thomas Oppermann (SPD), frisch gekürtes Mitglied in Steinbrücks »Kompetenz-Team«, fordert eine Stärkung der Kommunen, Birgit Reinemund (FDP) findet, es waren »vier gute Jahre für Deutschland, vier gute Jahre für die Kommunen«. Sie sagt auch: »Wir müssen durch die gesamtstaatliche Brille schauen«, und da ihr Lammert zum Geburtstag gratuliert, steht sie stramm und sagt mit kleinen gemessenen, aber dezidierten Gesten: »Es ist mir ein Vergnügen, heute mit Ihnen allen älter zu werden.« Neumann telefoniert weiter, Merkel kehrt nicht wieder.

Steffen Bockhahn (DIE LINKE) stimmt nicht in die Schelte der Kommunen ein. Er lobt sie vielmehr für das Verdienst, dass beim aktuellen Hochwasser kein Menschenleben zu beklagen war. Doch dazu klatscht nur die Linke. Der Redner bemerkt es spitz. Dann erzählt er die Geschichte des Ausbildungsschiffs und Kulturdenkmals »Georg Büchner«, das von der Hansestadt Rostock nicht erhalten werden konnte, weil die Sanierung fünf Millionen Euro gekostet hätte. »Dem Schiff wurde der Denkmalstatus entzogen. Es sollte nach Litauen geschleppt und abgewrackt werden. Dazu ist es nicht gekommen. Die ›Georg Büchner‹ ist schlicht abgesoffen«, und das vor genau einer Woche. »Sie ist damit ein Stück weit Sinnbild für die Lage der Kommunen in Deutschland.«

Er spricht über Einsparungen in der Kultur, Orchesterzusammenlegungen, Auflösung ganzer Sparten am Theater, sagt: »Als Bach, Mozart und Bruckner ihre üppigen

Konzerte geschrieben haben, haben sie nicht daran gedacht, dass es irgendwann klamme Kommunen geben würde, die sich keine Orchester mehr leisten können, um diese Konzerte auch zu spielen. Aber das kann ja nicht bedeuten, dass wir künftig auf Bach, Bruckner und Mozart verzichten. Wir brauchen auch um der Kultur willen eine angemessene kommunale Finanzausstattung.«

Kulturstaatsminister Neumann telefoniert immer noch, er hat bis hierher kein Wort gehört vom Gesagten. Der Redner am Pult aber spricht sachkundig, materialreich, eindringlich von seiner Arbeit in Rostock, artikuliert die Not von unten, zählt haarsträubende Fälle von Kürzungen und Schließungen auf und beschwört das Parlament, sich der demokratischen Basisarbeit nicht zu verschließen: »Es ist vor allen Dingen auch ein Problem für die Demokratie in der Bundesrepublik Deutschland; sie muss nämlich zuerst von unten wachsen. Wenn wir nicht einmal mehr genügend Bewerberinnen und Bewerber finden, um die Kommunalparlamente voll zu besetzen, was ist das für ein Armutszeugnis für alle von uns?«

Katrin Göring-Eckardt (B 90 / DIE GRÜNEN) übernimmt. Auch sie beginnt mit den Katastrophenszenarien aus den Hochwassergebieten, spricht von Fassaden, Turnhallen, von 1100 Schwimmbädern, die geschlossen wurden. All dies kennt sie aus eigener Anschauung, weiß, wie es aussieht und wie es riecht an den Orten. Ihre Betroffenheit ist anschaulich, und zwischendurch ist sogar der Applaus, den sie bekommt, allgemein. Neumann telefoniert immer noch. Erst als Göring-Eckardt den Umstand er-

251

wähnt, »dass der schäbigste Bau in der Gemeinde immer die Schule ist«, empört sich die Koalition. Neumann hat aufgelegt, spricht jetzt mit einem, der sich neben ihn bückt. Exakt einen Satz hört er sich an, dann telefoniert er wieder. Die Rede ist präzise, pointiert, faktenreich. Das kommt manchmal wie eine erholsame Ernüchterung in den Saal. Der Politiker produziert ja die Enttäuschung, die er weckt, mitunter selbst, indem er öffentlich all das zu sein vorgibt, was er meist gar nicht ist: empört, erregt, mitleidig, dankbar, engagiert – Unhaltbares verspricht er. Da wirkt das bloß Informative schon entlastend.

Neumann liest ein Papier, dreht sich um, lacht, redigiert, redet mit Nachbarn. Auch dass Peter Götz (CDU / CSU) dem Präsidenten für die »einfühlsamen Worte« zur Flut dankt, hört er nicht, sondern redet jetzt laut mit dem vor ihm Sitzenden. Seine Stimme dringt bis auf die Tribüne. Er präsidiert, argumentiert mit erhobener Hand, beugt sich lachend nach vorn. Jetzt wird auch sein Gesprächspartner animierter, gestikuliert mit walzenden Bewegungen. Die Debatte ist exakt eine Stunde alt. Nach Sekunden des Stillhaltens findet der Kulturstaatsminister endlich wieder Ansprache. Man lacht gemeinsam. Dann studiert er einen längeren Text, befeuchtet den Finger zum Blättern.

Inzwischen steht Bernd Scheelen (SPD) im hellen Anzug samt rosa Krawatte am Pult. Sein Gestus aber ist der des hemdsärmeligen, jedoch überzeugten Sozialdemokraten. Er redet frei, poltert, führt seine Attacke in alle Richtungen, legt einen Unterarm auf das Pult und argumentiert mit dem Oberkörper, den Blick nicht von den Gegnern wendend. Nein, sagt er, zur Bezeugung von 117 Seiten Selbstlob der Regierung bräuchten die Vertreter der Kommunen nun wirklich nicht aus den Hochwassergebieten anzureisen. Er zitiert noch »Wanderers Nachtlied« von Goethe. Neumann blättert, korrigiert, bestellt jemanden ein, legt Blätter hinter sich.

Ob eine Abgeordnete auf hohem Empörungsniveau krakeelt, ob einer eine Büttenrede hält und sich zum »Pfleger des ländlichen Raums« erhebt, ob Fakten rekapituliert, Erfahrungen resümiert oder der Slogan eines Pizza-Services auf die Regierung bezogen wird, ein einziger Zoom auf den Kulturstaatsminister verdeutlicht, dass das Parlament oft von außen mehr Aufmerksamkeit fordert, als es sich selbst zu spenden bereit ist. Warum Neumann das Parlament besucht hat? Um ein Bild abzugeben. Es ist gerade das des Verächters. Eben besteht die Rednerin der SPD auf der parlamentarischen Aufgabe, die Regierung zu kontrollieren. Parlament und Regierung aber fehlt erst einmal Selbstkontrolle. Sie alle wissen, dass Kameras immer nur Augenblicke isolieren. Wer aber im Kontinuum bleibt, sieht erst, wie zerfahren das Kollektiv eigentlich ist. Die Erfolge der Regierung? Sie interessieren nicht mal die eigenen Leute.

Man ist bei der Wohnungsnot. Die Jugendlichen auf der Tribüne grollen vernehmlich, als Patrick Döring (FDP) behauptet, in den deutschen Großstädten lebe man preiswerter »als in allen anderen Großstädten der Europäischen Union«. Der Punkt der Übererregung ist so schnell erreicht, dass Kaskaden von Zwischenrufen das Plenum bis an die Tumultgrenze tragen. Das wird nicht weniger, als Verkehrsminister Peter Ramsauer im Anzug des Undertakers mit Aphorismen aufwartet wie: Wohnen sei ein »Grundbedürfnis der Menschen« und: »Wohnen und Leben in Deutschland ist Premiumleben, ist Premiumwohnen«, und das gelte auch in den »Überhitzungszonen unseres Landes«. Meint er den Prenzlauer Berg, wo sich der Mietmarkt in den letzten Jahren so überhitzte, dass die Bevölkerung fast völlig ausgetauscht worden ist?

Breitbeinig steht Ramsauer da, sein Habitus ist das Unwetter, das erst nur dräut, aber jederzeit losbrechen kann. Ist es so weit, hat die Stimme mehr Fülle als der Leib, und Zeus donnert: »Nicht strangulieren, sondern initiieren. (...) Ich sage das ausdrücklich, weil ich diese Diskriminierung von Eigentum nicht mehr hören kann. (...) Denn nur wer Eigentum hat, kann Solidarität üben.« Wo lokalisiert man in Deutschland den Punkt, an dem Eigentum »diskriminiert« wird? Warum steht nur Besitzern die Fähigkeit der Solidarität zu? Wo muss man seine Bildung empfangen haben, wenn man Empathie an die Kategorie des Eigentums bindet? Und wo bestellt man solche Reden, die überall belacht würden, nur nicht im Bundestag? Am Ende aber löst sich auch dieser Streit von seinem Gegenstand und verselbständigt sich zum Zwist über ein Bild des Landes, über den Umgang miteinander, über Formen.

Diese Differenz zeigt sich schroffer noch, wo es um Grundversprechen der Politik wie »Wachstum, Wohlstand, Lebensqualität« geht, wie sie der Enquete-Bericht umreißt. Es handelt sich um Grundfragen der demokratischen Kultur. Mit Georg Nüßlein (CDU/CSU) eröffnet ein Redner die Debatte, der vom »Schützengraben« der Auseinandersetzungen in der Kommission spricht, zufrieden ist, keine Einigung erzielt zu haben, hätte ihn eine solche doch »als Demokraten auch massiv erschüttert«, der also den Dissens bei der Themenformulierung wie bei den Resultaten als Adelung beschreibt, den gewählten Gegnern der Linken aber erst mal demokratische Legitimität abspricht.

Seine Beschimpfungen sind zunächst bloß wüst, dann brüllt er, gestikuliert mit zwei Zeigefingern gleichzeitig, und die dünne demokratische Glasur des Anfangs reibt sich ab. »Mäßigen Sie sich!«, ruft ein Abgeordneter. »Lassen Sie mich doch reden, Mensch!«, ereifert sich Nüßlein und gibt »offen zu«, dass »ich gerade in Wahlkampfphasen gerne provoziere« – ein Demagoge, der nur einen kleinen Teil seiner Redezeit auf das Thema, den größten Teil auf Systemfragen, Schuldzuweisungen verwendet. Jetzt brüllt er wieder, breitet die Arme aus und blickt theatralisch gen Himmel, wettert und geht dann ab, zufrieden lachend, weil er gezündelt hat. Wenn er Volksvertreter ist, wo ist das Volk, das sich so vertreten lassen möchte, das Volk des Ressentiments? Und was könnte man Skrupelloseres mit solchen Auslassungen machen, als sie ernst zu nehmen? Oder, wie Alec Guinness sagte: »Schlechten Argumenten begegnet man am besten, indem man ihre Darlegung nicht stört.«

Nicht gesagt hat Nüßlein, dass die Kommission, die er

in Grund und Boden redet, vor 28 Monaten eingerichtet wurde, als die Bankenkrise die Fehler des Systems und eines liberalisierten Finanzmarktes offensichtlich gemacht hatte. Wenig später ist die Selbstreflexion, die zur Kritik des Systems unerlässlich ist, offenbar schon wieder unmöglich geworden. Was eine Systemschwäche ist, wird also bei Nüßlein zum Einzelfall, zur Ausnahme degradiert, die keine politischen Konsequenzen nach sich ziehen wird. Es bedeutet aber auch, dass die systemkritischen Ansätze aus der Kommissionsarbeit dem Linolschnitt der Regierungslogik weichen müssen. Zu wie viel Selbstkritik also ist das Parlament in Systemfragen fähig, zu wie viel Erneuerung?

Es ist dies zugleich die Stelle, an der das stereotyp eingeforderte »Visionäre«, also eine Haltung, die die Zukunft erst denkbar macht, formuliert werden müsste. Doch unter Umständen bedarf es dazu einer Unabhängigkeit von Partei- und Fraktionsdisziplin, wie sie sich bei Daniel Kolbe (SPD) oder Ulla Lötzer (DIE LINKE) dort verrät, wo sie den Wachstumsgedanken in Frage stellen oder auch die Kategorie der »Freiheit« weniger instrumentell zu denken suchen. Manchmal erscheint in diesen Beiträgen das Bild eines vernunftbegabten Staates, der sich statt aus materiellem Zuwachs aus sozialen Leistungen bestimmt. Es gibt aber kein Anknüpfen an solche Überlegungen, sie stehen in sich. Sooft die Dimension der Zukunft auch angespielt wird, gerade sie scheint hinter dem realpolitischen Horizont nicht denkbar.

Da zitierte eine Abgeordnete der Linken ein Wort Albert Einsteins, das an der Baustelle des neuen Ministe-

riums für Bildung und Forschung angebracht ist und
»sinngemäß« lautet: »Die Menschheit muss ihr Denken
grundlegend verändern, wenn sie überleben will.« Dann
schließt sie den Passus eines Berichts aus einer Projekt-
gruppe an, in dem es heißt: »Der kulturelle Wandel hin zu
mehr Mäßigung und zu einer gerechten Verteilung ist
eine unverzichtbare Voraussetzung für eine gerechte und
friedliche Welt und für die Steigerung der Lebensqualität.« Schließlich bezieht sie sich auf Debatten, die sie mit
verschiedenen NGOs und den Blockupy-Protestierern geführt hat, und lässt die Idee eines »neuen Denkens« durch-
scheinen.

Anschließend reagiert Michael Kauch (FDP) mit der
Unterstellung, dass die Rednerin »den Begriff vom ›neuen
Denken‹ mit dem Begriff vom ›neuen Menschen‹ verwech-
sele, den die Kommunisten schaffen wollten, und den sie
jetzt auf neuem Wege durch die Hintertür verordnen wol-
len. Sie reden von neuem Denken, aber sie meinen neue
Regeln; denn sie wollen die Gesellschaft durchregulieren.
Sie wollen den Menschen gar keine Möglichkeit zu neuem
Denken geben, sie wollen ihnen das Denken vorwegneh-
men.« Und es gibt dazu auch den kleinen Eiferer, hier
Matthias Heider (CDU / CSU), der beflissen reinruft: »Ja,
das glaube ich auch.«

Dies sind die Momente, in denen man sieht, wie sys-
temfremd es ist, vom Parlament Impulse für die Selbsterneuerung der Gesellschaft zu erwarten, weil sich kein
guter Gedanke gegen die stumpfe Bewahrung des realpolitischen Status quo wird durchsetzen können. Vehe-

ment wird sich die Parlamentsmehrheit vielmehr gegen jede Veränderung der Lebens- und Konsumpraxis zur Wehr setzen. Der gute Gedanke, die entschiedene Veränderungsabsicht, sie suchen sich deshalb schon jetzt Felder abseits des Parlaments, und sie werden sich im Zweifelsfall gegen dieses richten. Solange sich Verbraucher und Wähler nicht massiv für eine Kritik des Konsums, des aktuellen Natur- und Ressourcenverbrauchs starkmachen, wird es innerhalb der parlamentarischen Möglichkeiten keine Antwort auf Ressourcen-Knappheit, Verteilungskämpfe, Migrationsbewegungen, den Raubbau an den Armen geben. Es ist offensichtlich. Es steht in der Sprache derer, die gerade die Regierungsmacht verwalten.

Von allen Seiten dringt jetzt das Sonnenlicht ein, ein Schattengitter-Muster liegt auf dem Bundesadler. Am Pult eröffnet Edelgard Bulmahn (SPD) einen Diskurs, geeignet, den Brückenschlag zwischen der humanistischen Vision und dem politischen Ist-Zustand zu vollziehen. In direkter Ansprache der Zuhörer auf den Tribünen gibt sie eine historische Lehrstunde, nicht zu irritieren von den im Sekundentakt abgefeuerten Zwischenrufen des Abgeordneten Georg Nüßlein (CDU/CSU), der themenfern auf einer Mitschuld der SPD bei der ausgebliebenen Regulierung der Finanzmärkte besteht. Jeder hat seine Sprechblase.

Dass die Debatte nach zweieinhalbjähriger Kommissionsarbeit nur neuerlich mit den gestanzten Formeln des Parteienzwists gefüttert werden soll, liegt nicht an der Opposition, bringt aber den Sinn dieser Debatte an eine

Grenze. Wo es um den Entwurf einer »nachhaltigen Wirtschaftsweise« geht und darum, einen »tiefgreifenden Wandel unserer sozialen Marktwirtschaft wirklich herbeizuführen«, weil uns die Marktwirtschaft »in ihrer jetzigen marktradikalen Form die Finanz-, Wirtschafts- und Umweltkrise beschert hat«, dort ist sie nicht verhandelbar. Es bleibt also dabei, dass system-transzendente Ansätze einerseits für lebenswichtig, andererseits für nicht diskussionsfähig erachtet werden. Edelgard Bulmahn ist die Erfahrung der ehemaligen Ministerin anzumerken. Ohne Polemik deckt sie Widersprüche zwischen dem Wachstums-Wirtschaftsminister Rösler und dem Nachhaltigkeitsminister Altmaier auf und endet appellativ.

Auch in der Nachfolge entwickelt sich eine Debatte mit Durchblicken auf die längerfristigen Fragen der Politik. Thomas Gambke (B 90/DIE GRÜNEN) bezweifelt eine politische Konzeption, die auf drei Prozent Wirtschaftswachstum basiert und also die Lebensdauer mancher technischer Geräte auf zwei Jahre befristen muss. Er rekapituliert den Auftrag der Kommission, die Frage zu untersuchen, ob und wie Deutschland seine Herausforderungen auch mit geringen Wachstumsraten bewältigen könne – und was erwidert ihm Matthias Heider (CDU/CSU): Er wolle »die Industrie abschaffen«. Des Redners Versuch einer übernationalen Beantwortung von Wachstumsfragen zerschellt an der Selbstzufriedenheit der Regierungskoalition und ihrer Gewährleistung des raschen wirtschaftlichen Zuwachses ohne Blick auf die Grenzen unseres Planeten.

259

So recht also Stefanie Vogelsang (CDU / CSU) damit hat, die Selbstwidersprüche der SPD darzustellen – je nachdem, ob diese in der Regierungsverantwortung oder außerhalb von ihr agiert –, so wenig kann allein die Eigenverantwortung der Bürger zum Korrektiv erhoben werden. Zum vollständigen Bild gehört aber auch, dass mit Vogelsang und dem folgenden Redner Matthias Zimmer (CDU / CSU) auch von Regierungsseite leise Töne in die Diskussion gebracht und elementare Zweifel der Kommission artikuliert werden. Zimmer beugt sich bullig über seine Papiere. Ich habe ihn wiederholt schroff und verächtlich erlebt. Heute redet er leise, getragen, und es passiert Erstaunliches. Denn er hält, was man als »große Rede« begreifen kann, eine kluge Reflexion der Grenzen unseres jetzigen Denkens, und dafür wird ihm sogar die Zustimmung breiter Teile des Hauses, nicht aber die seiner Fraktion zuteil.

Drei Punkte nennt Zimmer und sagt erstens: »Wir mögen nicht mehr fortschrittsgläubig sein, aber wir sind zutiefst technikgläubig, bis in die Tiefenstrukturen unseres Denkens hinein. Das ist das vielbeschworene Gehäuse der Hörigkeit, das wir durch unseren Lebensstandard kommod ausgestattet haben. Wir sind wohlgenährte Troglodyten unserer technischen Möglichkeiten. Technikfolgen haben wir noch immer mit irgendeiner Folgetechnik bewältigt. Ich frage hier lediglich skeptisch: Können die Probleme auf Dauer mit der Form des Denkens gelöst werden, die uns die Probleme eingebracht hat?

Zweitens: ›Wo keine Götter sind, da walten Gespenster‹, so Novalis. Die technische Zivilisation hat ihre metaphysische Heimat längst verloren. Die permanente existentielle Absturzgefährdung wird durch die Gespenster unserer Zeit abgesichert: Konsum, Bedürfnisbefriedigung, die Zufriedenheit im Materiellen, der Rausch und der Reiz des Neuen. Unser Gespenst, unser Fetisch, ist das Wachstum. Kommt es abhanden, stoppt der Motor, bricht Panik aus. Zu viel hängt davon ab. (…)

Drittens. Wir haben häufig über die Ambivalenz des Fortschritts diskutiert. Der Begriff scheint eingedunkelt, aber nach wie vor von faszinierender Strahlkraft. Immer noch verspricht er Befreiung von Mühsal und Plage, von Arbeit und Anstrengung. Immer noch steckt dahinter die Vorstellung, der Mensch könne das verlorene Paradies durch die Umgestaltung der Natur zurückgewinnen und sich im Zuge dessen gewissermaßen selbst zivilisieren und veredeln.

Das ist eine zentrale Idee im Projekt der Moderne. Darin zeigt sich noch heute ihr überschießendes normatives Potential. Es muss aber eingebunden werden in ein Bild des Menschen, das ihn als Person ernst nimmt. Hierzu hat gerade die katholische Soziallehre in den letzten Jahrzehnten viel Nachdenkenswertes beigetragen. Ich wünsche mir persönlich, dass vor allem die Union diese Ideen aufgreift, kreativ umsetzt und politisch wirksam werden lässt. Wir wollen als Union nicht nur der Sachwalter des Bestehenden sein, der alles, was wirklich ist, als vernünftig verklärt, und ebenso wenig sollten wir in den Paradigmen reiner Marktliberalität gefangen bleiben. Dies sollten wir anderen überlassen.

Wir sind keine ›gottlosen Selbstgötter‹, um ein böses Wort von Heinrich Heine aufzugreifen (…). Wir müssen schon den Ehrgeiz haben, die Gesellschaft nach einem im Transzendenten verhafteten Bild des Menschen zu gestalten. Ich habe in den vergangenen 28 Monaten viel gelernt: in den Sitzungen wie in den Arbeitsgruppen, durch Widerspruch ebenso wie durch Zuspruch. Das Lernen war nicht nur ein inhaltliches; es bestand auch in der Erfahrung der Kooperation über Fraktionsgrenzen hinweg. Im fachlichen Ringen hat sich manche persönliche Hochachtung entwickelt – auch Freundschaft. Am Ende bedrängte uns aber der Eindruck, dass wir noch mehr hätten machen können. Manche Fäden blieben unverbunden liegen. Ich wünsche mir, dass der Deutsche Bundestag an den aufgeworfenen Fragen weiter arbeitet.«

Das Erstaunliche der Rede verrät sich nicht allein in Diktion und Reflexionsanspruch, es liegt auch in der Fähigkeit, diese auf der Basis christdemokratischer Überzeugungen zu artikulieren und sie gleichzeitig selbstkritisch anzulegen. Das Einzige, was dieser signifikanten Rede fehlt, ist der Applaus der eigenen Partei, und so endet Zimmer mit einem Appell, der schon in der Resonanz der eigenen Leute verpufft: »Wir können es dem Deutschen Bundestag zumuten, sich mit einem Bericht auseinanderzusetzen, der nicht schon von vornherein die eingeübten Lagerzugehörigkeiten abbildet. Das erfordert von allen Fraktionen ein wenig mehr Mut und ein wenig mehr Vertrauen. Aber ich glaube, es lohnt sich.« Das Protokoll vermerkt: »Beifall bei der SPD, der Linken und dem B 90 / DIE

262

GRÜNEN sowie der Abg. Stefanie Vogelsang (CDU/CSU) und Frank Heinrich (CDU/CSU).«

Nur Zeiten, die vieles zu wünschen übrig lassen, sind auch stark im Visionären. Diese Zeit ist es nicht, deshalb befindet sich die Zukunft auch eher im Stillstand. »Die Welt des Werdens ist keiner wirklichen Gewissheit fähig«, sagt Aristoteles, und so wird die Zukunft, auch wenn sie jeder im Munde führt, weniger imaginiert als vielmehr ignoriert. Die Utopie hat keine Konjunktur, und wie alle Ressourcen wird auch die Zukunft knapp. Am Ende aller Berechnungen ist sie eben keine Unbekannte mehr, und was kommt, kommt nicht als Utopie, sondern als Aufgabenstellung für den Pragmatismus. Da aber die wahren Paradiese ohnehin jene sind, die wir verloren haben, stellen sich manche die ideale Zukunft schon als die Wiederkehr des Vergangenen vor oder schlicht als Erlösung. So gesehen hat die Zukunft keine Zukunft, und Tagespolitik fungiert eher als Ablenkung von den Jahrhundertveränderungen. Näherte man sich ihr realistisch, mit der »Zukunft« ließe sich kaum Wahlkampf führen.

Nur selten widmet sich das Parlament Fragen, die Grundlagen der gesellschaftlichen Entwicklung betreffen. Die demographischen Prozesse allein aber gäben solchen Debatten ausreichende Brisanz. Bei humanitären Fragen dagegen mag es zwar einen Konsens der Grundüberzeugungen geben, schon in der Anschauung der Probleme aber waltet kognitive Dissonanz. So spricht Hartfrid Wolff (FDP) zwar über den Gesetzentwurf zur »Bekämpfung des Menschenhandels«, spricht von der gewerberechtlichen

Überwachung der Prostitution – ein Bild von Verschleppung, von Zwangsprostitution, von Opfern aber entsteht nicht. Was zu ihrer Lage zu sagen ist, wird heruntergeleiert, der Aufwand an Paragraphen ist hoch. Vielleicht ist es nicht nötig, erfahrbar zu machen, vielleicht reicht die Benennung von Tatbeständen, aber wenn dies auch in der Bekämpfung des Menschenhandels »vier gute Jahre für Deutschland« gewesen sein sollen, wenn also die Selbstzufriedenheit auch hier überwiegt, dann schlägt man sich sofort auf die Seite von Eva Högl (SPD), die ihren Vorredner fix und fertig macht, indem sie ihn zitiert.

Von ihren ersten Worten an spricht sie voller Anschauung, beweist, wie sich eine Rhetorik der inneren Beteiligung von einer Rhetorik der Bürokratie abhebt, ist auch faktisch tiefer in der Sache als ihr Vorredner, attackiert spitz und mutig, fixiert die Drahtzieher, aber auch die Freier, meint es persönlich, identifiziert auch den politischen Gegner, der einer in der Sache ist, erlaubt ihm keinen Rückzug hinter Rhetorik und blamiert den »Murks« seines Entwurfs. Muss sie nicht dennoch verzweifeln, angesichts der vielen vergeudeten Arbeit, weil schließlich der Murks gewinnen wird?

Auch Ute Granold (CDU / CSU) kennt sich genau genug aus, um ohne Papier sprechen zu können. Seit elf Jahren treibt sie das Thema um. Sie sitzt im Stiftungsbeirat einer Opferschutzorganisation, sucht sogar Bordelle in Tschechien auf, produziert Erschrecken bei den Zuhörern. Es ist ein sonniger Spätnachmittag, und man steigt in die Keller einer Kultur des Heimlichen. Auch Granold verwahrt sich gegen das parteipolitische Kalkül, wozu ausgerechnet Hartfrid Wolff (FDP) mit großer Geste applaudiert. Doch das imponiert der Rednerin nicht. Sie könnte ausschließlich für diese Sache im Parlament sitzen, so ungeduldig ist sie, den Gesetzentwurf als etwas Vorläufiges zu bezeichnen und weiterzuentwickeln.

Alle Frauen, die nun sprechen, ob Katrin Werner (DIE LINKE) oder Monika Lazar (B 90/DIE GRÜNEN) sind überzeugend, indem sie durch Fakten entwaffnen. Es geht um Frauenausbeutung, um Menschenrecht. Da ist es blamabel, dass der Gesetzentwurf zwei Jahre brauchte und doch kein einziges Mal den »Opferschutz« nennt. Auf der Tribüne schleppt sich eine weißhaarige Frau gerade in ihren Rollstuhl, dann dem Ausgang zu. Sie sieht todkrank aus, hat aber diese Debatte besucht, als sei sie etwas, das sie vor ihrem Ableben unbedingt noch erleben wollte.

Sie verpasst die Rückkehr der Männer in die Debatte. Hans-Peter Uhl (CDU/CSU) geht es vor allem darum, festzustellen, Eva Högl (SPD) und Volker Beck (B 90/DIE GRÜNEN) hätten »schwere Schuld auf sich geladen«, und Frank Heinrich (CDU/CSU) baut sich voller Pathos als ehemaliger Heilsarmist und noch tätiger Menschenrechtler so breit vor den Opfern auf, dass von diesen nichts mehr zu sehen ist. So endet diese Debatte.

Nachdem dann noch die »steuerfinanzierte Garantierente« das ganze Aggressionspotential der Finanzpolitiker geweckt hat, kommt es in der abendlichen Stimmung zu unvermittelten Ausbrüchen von Rührung. Neben jeder Absicht, jedem Zweck, jeder vertretenen Idee gibt es ja immer noch diese Person dahinter, die dann heimgeht und vielleicht eine Platte auflegt, mit Kopfkissen schläft, sich gerne etwas kocht. Gleich, welche Entscheidung sie trifft, welche Rede sie hält, da ist immer noch das Trägermedium, die Persönlichkeit des Abgeordneten. Und manchmal, oft unwillentlich, zeigt sich die Person. Dann ist da ein Überhang des Individuellen, jemand, der um sich ringt, vernachlässigt, unterschätzt wurde. Gerne stünde da vielleicht nur ein Gedanke am Pult. Der Mensch dazu aber hat keinen Humor und eine schmale Oberlippe. Warum sollte sein Gedanke weniger richtig sein?

Es ist jetzt nach 18 Uhr, das Licht scheint milder, und die Stimmung ist ebenso. Einige der Redner, die nun ans Pult treten, stehen dort zum letzten Mal, weil sie nicht mehr kandidieren werden. Sie absolvieren ihren Auftrag und biegen dann in persönliche Geschichten ein oder versuchen wenigstens, in all diesen Abschieden persönlich zu werden. »Denken Sie auch an sich, an Ihre Gesundheit, an Ihre Gefühle, an Liebe und Hoffnung«, wünscht Silvia Schmidt (SPD), die nach sechzehn Jahren Behindertenpolitik mit den Worten schließt: »Übrigens, Gott segne Sie alle!«

Unweigerlich kann man hier erkennen, wer im Umgang mit sich selbst unbeholfen, in Gefühlsdingen ungelenk oder schamhaft ist, wen seine Partei, seine Fraktion, das ganze Haus respektierte, mochte oder verehrte, und so tut sich zuletzt im Politischen Persönliches auf. Anton Schaaf (SPD) beginnt seine Rede kämpferisch, mit der tragenden Stimme extemporiert er wie ein Halbstarker, doch überzeugend. In seinem Abschied spricht er die Abgeordneten mit »Ihr« an, dankt, sagt einem: »Du bist in deiner Jugend in schlechte Kreise geraten«, und meint die CDU, sagt auch, dass er »Freunde fürs Leben« gefunden habe in diesem Bundestag, muss bei der Nennung seiner beiden Mitarbeiterinnen sogar stocken, weil ihm die Tränen kommen, fängt sich aber schnell wieder.

Der Nächste am Pult, Heinrich L. Kolb (FDP), widmet seine Rede ganz dem Vorredner. Eine erstaunliche, aber sympathische Nutzung des Parlaments für das Sentimentale ist das. Anschließend geht »der Toni«, wie er immer wieder genannt wird, zum FDP-Mann und umarmt ihn vor dem gesamten Plenum, gefolgt von Abgeordneten aller Fraktionen, die den offensichtlich von allen geschätzten Mann so lange umarmen, bis er schnellen Schrittes von dannen zieht. Es schadet dem Parlament nicht, sich so zu zeigen.

Freitag, 7. Juni, 9 Uhr

Über Nacht kommt immer mehr ans Licht über die Abhör-Initiativen der US-amerikanischen Regierung. Putin und seine Frau trennen sich. Man sorgt sich um die steigenden Pegelstände des Hochwassers. Die Sonne gleißt im Metall der Kuppel und liegt sattgelb auf den Sandsteinmauern. Als ein Unding erscheint mir dieser Plenarsaal heute, in den Details ein architektonischer Bastard aus alten Elementen, die wie Stelen aus der archäologischen Vergangenheit aufragen, und dem modernen Baumarkt mit Stellwänden, praktischen Vorrichtungen und dem uncharismatischen Blau von Intercity-Polstern. Also gut, wenn man es schon nicht schön finden kann, muss man es bedeutend finden, so wie ja auch eine Mitra einem Kaffeewärmer ähnlicher ist, als es dem geweihten Kopf und dem Kaffeewärmer lieb sein kann.

Ich schaue mir die Menschen auf den Tribünen an, diesmal Amtsträger, Funktionäre, Repräsentanten. Und wenn es eine kleine Gruppe von solchen gäbe, die die Geschicke eigentlich leiteten? Eine Handvoll Parlamentarier, aber auch Medienleute und Wirtschaftsvertreter, die alles unter sich ausmachen? Wenn also einige hier säßen voller Ironie gegenüber den hart Arbeitenden, Überzeugten, den Enthusiasten des Gesetzes? Eine Institution besteht ja immer auch aus den Dingen, die man nicht an ihr sieht, nicht versteht, nicht erkennen soll.

Ich schaue ins Plenum: Manche haben mit dem Eintritt in das Parlament das Ende ihres Ehrgeizes erreicht. Sie werden nicht mehr werden als dies, Abgeordnete mit einem eingeschränkten Bewegungsspielraum zwischen den Entscheidungen. »An einer vollendeten Tatsache ist nichts so vergänglich wie ihr Wunderbares«, schrieb Joseph Conrad. Das erfahren sie nun, befinden sich in einer Art Wirkungsillusion. Die Insignien der Macht sind alle da, der Fuhrpark, die Fahnen, die Büros, das bedienstete Personal, aber »bewirken«? Sie haben Reden gehalten, großzügigen Gebrauch vom Begriff »Verantwortung« gemacht, und auch das Stolz-Sein spielt in ihren Worten eine tragende Rolle. Nun aber haben sie ein Gesicht, erschöpft vom Ankommen.

Ich folge der Vorstellung, dass diese alle gewählt, irgendwo gewünscht, plakatiert, in ihren Reden gehört worden sind, dass es Gemeinden und Wahlkreise gibt, in denen diese Personen als vertrauenswürdig und richtig empfunden wurden, Orte, in denen sie zum Metzger gehen und mit Namen angesprochen werden, und man sagt: Ich habe Sie gewählt, so wie man mit seinem Pullover, mit seiner Brille ein »Statement« abgibt. Und dann die Typologie: da ist Rösler, Typus Nesthäkchen, einer, der geliebt werden will, Kindervergleiche liebt, in Kostüm kursiert, verniedlicht auftritt; dann ist da der rabiate Kauder, der Flegel vom Bolzplatz; der listige Gysi, der mit Pointen punktet; Göring-Eckardt, das beseelte Mädchen, das handfest sein kann – wer wären sie im Drama, in der Soap?

Offenbar sind sie jedenfalls überzeugt, dass alles, was hier gesprochen wird, das Land erreicht – weil Kameras da sind, weil die Tribünen besetzt sind, weil Augen auf ihnen ruhen, weil das Haus das Hohe ist. Und so sprechen sie Opfern ihr Mitgefühl aus, Helfern ihren Dank, Soldaten ihren Respekt, tun es mit der Hoheit ihrer Position und machen sich lieber nicht klar, dass diese Rede im Nirgendwo landet. Manche reden an der äußersten Rampe der Bühne, manche streunen, manche sammeln sich wie die zurücklaufende und wieder ausholende Welle, manche stehen am Pult, als wollten sie dort nicht auffallen.

Heute würdigen sie die Freiberufler, die künstlerischen, die journalistischen, auch die Pressefotografen, die oft in beengten Verhältnissen leben und kaum ihr Auskommen finden. Sie sind nicht »Mittelstand«, sind »Kreativwirtschaft«, kommen im Bundestag nur selten vor und laufen der Gesellschaft doch voraus in Arbeitsformen, in denen sie sich immer wieder gegen satte Einkommen und für größere Unabhängigkeit entscheiden. Die Debatte sagt beides: dass man von ihnen weiß und dass man sie nicht zu fassen versteht, weshalb sie in ihrer Lebensform seltsam aus der Ordnung fallen.

Ganz anders, wenn in der neuesten Auflage der Steuerdebatte Steinbrück gegen Schäuble antritt. Dies ist höfisches Zeremoniell: Zwei, die sich schätzen, die auch im nichtöffentlichen Austausch stehen und ihn öffentlich an vielen Orten ausgetragen haben, eröffnen die nächste Partie im Zahlen-Schach. Sie ist sauber zu spielen, die empathiefreien Themen sind klinisch behandelbar. Beide scheinen erleichtert, ihre Worte nicht auch noch mit Menschlichem belasten zu müssen, und so dreht sich die Debatte am Ende immer im selben Scharnier, ja, selbst die Kritik der Debatte tut es.

Der Geruch des Geldes ist noch in der Luft, als Staatsministerin Cornelia Pieper (FDP) den »Bericht der Bundesregierung zur Auswärtigen Kultur- und Bildungspolitik« vorstellt mit dem Satz: »Keine Regierung zuvor hat so viel in die Köpfe junger Menschen im Ausland investiert.« Niemand, der Kultur von innen denkt, »investiert« in Köpfe. Doch unverhohlen wird Kulturpolitik auch verstanden als Werbung für den »Wirtschaftsstandort Deutschland«, die Projektleitung des »Deutschlandjahres« in Brasilien wurde deshalb auch an den Bundesverband der Deutschen Industrie vergeben. Das bedeutet: Von »Kulturaustausch« ist zwar die Rede, von der fremden Kultur aber, die sich die Deutschen aneignen könnten, nirgends.

Plausibel also die Empörung von Ulla Schmidt (SPD), die festhält, dass Außenminister Guido Westerwelle in dieser Legislaturperiode keine einzige Sitzung des Kulturausschusses besuchte: »Das einzige Interesse, das er hat, ist, dafür zu sorgen, dass die Erfüllung der deutschen Wirtschaftsinteressen im Ausland gewährleistet ist.« Dass sich in dieser Marktwirtschaft alles an der Verkäuflichkeit bewähren muss, hat die Kultur längst erfasst und beschädigt ihre Substanz. Demokratie ist aber nicht Herrschaft der Mehrheit, sondern Schutz der Minderheit unter dem Protektorat der Mehrheit. Nur wenn sie sich so versteht, kann sie also auch kulturelle Vielfalt gewährleisten.

Auch deshalb ist der folgende Auftritt von Peter Gauweiler (CDU/CSU) gelinde spektakulär, vertritt er doch eine demokratische Überzeugung, die sich über Blöcke und Fraktionen weitgehend hinwegsetzt. In ihrer reinen Form kann man die parlamentarische Idee nur gegen den Fraktionszwang denken. Dieser steht weder im Grundgesetz noch in der Geschäftsordnung des Bundestags. Er ist eine Huldigung der Partei, wird doch unterstellt, es sei ihre Gnade, die die Karriere des Politikers, seinen Platz im Parlament gesichert habe, und geschlossenes Abstimmungsverhalten sei der Tribut, den sie fordere.

Der Fraktionszwang ist die plausible Konsequenz aus der Parteiendemokratie, und diese ist vorparlamentarisch organisiert. Man lässt das Volk nicht frei herumlaufen. Bevor es zum Parlament zugelassen werden kann, wird es von der Partei aufgefangen, kanalisiert, vorsortiert. Die Partei dient also als zentrale Vermittlungsstelle zwischen der Bevölkerung und dem Parlament. Nur wo es dramatische Sitzungen gibt und das Gewissen vor die Politik gestellt wird, erscheint noch einmal das Alte: »Jeder Abgeordnete ist bloß seinem Gewissen unterworfen«, und man fragt sich: Wo irritiert das noch die Routine des Politikers, wo nicht?

Gauweiler weiß, was er seiner Partei schuldet, aber er gibt ihr nicht alles. Da steht er, der rotgesichtige Veteran, ein Schlachtross der konservativen Sache, die ihn an fast jede Seite im Parlament treiben kann, steht da im dunklen Anzug mit grüner Krawatte, und bekommt auch heute Applaus vor allem von Sozialdemokraten, Grünen und Linken. Er ketzert, nimmt das Recht für sich in Anspruch, jenseits von Parteien zu argumentieren. Gemessen an den Gewohnheiten des Parlaments ist sein Slalom rasant: Erst lobt er die sozialdemokratische Vorrednerin Ulla Schmidt, dann bezieht er ausdrücklich die Linke ein in der gemeinsamen Verurteilung eines ägyptischen Gerichtsurteils gegen den Büroleiter der Konrad-Adenauer-Stiftung und drängt auf Konsequenzen. Dann relativiert er die Kritik an Westerwelle und differenziert »Konfliktprävention« durch Kultur und ihre »Brückenfunktion« von der Bibliothek in Nordkorea über das neue Goethe-Institut in Teheran bis zu Richard Wagner in Havanna, gefolgt von einer leisen Kritik am Programm der Deutschen Welle.

Er ist kundig, unverblümt und entwaffnend: »Wir haben diese vier Jahre intensiv – in Anhörungen, durch Einladungen, Gespräche, Besuche, Kongresse; das war alles sehr interessant, sonst hätte ich gesagt, dass es mir zum Halse heraushängt – dazu genutzt, die Dinge im Einzelnen nach vorne zu bringen und zu behandeln. Daraus wurde dann nach langen, qualvollen Reden ein Entwurf für ein Gesetz.« Er verwahrt sich gegen Einschnitte in Kulturbudgets durch Leute, die keine Mühe haben, »innerhalb von dreißig Minuten Bürgschaften in Höhe von 190 Milliarden Euro« für Banken zu beschließen. Er ruft den Applaudierenden zu: »Ihr seid meine Freunde.« Der Beifall, den er zuletzt erhält, ist allgemein. Die einen geben ihm recht, die anderen beklatschen in ihm eine andere Zeit des Parlaments.

Ihren Abschied nimmt auch Luc Jochimsen (DIE LINKE). Tief gebeugt über ihr Manuskript, erzählt sie die Geschichte des Goethe-Instituts in New York, die Geschichte davon, wie die Wirtschaft annektieren möchte, was der Kultur gehören sollte, oder, wie Claudia Roth (B 90/DIE GRÜNEN) es später formulieren wird, »die Umfunktionierung des Goethe-Instituts in der Fifth Avenue in New York in eine Businesslounge«. Auch wenn die Zerstreuung im Raum gerade wächst, möchte Jochimsen dem Plenum doch noch eine Idee mitgeben, eine Art Vermächtnis: »Machen Sie nicht so weiter wie bisher. Machen Sie etwas Neues. Schaffen Sie für die Zukunft ein veritables Kulturministerium mit nationalen wie internationalen Aufgaben.« Mehr Abschied leistet sie sich nicht.

Mit Peter Gauweiler mag Claudia Roth (B 90/DIE GRÜNEN) ideologisch wenig gemeinsam haben, doch teilt sie mit ihm den humanitären Gedanken, Sachkenntnis, Auslandserfahrung und die Tapferkeit vor dem Feind, sei es in Krisengebieten, sei es im Parlament. Schon mit dem ersten Satz klingt ihre Stimme so durchdringend, als müsse sie sich gegen Zwischenrufe durchsetzen, und sie muss. Eine Zwischenfrage wird unverhohlen animos formuliert, die Antwort vom Gerüpel der FDP-Abgeordneten chorisch unterbrochen. Für ihre Überzeugungskraft aber bekommt sie temporär selbst Beifall von den Regierungsparteien, und als sie abtritt, empfängt sie Getätschel. Später wird sie nach hinten gehen, sich mit Gauweiler im Gang treffen und ihm herzlich beide Hände schütteln. Dann kommt Renate Künast an ihren Platz, sie vergleichen ihre Kleider, indem sie sich wechselseitig an den Joppen zuppeln, und was folgt, sieht nach »girl talk« aus.

Der Redner und der Saal: Der Redner ist still, folgt seiner Schnur, bleibt am Text, trägt Unbeirrbarkeit vor. Der Saal dagegen ist beredt, gestikuliert mimisch, wirkt unvorhersehbar. Plötzlich kommt irgendwo die Erregung her, steigt auf und entlädt sich, ehe sie verläppert.

Auch Monika Grütters (CDU/CSU), eine Professorin im grauen Anzug mit Perlenkette, spricht unter hohem Kraftaufwand gegen den Geräuschpegel an. Aber das Plenum gibt sich gar keine Mühe mehr, die Stimmen zu dämpfen. Die Rednerin ist nun auf der Tribüne kaum noch zu verstehen. Präsident Solms blättert, liest und bemerkt es nicht. Da kapituliert auch die Rednerin, bringt bloß noch lesend ihren Text zu Ende. Ihren Worten zur Kultur, so gut sie sind, fehlt jetzt der Resonanzboden, weil die Gedanken nicht stark genug sind, die Geräuschwand zu durchbrechen. Das Parlament ist eben auf Klassenfahrt.

Schließlich werden zahllose Reden zu Protokoll gegeben, Gesetzesentwürfe, Änderungsanträge, Entschließungsanträge wirbeln durch den Raum. Atemlos, Punkt für Punkt, wird das nur noch abgelehnt oder angenommen. Die paar, die jetzt noch im Plenum sitzen, haben in kurzer Zeit mühelos zwanzig Beschlussempfehlungen bearbeitet, einmal den Antrag »Lieferung von U-Booten an Israel stoppen«, einmal »Ringen vor dem Ausschluss aus dem Olympischen Wettbewerb bewahren«. Es ist ein Marathon des Durchwinkens. Die Tribüne ist längst abgehängt, macht aber alles mit, dem Nimbus des Hauses erliegend.

Mittwoch, 12. Juni, 13 Uhr

Walter Jens ist tot, die ehemalige »Ein-Mann-Opposition« lebte schon lange verdunkelt. In Istanbul räumt Erdoğan den Taksim-Platz von den Protestierenden. Griechenland schließt seine staatliche Rundfunkanstalt. In Lauenburg erreicht die Flut den Höchststand. Im NSU-Prozess tauchen ein weinender Zeuge und eine neue Straftat auf.

Mehr Menschen denn je gehen wegen psychischer Probleme in Frührente. Im Süden fällt schon wieder Regen.

Im Reichstag trübt sich das Licht ein. Der Saal ist fast leer. Offenbar sind nur die da, die »Abstimmungspräsenz« haben, das heißt, die anwesend sein müssen, um für die Partei zu stimmen. Auch wenn die Debatte erst zehn Minuten läuft, wirkt sie abgehalftert. Volker Beck schreitet die Fraktionsvorsitzenden ab, die immer gebräunte, gegerbte Schönheit von der CDU schickt ihm ein trillerndes Winken.

Auf den Tribünen sind selbst Greisinnen heute in Blassgrün erschienen, sie stützen sich noch im Sitzen auf ihren Stock. Die erste erhebt sich schon. Was aus dieser Debatte empört sie? Ist es der Verbraucherschutz, der Krieg in Mali? Sie erhebt sich mühsam, der Fuß findet kaum die Stufen, die Hand kaum das Geländer. Gerade sucht sie den Arm der nächsten Greisin, da strafft sie die Empörung über etwas, das sie gerade hört.

Heute habe ich mir ein Fernrohr mitgenommen. Wenn die Kameras und die Teleobjektive zoomen dürfen, dann will ich auch schärfer sehen. Aber es hilft nichts: Das Öffentliche schützt das Heimliche. Da reden Menschen vor sich hin, schon in der Live-Situation scheint keiner zuzuhören. Es handelt sich um den letzten Entwicklungsstand einer Institution, um die mit dem Leben gekämpft wurde. Etwas begann barbusig auf den Barrikaden und endet mit Motivkrawatte im Ausschuss.

Der Mensch, der jetzt eintritt und sich ein ganzes Bild machen will, staunt über das, was plausible Regeln und ihre Übertretungen aus dem Parlament gemacht haben. Ist dies nicht auch das Leichenschauhaus der parlamentarischen Idee? Oder hänge ich bloß der altmodischen Vorstellung eines Plenums an, in dem sich die Interessen aller wiederfinden sollen, das Mehrheiten organisiert, in großen Perspektiven denkt und entscheidet, also lauter romantischer Kram, dem das reale Parlament nur noch entfernt verbunden ist? Doch kann man tatenlos zusehen, wie es sich selbst beschädigt? Wäre nicht auch die Kritik dessen, was das Parlament heute ist, Sache des Volkes?

Als ich hereinkomme in die »Befragung der Bundesregierung« zur »Mobilitäts- und Kraftstoffstrategie«, freut sich die Schulklasse auf der Tribüne gerade über die Auskunft mit dem Wortlaut: »Wir wollen Verkehr, in jeder Form.« Wir auch, lachen die Gesichter. Die »Aktuelle Stunde zur Lage in der Türkei« ist dann eine Lehrstunde der Diplomatie in allen Teilen: Westerwelle fordert auf, »dem Ernst der Lage mit großer Ernsthaftigkeit in der Debatte« zu begegnen. Er kritisiert das türkische Regime und variiert drei Sprechakte: »wir verurteilen«, »wir müssen besonnen reagieren«, »ich erwarte«. Dass die Gewalt ein Ende haben, dass den Demonstranten ihr Recht eingeräumt werden müsse, das wiederholen dann alle, damit alle es gesagt haben werden. Der Adressat dieser Rede sitzt nicht in Ankara, so klingt es nur, der Adressat ist die Weltordnung des Weißen Rauschens.

Den folgenden Rednern fehlt es dabei nicht an Anmaßung. Johannes Kahrs (SPD) proklamiert stereotyp, die Türkei werde sich ändern müssen und Merkel auch, bei

Ruprecht Polenz (CDU/CSU) ist »die Türkei aufgefordert«. Westerwelle sitzt jetzt tief in seinen Sessel gedrückt, wischt sich erst die Augen, dann die Brille. Erst Sevim Dağdelen (DIE LINKE) lässt die Diplomatie hinter sich, war sie doch letzte Woche noch in der Türkei und weiß zu berichten vom »islamistischen Unterdrückungsstaat«, von der Beleidigung der Demonstranten durch europäische Außen- und Rüstungspolitik.

Auch Claudia Roth (B 90/DIE GRÜNEN), heute unbunt mit Lederjacke, spricht mit der Emphase der Beteiligten, die keine Empathie simulieren muss. Ihre Nähe zu den Demonstranten ist fraglos. Sie redet durch, wie um sich gegen wohlfeilen Gesinnungsapplaus zu verwahren. Währenddessen haben sich die Kameras vermehrt, jetzt sind auch türkische Fernsehsender im Saal. Der Dissens um Fortsetzung oder Abbruch der Aufnahmegespräche mit der EU führt zur Schreierei im Plenum. Leidenschaftlich aber fordert Roth vor allem die Unterstützung der Demokraten in der Türkei. Schon Hans-Werner Ehrenberg (FDP) aber vereinnahmt sie und weiß: »Letztendlich sind die Demonstrationen ein Schrei nach Europa.« Westerwelle hört dem Parteifreund nicht zu. Der Applaus fällt denn auch so schwach aus, dass der Mann neben mir weiterschlafen kann. Er ist in seiner graubraunen Pyjama-Montur einfach zusammengesackt, und sein Ausatmen verströmt schon den Geruch des Schlafes.

Der CDU/CSU-Mann Thomas Silberhorn, ein Konfirmand mit blauem Schlips, wiederholt die Fakten und redet flüssig über den Kopf Erdoğans hinweg. Der CDU bieten die Demonstrationen in Istanbul eine Möglichkeit, vor dem Eintreten der Türkei in den EU-Prozess zu warnen, die »nötige Distanz« zu wahren, die türkische Regierung »nicht auch noch belohnen«. Ohne den geringsten Selbstzweifel werden die Segnungen des Westens zur Verheißung für die Türkei erklärt, die Demonstranten immer weiter interpretiert und vereinnahmt. Hans-Christian Ströbele geht. Er geht schwer, hat die offene Aktentasche unter dem Arm, verschwindet auf den Fluren. Der Besucher neben mir schnarcht. Die Umsitzenden lachen, verständigen sich mit Blicken. Gunther Krichbaum (CDU/CSU) wagt eben das Bonmot: »Erdoğan macht Politik als Machtpolitik.« Seine Miene ist geeignet, diese Nachricht so zu skandalisieren, als verrate sich die tiefe Fremdheit der Türkei auch an diesem Verständnis des Politischen.

In den kommenden Auslassungen schwemmt der Redefluss mal »die schrecklichen Bilder« vom Taksim-Platz vorbei, die »nicht akzeptabel« sind, mal ist jemand unmotiviert »zuversichtlich«. Ein anderer weiß etwas von »Rechten und Pflichten« und will »die Tür nicht zuschlagen«, ein Dritter liest seine Rede wie ein Märchen am Bettrand. Mein Nachbar im Pyjama aber ist unter dem schulterlangen grauen Haar nach kurzem Hochschrecken wieder eingenickt. Man weckt ihn, es ist Zeit aufzubrechen. Sein Blick taucht aus dem Schlaf. Dann gibt die Trägheit des Auges preis, wo er ist, und gleich ermüdet er wieder wie im Reflex. Im Plenum herrscht um diese Zeit Kaffeeklatsch-Atmosphäre.

Donnerstag, 13. Juni, 9 Uhr 02

Die Polizei hat in Istanbul Tränengas gegen die Demonstranten eingesetzt. Der Chef der NSA verteidigt seine Abhörmaßnahmen und attackiert Whistleblower Edward Snowden. Im Hohen Haus erinnert man zum sechzigsten Geburtstag des Bundesvertriebenengesetzes an die Opfer der Vertreibung.

Rund 13 000 Reden werden in einer Legislaturperiode gehalten. Sie alle bilden mit der Zeit Genres, ähneln einander, klingen haltbar gemacht. Dass die Unterschiede der Positionen, der Artikulationsformen, der Weltbilder unter den Abgeordneten nicht größer sind, erstaunt vor allem bei einem Blick in ihre Biographien und regionalen Hintergründe. Müsste diese reale Vielfalt nicht zu einer höheren Differenzierung der Positionen führen? Aber die Monopole bestimmter Berufe, Altersgruppen und ideologischer Passepartouts reduzieren diese Vielfalt, und manchmal fühlt man sich einer parlamentarischen Monokultur gegenüber.

Auch die Gedenkrede musste unweigerlich Genre werden und variiert die Beobachtung Goethes: »Der Deutsche wird schwer über allem, und alles wird schwer über ihm.« Dieser Satz gehört zu denen von zeitloser Richtigkeit, und ich werde nicht vergessen, wie mir der Komponist Norbert Glanzberg, ein Flüchtling vor dem Dritten Reich, ein gerade noch Entkommener und lange Verschollener, noch kurz vor seinem Tod unter Tränen sagte: Was ihm geschehen sei, sei »nie vorbei, und es kann

Derartiges von den Deutschen immer wieder ausgehen«. Wem, wenn nicht Opfern, stehen solche Sätze zu, und wie beantwortet man sie?

Gibt es Gedenkreden auf der Höhe dieser Selbstkritik? Es ist schon wieder Erregung im Saal. Patrick Kurth (FDP), der sauber gescheitelte Redner mit dem raschen Umkippen in die Schärfe, bringt mit einem »Nie wieder« repetitiv seine Floskeln auf den Weg. Renate Künast gestikuliert aus der ersten Reihe mit ausgestrecktem Arm gegen das Rednerpult. Gerade parallelisiert der Redner, beklatscht von FDP und CDU / CSU, Nazis und Stasi und instrumentalisiert beide gegen die Linke. Ich schaue mir die Applaudierenden an. Im Spiegel dieses Applauses ist die sogenannte Vergangenheitsbewältigung nicht weit gekommen. Sie hat zu einer gewissen Schamlosigkeit in der Ausbeutung dieser Vergangenheit, ihrer Trivialisierung und Nutzbarmachung geführt, und das ist wohl das Gegenteil von Bewältigung.

Ganz anders Ernst-Dieter Rossmann (SPD), ein norddeutsch gefärbter Zausel mit lässig fallendem ergrauten Haar und Brille. Er ist, was er sagt, und entwickelt, was er zu sagen hat, leise und überzeugend. Schroffer könnte der Gegensatz zu seinem Vorredner nicht sein. Dieser hier entwickelt Lebensgeschichte, der Vorgänger kämpft mit militärisch schneidender Stimme vor allem um sich selbst. Rossmann hat zwar seine Blätter auf dem Tisch, spricht aber frei über »die Fähigkeit zu trauern«, eine Maxime formuliert er auch. Die SPD kann immer wieder diese Überzeugten aufbieten, die an das Gewissen nicht appellieren, sondern es verkörpern. Rossmanns Rede ist geradezu introvertiert und bindet weit mehr Aufmerksamkeit als das nassforsche Agieren des Vorgängers, das keinen Raum für Gedenken lässt. Selbst Rossmanns direkte Ansprache an den Innenminister ist persönlich und wird gehört. Am Schluss steht das Plädoyer für ein Jahrhundert der Versöhnung. Als Rossmann aber abgeht, rührt sich aus dem Regierungsblock keine Hand zum Applaus.

Auch die Debatte um »Erwerb und Einsatz von Kampfdrohnen« ist zu diesem Zeitpunkt nicht mehr frisch. Hans-Peter Bartels (SPD) deklamiert mit monotoner Stimmstärke seine Anklage. Der Verteidigungsminister lesend, dann der auf ihn einredenden Kristina Schröder folgend, hebt auch mal den Kopf, schnappt ein paar Brocken auf, schweigt. Die Kameras folgen jeder Bewegung, schwenken auf den Uniformierten der Bundeswehr hinter ihm. Das Parlament ist nun besser besetzt. Müntefering sitzt ganz allein in einer hinteren Reihe. Steinmeier setzt sich zu ihm, man lacht. Kauder kommt, man lacht schallend zu dritt mit zurückgelegten Köpfen.

Jetzt steht Verteidigungsminister Thomas de Maizière (CDU / CSU) selbst am Rednerpult, steht klein, dunkel gekleidet mit gestreiftem Schlips, ein Vollzugsbeamter in Kriegsfragen. Die CDU beklatscht jeden seiner Sätze mit doppelter Phon-Stärke und sei er noch so floskelhaft oder selbstgerecht. Steinmeier und Kauder sitzen inzwischen weit hinten und debattieren, während der Verteidigungsminister schon deshalb nicht um sein Amt kämpft, weil er den Angreifern nicht auf die »Leimspur« geht, wie er sagt. Er kann seiner Sache sicher sein, weiß er doch die Verantwortung für die Anschaffung des nun untauglichen Kriegsgeräts auf das ganze Haus, mit Ausnahme der Linken, verteilt.

Sein Tenor ist zunächst von angenehmer, arrivierter Sachlichkeit. Am liebsten redet er offenbar aus dem Innenleben von Maschinen, Einsätzen, Kommandos, beleiht dabei die Ehre der Soldaten und macht sich so immun. Über Erwerb und Einsatz der Kampfdrohnen soll er reden. Über den Erwerb sagt er fast nichts, über den Einsatz das zu Erwartende. In Teilen hält er seine Rede vom Januar noch einmal, verweist auf Beerdigungen, die in diesem Zusammenhang nichts verloren haben, lässt alle Selbstkritik vermissen und versteigt sich zuletzt in die seelenlose Schlussformel: »Die Bundeswehr besteht aus Menschen, die verantwortungsvoll und im Rahmen der Gesetze handeln.« Das ist weder in Frage gestellt worden noch unterliegt es der Expertise des Ministers. Der aber geht offenbar nicht ohne Stolz an seinen Platz, begleitet vom frenetischen Applaus seiner Partei.

Paul Schäfer (DIE LINKE) opponiert tapfer, wird aber schon dafür beschimpft, dass er überhaupt die Möglichkeit eines Kampfdrohnen-Einsatzes ins Kalkül zieht. In diesem erkennt er das »Sinnbild der Hightech-Kriege«: Man setzt also robotisierte Kriege gegen Selbstmordattentate, technologische Muster gegen archaische. De Maizière hört nicht zu. Ginge es ihm um die Debatte, er nähme teil und wäre nicht bloß da. So aber signalisiert er: Ich weiß, was ich wissen muss, und brauche kein Parlament für mehr.

Wie zur Schützenhilfe kommen nun mehrere Reihen Uniformierter auf die Tribüne, um zu hören, wie ein FDP-Redner den Minister lobt, der jetzt zuhört. Anschließend spricht er dem Minister sein Vertrauen aus, aber sein Vertrauen ist nicht gefragt. Zur Zwischenintervention Heidemarie Wieczorek-Zeuls steht Volker Kauder bei de Maizière, der so einmal mehr demonstrieren kann, dass ihn die Debatte nicht betrifft. Kauder scheint Witze zu machen, denn de Maizière lacht nun laut, lacht noch, als Kauder schon gegangen ist, lacht noch, als die Rednerin die Ächtung von Kampfdrohnen fordert.

Agnes Brugger (B 90/DIE GRÜNEN) wirkt mit dem weiß geschwungenen Krägelchen und dem Faltenrock wie in absichtsvoller Selbstverharmlosung. Dabei ist sie kämpferisch, ihre Recherchen stimmen, die Chronologie der Ereignisse sitzt. De Maizière malt seinem Nachbarn etwas erklärend auf. Brugger nennt ihn »Drohnenminister«. Der bietet seinem Nachbarn Bonbons an. Sie verweist darauf, dass die USA das Völkerrecht aushöhlen durch ihre Kampfdrohnen-Einsätze. De Maizière ist wieder bei seinem Nachbarn, schaut auf die Uhr, es ist 16 Uhr 48. Brugger spricht ihn nun direkt an. Der Minister liest lieber. Auf den Vorwurf, gelogen zu haben, reagiert er mit bedächtigem Blättern, jetzt ist er einen Ordner weiter. Die Rednerin nimmt ihm den Nimbus des aufrechten Bürokraten, beharrt, er sei der einzige Minister dieses Kabinetts, »an dessen Akte ein Missbilligungsantrag und ein

Untersuchungsausschuss haften«. Nach kämpferischem Schluss geht sie auf ihren Platz, während zwei Soldaten vor mir »heijeijei« sagen, aber anerkennend.

Es folgt, was folgen muss. Der nächste Redner der CDU/CSU, ein rotgesichtiger Klotz mit geschwollenem Kopf, führt früh das Wort »Sauerei« ein, auch »Verarschung der Öffentlichkeit« etc. De Maizière hört gespannt zu, wo es um seine Verteidigung geht. Er wird »Ehrenmann« genannt, legt die Arme über der Brust zusammen, aber in der bescheidenen Variante. Der Redner versteigt sich zu der Behauptung, dass in der Vergangenheit »Kollateralschäden verursacht worden sind, dass vielleicht Einsatzführer aus der Not heraus über das Ziel hinausgeschossen sind«, weil ihre Ausstattung nicht gut genug gewesen sei.

»Über das Ziel hinausgeschossen«, eine Schlingel-Formulierung für zivile Tote. Als Mittel dagegen wird weitere Aufrüstung empfohlen? Kein Standpunkt ist zu abstrus, als dass er es nicht ans Rednerpult des Deutschen Bundestags schaffte. Misst man ihn an seiner Sprache, gilt für diesen Redner offensichtlich, was Rainer Arnold (SPD) allgemein festhält: Wer der ethischen Dimension nicht gewachsen ist, darf kein solches Gerät bekommen, und diese ethische Dimension, so sagt er, wurde von de Maizière nicht begriffen. Der Redner setzt sich über den Applaus hinweg, begründet den Ruf nach de Maizières Entlassung. Der sieht nach der Tribüne, wo die Uniformierten sitzen.

Als der Nachfolgeredner der CDU/CSU von dem »bei der Truppe beliebten Verteidigungsminister« spricht, heben zwei ältere Soldaten die Brauen missbilligend, hat de Maizière doch unlängst das Anspruchsdenken der Truppe gerügt und summarisch Verantwortung nach unten verteilt. Die Rede des Minister-Anwalts ist nun dauerhaft unterlegt von Zurufen und Spottbekundungen der Opposition. »Risiken und Rückschläge«, so der Redner trotzig, gebe es immer, steige man aus der Drohnen-Entwicklung aber aus, koste es Arbeitsplätze. Sein Gang an den Platz ist der eines angezählten Boxers.

Die folgende Abstimmung mit Handzeichen führt zur augenscheinlichen Mehrheit für die Missbilligung von de Maizières Amtsführung. Da sich aber eine für die Zählung mitverantwortliche Protokollführerin dieser Meinung widersetzt, muss ein Hammelsprung durchgeführt werden, was vonseiten der Opposition mit Hohnlachen quittiert wird. Per Signalton ruft man alle Abgeordneten aus den Büros. De Maizière geht. Während der Hammelsprung dauert und dauert, spielen die Soldaten »Politiker-Spotting«: Das ist der Kauder, da ist die von der Leyen. Döring stehend und Rösler sitzend betasten sich, Steinbrück trägt ein offenes Hemd. Bei den meisten Abgeordneten löst der Hammelsprung offenbar Amüsement aus. Um kurz vor 18 Uhr ist der Antrag abgelehnt, de Maizière taucht nicht wieder auf. Der Saal leert sich rasch, nur Steinbrück hat noch Mitglieder seines »Kompetenzteams« um sich versammelt.

Nicht lange, und es geht um die »Unterstützung für die Opfer häuslicher Gewalt«. Die parteipolitische Ausbeutung des Themas beweist Dorothee Bär (CDU / CSU) durch den Satz: »Rot-Grün hat Deutschland leider Gottes zu einem Paradies für Zuhälter und Menschenhändler gemacht.« Es wäre damit schon das zweite Paradies, in dem sich der Wille zur Sünde gegen den Gottes durchsetzt. Währenddessen sitzt Franz Müntefering in einer der hinteren Reihen, akklamiert mit der flachen Hand auf dem Tisch, beobachtet genau. Auf den letzten Metern seiner parlamentarischen Laufbahn wird er zum Ideal eines Parlamentariers, der genau zuhört, auch bei Fragen der Finanzierung von Frauenhäusern, beim Votum für »eine Entschleunigung der Politik«, für »überfraktionelle Impulse«, die sich die scheidende Abgeordnete Marlene Rupprecht (SPD) wünscht, ehe sie anschließend von den Umarmungen verschluckt wird.

Das Licht hat jetzt die scharfen Konturen des Abends. Parteiisch isoliert es einige Einzelne in Lichtinseln. Auf den Tribünen sitzen die Jüngsten gerne eng, die Älteren halten Abstand. Es ist 19 Uhr 40, und Ebbe herrscht im Haus. Hier waren heute so viele, erklärten, beschworen, begehrten auf und keiften. Zwei kamen sich fast physisch in die Haare, bedrängten sich wie auf dem Fußballplatz. Es wurde viel gelobt, gedankt, bezichtigt, Kameras klickten. Einmal sah ich, wie zwei unter der Bank ihre Hände suchten. Jetzt ist der Saal wie erschlafft, wie entkernt, die Unterhaltungen wirken privat, auch die Lautstärke der Rede reicht nur noch für die ersten Reihen. »Ich bin stolz, dass ich dabei war«, sagt Marlene Mortler (CDU / CSU).

Freitag, 14. Juni, 9 Uhr

Draußen ist es wieder kühl geworden, der Sommer zögert. Heute ist das Polizeiaufgebot vor dem Abgeordneteneingang hoch, der Parkplatz schwarz vor Limousinen. Im Plenarsaal zeigen sich fast alle festlich gekleidet, die Frauen in gedeckten Farben, die Männer mit Krawatte. Die Bundesratsbank, die Tribünen sind lückenlos besetzt. Man beginnt den Tag mit dem Gedenken an den Volksaufstand vom 17. Juni 1953. Kristina Schröder im weißen Anzug prüft ihre Mails im Stehen, sogar während sie Kollegen begrüßt.

Der Tross der Honoratioren trifft ein, Bundespräsident Gauck, Bundestagspräsident Lammert, Bundeskanzlerin Merkel. Drei Blumengestecke in Gelb und Violett liegen da, wo sonst die Protokollführer sitzen. Lammert geht an seinen Platz, bleibt aber stehen. Auf der Nachbartribüne haben die Vertreter der Nationen Platz genommen, darunter zahlreiche Afrikaner. Ramsauer liest eine Akte, während die meisten nur die Programmzettel vor sich haben, Bahr kommt zu spät. Lammerts Rede wird vom Applaus, selbst von den Tribünen aus, immer wieder unterbrochen. Der Saal hört zu.

Gaucks Stimme setzt höher ein als die Lammerts. Er spricht autobiographisch. Zum ersten Mal erlebe ich die Regierungsbank im Profil, den Fakten dieser Geschichtsstunde folgend. Das Licht ist gedeckt, die Geräusche der Fotokameras hören nicht auf. Jetzt klingt die Rede Gaucks fast introvertiert. Von den »Straflagern im Ural« ist die

Rede, vom »Gulag«, vom »brutal niedergeschlagenen« Widerstand. Gauck nennt Namen, die niemand kennt, zitiert Schicksale, die vergessen wurden. »Auch Deutsche können Widerstand«, sagt er modisch. Bis auf seine Stimme und die Fotoapparate ist der Saal mucksmäuschenstill. Gauck differenziert, er gibt dem, was hier »Antikommunismus« heißt, zwei Gesichter, eines des Ressentiments, eines des Leidens. Gysi stützt das Kinn in die Hand, die Ökonomie des Applauses macht es den Linken heute nicht leicht. Mal könnte man für einen Betonkopf, mal für einen Wendehals gehalten werden.

Auch Müntefering ist da, sitzt wieder allein, konzentriert mit gefalteten Händen. Vielleicht wäre er gerne unscheinbar und wird es doch nie mehr sein. Zuletzt wird die gute Gelegenheit nicht verpasst, den 17. Juni im Hinblick auf internationale Freiheitsbewegungen zu aktualisieren. Das »Stimme geben«, die »Verpflichtung für heute«, zur »Solidarität jetzt«, sie klingen alle an. Die abschließende Hymne wird von einigen mitgesungen. Die Regierungsbank hält es wie die Nationalelf, die meisten singen, die wenigsten im Saal bleiben sitzen. Dann verschwindet die Tagesordnung von der Anzeigetafel. Die Saaldiener entsorgen die Programmzettel, die Blumengestecke werden entfernt, die Kopfhörer der Gäste eingesammelt. Doch auch im leeren Saal finden die Fotografen Motive. Noch zwanzig Minuten bis zum Sitzungsbeginn. Hat die Feier gerührt? Ich schaue in die Gesichter der Besucher. Vielleicht durch Feierlichkeit.

Als die »Umsetzung der Verbraucherrichtlinie« aufgerufen wird und das Reden wieder einsetzt, der bürokratische Sermon, die Litanei, die sich jetzt mit Online-Bestellungen befasst, wenig Interesse bindet, keine Zwischenrufe provoziert, fällt die Konzentration von Franz Müntefering weiter auf. Zwei Plätze zwischen ihm und Heidemarie Wieczorek-Zeul sind leer geblieben. Später fahren wir zufällig im Aufzug abwärts. Ich sage: »Sie nehmen Abschied, Herr Müntefering.« Er blickt kurz auf, stutzt und sagt: »Ja, ich nehme Abschied.« Verhalten sagt er das. »Und manchmal klatschen Sie sogar für die Linkspartei.« »Ja, das kann vorkommen.« Zum Abschied gibt er mir die Hand, auch das so, als habe er mich jetzt hinter sich. Das ist mir sympathisch.

Mittwoch, 26. Juni, 12 Uhr 50

Obama war in Berlin und hat die Jacke ausgezogen. Auf der Suche nach einem »historischen« Satz wurden manche fündig, manche nicht. In der Türkei dauern die Auseinandersetzungen an. Ein Demonstrant erfindet den stumm-stehenden Protest. In Brasilien brennen Fahnen aus Protest gegen Korruption und die hohen Kosten der Fußballweltmeisterschaft. Merkel nennt das Internet »Neuland«. Pep Guardiola nähert sich München, Jan Ullrich gesteht Eigenblutdoping. Im Süden und Osten Deutschlands werden die Folgen des Hochwassers beseitigt. Wir spenden, Politiker loben unseren Gemeinsinn und danken den Helfern. Es ist kalt draußen und will regnen. Die Barrieren des Obama-Besuchs stehen noch. Ich esse eine Wurst am Mauerfriedhof, »der Wowereit kommt auch oft her«, sagt der Verkäufer, »aber am häufigsten kommt Renate Künast«.

Es ist 12 Uhr 56. Noch ist der Saal fast leer, diffus scheint das Licht, die Fraktionsvorsitzenden arbeiten schon. Auf den Tribünen das übliche Bild der zwei Gruppierungen: die Senioren grauhaarig und in Pastell gewandet, die Jugendlichen gedeckt in Farben und Mienen. Einzelne Abgeordnete begrüßen fast jeden im Plenum mit Handschlag. Dass man der Sitzungspräsidentin, heute Petra Pau, den Stuhl unterschiebt, wird von ihr durch Eigeninitiative vereitelt. Dann eröffnet sie die Debatte mit dem außerordentlichen Tagesordnungspunkt zu den »Konsequenzen für Deutschland aus der internationalen Internetüberwachung«.

Innenminister Hans-Peter Friedrich mäandert zwischen unverbundenen Textmodulen, bekennt sich zum »Schutz der Privatsphäre« als verfassungsgemäßes »Grundrecht«, bekennt sich zur Gesetzestreue bei Staat, Behörden, Sicherheits- und Nachrichtendiensten, bekennt sich zur Kontrolle dieser Organe durch das Parlament, bekennt sich zum Verständnis für alarmierte Presseberichte über flächendeckende Ausspähung. Zwischen diesen Segmenten aber vermittelt nichts. Trotzdem gibt es eine Größe, die zur Relativierung von allem geeignet ist: die Angst. Der Minister: »Es gibt keine Freiheit ohne Sicherheit. Wenn die Menschen Angst haben müssen, dass sie in der U-Bahn in die Luft gesprengt werden, wenn die Menschen

Angst haben müssen, dass ihre Häuser ausgeräumt werden, während sie im Urlaub sind, wenn sie Angst haben müssen, dass ihre Kinder auf dem Weg zur Schule entführt werden, dann ist die Freiheit bedroht. Deswegen braucht Freiheit auch Sicherheit.«

Diese Bemerkungen haben zwar nichts mit der Internetüberwachung zu tun. Der unbeholfene Versuch aber, ein diffuses Gefühl der Bedrohung mit Maßnahmen zur Beschränkung persönlicher Freiheit zu beantworten, verfehlt seine Wirkung nicht. Der unscheinbare Mann, der seine Signalwörter eines nach dem anderen in die Luft katapultiert, lässt nun die Allgemeinplätze übernehmen: »verhältnismäßig« müsse die Ausspähung sein, »die richtige Balance« müsse gefunden werden, »Waffenhändler« und »Rauschgifthändler« müssen bekämpft werden. Am Ende schraubt sich der Minister zu einer Selbstentmündigung hoch, die in dem Ausruf kulminiert: »Wollen Sie einer der ältesten Demokratien erzählen, wie sie ihre Behörden kontrollieren muss?«

Es wird nun Hans-Christian Ströbele (B 90/DIE GRÜNEN) feststellen, dass der Minister so wenig weiß, wovon er redet, dass er weder Quantität noch Qualität der abgeschöpften Daten nennen kann. Es wird Thomas Oppermann (SPD) dem Minister mangelhaftes »Problembewusstsein« attestieren und resümieren, mit ihm würden deutsche Datenschutzrechte nicht zu verteidigen sein. Er wird vom »umfassendsten Angriff« auf unsere Grundrechte sprechen, von Dingen, die »eindeutig illegal und verfassungswidrig« seien und die der Innenminister trotzdem erst aus der Zeitung erfahren habe. Oppermann tritt so kämpferisch auf, wie man es auch von Friedrich erwartet hätte, betont auch die Sorge vor Wirtschaftsspionage, und doch hat man den Eindruck, die Debatte tut diese allerersten Schritte arg verspätet. Man könnte eines Tages zurückblicken und es rührend finden, wie hier noch argumentiert wurde, als de facto alle Deiche längst gebrochen und nicht einmal die Ausmaße der technischen Überwachungsmöglichkeiten bekannt waren.

Selbst der FDP-Abgeordnete Jimmy Schulz – er begrüßt auch die Empfänger an den »Abhörgeräten« – zeigt sich faktisch besser informiert als der Minister und breitet bisher ungehörtes Material aus. Währenddessen sitzt Ströbele vorgebeugt, ruft rein, brennt, weist mit der Hand auf den Redner, wendet sich um und sucht Beipflichter, die hinter ihm sitzen. Deren Mimik aber gibt nichts her. Der Redner spricht nun, als sei er Teil der Opposition, und Friedrich ruht in seinem Stuhl, weit zurückgelehnt, und schüttelt nur einmal unwillig den Kopf.

Auch Ulla Jelpke (DIE LINKE) weiß mehr, als der Innenminister eingeräumt hat. Sie informiert beispielsweise darüber, dass die USA auf die Nachfrage der Deutschen nicht einmal geantwortet haben, zitiert Venezuelas Präsidenten Maduro mit dem Satz: »Was würde passieren, wenn die Welt erführe, dass Venezuela spioniert?«, während Innenminister Friedrich im Interview noch unlängst gesagt habe, er verbitte sich »die harsche Kritik an unseren Partnern«. Mit welchem Recht und in wessen Namen kann sich ein Minister Kritik »verbitten«? Die freie Welt, um deren Verteidigung es hier auch geht, kennt diese Option nicht.

Die Angriffe kommen jetzt frontal. Renate Künast (B 90/DIE GRÜNEN) resümiert mit Empörung: Man weiß nicht, was wird ausspioniert und von wem, man weiß nicht, welche Inhalte mitgeteilt und übertragen wurden, doch weiß man, dass sich der Minister durch seinen Amtseid verpflichtete, »unser aller Rechte zu wahren«. Trotzdem wird er durch die Amerikaner abgespeist, mit Andeutungen, mit »Geheimhaltung« vertröstet. »Das lassen Sie sich gefallen, Herr Minister«, lamentiert sie und wendet sich Friedrich zu, der seine Hände vor dem Bauch hat. Er sitzt auch mimisch unbewegt. In der Tat ist die Wehrlosigkeit des Ministeriums eklatant. Ein Grundrecht steht zur Debatte, und man reagiert nachsichtig. Mehr noch: Es geht um den wohl schärfsten Angriff auf die Souveränität Deutschlands, und doch ist nicht einmal sicher herauszukriegen, wer hier wirklich empört ist?

Michael Grosse-Brömer (CDU/CSU) etwa argumentiert so weit weg von der Sache, dass man nicht umhin kann zu denken: Das Parlament stellt auch die ins Fenster, die, ausgestattet mit Entscheidungsgewalt, fatal für das Land wären, da diese Repräsentanten zufrieden mit der Abhörung scheinen, nur meinen, »das, was wir gelesen haben, muss hinterfragt werden«, und im Übrigen finden, Steinbrück trage Verantwortung, der Obama ja auch getroffen und das Thema nicht besprochen habe. Auch dieser Redner schreckt vor dem Wort »Überwachungsstaat« heftiger zurück als vor der Sache, und man möchte ihm in

Erinnerung rufen: Im Herzen der Legislative, sofern diese die Volksvertretung darstellt, sitzen die Bürgerrechte. Das Verschwinden der Bürgerrechte in der NSA-Affäre war erschreckend, war ein Meilenstein. Man hat öffentlich weniger die Anklage formuliert, sondern man hat das Thema über lange Zeit zu einem Nichtthema erklärt. Das aber entkräftet den Begriff der Volksvertretung im Parlament. Dass Bürgerrechte Kontur verlieren, ist Indiz für das Schwinden der Legislative als Volksvertretung. Das eine ist Symptom für das andere.

Ein anderer Redner der CDU entkernt den Fall um alles Aktuelle und hegt die vulgärpsychologische Sorge, die »Vertrauenskrise« sei das eigentliche Thema. Dieser alte Parlamentarier hat unverhohlen Angst vor dem Medium Internet, das da gekommen ist, er spricht mit betulichem Vibrato und beharrt schlussfolgernd, allen müsse man sagen, dass es keine Sicherheit im Internet gebe, dass es »gefährlich« sein könne und unbeherrschbar. Zum Beherrschbaren der amerikanischen Geheimdienste kein taugliches Wort. In allen diesen Regierungsreden zeichnet sich die Zeit ab, in der Persönlichkeitsrechte verzichtbar gefunden werden, eine Zeit auch, die alte Verschwörungstheorien ins Recht setzt.

Demgegenüber ist die Opposition zunächst einmal sachlich besser informiert. Sie ist es, die auf die Sorgen der Industrie verweist und die Tragweite des Angriffs erläutert. Die Regierung demonstriert keine konsistente Haltung zur Ausspähung. Sie kann keine haben, so schmal ist das Feld, das ihr von der amerikanischen Regierung gelassen wird. Insofern nennt Lars Klingbeil (SPD) es nicht umsonst ein »Highlight« der ganzen Legislaturperiode, dass er ausgerechnet Innenminister Friedrich um mehr Sicherheit bitten müsse. Als schließlich Armin Schuster (CDU/CSU), mit beiden Unterarmen schwer auf das Rednerpult gestützt, die Liste der Terroranschläge der letzten Jahre in den USA und in Großbritannien vorliest, wird selbst die Tribüne unruhig und mag die Mittel nicht durch den Zweck heiligen. Er aber findet die ganze Situation künstlich skandalisiert, tut so, als gehöre die Bespitzelung notwendigerweise zu einem Sicherheitskonzept – Kritiker hätten eine »einseitige Brille auf«. Offenbar kennt er sich nicht mal mit Brillen aus.

Da hört selbst die sonst so aufmerksame Justizministerin nicht mehr zu. Die Anfrage drängt, sie ist außerplanmäßig einberufen worden, sie stößt auf das direkte Interesse der Bürger, und man erfährt fast nichts als: Die Regierung hat keine Informationen, beschönigt nachträglich, räumt ein, »sollten Rechte verletzt worden sein«, »brauchen wir lückenlose Aufklärung«, und vermittelt sonst den Eindruck, dass sie an einem echten Schutz von Freiheitsrechten desinteressiert ist. Für diese ist gekämpft worden wie für dies Parlament, das auch zu ihrem Schutz da sein sollte. Jetzt werden sie kampflos aufgegeben, das ist der Eindruck.

Es gehöre nun einmal zur Natur von Geheimdiensten, meint schließlich der Redner der CSU, dass ihre Informationen geheim seien, und so fällt die Debatte, nachdem sie von der Bedrohung der Freiheitsrechte bis zum Verlust ihres Gegenstandes jede Position einmal ausgespielt hat, zuletzt in sich selbst zusammen. Die Überwachung aber bleibt. Hinter der Rückseite des Bundesadlers versammelt sich gerade eine Schülergruppe, einige von ihnen fotografieren gerade mit Teleobjektiv konspirativ in den Plenarsaal hinein.

Donnerstag, 27. Juni, 9 Uhr 02

Nelson Mandela wird künstlich beatmet. Edward Snowden befindet sich auf dem Moskauer Flughafen, wurde aber dort schon länger nicht mehr gesichtet.

Das Parlament ist heute so gut besetzt wie selten. Die Tagesordnung verzeichnet Punkte von 9 Uhr morgens bis andern Tags 8 Uhr früh. Präsident Norbert Lammert ermahnt die Abgeordneten, heute nur das Dringlichste zu sagen. Die Regierungsbank ist komplett, es ist die letzte große Sitzung vor der Sommerpause. Vor der Wahl im September folgen dann nur noch zwei außerordentliche Sitzungstage.

Die Presse hatte es zum Tag des Showdowns zwischen Merkel und Steinbrück stilisiert. Die Kanzlerin nimmt im hellbeigen Blazer auf der Kommandobrücke Platz und sackt zusammen. Ihr Herausforderer begrüßt per Handschlag jeden und jede, die hinter ihm sitzen. Die Fotografen besetzen die Rampen. Sie hatten schon draußen am Fuhrpark ihre Objektive auf jeden Wagen gerichtet, die Parade abgenommen wie ein Star-Defilee.

Im Plenarsaal ist die Stimmung geradezu übermütig. Dann tritt mit Angela Merkel die Direktorin ans Pult und überreicht sich selbst das Zeugnis, das beste. Zum Kontrast wird die Politik des Gegners verzerrt dargestellt. So viel Beugung der Wahrheit braucht sie also doch. Das Selbstlob aber beantwortet die Regierungsfraktion frenetisch klatschend. Werden die Zwischenrufe zu laut, setzt Merkel im selben Satz noch einmal leiser an, dann noch leiser. Sobald dort unten etwas passiert, klackern die Auslöser der Kameras. Wenn man aber hinschaut, dann hat sie bloß gestikuliert.

Ihre Rede klingt staatsmännisch, ist aber lustlos, unambitioniert und voller Satzbausteine. Natürlich verweist die Kanzlerin auf große Konferenzen, Treffen mit Obama, Verhandlungen auf internationaler Ebene, Bühnen, auf denen Steinbrück nicht vertreten war. De Maizière scherzt unterdessen mit Kristina Schröder. Merkels Rede erntet kaum Zwischenrufe, mal ein Hohnlachen, ein Kopfschütteln. Sie gibt nicht bloß eine »Regierungserklärung zum G8-Gipfel und europäischen Rat«, sie bilanziert ihre Amtszeit. Altmaier gähnt lange mit unbedecktem Mund. Die Kanzlerin spricht mit Nachdruck auf jedem Satzteil: »Ich habe darauf hingewiesen, dass schon Jacques Delors darauf hingewiesen hat ...«

Wie selbstverständlich überbrückt sie den September, spricht vom Oktober, als liege kein Wahltag dazwischen. Sie pflegt die verbeamtete Form der Souveränität, die nur noch phlegmatisch verteidigt wird, weil es mehr nicht braucht. Vielleicht ist dies tugendhaft, solide, der Stil dieser Zeit, aber mich sediert es wie ihr Mantra, das sie auch jetzt wiederholt: Man solle und werde aus der Krise stärker herausgehen, als man hereingekommen ist, wie in Deutschland, also in Europa.

Sie psychologisiert, nennt, was »Bankenkrise« ist, lieber »Vertrauenskrise«, appelliert, wir müssten wachsam sein, formuliert wie ein Hauswart. Der aber kennt und nennt wenigstens seine Gegner. Merkel weiß, in dieser Situation muss man im Subtext eine Furcht vor dem Verlust des Jetzigen schüren, muss Kontinuität als Offenbarung anbieten. Obendrein ist sie noch unablässig »überzeugt«, meist unter Prämissen, die nicht befragt werden dürfen – »wenn wir so weitermachen«, dann werde uns nichts fehlen, das ist der quasi-religiöse Sinn. Dann packt sie ihre Rede in eine dicke schwarze Mappe, registriert den lang anhaltenden Beifall kaum, lächelt und erlischt.

Es ist nicht Unbeholfenheit, es ist Kalkül: Die Kanzlerin hält Reden weitgehend frei von Ideen, selbst frei von Einfällen, weil sie sie nicht braucht. Lieber redet sie in Feststellungen oder hält bloß scheinbar den Sprechverkehr aufrecht, bewegt die Saalluft durch Einatmen-Ausatmen. Im Grunde sabotiert sie das Kommunikationsmodell, denn sie ist nicht die, die spricht: die Sprecherin lobt sich unablässig, doch eitel ist Merkel nicht. Sie sieht auch kein Gegenüber, denn dieses wäre von so viel Eigenlob nicht zu bewegen, und sie spricht dezidiert unambitioniert, wie eine, in der die Sprache kein Zuhause hat. Es ist das Erfolgsrezept der Glanzlosigkeit, also auch eines Landes, das sich im Pragmatismus feiert.

Wenn sie sagt, »ich bin fest überzeugt«, weiß man, was jetzt kommt, ist weder fest noch überzeugt oder aber der Kategorie der Überzeugung entzogen. Sie erinnert an die Firmenchefs in der Werbung, die sagen: »Dafür stehe ich mit meinem guten Namen.« Sie hat sich emporgearbeitet zu einer Manifestation politischer Gestaltlosigkeit, und eben dadurch ist sie politisch in dieser Zeit, die keine Charaktere, keine Schurken, keine Erlöser sucht, eher Sachbearbeiter, morphologisch schwächer differenzierte, reibungsarme Instanzen, die Macht durch Zuschreibung bekommen. Man bewundert an ihnen, was ihnen angetragen wurde, nicht, was sie sind. Das ist banal und genau darin nicht einmal erschreckend.

Der ihr am Pult nachfolgende Peer Steinbrück (SPD) beginnt mit einem Scherz, den man zunächst für verunglückt hält: Fritz Erler habe auf die Regierungserklärung von Ludwig Erhard ehemals sinngemäß geantwortet: »›Ihre Rede, Herr Bundeskanzler, war sehr reziplikativ.‹ (Beifall bei der SPD sowie bei Abgeordneten des B 90 / DIE GRÜNEN – Unruhe.) Daraufhin gab es eine ähnliche Unruhe wie jetzt, weil sich alle fragten: Was heißt ›reziplikativ‹ eigentlich? (Heiterkeit und Beifall bei Abgeordneten der SPD) Daraufhin sagte Fritz Erler: ›Das heißt gar nichts; das spricht sich nur so schön.‹«

Die Pointe kommt also sicher, auch die Anschlüsse sind gelungen, denn Steinbrück vollendet, nimmt die Langeweile der Merkel-Rede auf, entlarvt den Stehsatz, die Wiederholungen, bemerkt, man habe den Eindruck, »dass man diese Regierungserklärung schon drei-, viermal gehört hat. Das ist auch der Grund dafür, dass die Hälfte der Regierungsbank absolut überwältigt ist, allerdings vom Schlafbedürfnis; das sieht man denen an. Ich habe eigentlich erwartet, dass an irgendeiner Stelle in dieser Regierungserklärung der Satz kommt: Eine gute Grundlage ist die beste Voraussetzung für eine solide Basis in Europa, meine Damen und Herren.« So beginnt die erste tatsächlich angriffslustige Rede des Herausforderers im Parlament, schraubt sich hoch zu den Fakten, den Korrekturen, den Gegenentwürfen.

Die Kanzlerin reagiert mit zusammengekniffenen Lippen. Kristina Schröder liest vom Display, Ilse Aigner unterhält sich mit Pofalla, von der Leyen, Schäuble, Leutheusser-Schnarrenberger, Friedrich, Wanka lesen Akten, Ramsauer geht, Altmaier ist schon weg. Bedenkt man, dass dies das vorletzte große parlamentarische Duell zwischen der Kanzlerin und dem Kandidaten vor der Wahl ist, zeigt man ein bemerkenswert offenes Desinteresse. Das Fernsehen, das man in diesen Tagen bereitwillig bedient, genießt offenbar mehr Respekt als der Bundestag.

Inmitten seiner Zahlen schwimmt Steinbrück einstweilen höchst lebendig, auch seine Gesten werden weiträumiger. Die Begeisterung für den plötzlich animierten Kandidaten schwappt bis in die letzte Reihe. Merkel und Rösler sitzen so dicht nebeneinander, dass sich ihre Arme fast berühren. Manchmal lacht die Kanzlerin, wendet sich um zu Pofalla. Steinbrück sagt eben: »Sie können nicht mit Geld umgehen.« Merkel lacht herzlich. »Wenn Sie in der Wüste regieren würden, würde der Sand knapp.« Sie stiert. »Mein

301

Gott, Sie leben doch von der Rendite, die wir erwirtschaftet haben.« Steinbrück annulliert ihre Reformen eine nach der anderen, keine wird Bestand haben. Er adressiert die Zwischenrufer: »Mein Gott, dass Sie so leicht zu belustigen sind …«, macht Ausflüge in die Geschichte, beherrscht sein Material, reagiert situativ, beweist Schlagfertigkeit.

Merkel sieht jetzt einfach sehr erschöpft aus. »Das Erbe von Helmut Kohl ist bei Ihnen nicht gut aufgehoben«, muss sie sich anhören, und die Opposition ist plötzlich zufrieden mit ihrem Kandidaten. Gregor Gysi sitzt, als erkenne er im Redner gerade seinesgleichen, hört sprungbereit zu. Merkel kauert mit gefalteten Händen. Da wird Steinbrück leise, trägt staatsmännische Haltung auf: »Wir brauchen eine neue Europa-Regierung.« Oder appelliert: »Wir müssen auch in Europa mehr Demokratie wagen.« Nach getaner Arbeit nimmt er zwischen Gabriel und Steinmeier Platz, die glücklich lachen. Der Applaus währt lange, nur Volker Kauder spottet zur Bank der Trias hinüber.

Rainer Stinner (FDP) verwechselt anschließend Erler mit Erhard. So bringt er also auch den müden Witz zu Heinz Erhardt nicht mehr sicher durchs Ziel. Er nennt Steinbrück einen »Komiker«, verbreitet selbst aber eine solche Peinlichkeit, dass viele aufbrechen, auch Fotografen, Besucher, Parlamentarier, auch die Bundesratsbank hat sich geleert. Die Welle ist gebrochen.

Auch Gregor Gysi (DIE LINKE), der heute leiser und ernster spricht und bei einem drohenden Krieg in der Türkei beginnt, mobilisiert den Saal nicht mehr. Deutschland steht auf Platz 9 der Liste der Steueroasen? Merkel ringt sich zu offenem Lachen durch. Manchmal hängt ihr Lächeln auch zur Unzeit im Saal, so als Gysi sagt, Russland liefere Waffen an Assad. Er argumentiert mit beiden Fäusten, schimpft auch wieder, dass Steinbrück den Rettungspaketen zugestimmt habe, die er jetzt beklage. Steinbrück aber ist nicht mehr im Saal, und auch Merkel wendet dem Redner den Rücken zu, wühlt, während seine Rage über die Unangefochtenheit der Reichen wütet, in ihrer blauen Hängetasche. Im Abgang verneigt sich Gysi maliziös vor dem Block der Rot-Grünen.

Die Sonne scheint nun auch auf Volker Kauder (CDU/CSU) und Jürgen Trittin (B 90/DIE GRÜNEN). Der Erste liest aus einer Zeitung eine CDU-Erfolgsbilanz vor, wird schneidig, appelliert an Merkel, in der Türkei nicht nur über Wirtschafts-, sondern auch über Menschenrechtsfragen zu sprechen, der Zweite steht am Pult, als umarme er einen Baumstamm. Merkels Mund verzieht sich. Starbucks zahle keine Steuern in Deutschland, auch Großkonzerne zahlten nicht dank der »in Taten neoliberalen Klientelpolitik«! Hier nickt auch Gysi. Das Licht hat sich eingetrübt, die Kameraleute reden, der Schwung ist raus, man taucht gemeinsam in eine Zone des Phlegmas. Die Reihen lichten sich weiter. Im Hellgrau der Kuppel schreiten Touristen mit beschleunigten Schritten. Der Junge vor mir blättert sich auf seinem Handy durch schwarzweiße Kriegsfotografien. Die Rednerin am Pult wiederholt gerade Sätze der Kanzlerin, als seien sie schon kanonisch geworden.

Erst als Ruprecht Polenz (CDU / CSU) zu seiner letzten Rede im Parlament antritt, wandelt sich die Atmosphäre. Zwar referiert er zunächst bloß eine statistische Erhebung zu Syrien, aber wie er sie vorbringt, so gramvoll, in sich versunken, rhetorisch unscheinbar, aber ernsthaft bewegt, verschafft er sich Wirkung. In seinem Engagement für Syrien spricht Polenz frei über den Karteikärtchen, die von seinen ratlosen Händen hin und her geschoben werden wie zum symbolischen Ausdruck einer Hilflosigkeit vor der Weltpolitik. Der Zwischenapplaus kommt vor allem von den Grünen, der Schlussapplaus ist allgemein.

Das Licht hat jetzt das Kolorit einer Vor-Regenstimmung. Die »großen Tiere« haben die Kampfzone verlassen. Der Pulverdampf verzieht sich über einem Plenum, in dem die Gesundheitspolitiker Platz genommen haben, die ihre Reden mit Glückwünschen zur Geburt der Tochter von Gesundheitsminister Bahr eröffnen. Anschließend schlagen sie vom Neugeborenen eine Brücke zur Bedrohung des Ablebens, wechseln von der Sentimentalität des Einstiegs in den Modus rabiaten Angriffs.

Karl Lauterbach (SPD) nimmt den jungen Vater ins Visier und spottet freundlich: »Wenigstens in dieser Hinsicht gelingt es Ihnen, etwas mit Hand und Fuß zu produzieren. Das kann man für die Gesetze nicht unbedingt sagen. Trotzdem Glückwunsch im Namen unserer Fraktion.« Wo er sich der Pflegereform zuwendet, schluckt sein rheinischer Singsang selbst die eigene Erregung und schaukelt den Saal in ein Erschöpfungsphlegma. Er klagt überzeugend, die Kanzlerin habe keine einzige Grundsatzrede zu einem Thema gehalten, das immerhin fünf Millionen Menschen betreffe, er rekapituliert deprimierende Zahlen. Unterdessen wird Bahr, der ausschließlich für diese Debatte seine Vaterschaft hat ruhen lassen, umringt, umarmt, geklopft und geküsst, und auch Lauterbach hebt noch einmal den Daumen.

Unterdessen hält auch Kathrin Senger-Schäfer (DIE LINKE) ihre letzte parlamentarische Rede, und es gelingt ihr in wenigen Sätzen, aus dem Innenleben des Pflegethemas zu sprechen. Plötzlich sieht man Menschen, die sich verwirrt mit dem Putzlappen reinigen statt mit dem Waschlappen. Man sieht die Demenzkranken, die das Waschen überhaupt vergessen. Im Bundestag werden manchmal Dinge öffentlich, die das Gemeinschaftsleben betreffen, eine Erinnerung an das, was das Leben draußen ausmacht. Diese Passagen wirken wie Zooms in existentielle Situationen und sind bisweilen so real, dass sich ein Missverhältnis auftut zwischen dem Anschauungsbericht und der politischen Konsequenz. Es sind die Momente, in denen die Realität die Politik blamiert, weil diese so fern ist.

Auch für diese Rednerin ist der Applaus allgemein. Die Glückwünschenden strömen hinzu. Auch Minister Bahr kommt von der Regierungsbank, verabschiedet die Kollegin, scherzt mit Lauterbach, der ihm die Hand auf die Schulter legt. Senger-Schäfer aber bleibt anschließend sitzen, klatscht auch der grünen Nachfolgerednerin, lässt sich nicht ablenken, nickt, behält das Thema im Blick wie einen Pfeil, dessen Flugbahn sie verfolgt. Elisabeth Scharfenberg (B 90/DIE GRÜNEN) ruft eben: »Herr Minister, das war reine Drückebergerei.« Nun klatschen alle, die mit Bahr gerade noch herzlich waren, auch Senger-Schäfer, auch Lauterbach.

Die Rednerin mobilisiert derweil die drei Basis-Instrumente der Dramatisierung – Angst: »Der Pflege droht ein Flächenbrand«, Freude: »Ich freue mich sehr, dass man sich auf breiter Ebene zusammengeschlossen hat«, Hoffnung: »Die Wählerinnen und Wähler werden Sie hoffentlich im September hängen lassen.« Es ist Politik, hat aber die Empfindsamkeit des Groschenromans. An der großen Sitzungstafel stehen zu diesem Zeitpunkt die Worte: »Abschließende Beratungen ohne Aussprache« – das ist parlamentarisch möglich, semantisch nicht.

Minister Bahr eröffnet mit einem Bericht von seiner »kurzen Nacht«, gekommen sei er trotzdem, so wichtig sei ihm die Pflege. Das Bild des modernen Vaters passt ins Konzept eines Gesundheitsministers, der sein Patronat über die Bedürftigen spannt: »Wir sorgen dafür«, sagt er, »wir wissen«, »wir unterstützen«, am liebsten aber und immer wieder: »Wir sorgen.« Unter all dem »sorgen« werden die Zwischenrufe immer lauter, und immer heftiger wird der Minister. »Ergebnisqualität muss das Ziel sein«, brüllt er gegen die Linke gestikulierend und zeigt die Arroganz des Amtsträgers, der die Opposition dafür verachtet, nichts durchsetzen zu können. Die Zwischenrufe sind jetzt laut und schrill. Gleich drei Parlamentarierinnen keifen und gestikulieren den Minister nieder.

Wir erleben »eines langen Tages Reise in die Nacht«. Es ist eine halbe Stunde vor Mitternacht, als Vizepräsident

Wolfgang Thierse mit dem Verlesen der Anträge, Änderungsanträge, Beschlussempfehlungen und Entschließungsanträge beginnt, zu denen die Reden zu Protokoll gegeben werden. Er endet, über seine Papiere gebeugt, mit den Worten: »Die Tagesordnung, steht hier, ist erschöpft. Ich auch. Das waren jetzt sage und schreibe 85 Minuten – eine Stunde und 25 Minuten –, die ich hintereinander gelesen habe. (Beifall bei Abgeordneten im ganzen Hause.) Ich bitte, mir demnächst irgendeinen Geschäftsordnungsverdienstorden anzuhängen. Ich berufe feierlichst die nächste Sitzung des Deutschen Bundestages auf morgen (Zurufe: Heute!) – nein: auf heute –, Freitag, den 28. Juni 2013, 9 Uhr, ein. Die Sitzung ist geschlossen. Ich wünsche Ihnen eine ruhige Nacht.«

Es ist jetzt 0.52 Uhr.

Freitag, 28. Juni, 9 Uhr

Weil es heute zuerst um Hilfsfonds zur Bewältigung der Hochwasserkatastrophe gehen soll, ist die Bundesratsbank gut besetzt. Auch Repräsentanten der geschädigten Länder werden sprechen. Präsident Lammert beginnt: »Die Sitzung ist eröffnet. Guten Morgen, liebe Kolleginnen und Kollegen! Ich begrüße Sie alle herzlich zu unserer 251. Sitzung in der allmählich zu Ende gehenden Legislaturperiode. Ich begrüße all diejenigen, die schon wieder da sind – und ganz besonders diejenigen, die immer noch da sind, die die gestrige Jubiläumssitzung, die 250. Sitzung, in vollen Zügen genossen haben.«

Die Ironie gewinnt an Bitterkeit, als Reiner Haseloff, Ministerpräsident Sachsen-Anhalts, ans Pult tritt. Er, der Repräsentant des vom Hochwasser schwer und bleibend getroffenen Bundeslandes, kann dieses zumindest rhetorisch kaum vertreten. Seiner Rede fehlt jeder Akzent. Was über Leiden zu sagen ist, wird heruntergeleiert und verliert an Evidenz. Wäre er bloß erschöpft, man begriffe, so aber existiert da ein Redner stumm neben seiner geschriebenen Rede. Von den Ministern sind einzig Aigner und Schäuble im Raum. Schäuble hat den Kopf in den Händen vergraben, Aigner lacht mit von Klaeden. Ein Fotograf spottet über »das rhetorische Feuerwerk«. Dann erhebt sich Aigner, geht zu Haseloff und schüttelt ihm lange und wie kondolierend die Hand.

Es gibt auch im Umgang mit der Katastrophe alle Typen aus dem dramatischen Personal: den Ministerpräsidenten, der auf beredte Weise stumm bleibt; den Parlamentarier, der vom Schauplatz des Geschehens kommt und vor allem das mitteilt; den Parteisoldaten, der, rhetorisch auf der Deichkuppe stehend, vor allem den politischen Gegner bekämpft; die ehemalige Umweltministerin, die den Bogen von der Fließgeschwindigkeit der Flüsse bis zum Klimaschutz spannt; den Parlamentarischen Staatssekretär mit den Forderungen: »dann müssen die Interessen von Käfern und Fledermäusen (...) irgendwann einmal zurückstehen« und »bitte machen Sie Urlaub in Deutschland«.

Und schließlich gibt es den Brandenburger Finanzminister, Helmuth Markov, der »als ein Dunkelroter« doch der Regierung für die Ermöglichung von Sofortprogrammen dankt, dann aber das Problem benennt, das die vom Hochwasser Betroffenen wirklich umtreibt: Die Versicherungen wollen nicht zahlen, sofern die Maßnahmen der Regierung zur Verhinderung künftiger Katastrophen nicht ausreichen. »Wir müssen den Flüssen ihren Lauf zurückgeben!«, sagt er inständig, erzählt von der solidarischen Zusammenarbeit mit den polnischen Nachbarn, entwickelt Pläne zur Aufbauhilfe und sieht dabei von aller Parteitaktik ab, ja, ironisiert sie. Als er wieder am äußersten Platz der Bundesratsbank sitzt, kommen Abgeordnete und umarmen ihn als einen Betroffenen.

Ilse Aigner wiegt sich unterdessen hin und her, mustert das Haus, die Tribünen, sogar die Kuppel. Man kann in ihrem Gesicht sehen, wie sie sich abspaltet von ihrem Amt, privat da sitzt, Abschied nimmt, denn es sind auch ihre letzten Tage im Parlament. Jemand kündigt an, »eine Fluthelfermedaille« zu stiften, ein anderer malt rhetorische Kitschpostkarten aus dem Elend. Einig sind die Regierungsvertreter in der Abwehr der Prävention. Zwar hätte die Renaturierung der betroffenen Landschaft eine Milliarde gekostet, die Nothilfe dagegen kostet acht, der Abgeordnete der CSU aber stellt fest, die Renaturierung helfe den Leuten heute nicht, beharrt auf dem Heute und bekommt dafür breiten Applaus.

Heute bin ich schon morgens müde, die Stimmen scheinen alle gleich, mit ihren ähnlichen Amplituden, selbst die aufschwappende Empörung im Plenum dringt nicht durch. Manchmal reden wir jetzt auf den Fluren. »Und – wie sind die Debatten heute?«, fragt jemand. »Brillant«, wird ihm geantwortet. Die Garderobenfrauen sitzen da mit geschnittenen Apfelstücken auf einer Untertasse. Sie reden über das Reisen, ein Essen, das Zuhause, es stellt sich das Gefühl für ein Solidarschicksal ein.

Auf dem Monitor vor der Tür schaue ich mir stumm Ursula von der Leyen an. Man sieht die Brandung der Gegenwehr aus der Opposition auf ihrem Gesicht. Wie souverän im Umgang sie damit ist! Es scheint ihr regelrecht Spaß zu machen. Sie variiert ihre Gestik, swingt, ihre Schlaghosen stehen wie Sockel, oben nutzt sie die ganze Spannweite ihrer Arme. In kurzer Zeit war sie alles: Erzieherin, Pädagogin, Mädchen, Respektsperson, Fräulein, Range. Bei Fragen macht sie sich Notizen, hört einem einflüsternden Staatssekretär zu, markiert, unterstreicht, streckt den Zeigefinger wie zur Wortmeldung, redet noch einmal, offenbar deeskalierend, provoziert die nächsten Stürme, setzt sich, sitzt danach lange bewegungslos mit einem Glas vor dem Mund, aus dem sie nicht trinkt.

Als ich den Saal wieder betrete, spricht eine blonde Abgeordnete der Linken zur Rentenanpassung Ost-West. Sie ist fast am Ende und sagt mit Blick auf die Wahlen: »Wir alle wissen nicht genau, wie es ausgehen wird, und so weiß auch ich nicht genau, ob ich hier noch einmal sprechen kann.« Dann bricht sie in Tränen aus. »Ich möchte Ihnen und vor allen Dingen auch allen, die zuhören, deshalb sagen: Solange ich denken kann, solange mein Herz

schlägt, werde ich für Gerechtigkeit in Sachen Renten-
überleitung kämpfen. Die Lebensleistung Ost muss anerkannt werden!« Die letzten Worte gehen in Schluchzen
über. Man nimmt sie in die Arme, nach und nach kommen
mehrere Delegierte ihrer Partei und trösten sie. Dann
muss sie lachen, aber die Tränen wischt sie sich noch fünf
Minuten später von der Wange. Dann verschränkt sie die
Arme über der Brust, was ihr etwas Proletarisches gibt,
lacht über einen Fehler des CDU-Redners, muss aber
gleich wieder weinen. Wer aufrichtig und berührt ist in
der Sache, wirkt hier sympathisch deplatziert.

Wer dagegen wie Peter Weiß (CDU/CSU), im
Kommisston und ohne Anschluss an das eben Erlebte,
Zwischenfragen mit jovialem Gestus abtut, um dann in
die Pose des Volksdemagogen zu verfallen, wer seine
trivialsten Sätze zerdehnt, in denen er künstliche Pausen
setzen und die Stimme zum schneidigen Belfern sammeln
kann, um breitbeinig und mit der hämmernden Faust dem
Saal einzutrichtern: »Vertrauen Sie Angela Merkel«, der
gilt als Vollblutpolitiker. Es gibt Menschen, die ändern
ihren Charakter im Auto, und es gibt solche, die ändern
ihn am Rednerpult. Vielleicht sind sie woanders klug und
bedächtig, im Element der Parlamentsrede aber sind sie
bloß grob.

Franz Müntefering sitzt wieder ganz hinten mit über-
einandergeschlagenen Beinen, schaut mit den Augen des
Alten, der zusieht, wie die Jungen übernommen haben
und in die Formen passen. Gerade die beiden jungen
Frauen, die zuletzt sprachen, sind beeindruckend in ihrer

Energie, auch einer Wahrhaftigkeit, die ohne Effekt ist. Diana Golze (DIE LINKE), dieses schmale kunstrote Mädchen mit dem leuchtenden Pferdeschwanz zum grellgrünen Shirt, spricht mit der Dringlichkeit der jungen Frau, die in diesem Augenblick Stimme der gesamten Opposition ist. Sie schert sich offenbar wenig um die allgemeine Zustimmung, arbeitet, zurückgekehrt in die erste Reihe, gleich weiter.

Und da ist Katja Dörner (B 90 / DIE GRÜNEN), die ein modernes Frauen- und Mutterbild gegen das Betreuungsgeld verteidigt, ehe ein Landjunker der CDU / CSU übernimmt. Er hat etwas vom Rotwangigen, Schlichten des Mannes, der morgens noch den Stall ausgemistet hat, dann den geerbten grünen Schlips, dazu eine Ehrennadel anlegt und eine mundartliche Rede im Parlament hält mit dem Refrain: »isch nix«, »isch nix«, »isch nix«. Als jemand »Armleuchter« ruft, muss Vizepräsident Solms, der sonst alles geschehen lässt und selbst Lärm nicht bemerkt, sagen: »Ich rüge das ausdrücklich.«

In der folgenden Sitzungsunterbrechung wegen einer namentlichen Abstimmung ist plötzlich Peer Steinbrück auf der Pressetribüne und erklärt zwei Kindern die Anordnung des Parlaments. Es könnte privat sein, im Wahlkampf aber wirkt alles kalkuliert: »Das Rednerpult könnt ihr da erkennen«, sagt er. Ich suche Kameras, kann keine entdecken. »Da gibt es einen höheren Stuhl, seht ihr den, da sitzt der Bundeskanzler oder die Bundeskanzlerin.« Dann erklärt er den Kindern, dass man für Gysi, der nicht so groß sei, das Pult runterfahren müsse, erklärt die Aufgabe der Stenographen, die Zwischenrufe wie »Sie schwindeln!« verzeichnen müssen. Auch dürfe man später nichts in die Rede hineinschreiben, was man nicht gesagt habe. »Gestern habe ich hier eine Rede gehalten, da wollte ich hinterher nur ein einziges Wort ergänzen, aber da wurde mir gesagt, das darf ich nicht.« Unten nimmt währenddessen das letzte Rudelbilden dieser Legislaturperiode seinen Lauf.

Es ist jetzt 14 Uhr 30, Kunstlicht wird zugeschaltet und schimmert gespenstisch. Georg Nüßlein (CDU/CSU) erklärt, dass er die Linken für gefährlich halte, sie seien »Radikale« etc. Die Jugendlichen auf der Tribüne lachen, schütteln den Kopf. Schon sein Dialekt verrät seine Stammeskultur. Warum seine Rede gehalten werden musste, weiß man nicht. Inzwischen sitzt auch ein Säugling im geblümten Strampler auf der Tribüne und schreit einmal in den Raum, ein heimeliges Geräusch, auf schöne Weise milieufremd. Anschließend niest er drei Mal, macht Bäuerchen und Schnute. Jemand spricht von der »Zukunft«. Da zieht das Baby gleich einen Flunsch.

Mit Ernst Hinsken (CDU/CSU) verabschiedet sich nach 33 Jahren Präsenz ein Altgedienter des Parlaments. Hinsken, ein gedrungener Klotz, der »vieles mitgestalten« durfte, so sagt er, der den Konsens gesucht und den Streit nicht gemieden habe, rekapituliert politische Geschichte mit beiden Fäusten auf dem Pult. Anschließend steht die Regierungsfraktion geschlossen auf. Hans-Ulrich Klose applaudiert mit weitgeöffneten Armen. Mehrmals will er aufbrechen, entschließt sich aber doch zum Bleiben und setzt sich in die CDU-Bank neben Hinsken, die beiden umarmen sich kameradschaftlich, ehemals streitende Weggefährten.

Zum Thema »Berufliche Bildung« spricht gerade eine Abgeordnete der Linken, materialreich, angriffslustig, manchmal verschwörerisch, mit einer alle Register bearbeitenden Stimme. Einmal sagt sie: »Das Leben ist schön.« Vizepräsident Wolfgang Thierse mahnt: »Frau Kollegin, Sie müssen zum Schluss kommen.« Sie tut es, kehrt an ihren Platz zurück und bricht dort stumm zusammen. Jemand beugt sich über sie, andere eilen herbei, schirmen sie ab. Von mehreren Abgeordneten aus dem Sitz gehoben, wird sie auf der Rampe zum Ausgang, nur wenige Meter vom Rednerpult entfernt, zu Boden gelegt. Ein CDU-Abgeordneter spendet Mund-zu-Mund-Beatmung. Die Gesichter, die aus dem Kreis um die Liegende auftauchen, sind verstört, andere tieftraurig. Es ist der Einbruch des Ernstfalls in das Parlament, drastisch wirklich, wenige Minuten bevor sich alle in die Sommerpause verabschieden wollten.

Man hört Atemgeräusche. Eine Stimme gellt durch den Saal: »Aber die Kameras nehmen das jetzt bitte nicht auf!« Alle im Plenum stehen, eine Saaldienerin hält ihre Jacke als Sichtschutz vor die Liegende. Einzelne Abgeordnete wenden sich an Thierse. Man ruft weiter nach der Ärztin. Die Abgeordneten stehen in Grüppchen, jemand fächelt am Boden Luft. Einige postieren sich dichter im Kreis, um den Tribünen die Sicht zu nehmen. Ein Infusionsgalgen wird herbeigeschoben, eine Herzdruckmassage verabreicht. Dann fordert Thierse die Besucher auf, den Saal zu verlassen. Das tun sie, die Schülerinnen und Schüler stellen sich aber gleich an die großen äußeren Scheiben, um von hier aus weiter zu beobachten. Schließlich werden sie von den Saaldienern auch von dort vertrieben. Ein Spalier von Ordnern riegelt jetzt die Glaswand zum Plenum ab.

Die Schüler, die so abrupt den Saal verlassen mussten, langweilen sich jetzt, entdecken in der Wartezone das Regal mit den Bundestagsbroschüren. Einer ruft: »Noch jemand Grundgesetz?« »Grundgesetz hab ich schon«, wird ihm geantwortet. Immer mehr Abgeordnete verlassen den Saal, die meisten mit versteinerten Zügen. Das Protokoll verzeichnet später eine »Unterbrechung von 15.41 bis 16.06 Uhr« als Folge eines »medizinischen Notfalls«. Die restlichen Reden werden zu Protokoll gegeben.

Anschließend bleibt die Stimmung im Saal bedrückt. Thierse spricht leise, liest bloß noch vom Blatt, abgestimmt wird knapp und kommentarlos. Der Antrag auf Aufnahme syrischer Flüchtlinge wird noch angenommen. Mit belegter Stimme wünscht Thierse dann »Ihnen allen einen guten und gesunden Sommer, besonders unserer Kollegin«, »dass sie schnell wieder gesund wird«. Einzelne Abgeordnete bleiben in Grüppchen stehen, verlassen den Saal nicht. Man denke über das Leben nach in einer solchen Situation, sagt einer später im Aufzug, auch über den Umgang miteinander. Das Sonnenlicht war zuletzt im Saal ganz hell, lag aber in Flecken auf dem Adler.

Montag, 2. September, 16 Uhr 30

Merkel reist in den Osten, man sieht, wie Menschen ihr die Hand küssen. Steinbrück kämpft mit schlechter Presse und niedrigen Umfragewerten. Die mediale Welt sagt vor allem: Es bleibt spannend. Das muss es, Zeitungen und Wahlsendungen wollen verkauft werden. Am Vorabend lief im Fernsehen das Wahlduell. Angela Merkels Kette in den Nationalfarben, Stefan Raabs Formulierung vom »King of Kotelett« bestimmen die Presse.

Die letzten beiden Parlamentstage vor der Bundestagswahl sind außerordentliche. Sie dienen dem Kehraus, abschließenden Berichten, ausstehenden Beschlussempfehlungen und auch hier noch dem Wahlkampf. Es regnet. Die Temperaturen sinken erstmals wieder.

Auf den Besuchertribünen haben sich heute keine Schulklassen eingefunden. Vielmehr wimmelt es von schwarzen Anzügen. Das Aufgebot an Fernsehkameras ist hoch, auch ausländische Teams sind gekommen. Steinbrück begrüßt Künast mit raumgreifendem Charme. Merkel sitzt blass in der petrolfarbenen Jacke, nur Rösler und Westerwelle neben sich. Der Bundespräsident trifft auf der Tribüne ein. Er nimmt unter Vertretern der türkischen Familien Platz, die bei den Anschlägen der NSU Angehörige verloren haben. Die Abgeordneten applaudieren ihnen, viele drehen sich dabei zur Tribüne um.

Es ist dies Gaucks Art, das Schuldeingeständnis des Staates mitzutragen, eine symbolische Geste, aber eine gewichtige zum Abschlussbericht des Untersuchungsausschusses. Der Bundestagspräsident eröffnet selbstkritisch angesichts der früheren haltlosen Beschuldigungen der Angehörigen. Der Saal klatscht unisono. Lammert spricht gut, die Ministerriege ist fast komplett. Kritik übt er auch daran, dass diese Sitzung dem öffentlich-rechtlichen Fernsehen keine Übertragung wert ist. Der Applaus ist breiter, die Kanzlerin quittiert es mit Lächeln. Er hat recht, übertrug das öffentlich-rechtliche Fernsehen doch jüngst noch über Stunden die Taufe einer schwedischen Prinzessin, und haben sich nicht auch Fernsehsender in der Berichterstattung über die »Döner-Morde« mitschuldig gemacht?

Was Sebastian Edathy (SPD) dann aus dem Innenleben des Ausschusses berichtet, ist parlamentarisch beispiellos: Einigkeit in der Empörung über die Ergebnisse und die bis in die Untersuchungen andauernden Lügen der befragten Ermittler; Einigkeit in jeder Abstimmung; Einigkeit bei der Durchsetzung der Positionen; Einigkeit bei einer überparteilichen Arbeit ohne Zwist. Dabei erlaubt sich der Redner keinerlei Beschönigung, berichtet fassungslos von »derart massivem Behördenversagen« und lässt keinen Raum mehr für eine parteibezogene Ausbeutung des Falles.

Die Aufmerksamkeit ist hoch. Edathy referiert, dass bei neun von zehn Morden, »nicht ergebnisoffen«, sondern mit »Ressentiment« ermittelt wurde. Das Schuldeingeständnis ist ehrlich und umfassend, der Applaus dafür stark und anhaltend. Nur Kulturstaatsminister Neumann trifft mit zwanzig Minuten Verspätung ein und beginnt gleich, sich nach beiden Seiten zu unterhalten. Von den

Tribünen aus, auf denen neben den Angehörigen der türkische und der griechische Botschafter sitzen, ergibt sich das Bild eines feierlichen Plenums, in dem ein Einziger den Geist der Stunde nicht erfasst hat. Dieser ist der Kulturvertreter.

Die Reden sind indessen parteiübergreifend gut und beweisen, was das Parlament leisten könnte, würde es sachlicher und weniger strategisch arbeiten. Trotz des Wahlkampfes sind fast alle Leitfiguren der Parteien zugegen. Sie erfahren, dass 47 Empfehlungen im Konsens der Fraktionen vom Ausschuss beschlossen wurden.

Dann berichtet Petra Pau (DIE LINKE) von ihren Besuchen an den Tatorten, von den Gesprächen mit den Angehörigen der Opfer. Einer von diesen, der seit vierzig Jahren in Deutschland lebt, hatte eingeräumt, gewiss, die Polizei könne Fehler machen, aber: »Sie haben vergessen, dass wir Menschen sind, und das kann ich nicht verwinden.« Paus Rede ist bewegt und bewegend, frei von Phrasen und Paraphrasen. Sie ist vor allem ungeschönt, wo sie den Rassismus der Attentate mit den rassistischen Zügen der Ermittlungen in Beziehung setzt, und zieht daraus nicht nur rhetorische Konsequenzen, nein, sie votiert vielmehr dafür, die Ämter für Verfassungsschutz als Geheimdienste aufzulösen. Wenn die Kanzlerin vollständige Aufklärung versprochen habe und nun erfahren müsse, dass die Untersuchungen auch von Regierungsstellen blockiert worden seien, dann belaste dies gleichermaßen die Kanzlerin und die Opfer. Die Regierungskoalition versagt sich dazu den Schlussapplaus.

Allmählich zeigt das feierlich gestimmte Kollektiv Erosionsprozesse, die Regierungsbank leert sich. Auch heute ist die Tribüne disziplinierter als das Parlament, das zuschauende Publikum mehr bei der Sache als das Plenum. Während am Pult über ein unerhörtes Staatsversagen, über Rassismus und Rechtsterrorismus gesprochen wird, geben schließlich mehrere Minister das Bild völligen Desinteresses ab. Der Bundespräsident aber sitzt mit gefalteten Händen aufmerksam da, blickt auf die leeren Plätze von Westerwelle, Rösler, Aigner, auf das Aktenstudium Schröders, die Konversationen Ramsauers, Pofallas und Neumanns. Sie alle sagen: Es gibt Wichtigeres, und wir auf der Tribüne können nicht anders, als zu fragen, was die Angehörigen der Ermordeten von diesen Bildern halten, zeigen sie doch vor allem die Halbwertzeit der Ergriffenheit an.

Die Kanzlerin hat die Arme übereinandergeschlagen, abgekämpft, vom Wahlkampf aufgerieben. Doch bleibt sie sich der demonstrativen Bedeutung ihrer Anwesenheit bewusst. Serkan Tören (FDP) nennt dies gerade »eine Sternstunde des Parlaments« und beschließt seine Rede auf Türkisch. Merkel geht anschließend zu ihm und schüttelt ihm die Hand, auch das eine Geste, so still wie sprechend.

Dienstag, 3. September, 9 Uhr 03

Am Vorabend hat im Fernsehen das kleine Duell zwischen Gysi, Trittin und Brüderle stattgefunden. Es war schärfer, lebendiger, ironischer als das vermeintliche »Kanzlerduell« zuvor. Auf der Tagesordnung dieser letzten parlamentarischen Zusammenkunft vor der Bundestagswahl steht: »Vereinbarte Debatte zur Situation in Deutschland«, eigentlich also: Abschlussveranstaltung des parlamentarischen Wahlkampfs. Abgeordnete strömen in den Plenarsaal, viele zum letzten Mal. Manche fotografieren sich noch wechselseitig. Ein freundlicher Kleiderschrank posiert fünf Minuten vor Sitzungseröffnung am Pult, simuliert lächelnd den Debattenredner. Präsident Lammert teilt in seiner Eröffnung auch mit, dass die Abgeordnete der Linken, die vor der Sommerpause einen Schlaganfall im Parlament erlitten hat, immer noch auf der Intensivstation liege, mit dem heutigen Tag aber in ihre Heimat verlegt werden solle.

Dann tritt Volker Beck (B 90/DIE GRÜNEN) ans Mikrophon und beginnt: »Herr Präsident! Meine Damen und Herren! Liebe NSA!« Anschließend beantragt er eine sofortige außerordentliche Debatte zur Ausspähung durch den amerikanischen Geheimdienst, »den bisher größten Angriff auf die Rechte der Bürgerinnen und Bürger der BRD«. Als er von den Verdiensten des Whistleblowers Edward Snowden spricht, höhnt Volker Kauder (CDU/CSU): »Bundesverdienstkreuz für Snowden!« Der Hohn trifft die Zivilcourage.

Beck weiß, dass das Parlament diese Debatte der interessierten Öffentlichkeit schuldig ist. Er weiß auch, dass die Mehrheit die Debatte ablehnen, sie für Wahlkampf erklären wird. Wieder – und das im prekären Fall der Gefährdung von Grundrechten – überlässt das Parlament die Volksvertretung den Talkshows. So bleibt parlamentarisch allenfalls festzuhalten: Die millionenfache Überwachung von E-Mails und Telefonaten wird von der deutschen Regierung nicht als Angriff gesehen, und während man in den USA den Fall für das eigene Land leidenschaftlich diskutiert, scheitert die aktuelle Auseinandersetzung dazu in Deutschland an der Geschäftsordnung des Bundestags.

Wichtiger ist die Fortsetzung des Wahlkampfs mit anderen Mitteln, getarnt als Leistungsschau der Regierung, vorgestellt von einer in Wiederholungen aufgeriebenen Kanzlerin. Kommt Widerspruch, wiederholt sie das Kritisierte, kommt Applaus, dehnt sie die Pausen, damit er anhält. Dann allmählich entfaltet sie sich, der Radius der Gesten wird weiter, das Selbstlob richtet sie auf. In dichter Folge nennt sie sich selbst erfolgreich, klug, beständig, sozial, verlässlich, gerecht, noch mal klug, überzeugt, noch mal sozial, noch mal erfolgreich. Abschließend malt sie noch das Schreckgespenst des Wandels an die Wand, verspricht, genauso weiterzumachen wie bisher, und nickt dann so freundlich, als habe ihr jemand die Tür aufgehalten. Zum ausdauernden Beifall der Regierungsparteien verzeichnet das Protokoll drei Zwischenrufe: Volker Kauder (CDU/CSU): »Zugabe!« – Michael Grosse-Brömer

(CDU / CSU): »Ja! Bitte noch eine halbe Stunde!« – Frank-Walter Steinmeier (SPD): »Gute Nacht, meine Damen und Herren!« Rösler und Westerwelle gratulieren. Sie lächelt dauerhaft, weiß die Kameras auf sich, hält durch, die ganze endlose Applauspause lang. Zuletzt lächelt sie immer mädchenhafter, dann glücklich. Draußen regnet es in Strömen.

Für den Herausforderer Peer Steinbrück (SPD) werden 25 Minuten Redezeit angezeigt. Bei Merkel ist sein Name kein einziges Mal gefallen. Er dagegen arbeitet sich wieder blindwütig an dem ihren ab und macht sie dabei immer größer. Sie lächelt, so schwach ist seine Eröffnung, leitet er doch wirklich aus ihrer Verwendung der Wörter »wir werden« ab, dass sie vier Jahre lang nichts getan habe. Das ist nicht allein sprachlogisch falsch, sondern auch sachlich unzutreffend, also unglaubwürdig.

Wieder werden Zahlen in Stellung gebracht, wird das Wahlprogramm abgearbeitet. Das meiste kennen auch die auf der Tribüne längst aus dem Fernsehen. Es muss speziell den Parlamentariern nicht noch einmal gesagt werden, denn da ist niemand, der sich von diesen Informationen umstimmen ließe. Mit einem Wort, es ist, abgesehen von den wenigen Sekunden in den Nachrichtensendungen, den Kommentaren der Zeitungen und Online-Magazine, bedeutungslos, was hier gesprochen wird. Aber viele sind angereist, haben diesen Tag auf ihre Agenda gesetzt, um Abgeordnetendarsteller zu sein. Zum Abschluss konkurriert man nur noch um Applauslängen.

Rainer Brüderle (FDP) wechselt ins Fach der Bütten-rede. Viel geschlafen haben kann er nicht, war er doch schon im gestrigen TV-Duell an den Grenzen seiner Kraft. Voller Wut versucht er es mit Moral. Seine Stimme produziert in der Empörung ein Röcheln, aber zwischendurch ist diese Empörung so lustig, dass man selbst auf der Regierungsbank lacht. Ich werde nicht schlau aus ihm. Als Autorität geht er nicht durch, dazu ist er zu karnevalistisch; ein Analytiker ist er nicht, dazu sagt er zu gerne Dinge wie »den Hintern hochkriegen, konkret was machen«; ein überzeugender Demagoge ist er nicht, dazu ist seine Unterstellung, dass die Opposition grundsätzlich nichts versteht, zu schlicht; brillant ist er nicht, dazu kennt man zu viele seiner Versatzstücke, die »Eiskarte beim Italiener«, die »Alte mit der Leselampe«, und wenn er »Anstand« postuliert, denkt jede und jeder an die Debatte, die seinen Namen trägt.

Zu allem Überfluss beginnt dann noch Gregor Gysi (DIE LINKE), indem er Brüderles Selbstbeschädigung vollendet: »Herr Brüderle, Sie haben etwas sehr Bemerkenswertes gesagt. Sie haben gesagt, dass Sie seit vier Jahren den Mist aufräumen müssen, der bis dahin entstanden war. Damit sagen Sie natürlich der Kanzlerin – sie ist ja schon seit acht Jahren Kanzlerin –, dass sie vier Jahre lang nur Mist gemacht hat. Darauf will ich nur hinweisen; das müssen Sie miteinander klären.« Im Ernst weist er dann darauf hin, dass alle Kriegseinsätze und Waffenexporte mit dem Konsens des gesamten Hauses bis auf die Linke entschieden worden sind und alle Banken-Pakete ebenso.

Dann geht er Punkt für Punkt ein Gegenkonzept durch, lässt keine Applauspausen, dazu hat er zu viel Material. Volker Kauders Zwischenruf »Quatschkopf!« wird nicht gerügt. Auch hier waltet offenbar doppeltes Maß.

Inzwischen verwahrt sich Gysi gegen die Anhebung des Renteneintrittsalters um zwei Jahre mit den Worten: »Wissen Sie, man kann ja mit neunzig noch im Bundestag herumdödeln, ohne dass es einer merkt, aber ein Dach kann man nicht mehr decken – das ist der Unterschied.« Er verwahrt sich gegen die »altersrassistische Gesellschaft« und ruft: »Bewerben Sie sich doch mal irgendwo mit über fünfzig!«, und Steinbrück (SPD) ruft rein: »Tue ich doch!« Gewiss, aber auch diese Bewerbung scheint gerade wenig erfolgversprechend. Zuletzt wendet sich Gysi frontal Gabriel und der linken SPD zu und zielt auf ihr sozialdemokratisches Herz, als er sagt: »Wir wollen nicht, dass Sie links von der SPD stehen; da stehen wir doch, das ist gar nicht nötig. Aber wenigstens sozialdemokratisch könnten Sie endlich werden. Zur Sozialdemokratie gehören keine Kriege, keine Rentenkürzungen und kein Hartz IV. Das müssen Sie endlich verstehen.«

Tatsächlich, liest man das »Godesberger Programm« der SPD von 1959 heute, es taugte zum Programm der Linken. Was also müsste vor diesem Hintergrund Linie der Grünen sein, wenn nicht eine Radikalisierung des pazifistischen und ökologischen Ansatzes? Doch Katrin Göring-Eckardt (B 90 / DIE GRÜNEN) hebt noch einmal auf einer Höhenlinie der Erregung an, die Kanzlerin auf die Steinbrück-Art zu attackieren: Sie handele nicht, ihre

Partei habe keine Ideen und sei handwerklich inkompetent, schließlich: »Sie sind dabei, das Land müde zu lächeln, Frau Merkel!« Niemand lächelt, die Reihen leeren sich trotzdem.

Dann wünscht sich Göring-Eckardt, »dass unsere Enkel Zitronenfalter nicht nur aus dem Lehrbuch kennen«, und schließlich erwidert sie Brüderle: »Lieber einmal in der Woche freiwillig Spinat mit Ei als jahrelang unfreiwillige Überwachung durch die NSA.« Das ist ein bisschen irre, obendrein aber klingt es wie aus der tiefen, sentimentalen Vergangenheit des grünen Fundamentalismus, überwölbt von einem Überbau aus SPD. Während man ihr unten gratuliert wie zu einer großen Rede, verständigt man sich oben auf der Tribüne, von dieser Rede blieben zwei Dinge: Spinat mit Ei und Zitronenfalter.

Die Kür geht weiter. Die Wogen des Wahlkampfs schlagen noch einmal über allen Köpfen zusammen, reißen die Redner mit, aber selten die Hörer. Dann laufen die Truppen ineinander, und man verliert die Einzelpersonen wie in einem japanischen Schlachtenfilm. Ich packe meine Sachen und finde, es reicht mit dieser Legislaturperiode und der Aufmerksamkeit, die sie dem Bürger abverlangt. Der Taxifahrer lauscht einer Übertragung der Debatte, die ich gerade verlassen habe. Eben singt Andrea Nahles das Pippi-Langstrumpf-Lied: »Ich mach mir die Welt, widdewiddewie sie mir gefällt ...« Die Würde des Menschen mag unantastbar sein, die des Hohen Hauses ist es nicht. Die Wahl kann kommen. Es ist Zeit.

Sonntag, 22. September, Wahltag

Zu diesem Abend hin hat sich eine unsachliche Spannung aufgebaut. Nicht mit politischen Zielen, knappen Mehrheitsverhältnissen, Weichenstellungen in essentiellen Lebensfragen hat sie zu tun, sondern eher mit den literarischen Charakteren der Protagonisten, mit konkurrierenden Medien und jenem Moment von »Suspense«, das man aus den meisten Entscheidungssituationen gewinnen kann, wenn man sie wohlinszeniert und von großem Publikum begleiten lässt. Man müsse wählen, wird gefordert, als wolle man sagen: Hier spielt die Musik! Man sagt nicht: Erwerben Sie die Kenntnisse, die eine Wahl erst zu einer solchen machen, man sagt: Kreuzen Sie nur ja irgendetwas an, und erwerben Sie so das Prädikat »mündig«.

Die Demokratie entstand im fünften Jahrhundert vor Christus in griechischen Stadtstaaten wie Athen als Idee der Selbstregierung des Volkes. Erst die italienische Renaissance hat die Idee wieder aufgegriffen, ehe die Revolutionen in England, den USA und Frankreich dann die moderne Staatsauffassung festigten, fußend auf Gewaltenteilung und Wahrung der Menschen- und Bürgerrechte. Schon die Griechen aber hatten die Abstimmung als ein Legitimationsverfahren für Entscheidungen erfunden. Aus Enttäuschung über den Niedergang des Personals, den moralischen Verfall, wie er sich in der Verurteilung des Sokrates verriet, votierte Platon schließlich gegen die Demokratie und für einen »Wächterstaat«, also die Herrschaft der Fachleute. Großen Teilen des Volkes wurde aber schon vorher keine Mitbestimmung zugestanden. Auch der Republikanismus, wie er noch von Rousseau vertreten wurde, schloss etwa Arme und Frauen aus. Der Weg zur freien, allgemeinen und geheimen Wahl war weit.

Wenn sich Wählerinnen und Wähler heute selbst ausschließen, wird ihnen das öffentlich gern als »Politikverdrossenheit« angelastet, kann aber auch bedeuten: Für den Einzelnen findet Politik oft nicht da statt, wo der Politiker es gerne hätte. Da dieser Bürger in vielem, was ihm das Fernsehbild aus politischen Debatten vermittelt, seine eigene Wirklichkeit nicht erkennt, setzt er eine vermeintlich wirklichere Wirklichkeit dagegen und sagt: Die da oben wissen nichts von uns, kümmern sich nicht, leben entfremdet vom Volk, bereichern sich … Im Wahlkampf organisiert die Demokratie auch den Wettbewerb um die Realität des Volkes.

So blicken die Wählerinnen und Wähler an diesem Wahlabend zurück und können, überfrachtet von Informationen, Bildern, Stimmungen, Prognosen zumindest sagen: Für kurze Zeit ist die Politik gewesen, wie man sie sich wünscht: voller Empfänglichkeit und Teilhabe, voller Zusagen, Heilsbotschaften, Sinn. Für eine Zeitlang wechselte die Realität in den Modus des Konjunktivs. Was Realpolitik gewesen war, wurde Versprechen, und auch wenn diese Versprechen nicht geglaubt werden, schaffen sie doch ein Klima, in dem Menschen »Freiheit«, »Frieden«, »Fortschritt« oder gleich »Zukunft« als etwas Verhandelbares, Steigerbares, also zumindest Erfahrbares erleben. Mit dem Akt der Wahl treten Bürger vermeintlich in diese Zone der schönen Aussichten ein und entscheiden nun zwar nicht notwendigerweise gemäß den eigenen Interessen, sondern auch nach Kalkül, doch zumindest ist ihre Anhänglichkeit an das politische System, in dem sie leben, nie so stark wie zu dieser Zeit.

Bei einer leicht gestiegenen Wahlbeteiligung von 71,5 % errangen diesmal CDU 34,1 %, CSU 7,4 %, SPD 25,7 %, DIE LINKE 8,6 %, BÜNDNIS 90/DIE GRÜNEN 8,4 %, FDP 4,8 %, AfD 4,7 %, Sonstige 6,2 %. Wenn Wahlergebnisse keine klaren Mehrheiten hervorbringen, sagen die Kandidaten: Das Volk ist unregierbar. Das hat etwas vom süßen Hauch der Anarchie, heißt aber nur: Die Regierung wird Wege finden, das Volk abzusetzen, und sei es nur, indem die rot-rot-grüne Mehrheit gleich ausgeschlossen und trotzdem vom »Wählerauftrag« gefloskelt wird.

Dass der Fast-Gewinn der absoluten Mehrheit für die CDU/CSU dabei kein Triumph ist, sieht man am Wahlabend vor allem der Kanzlerin an, die in einer Großen Koalition auch um die Einschränkung der eigenen Kräfte weiß. So war das markanteste Bild dieses Wahlabends, das sympathischste zumal, das der Kanzlerin, die, in der Stunde des Sieges mit Mitgliedern des Präsidiums auf der Parteibühne stehend, Hermann Gröhe das papierne Deutschland-Fähnchen aus der zu allem Wedeln entschlossenen Hand nimmt, es weglegt, dabei missbilligend, ja indigniert den Kopf schüttelt. Kein nationaler Rausch, bitte! Die Partei mag gewonnen haben, aber das Land?

Die Schlappe der SPD führt zunächst zu Bedenken der Partei gegen den Eintritt in eine Große Koalition, die Verluste der Grünen führen zu Rücktritten, Neubesetzungen, halbherzigen Personalrochaden. Die Linke hat zwar ebenfalls verloren, ist aber größte Oppositionspartei. Das Ergebnis legt nahe, dass in den nächsten Jahrzehnten keine Regierung ohne CDU-Beteiligung denkbar scheint. Insofern wurde mit der Wahl nicht allein durch den Fortfall der FDP, sondern auch durch die kleinste Opposition aller Zeiten eine historische Wende vollzogen.

Die vergleichsweise junge Errungenschaft, wählen zu dürfen, wer einen regiert, wurde an diesem Wahltag am wenigsten von der Gruppe der Erst- und Jungwähler in Anspruch genommen. Auf dieser Seite des Spektrums macht sich ein Realismus breit, der die Funktion der Legislative betrifft. Stimmkraft und Kaufkraft stehen im Missverhältnis, die Erstere wiegt einfach weniger. Die vermeintliche »Krise des Parlaments« ist also lesbar auch als Ernüchterung angesichts der zahlreichen bestehenden Entscheidungsagenturen wie etwa des Europäischen Parlaments, des Marktes, der Medien etc. Da ist eine inszenierte Politik, die den Streit zwischen rivalisierenden Gruppen organisiert und ihre Legitimation aus dem Akt der Wahl bezieht. Das Volk der Wählerinnen und Wähler aber benennt in der Wahl seine Repräsentanten, um ihnen nach der Wahl zu sagen, dass es sich nicht repräsentiert fühlt.

Nach der Wahl setzt erst einmal das große Zurechtruckeln ein. Die Neuankömmlinge müssen ihre Position finden. Posten im Parlament, in Fraktionen, Ausschüssen und Arbeitsgruppen werden verteilt. Man kann Vorsitzender, Sprecher, Staatssekretär, Minister werden. Wer von Idealen getrieben ist, bekommt jetzt seine Möglichkeit, sie in Funktionen zu übersetzen. Dabei muss man sich vergegenwärtigen: Die wenigsten intern zu vergebenden Positionen werden durch Wahl bestimmt. Die meisten werden zugeteilt. Was kommt, sind also Wochen »hinter den Kulissen«, Wochen der Sondierungsgespräche, Koalitionsverhandlungen, Findungskommissionen und Personalfragen. Inzwischen regiert die alte Regierung als geschäftsführende Regierung weiter und hat die erste parlamentarische Sitzungswoche schon mal abgesagt.

Dienstag, 22. Oktober, 8 Uhr 30

Die Verschwendung des Limburger Bischofs Tebartz-van Elst bestimmt die Schlagzeilen. Gerade weilt er in Rom, erhielt am Vortag eine Audienz beim Papst. Zu den etwa dreihundert afrikanischen Flüchtlingen, die Anfang Oktober vor Lampedusa tot geborgen wurden, fehlt von Angela Merkel bis heute jedes Wort.

Die konstituierende Sitzung des Deutschen Bundestags, so teilt die Akkreditierungsstelle mit, sei ein Publikumsmagnet. Auch Journalisten brauchten eine Sonderzulassung, der Ansturm sei groß, sogar Stehplätze sind vorgesehen. Aber so richtig weiß ich nicht, warum, geht es doch eigentlich bloß um eine große Feierlichkeit, die Wahl des Bundestagspräsidenten und seiner Stellvertreterinnen und Stellvertreter. Doch zeitig strömen die Kamerateams mit ihren Stativen heran, die Polizei baut sich zu größeren Verbänden auf.

Ich bin zu früh, sitze zum ersten Mal ganz allein in dem Saal, an dessen Flanken Wahlkabinen errichtet wurden. Das Licht summt, der Raum ist ohne Zeit, er ist Arbeitsraum oder Transithalle mit einem Adler als metallisch schimmernder Monstrosität, einem archaischen Zeichen der Repräsentation und Beschwörung. Nach einer halben Stunde kommt ein Beamter und sagt mir, dass ich noch gar nicht hätte Einlass finden dürfen. Also habe ich es heute verbotenerweise bis ins Parlament geschafft.

In der Cafeteria dominiert die Stimme eines Mannes, der seinen Cappuccino laut bestellt, betont, dass er etwas lesen müsse, es abermals betont, bis ich aufblicke, um nachzusehen, wer so raumgreifend spricht. Es ist Thomas de Maizière. Ihn hatte ich mir immer leise vorgestellt. Auch Peter Altmaier stärkt sich vor der Sitzung, lesend an einem Einzeltisch im Winkel. Auf den beiden Fernsehmonitoren über der Theke stimmen sich die Moderatoren gleichzeitig auf die Eröffnung des Bundestags und auf die Champions-League-Partie Schalke gegen Chelsea am Abend ein. Man sieht Reporter auf der Wiese vor dem Reichstag stehen oder im Vestibül der Plenarsaalebene, wo später die Abgeordneten nur noch von Team zu Team zu schreiten brauchen.

Eine halbe Stunde vor Sitzungsbeginn füllt sich das

Plenum. Die »Neuen« lassen unverhohlen staunend die Blicke wandern. Die klösterliche Welt kannte das »parlamentum« als das Tischgespräch, ein Genre der Glaubensliteratur. Aber auch in anderen Kulturen gibt es Vorformen des Parlamentarischen. Beim Stamm der Dogon in Mali zeigte man mir einmal ein halbhohes Podest, offen nach allen Seiten, aber von einem Dach in gut einem Meter Höhe bedeckt. Darunter nahm die Gemeindeversammlung der Alten Platz und beratschlagte bis zum Ergebnis. Warum das Dach so tief angebracht sei, wollte ich wissen. Damit sich die Beteiligten, wenn sie im Zorn aufspringen sollten, die Köpfe stießen, war die Antwort. Auch das war funktionale parlamentarische Architektur.

631 Abgeordnete zählt das neue Parlament, darunter weniger Männer und mehr Frauen und vor allem weit mehr Junge als je zuvor. Bismarck zufolge sollte der Reichstag eine »Fotografie« der deutschen Nation sein. Das ist er auch dieses Mal nicht, auch fehlt jene Farbe, die ehemals die Fraktionslosen ins Parlament brachten. Die neuen Abgeordneten, immerhin 229, erhalten Hilfe von den Veteranen. Manche der Neuen sind kühn genug, einen Platz mit Tisch zu beanspruchen. Die Mehrheit bescheidet sich mit einfachen Sitzen in den hinteren Reihen. Während die Journalisten noch über das Fehlen der FDP witzeln, haben neue Parlamentarier begonnen, sich gegenseitig zu fotografieren. Auf der Ehrentribüne nehmen »Ehemalige« wie Rita Süßmuth, Hermann-Otto Solms, Wolfgang Thierse und Egon Bahr Platz. Man erkennt offene Wiedersehensfreude, Umarmungen. Auf den Besu-

cherrängen sind heute keine Senioren, keine Schulklassen zu sehen. An ihrer Stelle adeln die Zeremonie Bundespräsident Gauck, Ex-Bundespräsident Köhler, Bundesverfassungsgerichtspräsident Voßkuhle und DGB-Vorsitzender Sommer durch ihre Anwesenheit.

Im Plenum werden grüppchenweise offenbar kleine Koalitionsgespräche fortgesetzt: Merkel mit Pofalla, Gabriel, Steinmeier, Nahles und Oppermann. Das emotionale Zentrum aber ist Claudia Roth. Immer liegt irgendeine Hand auf ihrer Schulter oder um ihre Taille, dauernd löst sie sich aus einer Umarmung und gleitet in die nächste. Die Tafel sagt: »1. Sitzung des Deutschen Bundestages«. Neben Reden sind auch die Wahlen des Bundestagspräsidiums zu erwarten, mit Claudia Roth als Kandidatin für das Amt der Bundestagsvizepräsidentin. Auf den Pressetribünen assoziiert man das alles mit dem Zusammenkommen der Klasse nach den großen Ferien. Dann kippt der Überschwang ins Feierliche.

Da sich der Bundestag noch nicht konstituiert hat, bleiben die Ministerbänke leer, die bisherigen Amtsträger verteilen sich auf das Plenum. Sie werden heute ihre Entlassungsurkunde erhalten, aber geschäftsführend im Amt bleiben. Der gern euphorisiert auftretende Alterspräsident Heinz Riesenhuber eröffnet mit der tiefen Vibratostimme und einem Standard, verwandt der US-amerikanischen Hochzeitsformel: »Ist jemand in diesem Haus früher geboren als ich?« So rede er oder schweige ewig, ergänzt man.

Zum zweiten Mal schon eröffnet er eine Legislaturperiode, tut es, indem er das Plenum auf Daseinsbejahung einstimmt, vor allem »die Neuen, die in eine faszinierende Arbeit starten«, die vor »Herausforderungen komplexester Art« stehen. Dann extemporiert er einen Lobpreis von Wissenschaft, Wirtschaft, Kultur, wagt den Verweis, dass die Zukunft auch von Ständen gestaltet werde, die im Spektrum der parlamentarischen Berufe nicht vertreten seien. Er will den »demografischen Wandel als Chance begreifen« – ja, denkt man, nichts auf der Welt besteht, das nicht aus irgendeinem Winkel als Chance betrachtet werden kann. »Das große Versprechen der Sozialen Marktwirtschaft«, der »Aufstieg« aber, wird heute als groß und sozial beschrieben, nicht als gebrochenes Versprechen für viele. Aber dann biegt Riesenhuber in die Erwartung ab, dass alle »hoffentlich bei hellem Geist« seien, und tollt auf das unbedenkliche Feld der Lebensfreude.

Am hellen Geist des Redners kann kein Zweifel sein, an der Funktion seiner Rede schon. Ihre Dramaturgie ist vergleichsweise vorhersehbar: Aus dem schieren Optimismus stürzt sie ins Appellative: »das müssen wir verwirklichen«, »das Reich der erneuerbaren Energien errichten«, »die Gemeinschaft neu zu erfinden«. Riesenhuber schwört das Parlament ein wie eine Loge, die sich zum Schwur trifft, legt die Linke in die rechte Armbeuge, verharrt mit der Hand am Mund, wendet sich an die Bundesratsbank, von wo ihm Volker Bouffier mit dem Charisma eines Raubfisches zulächelt.

Die Werte der Demokratie regnen herunter. Da ist keine Silbe, die ohne gestische Untermalung bliebe. »Unser Ansehen in der Öffentlichkeit ist noch nicht oberhalb der Bischöfe«, sagt er gerade und hält in das milde Schmunzeln des Saals hinein fest: »Es ist gut für Deutschland, wenn die Abgeordneten auch fraktionsübergreifend ein Bier miteinander trinken.« Deutschland und Bier: die Kombination zündet immer. Dann dankt er den Lebenspartnern der Parlamentarier, denn »nicht immer steht man so fröhlich auf, wie man ins Bett gegangen ist«. Man weiß nicht genau, warum das gesagt werden muss, aber Frau Riesenhuber wird es ihm danken, auch wenn diese Witze immer ein Hauch von Unfreiwilligkeit umgibt. Wissen sollen wir: Spaß muss sein; carpe diem; uns wird nichts mangeln. Der Saal träumt still, Hinterbänkler filmen das Geschehen mit dem Smartphone und erfahren: »Stillstand darf nicht sein.« Applaus!

Die Präsidiumskandidaten werden anschließend von den Fraktionsvorsitzenden vorgeschlagen. In den Schutzräumen der Kabinen darf dann abgestimmt werden. Das Prozedere zieht sich, alle werden alphabetisch gereiht aufgerufen. So ist schließlich jeder Name einmal in diesem Raum gehört worden. Nachdem Norbert Lammert im Amt des Bundestagspräsidenten bestätigt ist, nimmt er die Amtsgeschäfte mit seiner Antrittsrede auf und bleibt sich treu: 24 Minuten spricht er, entschlossen, notfalls auch die Seinen nicht zu schonen, und postuliert sogleich, eine geschäftsführend amtierende Bundesregierung brauche nicht weniger parlamentarische Kontrolle als eine neu gewählte. Schon diese Aussage schmeckt nicht allen.

»Die Abgeordneten des Deutschen Bundestages«, so

mahnt er mit Artikel 38 des Grundgesetzes, »sind Vertreter des ganzen Volkes, an Aufträge und Weisungen nicht gebunden und nur ihrem Gewissen unterworfen«. Angesichts der veränderten Mehrheitsverhältnisse haben auch diese Formulierungen einen veränderten Klang, und so prägt er, das Parlament wie ein Pastorat überblickend, dem Plenum ein: »Die Kultur einer parlamentarischen Demokratie kommt weniger darin zum Ausdruck, dass am Ende Mehrheiten entscheiden, sondern darin, dass Minderheiten eigene Rechtsansprüche haben, die weder der Billigung noch der Genehmigung durch die jeweilige Mehrheit unterliegen.«

Das Parlament also ist der Ort, an dem gleichermaßen die Entscheidungen fallen und an dem die Legitimität der Entscheidungen gewährleistet wird. Aber repräsentieren die Themen des Parlaments notwendig die der Gesellschaft, oder trägt nicht schon die Vormacht der Parteipolitik und ihrer Interessen zur Entpolitisierung einer Gesellschaft bei, die sich von den Themen, den Mehrheitsverhältnissen, dem Stil des Hohen Hauses nicht vertreten fühlt? Die »Bedeutung und Leistung des Bundestages«, so Lammert, seien »gewiss höher als sein öffentliches Ansehen«. Dann nennt er vier Punkte möglicher grundsätzlicher Veränderungen. Die Kanzlerin und ihre Getreuen klatschen nicht zu jeder.

Dass in der vergangenen Legislaturperiode mit fast 15 000 Drucksachen ein »durchaus zweifelhafter Rekord von Initiativen aller Art aufgestellt worden« sei, dass neunhundert Gesetzesvorhaben, von denen am Ende 553 ver-

336

abschiedet wurden, »auch möglicherweise eher ein paar zu viel als zu wenig« seien, dass »weder die Regierungsbefragung noch die Fragestunde in ihrer bisherigen Struktur das Glanzstück des deutschen Parlamentarismus darstellen«, konstatiert so unverblümt niemand sonst, wird aber von der Mehrheit bestätigt. Doch auch das Volk muss sich sagen lassen, dass man nicht ein »möglichst geschlossenes Auftreten parlamentarischer Gruppierungen« und zugleich restlose »Unabhängigkeit der Abgeordneten mit ihrem verfassungsrechtlich garantierten freien Mandat« erwarten könne. Das begegnet einem selten: So automatisiert die Kritik des Volkes an »den Politikern«, so rar die legitime Kritik am Volk durch den Politiker.

Anschließend nimmt die Linke den Widerstand gegen die Erweiterung des Präsidiums auf sechs Vizepräsidenten exakt so tapfer auf, wie die Regierung ihn brüsk abbügelt. Die neuen Zeiten sind angebrochen. Als zum Abschluss der konstituierenden Sitzung des achtzehnten Deutschen Bundestags die Nationalhymne gesungen wird, leeren sich die Reihen. Der Bundestagspräsident lädt zu einem Empfang, und die Minister können sich ihre Entlassungsurkunden abholen. Das letzte Bild aus dem Plenarsaal gehört Edelgard Bulmahn und Ulla Schmidt, die seit über zwanzig Jahren SPD-Abgeordnete, auch beide Ministerinnen gewesen sind und eben zu stellvertretenden Parlamentspräsidentinnen gewählt wurden. Sie haben noch ihre Blumen in den Händen. Zeit, ein Foto machen zu lassen, das sie ganz allein im Hohen Hause zeigt, vor ihrem neuen Amtssitz unter dem Adler.

Montag, 18. November, 13 Uhr 30

Der Taifun Haiyan hat auf den Philippinen eine humanitäre Katastrophe verursacht. Der Prozess gegen Christian Wulff beginnt, im NSU-Verfahren wird Beate Zschäpe durch ein linguistisches Gutachten belastet. Bei einem zurückgezogen lebenden Privatier in München tauchen etwa 1400 verschollen geglaubte Bilder der klassischen Moderne auf.

Zugleich ringt man in Berlin um die Große Koalition. Zwar gibt es außerordentliche Sitzungen, die Handlungsfähigkeit des Parlaments allerdings ist nicht gegeben, da die über zwanzig Ausschüsse nicht besetzt sind. Erst am 17. Dezember soll die Kanzlerin wiedergewählt, erst im Januar dann die reguläre Arbeit des Parlaments aufgenommen werden. Käme es so, es wäre eine der längsten Perioden parlamentarischer Untätigkeit in der deutschen Geschichte, und auch wenn es dem schwierigen Einigungsprozess geschuldet sein mag: In diesem Augenblick befindet sich der Bundestag in der Geiselhaft der Koalitionäre. Vom Tempo ihrer Einigung hängt die Funktionstüchtigkeit des Parlaments ab, und da die SPD zuletzt einen Mitgliederentscheid durchführen und ihre Regierungsbeteiligung von diesem abhängig machen will, scheint alles provisorisch.

Bis zum vergangenen Freitag meldete keine offizielle Stelle des Bundestags, ob und wann die verlangte außerordentliche parlamentarische Sitzung zur NSA-Affäre stattfindet. Wollte man sie unzugänglich machen, man müsste nicht anders vorgehen. »Dann rufen Sie doch bei Ihrer Partei an!«, sagt die Sachbearbeiterin aus dem Pressebüro des Bundestags. Aber ich bin ohne Partei, und wenn man bedenkt, dass heute der Kanzlerin allein 167 000 Unterschriften für die Aufnahme von Edward Snowden in Deutschland übergeben werden, ist die Anteilnahme an der Auseinandersetzung vielleicht doch größer, als es die Öffentlichkeitsarbeit des Parlaments vermuten lässt. Wieder offenbart sich eine Diskrepanz zwischen dem politischen Interesse des Volkes und der Bereitschaft des Bundestags, diesem zu genügen.

13 Uhr 22. Die Kameras klackern so laut, dass man weiß, etwas Außerordentliches muss sich ereignen, und tatsächlich: Claudia Roth in Schwarz begrüßt Angela Merkel in Grün, legt ihr die Hand auf die Schulter, man ist leutselig. Wie aus der Zeit gefallen, sitzt auch Philipp Rösler noch einmal an Merkels Seite. Ja, es sind lauter Wiedergänger im Raum, die schon abgewählt oder zurückgetreten und doch verpflichtet sind, bis zur Arbeitsfähigkeit der neuen Regierung den alten Dienst zu tun.

Norbert Lammert spricht vom Taifun. Es wird leise. Die Botschafterin der Philippinen sitzt auf der Ehrentribüne. Der Saal wendet sich zu ihr um, klatscht, sie erhebt und verbeugt sich mehrfach mit an die Hosennaht gelegten Händen. Gelbgrau schimmert der Himmel, er scheint zu zögern vor dem Schneien. Das Plenum ist fast vollzählig besetzt. Die Botschafterin, eine zierliche Frau, verbeugt sich erneut, legt die Hände vor der Brust zusammen, verbeugt sich wieder und wieder.

Auch Angela Merkel adressiert sich zuerst an sie, schwenkt aber dann zügig zum »Gipfel der Östlichen Partnerschaft in Vilnius« weiter, und da ist es wieder: »unser gemeinsames strategisches Interesse«, das dem nichtgemeinsamen strategischen Interesse Russlands offenbar widerspricht. Trotzdem lauern an den europäischen Grenzen zur Ukraine schon Wortungeheuer wie die »Implementierung der Assoziierungsagenda«, »die substanziellen bilateralen Kredite der EU als Makrofinanzhilfe« und die »gelebte Solidarität« durch »zusätzliche Absatzmöglichkeiten für Produkte unserer Partner«. Jetzt weiß die Ukraine beides: was ihr winkt und was ihr blüht.

Eigentlich aber warten alle auf eine ganz andere Erklärung der Bundeskanzlerin und atmen schon auf, als sie sagt, sie wolle »aus aktuellem Anlass auch wenige Sätze zu Amerika sagen«. Das Versprechen hält sie. Es werden wenige, und es werden keine Sätze aus der Familie derer sein, die gesagt werden mussten: »Die Vorwürfe sind gravierend; sie müssen aufgeklärt werden. Und wichtiger noch: Für die Zukunft muss neues Vertrauen aufgebaut werden.« Es braucht keinen Scharfsinn, um zu prognostizieren: Die Vorwürfe werden nicht aufgeklärt, und zwar schon deshalb nicht, weil solche Sätze unverbindlich sind. Und dass man Vertrauen Geheimdiensten gegenüber aufbauen könne, hat schlicht etwas von Volksverdummung. Wie sollte das denn im besten Falle aussehen?

Was die Kanzlerin anzubieten hat, ist eigentlich nichts als ein: Die Zeit heilt alle Wunden. Anders gesagt, die Hüterin der Bürgerrechte pustet auf die Verletzung. Nun füge man noch etwas vom Aromastoff namens »gemeinsam« hinzu, tremoliere weiter auf dem »Vertrauen«, und man hinterlässt nichts als den Eindruck, dass die Bundesrepublik der Ausspähung des Kanzlerinnen-Handys nichts entgegenzusetzen hat, also auch nicht der Überwachung des Volkes, dem sie zu dienen schwor. Es gibt nichts zu beschönigen: Die Einhaltung von Statuten, die Deutschland als Grundrecht versteht, gehört offenbar nicht zu dem, was dem Wohl des Volkes zugeordnet wird. Die Debatte dazu aber soll später folgen.

Mittag ist es, aber es dämmert. Zwischenrufe kommen keine, von wo auch? Bis auf die Linke kann keine Partei sicher sein, an der Regierung nicht beteiligt zu werden. An der Tatsache, dass er gleich nach der Kanzlerin, also die Opposition führend, sprechen dürfe, so Dietmar Bartsch (DIE LINKE), sei ablesbar, dass man sich bereits auf die Große Koalition eingestellt habe. Aber die alten Minister sitzen noch da. Bartsch fordert Respekt vor dem Parlament ein, drängt auf rasches Arbeiten, nennt die Themen, die alle bewegen, aber im Parlament nicht vorkommen. Er versucht einen Parforceritt durch NSA, nicht beendete Finanzkrise, fehlende Visa-Erleichterungen für Bürgerinnen und Bürger aus Osteuropa. Doch Merkel lacht gerade mit Rösler. Bartsch referiert, aber er überzeugt nicht, rattert die Arbeitslosenstatistiken aus Europa herunter, empört sich. Gegen den Eindruck, den er hinterlässt, ist er dennoch machtlos: So aussichtslos furios wird Opposition wohl künftig sein.

Weil die Abgeordneten gerade weniger Arbeit haben,

hören sie besser zu, jetzt Anton Hofreiter (B 90/DIE GRÜ-
NEN), der gerade zu seiner ersten Rede als Fraktionsvor-
sitzender ans Rednerpult schlurft, äußerlich die Grün-
derjahre der Grünen assoziierend, inhaltlich in voller
Beherrschung des Repertoires staatsmännischer Satzbau-
steine, leerer, freidemokratisch anmutender Floskeln, die
auf der Tribüne mit Kopfschütteln quittiert werden: »Das
Verhältnis zu unseren Nachbarn im Osten und im Süden
ist von zentraler Bedeutung für ein starkes Europa« oder
»Die EU beruht auf Demokratie, Rechtsstaatlichkeit und
Menschenrechten. Diese Werte sind nicht verhandelbar.«
Dieser neue Fraktionschef spricht wie jemand, in dessen
Reich die Sonne nie untergeht, ist aber der Juniorpartner
einer Splitter-Opposition. Jeden seiner Sätze muss er ablesen und dabei auch solche, die Vertreter von vier Parteien
wortidentisch hätten sagen können.

Schließlich folgt das Unsinnigste, was ein Redner in seiner Lage wohl machen kann: Er opponiert erst einmal
gegen die Linke, seinen Oppositionspartner. Als müsse er
den Großen noch gefallen, schimpft er, Bartsch habe sich
nicht an die Tagesordnung gehalten und »Klamauk« ge-
boten. Es geht um die Abhörung des ganzen Volkes, um
Menschenrechtsfragen in der Ukraine und in Russland,
und was hat der Führer der kleinsten Fraktion im Parlament zu monieren? Dass sich sein Oppositionspartner
nicht an die Tagesordnung gehalten habe! Es hat nicht
mal Stunden gedauert, und man ahnt, was für eine Opposition hier heraufdämmert, und wohlgemerkt: Es haben
sich ja in der vergangenen Legislaturperiode nicht allein

die Großen Koalitionäre bekämpft, vielmehr taten sich auch die Grünen als heftige Angreifer der Linken hervor.

Dann eilt Volker Kauder mit Feldwebelschritt ans Pult und nimmt gleich den Ball auf, den Hofreiter ihm zugespielt hat: »Für die führende Oppositionsfraktion (…) müssen Sie noch ein bisschen üben«, heißt es herablassend zu Bartsch. Anschließend pflichtet er der SPD in einer Bagatelle bei und erlebt ein gespenstisches Stillhalten im Plenum, das Ausbleiben aller Zwischenrufe. Angela Merkel hat nur einen Post-it-Zettel vor sich und beschriftet diesen. Unterdessen wendet sich ihr Kauder ganz zu und gibt Empfehlungen ab für ihre Gespräche mit Putin, öffentlich, welche Farce! Schließlich definiert er Europa als eine »Wertegemeinschaft«. Diese »Werte« trennen uns von den Türken, sie verbinden uns aber offenbar mit den US-Amerikanern, denen die Leviten gelesen werden mit den Worten: »Was da von Amerika ausgehend passiert ist, ist nicht schön.« So stellt man sich die Verteidigung unserer »Werte« vor, für die die Regierung gerade neuerlich gewählt wurde.

Was folgt, repräsentiert auf engem Raum den ganzen Reichtum des rhetorischen Verhaltens im Parlament: Marieluise Beck (B 90 / DIE GRÜNEN) entwickelt aus der Mitte historischer Bildung heraus eine Position, die die Souveränität der Staaten im Osten unterstreicht und sich der Kritik gegenüber Russland nicht enthält. Die Besonnenheit der Rede bindet sogar die Aufmerksamkeit der Kanzlerin.

Die anschließende Jungfernrede der neu ins Parlament

gewählten Katarina Barley (SPD) ist alles, nur nicht neu, und das weder in der Ausbreitung der Fakten noch in ihrer emotionalen Aufbereitung. Die Debütantin versucht vor allem, nicht aufzufallen. Also reproduziert sie erst einen Habitus. Der sitzt bereits: »Hier kann eine Politik der kleinen Schritte oftmals auf anderer Ebene mehr erreichen.« Oder aphoristisch: »Wandel entsteht durch Annäherung auf breiter Basis.« Oder: »Ich komme aus einem der schönsten Wahlkreise der Republik.« Ja, dieses Ich muss sich im Parlament nicht finden, es ist schon da und wird eingesetzt als ein Massiv der Autorität. War die Aufmerksamkeit anfänglich noch gut, so versickert sie, sobald deutlich wird, dass nur das Erwartete zu erwarten ist. Es gibt gewiss Abgeordnete, die ins Parlament kommen, um alles anders zu machen. Aber es gibt auch jene, die zunächst einmal alles wie die Großen machen wollen. Mit ihnen ist eine Selbsterneuerung des Parlaments schlecht vorstellbar. An ihren Platz zurückgekehrt, fällt die Rednerin in die Umarmung von Andrea Nahles, und Norbert Lammert lobt ihre Zeit-Unterschreitung.

All das findet bei gedrückter Pausen-Taste statt. Man ist nicht beschluss-, nicht handlungsfähig, und nur vereinzelt erhebt sich ein Redner zu Überlebensgröße, so wenn Philipp Mißfelder (CDU / CSU) sich zur Drohkulisse vor ganz Weißrussland aufbaut: »Vor diesem Hintergrund appelliere ich daran, dass Lukaschenko in sich geht und überlegt, ob das der richtige Weg ist.« Mißfelder ist ein junger Mann. Seine politische Diktion aber stammt aus Zeiten, als man Kinder noch zur Strafe in die Ecke stellte, damit sie in sich gingen und sich schämten. Bei Lukaschenko könnte dies ein weiter Weg sein.

Angela Merkel wieselt unterdessen in alle Richtungen, kehrt nicht mal zum Sitzen, nur zum Ablegen von Blättern an ihren Platz zurück. Sie wirkt, als müsse sie die Stützen ihrer Fraktion im Vorbeifliegen bestäuben. Zum Auftakt der »Debatte zu den Abhöraktivitäten der NSA« hält Innenminister Hans-Peter Friedrich jene Rede weitgehend noch mal, die er zu Edward Snowdens ersten Enthüllungen gehalten hatte. Friedrich findet auch heute alles vor allem »irritierend« und »beunruhigend«. Irritiert wirkt er, beunruhigt nicht. Wieder redet er nicht zum Thema, sondern lieber zur deutschen Datenerhebung in Afghanistan, zum Schutz deutscher Soldaten, zur »Wertegemeinschaft« mit den Amerikanern, einer Gemeinschaft, die durch Abhörung offenbar nicht erschüttert wird.

Auch hier beruft er sich immer wieder auf »Gesetze«, würde am liebsten die Rechtmäßigkeit der amerikanischen Übergriffe noch nachträglich beweisen und reagiert auf heftige Zwischenrufe, indem er »Verschwörungstheorien« nennt, was längst erwiesen ist. Auch spricht er von den »angeblichen Dokumenten des US-amerikanischen Staatsbürgers Snowden« sowie vom »angeblichen Abhören des Handys der Frau Bundeskanzlerin«. Die sitzt währenddessen tief gebeugt über Akten, geht raus, kehrt wieder, und das fahrig wie eine, die sich im Bett hin und her wälzt und keine passende Schlafposition finden kann. Friedrich redet weiter, kann von einer »Vielzahl von Delegationsreisen« berichten, von »hochrangigen Gesprächen«, die allerdings offenbar ohne Ergebnis blieben. Aber eine Waffe im Kampf der Wertegemeinschaft, der Freunde und Partner, hat er am Ende doch: »Wir brauchen mehr und bessere Verschlüsselungen.«

In der Sache bleibt er ahnungslos, weiß nichts und sagt noch weniger, nennt das Abhören von Merkels Handy aber mutig »strafbar«. Aber müsste ein Innenminister nicht wissen, dass die Legislative immer nur so stark ist wie die Exekutive, die ihr zur Durchsetzung verhilft? Es gibt diese Exekutive den USA gegenüber nicht. Was soll also die Bemerkung, dem werde »nachgegangen«? Was leistet der drohende Verweis auf die »Generalbundesanwaltschaft«, die was tun soll? Ermitteln, Strafbefehle zustellen, Prozesse anstreben, Beschuldigte vor Gericht stellen, Zeugen vernehmen, Mittäter dingfest machen, verurteilen? Hatte derselbe Minister nicht erst jüngst gewettert, man wolle doch wohl nicht »einer der ältesten Demokratien« vorschreiben, wie sie ihre Geheimdienste zu kontrollieren habe?

Merkel lässt diese Rede auch mimisch unkommentiert. Selbst als Friedrich sich hinter ihr auf die Regierungsbank zwängt, hat sie weder Blick noch Wort noch Geste für ihn. Wenn man aber bedenkt, dass eine Überwachung kaum drastischer ausfallen kann als diese und dass wir eben die Reaktion des verantwortlichen Ministers gehört haben, kann man altmodisch sagen: Mit diesem Mann ist kein Staat zu machen. Und die Bundeskanzlerin, um deren Handy es geht, ergreift bloß immer wieder ihr Handy, nicht das Wort.

Auch Frank-Walter Steinmeier (SPD), in der Sache entschiedener, Friedrich gegenüber aber erst zahm, dann wortlos, beruft sich auf »gemeinsame Werte«, auch er findet, »dass sich Spionage unter Freunden nicht gehört«: auch so eine bagatellisierende Formulierung. Man spricht nicht mit vollem Mund, man lacht nicht auf einer Trauerfeier. Die Tonlage macht aus der Abhörung einen bloßen Fauxpas. Wie hatte die Empörung in dieser Sache noch vor Monaten geklungen! Wie überzeugt, wie erschüttert! Inzwischen sind neue Wichtigkeiten eingetroffen – und das sollen wir nicht merken? Dazu braucht man nicht abzuhören, zuhören reicht.

So enthält diese Rede natürlich keinen einzigen echten Angriff auf die alte Regierung. Doch gibt es Menschen, die im Ohr haben, wie Steinmeier der Kanzlerin noch unlängst vorgeworfen hat, sie verletze ihren Amtseid durch Tatenlosigkeit. Es braucht eine einzige Debatte, und man erkennt: Es geht in dieser kommenden Großen Koalition nicht allein um die Frage, wie viel Sozialdemokratie im Programm steckt, sondern darum, wie viel Glaubwürdigkeit man sich wechselseitig erspart. Die Zonen der Verödung dehnen sich weiter aus. Die Empörungsherde werden erstickt. Man macht sich keine Probleme mehr. Aufklärung war versprochen worden, Aufklärung bleibt aus. An der Stelle der »Strafverfolgung« steht eine Sequenz zu klärender Fragen, auf deren Beantwortung am Ende niemand bestehen wird.

Der Rest ist Philosophie: »Welche moralischen, rechtlichen und politischen Leitplanken brauchen wir eigentlich«, so Steinmeier, »um in diesem 21. Jahrhundert mit veränderten Kommunikationsbedingungen, neuen Risiken und dem Machthunger, etwa von Diensten, umzugehen? Was ist die Aufgabe von Politik und dieses Deutschen Bundestages?« Noch vor Wochen schienen diese Aufgaben auch in seinen Reden so klar. Doch gibt es »die Politik« so wenig wie »den Bundestag«. Es gibt stattdessen die Konstellation des Augenblicks, das Opportunitätsprinzip, Realpolitik als Antwort auf Visionen, und wenn man keine Antworten hat, legt man alle Entschiedenheit in die Fragen, sicher, dass sie offenbleiben.

Oder glaubt man wirklich, mit einer so altmodischen Sache wie »Leitplanken« sei ein »Völkerrecht im Netz« durchsetzbar? Glaubt man in einer Situation, in der sich selbst Untersuchungsausschüsse erübrigen, weil man sich nicht einmal in den Besitz der Fakten bringen kann, habe man überhaupt die Mittel in der Hand, das »aus den Fugen geratene« Verhältnis von »Freiheit und Sicherheit« zu reparieren? Welche Verblendung, die Grundwerte dieser deutsch-amerikanischen »Wertegemeinschaft« zwar verletzt zu sehen, aber nichts anbieten zu können als die Bitte um »feste Vereinbarungen« und an diese zu glauben, ehe wir uns alle gemeinsam in den Himmel der Plattitüden verabschieden: »Wir leben auf keiner Insel, sondern das Netz ist worldwide. Ich bin sicher, wir alle miteinander werden die Zeit nicht zurückstellen können.« Da sind wir alle sicher, schon weil diese Debatte mit so fadenscheiniger, wetterwendischer Empörung einerseits, mit so antiquarischen Mitteln andererseits und schließlich nicht einmal auf der Höhe der technischen Standards geführt wird.

348

Oppositionsführer Gregor Gysi (DIE LINKE) beginnt leise und orientiert sich zunächst vor allem an den Fakten, die der Debatte bislang fehlen. Eigentlich werde ja die Kanzlerin der Drogenkriminalität oder der Mitwirkung in einer terroristischen Vereinigung verdächtigt. Eigentlich müsse geklärt werden, wer erlaubt habe, dass die NSA gerade ein Geheimdienstzentrum in Wiesbaden aufbaue. Eigentlich müssten sich Pofalla und Friedrich öffentlich entschuldigen für all die Desinformation, die Abwiegelungen der letzten Monate, die Behauptung, es sei nun alles aufgeklärt, und eigentlich verdiene Edward Snowden, dem alle relevanten Informationen zu verdanken seien, Dank, Ehrung und Asyl. Zu alledem aber klatschen nicht einmal die Grünen, ja, zur Snowden-Passage klatscht nicht einmal Ströbele. Der Gedanke des Burgfriedens ist bei den Regierungs-, nicht bei den Oppositionsparteien angekommen, und die Kanzlerin hört gerade ohnehin nicht zu, sondern korrigiert ein Papier.

Hans-Christian Ströbele (B 90 / DIE GRÜNEN) humpelt dann zum Pult, muss mehrfach ansetzen, richtet sich dann direkt an Merkel, die ihn nicht ansieht, mit überkreuzten Armen dasitzt, ohne Reaktion. Das Haus ist immer noch fast voll. Sämtliche Fragen, die die Opposition formuliert, sind richtig. Sie zielen auf eine Regierungsblamage, die nur von Gysi und Ströbele auf den Begriff gebracht wird. Dieser gewinnt gerade an Kraft. Seine Empörung erreicht jetzt selbst die Regierungsbank, wo plötzlich alle zuhören.

»Die Fragen, die Sie im Juni verschickt haben«, moniert

Ströbele, »sind bis heute nicht beantwortet worden. Eine einzige Frage, nämlich die, was man sich unter Prism vorzustellen hat, ist beantwortet worden, sonst nichts. Was machen Sie denn da? Sagen Sie Ihren Kollegen: ›Das nehme ich nicht länger hin! So könnt ihr mit mir nicht umgehen! So geht man mit Freunden nicht um!‹? Nein, Sie machen überhaupt nichts. Sie sind in einem Maße devot, wie es eines deutschen Bundesinnenministers nicht würdig ist. Wir haben aufzuklären, nicht nur im Interesse der Kanzlerin, nicht nur im Interesse der deutschen Wirtschaft, sondern vor allem im Interesse der achtzig Millionen Bürgerinnen und Bürger in diesem Lande. Es geht um deren Grundrecht. Es geht um deren Freiheit der Kommunikation über Handy, über E-Mail, über Telefon. Darum geht es. Um das aufzuklären, brauchen wir eine parlamentarische Instanz; denn Sie, die Bundesregierung, haben in diesem Bereich völlig versagt.«

Merkel schmollt, sieht plötzlich aus, als habe sie geweint, und weiß doch, dass sie sich beim Nachfolgeredner Michael Grosse-Brömer (CDU/CSU) auf weiteres Abwiegeln und larmoyante Gefolgschaft genauso verlassen kann wie auf die bösen, polemischen Zwischenrufe von Volker Kauder. Alle zusammen werden den Kasus schon irgendwie dem Parlamentarischen Kontrollgremium überstellen, anders gesagt, der Vergessenheit. Sagt ein Oppositioneller, er wolle wissen, welches Handy noch abgehört worden sei, feixt Kauder: »Ihres!«; weist ein Linker darauf hin, dass auch unabhängig von Merkels Handy Bürgerinnen und Bürger beunruhigt seien, pöbelt er: »Weil dem

Gregor seins abgehört wird!« So klingt, im Augenblick ihrer Gefährdung, der vielbeschworene Respekt vor den Grundrechten des Volkes. Das Parlament wird zum Ort, an dem man sich die Schießübungen im Pantheon dieser Rechte ansehen kann. Fraglos ist aber, dass die große Mehrheit des Volkes diese seine Rechte gegen die amerikanischen Abhörinitiativen verteidigt wissen will. Fraglos ist auch, dass die Regierung das Volk in dieser Frage gerade – mal abwiegelnd, mal höhnend, mal feixend – im Stich lässt.

Donnerstag, 28. November, 10 Uhr

In Hannover hat der Prozess gegen Christian Wulff begonnen, Berlusconi wird des italienischen Senats verwiesen. Dieter Hildebrandt ist gestorben.

Auf dem Dach des Reichstags hängen alle Fahnen auf Halbmast zur Erinnerung an Dieter-Julius Cronenberg, einen langjährigen Abgeordneten des Deutschen Bundestags. Am Vorabend ist die Vereinbarung zur Großen Koalition geschlossen worden. Es gibt Sondersendungen, Diskussionsrunden, Stimmungsumfragen. Das alles bleibt Provisorium bis zur Verkündung der SPD-Mitgliederbefragung am 14. Dezember. Fällt der Vertrag durch, kommt die Regierung so nicht zustande.

In der Akkreditierungsstelle des Bundestags kann niemand sagen, wann der reguläre Parlamentsbetrieb aufgenommen werden wird. Erstmalig in der Geschichte des

Landes« wird ein Hauptausschuss eingesetzt, der die Arbeitsfähigkeit des Parlaments vorübergehend gewährleisten soll. Ich bin eine Viertelstunde zu früh, doch ist das Plenum schon fast zur Hälfte gefüllt. Claudia Roth, den rosa Schal wie eine Federboa tragend, winkt zur Regierungsbank hinüber, die Hosen von Anton Hofreiter sind zu kurz – ein antimodisches Bekenntnis? Der Saal wirkt animiert und lebhaft. Es wird laut diskutiert, die Verhandlungsführer erlauben sich erschöpftes Aussehen. Die Ministerriege ist lückenhaft anwesend.

Mit Michael Grosse-Brömer (CDU/CSU) beginnt die Entfaltung der Siegerrhetorik. Sie steht auf den beiden Säulen Selbstlob und Herabsetzung der Unterlegenen, die auf rascher Arbeitsfähigkeit des Parlaments beharren. Die Anträge der Opposition werden der Lächerlichkeit übergeben: »Jetzt gibt es Kritik – wahrscheinlich musste man länger darüber nachdenken, um überhaupt einen Kritikpunkt zu finden –: Die Grünen und die Linken wollen nun schon partout alle Ausschüsse bilden.« Anders gesagt, sie wollen, was die Bevölkerung auch will. So lernt das geneigte Publikum allenfalls die neuen Phonzahlen des Regierungsapplauses kennen, der warm, aber leidenschaftslos kommt.

Als Petra Sitte (DIE LINKE) aber darauf besteht, dass der Bundestag auch in dieser Phase seinen Aufgaben nachkommen müsse, nickt Angela Merkel demonstrativ: Einigkeit selbst mit der Linken in Ausschussfragen. Allerdings nennt die Rednerin den Hauptausschuss »grundgesetzwidrig« und begründet ihre Aussage in sechs stichhaltigen

Punkten. Wenn man bedenkt, dass man einem Parlament kaum etwas Ehrenrührigeres vorwerfen kann als Ungesetzlichkeit, gibt einem die Selbstverständlichkeit, mit der die Bedenken weggewischt werden, nicht nur zu denken, sondern vor allem einen Vorgeschmack auf Zeiten, in denen eine achtzigprozentige Mehrheit sich selbst über Fragen der Verfassungskonformität einzelner Entscheidungen hinwegsetzen könnte.

Thomas Oppermann (SPD) sieht sich außerdem mit dem Vorwurf konfrontiert, durch den Mitgliederentscheid der SPD das Parlament »lahmzulegen«. Dagegen setzt er die Hoffnung, dass dieser »eine Bereicherung für die Demokratie« sei: »Seien Sie bitte so einsichtig und vernünftig, uns die nächsten zwei Wochen mit dem Hauptausschuss leben zu lassen. Wir können zusagen, dass wir die Ausschüsse noch in diesem Jahr, noch vor Weihnachten, exakt definieren und einsetzen, sodass sie dann im nächsten Jahr ihre Arbeit beginnen können.« Man hat sich auf die längste Stand-by-Situation der deutschen Parlamentsgeschichte bereits eingerichtet, den langen Marsch zur Arbeitsfähigkeit des Bundestags, der in diesen Monaten hinter den Parteizentralen fast verschwindet.

Wenn Oppositionsmitglieder sprechen, übt man sich jetzt schon einmal im links-grünen Applaus. Ungewöhnlich die Situation, in der Linke und Grüne auf der Funktionsfähigkeit des Parlaments bestehen, mit vorauseilendem Fatalismus Rechts- und Verfassungsfragen thematisieren. In der Abstimmung triumphiert natürlich die Mehrheit der werdenden Großen Koalition, und ein Journalist sagt lakonisch: »Klappt doch schon!« Sekunden später ist der Hauptausschuss eingesetzt, und man kann sich dem Bundeswehreinsatz im Südsudan zuwenden, für den eine Debatte von 38 Minuten angesetzt wurde.

Mag Thomas de Maizière seine Rhetorik auch ganz in den Dienst des Friedens in Ostafrika stellen, mag das Plenum voll sein, es scheint sich trotzdem gerade niemand gedanklich im Südsudan zu befinden, wo Deutschland mit sechzehn Soldaten und sechs Polizisten vertreten ist. Als de Maizière konstatiert, die bloße Gegenwart dieser Deutschen habe im Südsudan »mäßigende Wirkung«, nun müsse man »vertrauensbildend in der Fläche wirken« und dort weitere fünfzig Soldaten stationieren, bricht einer der Journalisten schon wieder auf, schimpfend, dass es in der ersten außenpolitischen Debatte unter diesen Verhältnissen ausgerechnet um eine Truppenverstärkung gehe. Sie wird im Fortgang der Debatte von der üblichen Betonung der menschenrechtlichen Verpflichtung dieser Mission und vom Dank an die Soldaten begleitet. Ich glaube, in keinem Kontext wird so oft von Menschenrechten gesprochen wie im militärischen. Die sachliche Darstellung der Situation, die durch Kriegspolitik und Umweltveränderungen immer bedrohlicher wird, ist bei allen Rednerinnen und Rednern hochdifferenziert. Die Abstimmung spiegelt dies nicht wider.

Der Verteidigungsminister muss sich sagen lassen, dass er den Sachstand falsch referiert habe, doch hört er ohnehin nicht zu, sondern lacht mit Pofalla. »Der Einsatz konsolidiert keinen Frieden«, wird ihm auch gesagt und wieder einmal um die Frage gerungen, was den Frieden stabilisiere und wie sich die Aufstockung der bewaffneten Streitkräfte, der Wunsch, »global mehr militärische Verantwortung [zu] übernehmen«, wie Philipp Mißfelder (CDU / CSU) sagt, mit den »diplomatischen« oder »politischen« Lösungen vertrage, die man eigentlich vertritt. Sicher ist nur, dass sechzehn Soldaten zu Weihnachten im Südsudan für Deutschland Dienst tun werden, auch damit es, sagt eine Rednerin, »zu einer dramatischen Verbesserung der Situation von Kindern kommen« könne. Bezeichnenderweise werden vor allem zwei Worte im Parlament immer wieder abweichend von ihrer lexikalischen Bedeutung verwendet: »dramatisch« und »tragisch«. Heute aber bestaunt die Tribüne allenfalls die kurzen Wege zur Entscheidung über die Aufstockung des Bundeswehrpersonals im Auslandseinsatz.

Zur Debatte über die »Finanzierung der Kinderbetreuung« bleibt das Hohe Haus erstaunlich voll. Viele junge Abgeordnete sind da. Vielleicht wollen sie arbeiten, vielleicht Familienministerin Kristina Schröders vermutlich letzten Auftritt erleben, wie sie selbst lächelnd bemerkt. Sie spricht, die linke Hand auf dem Pult abgestützt, sonst aber in alle Himmelsrichtungen agierend und alle Fraktionen einbeziehend, noch einmal anschaulich, erzählt von Kita-Besuchen, Wasserschäden, trocknendem Holz, notwendigen Hilfen für die Kommunen. Sie ist Didaktikerin, spricht aus der Not, man glaubt ihr die Sorge.

Die größte Herausforderung, resümiert sie, liege darin, dass Familienpolitik »keine abgeleitete Arbeitsmarktpolitik« sei. Dann verabschiedet sie sich, wünscht der Nachfolge im Amt »eine gute Hand« und geht federnd ab, lächelnd, sichtbar von Lasten befreit, auch wenn der Schlussapplaus schnell verebbt und sich Diana Golze (DIE LINKE) jenen Punkten zuwendet, die in der »Nacht der langen Messer« alle aus dem Koalitionsvertrag herausverhandelt wurden. Die Verlierer, so die Rednerin, seien die Kinder.

Mittwoch, 11. Dezember

Auf der Internetseite des Deutschen Bundestags gibt es einen verwaisten Doppelpunkt. Er wartet und wartet. Doch vergeblich, eine Nachricht will sich nicht anschließen. Es ist der Doppelpunkt hinter: »Aktuelle Tagesordnungen«. Unter »Vergangene Tagesordnungen« verzeichnet die Seite nach der Bundestagswahl im September gerade mal drei Sitzungstage, und wir sind im Dezember. Auch weiß diese Seite, immerhin das Tor des Parlaments zur Öffentlichkeit, die Termine oft zuletzt und verzeichnet manchmal bis Freitag noch nicht die Sitzung vom kommenden Montag. Manchmal stellt man in der Pressestelle Spekulationen zu kommenden Terminen an. Einmal hat der Journalist, der auf der Tribüne neben mir saß, einer Parlamentarierin, die gerade das Rednerpult verlassen hatte, eine SMS geschickt und nach dem nächsten Sitzungstag gefragt. Wir konnten ihr zusehen, wie sie unten aus dem Plenum Tag und Uhrzeit zu uns hinaufschickte.

Augenblicklich aber liegt der Saal verlassen da. Dafür sind so viele Politiker im Fernsehen zu betrachten wie nie. Sie treten auf als Exegeten und Verteidiger des Koalitionsvertrags, in Opposition zur Opposition, in Opposition auch zu den Gegnern der Großen Koalition in den eigenen Reihen, in Opposition zu den eigenen Überzeugungen, so wie sie sie zum Mindestlohn, zum Betreuungsgeld, zur PKW-Maut, zur »Möwenpick-Steuer« und zu zahllosen anderen Themen, vor allem aber zur Kanzlerin, ihrem Stil, ihrem Lächeln, ihren Betäubungszonen artikuliert, wenn nicht herausgebrüllt und endlos wiederholt haben.

Dienstag, 17. Dezember, 9 Uhr

Nelson Mandela ist tot. China schickt einen Rover namens »Jadehase« zum Mond. Die Revolution in Kiew wird von Vitali Klitschko angeführt. In Syrien bricht der Winter über zerbombte Städte herein und jenseits der Landesgrenzen über die Flüchtlingslager.

In Berlin haben die mit 86 Tagen längsten Koalitionsverhandlungen in der Geschichte der Bundesrepublik stattgefunden. Herausgekommen ist ein Kabinett, das von der öffentlichen Kommentierung für erstaunlich SPD-stark befunden und rasch in »Aufsteiger« und »Absteiger« zerlegt wird. Mit Verblüffung quittiert man die neue Verteidigungsministerin Ursula von der Leyen.

Ein harter, klarer Wintertag. Es ist noch dunkel, als ich

in Berlin eintreffe. Der Taxifahrer erklärt mir übergangslos, dass heute die Kanzlerin vereidigt werde, von diesem »Semi-Bigamisten«, fügt er hinzu und hebt zu einer Verurteilung von Joachim Gaucks Lebensführung an. Das gibt es also auch noch.

Der Parlamentarier-Eingang an der Ostflanke wird umlagert von Journalisten, die im Pulk mit jedem einzelnen namhaften Abgeordneten ziehen. Gerade werden sie getrieben von der Erscheinung Horst Seehofers, der sein zufriedenstes Lächeln lächelt, und er kennt nur zufriedene. Fotografen und Kamerateams treiben ihn wie eine Schaumkrone vom Wagen bis zur Rampe, von der Rampe bis zu den Stufen, von wo aus er sich noch einmal umwendet, ein Sonnenkönig. Es sei »ein guter Tag«, höre ich, man sei »sehr zufrieden« – vor allem wohl mit sich selbst, aber das sagt er nicht.

Schon eine Viertelstunde vor Sitzungsbeginn sind Saal und Tribünen mit Zuschauern und Journalisten so dicht besetzt wie nie, doch ist heute nichts zu erwarten als symbolisches Handeln. Die Journalisten suchen noch ihre Bewertungen der Ressortverteilung. Manche setzen in den Gruppen-Gesprächen Hintergrundinformationen ab und befeuern die Konkurrenz der Eingeweihten. Man deutet Mienen, Vier-Augen-Konstellationen, analysiert die Halbtöne der Verlautbarungen. Was für eine Fügung: Oben als Souverän das Volk in stiller Betrachtung seiner Vertreter, unten der Schwarm der Delegierten, die im Blick der Betrachter so manches Rad schlagen.

Nachdem Bundestagspräsident Norbert Lammert einen Nachruf auf Nelson Mandela formuliert und an dessen Rede im Deutschen Bundestag erinnert hat, erheben sich alle für einen Moment des Schweigens. Kein Flüstern, kein Atmen ist vernehmbar, nur die Auslöser der Fotokameras klackern weiter. Ein Moment, zu kurz für Einkehr, zu flüchtig, um die bleibende Bedeutung des Mannes zu umreißen, nach Sekunden vorbei.

Als zur Abstimmung über das Amt der Bundeskanzlerin die Namen sämtlicher Abgeordneter in alphabetischer Reihenfolge verlesen werden, erheben sich auch auf der Tribüne alle und schauen in dieses Rund da unten, wo sich die Parlamentarier ballen. So wenig es zu sehen gibt – Ex-TV-Kommissar und CDU-Neuling Charles M. Huber sucht Anschluss –, die Aufmerksamkeit ist dennoch gespannt. Die Abgeordneten streben den Urnen zu, manche ironisch lächelnd, sind sie doch Teil einer Choreographie von zugleich höchster Bedeutung und banaler Vorhersehbarkeit.

Auf der Ehrentribüne haben sich neben Rita Süßmuth und Guido Westerwelle auch Johanna Wanka und Manuela Schwesig eingefunden, die keine Mitglieder des Bundestags sind, aber heute ihre Ernennung zu Ministerinnen erwarten. Auf der Anzeigetafel liest man: »Geheime Wahl mit Stimmkarte und Wahlausweis.« Nach Abgabe der Voten ist eine Sitzungsunterbrechung angesetzt. Viele Fotos werden heute geschossen, sie werden sich alle sehr ähnlich sein. Merkel trägt Schwarz, weil sich das so gehört am Tag der Symbole. Sogar ihre Mutter sitzt auf der Tribüne und winkt, eine freundliche Queen Mum.

Andere Abgeordnete haben Familienangehörige, auch Kinder, mitgebracht.

Um 10 Uhr 11 ruft Präsident Lammert das Plenum wieder zusammen. Auf der Bundesratsbank macht vor allem Horst Seehofer raumgreifend auf sich aufmerksam, winkt ins Plenum, feixt. Die gute Laune läuft dem Ergebnis voraus, mit dem die Wähler ihren Willen bekommen: 621 Stimmen wurden abgegeben, keine war ungültig, mit Ja stimmten 462 Abgeordnete. Während die Journalisten schon die Zahlen deuten, die Gekürte von Volker Kauder einen Blumenstrauß entgegennimmt, in dem Blattgrün und Blütenrot dominieren, setzt ein anhaltender Applaus ein. 150 Nein-Stimmen, neun Enthaltungen, das bedeutet: 42 Stimmen aus den eigenen Reihen fehlen der Kanzlerin. Ein paar Abgeordnete waren krank oder verhindert, es dürften also nicht mehr als 32 Großkoalitionäre sein, die der Kanzlerin ihre Stimme verweigerten. Das findet Gregor Gysi (DIE LINKE) zwar pflichtschuldig bedenklich, doch wenn man noch all die Angriffe im Ohr hat, die die SPD eine Legislaturperiode lang gegen Angela Merkel führte, dann glaubt man der Kanzlerin durchaus, wenn sie sagt, sie habe ein schlechteres Ergebnis erwartet. Und hatten der letzten Großen Koalition nicht 51 Stimmen gefehlt? Das Drama bleibt also wieder aus.

»Herr Präsident, ich nehme die Wahl an.« Es folgt die unbeholfene Umarmung Volker Kauders, die vereinnahmende Horst Seehofers, in der die Kanzlerin kurz ertrinkt, der Kuss von Ronald Pofalla. »Erfolg und Gottes Segen« wird ihr gewünscht, ehe man von 10 Uhr 17 bis

12 Uhr in die Sitzungsunterbrechung vor der Vereidigung geht. Das Defilee der Gratulanten reißt nicht ab. Jede Geste hat eine eigene Aufladung mit Respekt, Würde, Herzlichkeit. Auch Norbert Lammert reiht sich in die Schlange der Gratulanten, klopft seiner Vorsitzenden dann jovial den Oberarm, was sie mit zaghaftem Klopfen seines Oberarms beantwortet. Es hat etwas von der Schüchternheit beim ersten Rendezvous.

Nun wird sich Angela Merkel Zeit nehmen müssen für die Gratulationen, sie wird Miene machen müssen, schließlich wollen alle berücksichtigt werden, und mit allen wechselt sie zwei Sätze. Da ist viel Kopf-Neigen, Strahlen, nickendes Bekräftigen. Manches Gesicht ist bewundernd, dankbar, manches wird maskenhaft in der Freundlichkeit. Von allen Seiten lassen die Parlamentarier von Parlamentariern ihr Händeschütteln mit der Kanzlerin fotografieren. Manche drehen sich sogar richtig zur Kamera ein. Man kann sich vorstellen, wie die Büroräume aussehen, in denen diese Fotos landen, die Goldrahmen, aus denen diese Gesichter starren und die Glorie der gewonnenen Wahl zitieren werden. Auf Merkels Platz liegen jetzt drei Blumensträuße, einer rot-grün, einer orange, einer kakelbunt.

Unterbrochen aber wurde die Sitzung nicht für Glückwünsche allein, vielmehr soll inzwischen die Kanzlerin beim Bundespräsidenten ihre Ernennung erhalten, um anschließend im Bundestag ihren Eid zu leisten. Unterdessen sitzt Seehofer in der ersten Reihe der SPD und verhandelt lächelnd mit Dobrindt, Hasselfeldt, Gabriel, während sich die anderen um ihn, den einzig Sitzenden, wie um einen Götzen scharen.

Im Parlamentsrestaurant sitzt die frischgebackene Verteidigungsministerin Ursula von der Leyen im Kreise ihrer Familie. Man wird sie »Mutter der Kompanie« nennen. Das ist unausweichlich. Sie wird es erst dulden, dann wie eine Auszeichnung tragen und eines Tages wohl von welcher selbstgewählten Musik im Zapfenstreich verabschiedet werden? Mehrere CDU-Abgeordnete gratulieren Claudia Roth (B 90 / DIE GRÜNEN) zu einem »guten Tag« für Deutschland. Sie meinen Hessen, wo gerade eine schwarz-grüne Koalition auf die wackligen Beine gestellt wurde. Nein, auch auf Bundesebene ist das Bedauern über die gescheiterten Verhandlungen von Schwarz-Grün nicht ganz verflogen.

Das Restaurant ist in diesen Stunden wieder der Ort der Termingeschäfte mit Informationen und Spekulationen, der Kommentare zu neuen Staatssekretären und designierten Ausschussmitgliedern. Auch wird vom Jahr 2017 viel gesprochen als dem Jahr nach Merkel. Doch wer glaubt wirklich, dass sie des Amtes dann überdrüssig sein könnte? Heute ist jedenfalls nicht der Tag, ihr die Vorfreude auf diese Entscheidung ansehen zu können. Prosecco-Gläser klirren.

Als Merkel zur Vereidigung unter die Fahne gerufen wird, wo ihr Lammert das aufgeschlagene Grundgesetz entgegenhält wie eine Trophäe, die aus geschlagenen Schlachten gerettet wurde, da gibt sie nicht »die mächtigste Frau der Welt«, sondern eher die leitende Angestellte eines parlamentarischen Instituts. In Situationen des Erfolgs wirkt sie nicht recht beheimatet. Eher möchte sie all das jetzt schleunigst hinter sich bringen. Ihr Gesamtschwarz, das einzig von einer braunen Kette gebrochen wird, wirkt wie Trauer-Schwarz. Aber da alle ringsum bemüht sind, die symbolische Wucht des Augenblicks zu begreifen, fügt sie sich, erhebt erst die Hand, dann die Stimme und ist im Amt.

Allerdings wird die Zeremonie der Vereidigung von einem Rumoren der Besuchertribüne gestört, das so lange wie Protest wirkt, bis man versteht: Eine komplette Schulklasse hatte versäumt, sich zum Eid zu erheben, wurde von der Parlamentsassistentin also streng ermahnt. Aber so schwerfällig die Kommunikation, so träge ist auch die Bewegung der Schülerinnen und Schüler, die immer noch nicht komplett stehen, als der rasche Schwur sein »So wahr mir Gott helfe« und die Kanzlerin die Regierungsbank erreicht hat. Um sich sodann auf ihrem angestammten Stuhl mit Blick auf die Projektruinen ihrer nächsten Amtszeit niederzulassen.

Da wollte sie hin. Da sitzt sie jetzt, schaut ein bisschen verlegen nach beiden Seiten, lächelt erst duldsam, dann schelmisch wie nach einem geglückten Streich, erhebt sich noch einmal kurz zum Dank für all den Applaus und will jetzt arbeiten. Erst wird aber noch das Kabinett ernannt, vom Bundespräsidenten empfangen und anschließend im Hohen Haus vereidigt. Alle fünfzehn neuen Ministerinnen und Minister sprechen den Zusatz »so wahr mir Gott helfe«. Und dann: Morgen. Morgen endlich soll mehr als

363

zwölf Wochen nach der Bundestagswahl die reguläre parlamentarische Arbeit fortgesetzt, um dann übermorgen für die Weihnachtspause wieder unterbrochen zu werden.

Heute, so scheint es, ist das Hohe Haus der eigenen Bedeutung schleppend nachgelaufen, hat Repräsentationsgesten inszeniert und sie eher leidenschaftslos vollzogen. Der Pragmatismus hat triumphiert, während ein paar alte Journalisten noch durch die Flure irrten wie Druidenkönige, Seher, die künden und verheißen wollen und in einem seltsamen Formationstanz mit den frisch gewählten Repräsentanten schon mal neue Figuren einstudieren.

Mittwoch, 18. Dezember, 9 Uhr

Die Demonstrationen in Kiew bestimmen die Nachrichten. Vitali Klitschko lässt seinen Weltmeistertitel ruhen, um sich ganz der Politik zu widmen. Aus den Flüchtlingslagern von Lampedusa tauchen Videos auf, die den unmenschlichen Umgang mit den Gestrandeten dokumentieren. Auf Madagaskar ist die Pest ausgebrochen.

»Endlich« ist das Wort, das auch Norbert Lammert in seiner Eröffnung der Legislaturperiode wie einen Stoßseufzer herausbringt. Dies mag zwar die fünfte Sitzung seit der Wahl sein, doch ist es zugleich die erste reguläre. Trotzdem: die Ausschüsse sind noch nicht besetzt, die Handlungs- und Beschlussfähigkeit des Parlaments bleibt eingeschränkt.

Angela Merkels Regierungserklärung zum Europäischen Rat findet vor gutgefülltem Plenum statt. Aber der Applaus für die Regierungsparteien dringt noch nicht aus jedem Winkel. Man ist gleichermaßen erschöpft und ausgeruht, außerdem noch unvertraut mit der künftigen Applausordnung. Ein wenig missvergnügt sitzt die grüne Fraktion am alten Platz, eingeklemmt zwischen den beiden Flügeln der Großen Koalition. Das Protokoll verzeichnet zur Regierungserklärung der Bundeskanzlerin das Novum: »Beifall bei der CDU / CSU und der SPD.«

Angela Merkel, wieder im petrolfarbenen Arbeitsjackett, beginnt mit einem Selbstlob, das sich dieses Mal auf Vergangenheit und Zukunft bezieht, auf die Bekämpfung der Bankenkrise, die Bekämpfung der Jugendarbeitslosigkeit, die »Vorsorgepolitik«. Sie unterscheidet zwischen »Fortschritten« und »erheblichen Fortschritten«, zwischen »Erfolg« und »sehr großem Erfolg«, zwischen »erfolgversprechenden Konzepten« und »herausragenden Konzepten«, flankiert von »Stabilität und Wachstum«, »Wachstum und Beschäftigung«, »mehr Stabilität und Wachstum« bis hin zu einem »Europa der Stabilität, des Wachstums und natürlich der sozialen Sicherheit«.

Eine typische Wendung der Merkel-Rhetorik klingt so: »Wir haben auch eine neue Strukturfondsförderung beschlossen. Sie erhält mit der makroökonomischen Konditionalität eine neue Dimension.« Das, so fällt auch der Kanzlerin auf, »hört sich sehr technisch an«, und deshalb übersetzt sie es noch einmal in die spritzige Diktion der volkstümlichen Erklärung, indem sie fortfährt: »… das

heißt aber nichts anderes, als dass es Auswirkungen auf die
Vergabe von Strukturfondsmitteln haben kann, wenn Länder die Empfehlungen zur Entwicklung der Wettbewerbsfähigkeit, die seitens der Europäischen Union, der Kommission selbst, gegeben werden, nicht einhalten.« Die
Politik kennt diese Bewegung des Abwendens vom Volk,
seinem Verstehen, seiner Sprache, seinem Vorwissen, ja,
seinem Anspruch auf Einbeziehung. Da war sie wieder,
pünktlich zurück, von Anfang an.

Und diese Sprödigkeit angesichts der Erwartungen des
Publikums hat auch etwas Persönliches, denn Merkel ist
der ganze Quatsch rund um die Politik, das Psychologische, Private wohl eher unangenehm. Sie fühlt sich am
wohlsten mitten im Sachzwang, in den Fakten, den Vorlagen zur Entscheidungsbildung. Unter den neuen Mehrheitsverhältnissen kann sie jetzt auch leichter sagen, dass
man sich für die EU viel vorgenommen, vieles nicht erreicht habe. Sie kann der rhetorischen Frage, die mit »wie
will man ...« beginnt, etwas aufrichtig Dringliches verleihen, das mit dem »nie wieder« zur Bankenkrise verbunden
wird. Und es vereinfacht das Leben der Kanzlerin, dass sie
es rhetorisch nicht mehr mit der alten Opposition zu tun
hat. Dieser fehlende Dissens gibt dem Parlament andererseits etwas Versachlichtes, Darstellendes, Protokolla-
risches. Was soll die Opposition anderes besetzen als die
Position des Kläffers? Ja, sie ist wie ein Spitz, der unter
dem Sofa vorkommt, beißt und gleich wieder wegwischt.

Inzwischen gelangt die Kanzlerin von Mali zu Serbien
zu Albanien, streift auch die Ukraine mit einem Satz. Das

Plenum füllt sich immer noch. Der Applaus kommt dickflüssig, bewegt sich langsam durch die Reihen, schwillt an und verebbt. Die Masse gibt ihm Phlegma.

Das neue Kabinett ist jetzt vollständig. Man blickt in die Gesichter derer, die es endlich auf den Ministersessel geschafft haben und heute zum ersten Mal aus dieser Perspektive in den Saal schauen. Man blickt auch auf die neuen Parlamentarier, die die Abläufe gerade nachvollziehen: die ganzen rhetorischen Funktionen und »Verhandlungssysteme«, die zusammengefasst »Parlamentskultur«, »politische Kultur«, »Streitkultur«, »Diskurskultur« heißen und zugleich auf eigene Weise zur »Handlungsschwäche der Politik« beitragen.

Das Parlament wandelt sich. Tendenziell gibt es den Verhandlungen inzwischen mehr Raum als den Handlungsanweisungen. Zugleich haben sich die Typen der politischen Rede immer weiter aufgefächert: Da gibt es die Sprache der Pressekonferenz, der Talkshow, des Parteitags, des Wahlkampfes, des Parlaments und alle ihre Schnittmengen. Immerhin ist der Politiker, der mit seiner Rede ein Fanal setzen will, noch unterscheidbar von dem, der bloß nicht schlechter sprechen möchte als andere.

Sahra Wagenknecht (DIE LINKE) geht nie ans Pult, ohne Grundsätzliches vorzutragen. Ihre Einwände aber treffen nicht das System des real existierenden Kapitalismus allein, sie treffen auch die Realität des demokratischen Alltags. So zitiert sie das Wahlprogramm der SPD zum Kampf gegen die »Geiselhaft der Banken und Spekulanten« und erinnert: »Herr Steinbrück ist mit dieser Bot-

schaft über die Marktplätze gezogen.« Ein Leichtes, den
»Koalitionsvertrag der gebrochenen Versprechen« dage-
genzusetzen und die Lebenslügen der Sozialdemokratie
Punkt für Punkt zu benennen. Zu dieser Rede trägt die
Große Koalition, obwohl es noch früh am Tag ist, Unauf-
merksamkeit zur Schau. Auf der Regierungsbank hört im
Moment nur Andrea Nahles zu, und der Zwischenapplaus
für Wagenknecht kommt einzig aus der eigenen Partei.

Die Ausführungen aber beweisen noch ein anderes Dilemma der neuen, marginalisierten Opposition: Weil ihre
Redezeiten so knapp bemessen sind, fehlt nicht allein
der Raum zu Erklärung und Vertiefung, auch die Rhetorik muss effektvoller, wenn nicht drastischer werden, um
mögliche Zuhörerinnen und Zuhörer draußen zu überzeugen. »Frau Bundeskanzlerin«, setzt Wagenknecht ein,
»während der fast drei Monate, in denen Sie mit der SPD
um den Koalitionsvertrag gefeilscht haben, haben sich in
Griechenland aus Verzweiflung über ihre soziale Situation
schätzungsweise 120 Menschen das Leben genommen.
Während der gleichen Zeit haben in Spanien etwa 45 000
Familien ihre Häuser oder Wohnungen durch Zwangsver-
steigerungen verloren. (…) In den gleichen drei Monaten
hat sich das Vermögen der europäischen Millionäre und
Multimillionäre wieder einmal erhöht: um fast hundert
Milliarden Euro.«

Man kann es effekthascherisch finden, wenn der Bezug
zwischen Suizid und Finanzpolitik so monokausal herge-
stellt wird, bedenklicher aber könnte es für die Rednerin
sein, dass sich jene, zu deren Gunsten diese Fälle aufge-

rufen werden, nicht erkennen, dass sie ihre eigenen Interessen nicht identifizieren und Angst haben vor dem Rattenfängerischen, das dem Plädoyer für eine Politik der Armen immer innewohnen kann. Wieder benutzt Wagenknecht Warren Buffets Beschreibung von Derivaten als »finanziellen Massenvernichtungswaffen«. Von »Wahlbetrug« spricht sie. Statt dem von der SPD versprochenen »Das Wir entscheidet« habe man »Das Wir bezahlt« verwirklicht. Sie spricht Steinmeier direkt an. Der nickt ironisch wie einer, der gerade den Schatten von Oskar Lafontaine auf sich fühlt und weiß, was kommt: dass »die einst so stolze Sozialdemokratie« auf dem Weg in die Bedeutungslosigkeit sei und dass die Große Koalition weiter davon ausgehe, auch in Zukunft Banken mit Steuergeldern zu retten.

Auch das aber trifft den Nerv des Parlaments nicht so empfindlich wie Wagenknechts Weihnachtsbotschaft, wenn sie das päpstliche Plädoyer für die Armen in den Worten von Franziskus zitiert: »Es ist unglaublich, dass es kein Aufsehen erregt, wenn ein alter Mann, der gezwungen ist, auf der Straße zu leben, erfriert, während eine Baisse um zwei Punkte an der Börse Schlagzeilen macht.«

Den Platz in dieser Schnittmenge zwischen päpstlicher und linker Rhetorik macht man ihr streitig. Als sie folgert: »Die Linke zumindest nimmt die päpstliche Botschaft ernst«, da steigt sie steil auf, die Welle der Empörung von den Bänken der CDU/CSU, schwillt immer weiter an, bis in das lange Hohnlachen der Regierungskoalition einzelne Bravorufe aus der Linksfraktion brechen, während sich bei den Grünen keine Hand rührt. Das Programm der SPD gegen die Realität der SPD in der Großen Koalition aufzubieten und den Papst gegen die Christen in CDU / CSU, das ist Opposition in höchster Dosierung und erfolgreich nur, wenn die Zwischenrufe mindestens lauten: »Das stimmt doch nicht!«, »Unglaublich!«, »Ach, Gott!«, »Das ist ja nicht zu ertragen!«, »Kommen Sie zum Schluss!«, und genauso lauten sie.

In der Nachfolge erweist sich Niels Annen (SPD) als linientreu der Partei, nicht der Semantik und Grammatik gegenüber: Griechische Suizidfälle findet er »tragisch«, was sie fälschlich schicksalhaft erscheinen lässt, und Wagenknechts Rede ist ihm »ein Beitrag zur Debatte, der diesem Hause nicht würdig« ist – und diesem Dativ auch nicht, möchte man ergänzen, denn warum sollte die Liebe zum Land die Liebe zur deutschen Sprache nicht einschließen?

Zugleich findet sich in Annens Rede eine lauwarme Wendung, der man nun häufiger begegnen wird, nämlich der Hinweis, dass es »unterschiedliche Sichtweisen zwischen den Fraktionen dieser Bundesregierung gegeben« habe. Anders gesagt: Die Rhetorik des Durchscheinens wird künftig dafür sorgen, dass man die eigentliche Position der Partei hinter der von ihr gerade mitgetragenen erkennen kann, und dazu gehört beispielsweise auch, dass die neue Familienministerin Manuela Schwesig (SPD) künftig das Betreuungsgeld durchzusetzen hat, das sie im Wahlkampf noch als »grundsätzlich falsch« bezeichnet und dem sie attestiert hatte, »viel Schaden« anzurichten.

Der Rest sind Gemeinplätze (»Wir sind überzeugte Europäer«) und Demutsgesten, die umso peinlicher wirken, weil sie sich auf Trivialitäten beziehen: »Frau Bundeskanzlerin: Ich bin Ihnen sehr dankbar dafür, dass Sie deutlich gemacht haben, dass diese Bundesregierung an dem europäischen Integrationskurs festhält.« Und gleich darauf: »Frau Bundeskanzlerin, Sie haben erwähnt, dass die Logik des Entweder-oder nicht funktionieren kann. Ich glaube, Sie haben damit recht.« Da fällt Angela Merkel Stein für Stein vom Herzen: Gleich zweimal gelobt worden von Niels Annen, eine Ranschmeiße deluxe nach vier Jahren Krieg der Welten und Weltanschauungen, und dazu ein paar Grüne, die auch noch mitklatschen. Wer hätte sagen können, dass Große Koalition so gut schmecken würde?

Aber was bedeutet die neue Situation für das Parlament, dessen elementare Funktionen sich ja zunächst einmal nicht mit den Interessen von Parteien decken? Wie dieses Parlament die Regierung kontrollieren soll, kann man sich kaum vorstellen. Wie die Opposition sich behaupten soll, die ja selbst in sich zerstritten ist, ebenso wenig. Lauter aussichtslose Unterfangen. Man nehme hinzu, dass auch wirtschaftliche Prozesse, Bündnispartner, Bundesländer, das Europaparlament und das Bundesverfassungsgericht Entscheidungen fällen – und schon schrumpft das Parlament zu was?

Katrin Göring-Eckardt (B 90/DIE GRÜNEN) beginnt ihre Rede mit Miniaturen aus dem Elend ukrainischer Demonstranten und erhält dafür bisweilen auch den Applaus der SPD. Anschließend klagt sie in flammenden Worten eine »Vision« ein. Aber wer im Wahlkampf mit »Veggie Day«, »Spinat mit Ei« und dem frei flatternden Zitronenfalter auf sich aufmerksam machte, dem wird im Visionären zumindest keine Kernkompetenz zugeschrieben.

Als sie auch Lampedusa erwähnt, lacht Merkel gerade herzlich mit Gabriel, streicht sich eine Strähne hinter das Ohr und demonstriert große Ferne von dem Elend, das sich da täglich an Europas Grenzen sammelt. Göring-Eckardt dagegen beerbt wieder einen Gestus der Inständigkeit, der so isoliert erscheint, wie es diese Fraktion als Ganzes ist, und ein wenig folkloristisch. Inzwischen hat Merkel ihre Vertraulichkeiten mit Gabriel hinter sich und schaut auf einen Indifferenzpunkt im weiteren Horizont des Saals. Sie ist jetzt geistesabwesend, das aber mit Selbstbewusstsein.

Was sie verpasst? Katrin Göring-Eckardt hatte ihre Rede begonnen mit den Worten: »Seit Wochen demonstrieren Tausende und Abertausende auf dem Maidan in Kiew. Sie harren aus in Kälte und ertragen die Gegenwehr der Staatsmacht. (…) Genau darum geht es ihnen: ein Signal für dieses gemeinsame Europa der Werte zu setzen.« Ihr Nachfolgeredner Andreas Schockenhoff (CDU/CSU) setzt ein mit den Worten: »Seit vielen Tagen schon demonstrieren die Menschen in der Ukraine für die europäische Orientierung ihres Landes. In Eiseskälte treten sie für Demokratie, Rechtsstaatlichkeit und Menschenrechte ein. (…) Sie wollen die schrittweise Annäherung an die Europäische Union.« Die schwarz-grüne Koalition der Demonstrationsfreunde macht auch deutlich, wofür die frierenden Demonstranten von Kiew parteiübergreifend herhalten müssen: für die europäische Wertegemeinschaft, die deutsche Außenpolitik, die Kritik an Russland etc.

Nach gut einer Stunde ist die Regierungsbank schon von den meisten Ministern befreit, auch die Kanzlerin hat auf dem Platz neben ihrem Wasserglas nur ein Stillleben aus Requisiten zurückgelassen. Manuel Sarrazin von den Grünen verzehrt fünf Minuten Redezeit, von insgesamt sechzehn, die seiner Fraktion zustehen. Anschließend sprechen hintereinander sieben Abgeordnete der Regierungsparteien insgesamt 62 Minuten lang, scheuen keine Wiederholung, kein Aufwärmen vorgekochter Positionen, gewürzt mit Schmeichelei, Selbstdarstellung und den neuen Einigkeitspheromonen.

Nein, an ihrem ersten Parlamentstag hat die Große Koalition nicht einmal den Versuch gemacht, besonders oppositionsfreundlich aufzutreten. Entsprechend lausig die Aufmerksamkeit. Viele Abgeordnete sind gegangen, andere folgen dem, was in der Schule »stille Beschäftigung« hieß, die meisten verstehen diese hier wie dort als »lärmende Beschäftigung«. Man begräbt mit diesem Tag die Hoffnung auf lebendige »Debattenkultur«. Die Diskussionsfreude, die erbitterten Wechselreden, die Duelle auf der Planche wird es auf absehbare Zeit nicht mehr geben. Vorauszusehen ist, dass das Parlament unter diesen Bedingungen künftig weniger Aufmerksamkeit auf sich ziehen und bald darüber klagen wird.

Auch die Menschen auf den Tribünen, so scheint es, haben das Interesse inzwischen verloren. Sie wenden sich dem Plenum eher mit ästhetischen Kategorien zu, auf der Suche nach Unterscheidbarkeit: hier ein Kostüm, eine Farbe, eine Geste, eine Situation, die Ballung einer Gruppe und ihr Zerfließen. Dann die Unverständlichkeiten in Abläufen, Referenzen, Gedanken, Informationen und im Vokabular. Da unten ist der Marktplatz mit seinem Geschrei und Gewusel. Nur wir hier oben, das Volk, wir sind diszipliniert, flüstern allenfalls, rufen nicht rein, klatschen nicht, telefonieren schon gar nicht. Sitzen wir nicht wie in der Oper? Sind wir nicht feierlicher als das Parlament? Sind wir es nicht, die dem Hohen Haus seine Höhe verleihen und aus dieser Höhe gerade hinabsehen auf unsere Vertreter, die wir mit dem Kostbarsten ausstatteten, das wir zu vergeben haben: Volkes Wille, unser Wille?

Donnerstag, 19. Dezember, 10 Uhr

Die Demonstrationen in der Ukraine gehen weiter. Der Vater eines der mutmaßlichen NSU-Mörder beleidigt den Richter im Prozess als »Kleinen Klugsch…«. Boris Becker wird der Trainer von Novak Đoković.

Ein zu allem entschlossener Winterhimmel breitet sich tief bewölkt und frostig über Berlin. Die Straßen liegen noch leer, die Rührseligkeit der Weihnachtsinszenierung erreicht jeden Winkel des städtischen Lebens.

Um zehn Minuten verspätet sich der Debattenbeginn.

Die SPD hat ihre vorhergehende Fraktionssitzung nicht früher beenden können, auch das erstmalig in diesem Jahr. Ex-Gesundheitsministerin Ulla Schmidt eröffnet heute den Parlamentstag. Ihr »Guten Morgen« wird von der SPD-Fraktion mit einem chorischen »Guten Morgen« beantwortet. Es ist die letzte Sitzung vor Semesterende, so die Stimmung. Auch wenn das Haus gut besetzt ist, bleibt die Regierungsbank fast leer, die bekannten Köpfe der Parteien fehlen in jeder Fraktion.

Zunächst versucht sich die Linke an einem Geschäftsordnungsantrag zur Verschiebung der Wahl der Datenschutzbeauftragten. Unter dem Eindruck der Snowden-Enthüllungen wünscht man sich eine unabhängige Person, eine parteilose vielleicht, die nach allem, was man zuletzt erlebte, besser nicht dem Innenministerium zugeordnet sein sollte. Die jetzige Kandidatin Andrea Voßhoff, so wird eingewendet, habe bei aller Integrität der Person in der Vergangenheit auch für das Abwiegeln in der NSA-Affäre, für Netzsperren und Vorratsdatenspeicherung gestanden.

Mit Michael Grosse-Brömer (CDU/CSU) antwortet ausgerechnet einer, der sich, wie die beiden ehemaligen Minister Friedrich und Pofalla, immer durch Beschwichtigungen und Bagatellisierungen hervorgetan hatte, dafür aber den traurigen Mut besitzt, die Linke als »SED-Rechtsnachfolgerin« zur Zurückhaltung aufzufordern. Doch auch die Grünen bekennen, dass ihnen »der Personalvorschlag, der hier vorgelegt wird, nicht passt«. Dass sie sich der Personalie trotzdem nicht widersetzen, sei einzig der

Tatsache geschuldet, dass man eine Datenschutzbeauftragte sofort brauche, nachdem der renommierte Vorgänger Peter Schaar von Minister Friedrich recht würdelos entsorgt worden sei. Die designierte Datenschutzbeauftragte sitzt derweil auf der Pressetribüne und wird fotografiert, die Abstimmung erwartend.

Bis dahin aber widmet man sich zunächst den Ausschüssen und Unterausschüssen, ihrer Zusammensetzung und Stärke, sowie den Minderheitsrechten der Oppositionsparteien. Deren Applaus wirkt nur noch tapfer. 22 ständige Ausschüsse gab es und wird es geben, einer für Netzpolitik kommt hinzu. Ohne es offenbar recht zu merken, sagen die Vertreterinnen und Vertreter der Regierungskoalition jetzt gern: Wir setzen ein, wird es geben etc. Man muss also nicht einmal mehr so tun, als hingen Entscheidungen von Debatten und Abstimmungen ab. Von hier aus ist es nicht mehr weit bis zu der Frage: Warum erscheint die Opposition überhaupt im Parlament? Um die Zuhörerschaft an gute, aber übergangene Argumente zu erinnern?

Im Augenblick aber muss erst einmal der Hauptausschuss aufgelöst werden, damit die neuen Ausschüsse arbeiten können. Auf die ketzerische Zwischenfrage von Volker Beck (B 90 / DIE GRÜNEN), der Redner der CDU / CSU möge doch kurz einmal die Arbeitsresultate dieses Ausschusses referieren, referiert der nichts, sondern verweist auf zugesandte Drucksachen. Das Gelächter ist höhnisch. Die Schulklassen, die eben die Tribünen verlassen, haben nur Formsachen beobachtet, gefolgt vom Durchwinken von Tagesordnungspunkten ohne Beratung, die Überweisung an Ausschüsse und andere Eilverfahren.

Es gibt jetzt so etwas wie eine gestaute Energie im Raum, als wollten die neuen Abgeordneten, auch die neu in Funktion gebrachten, arbeiten, aktiv werden, »gestalten«. Ich dagegen fühle mich plötzlich müde, erschöpft, die Reden dringen kaum mehr durch, auch die Kameraleute lesen oder dämmern hinter ihren Geräten. Und doch geschieht um uns herum plausible politische Arbeit, sind doch die Verfahren des Parlaments Inbegriff der Rechtsansprüche des Einzelnen an den Staat, und diese verlangen nach soliden Fundamenten.

Wo aber die großen Themen erscheinen, etwa, wo es um Rentenbeiträge, um drohende Altersarmut geht, ist die Ausstellung des Vergeblichen manchmal geradezu monumental. Geht etwa jemand an das Pult und beklagt die immer noch ausstehende vollständige Gleichstellung der Renten in Ost und West, kann man verfolgen, wie das Richtige und Zutreffende L'art pour l'art wird, weil jedem Gedanken die Wucht der Mehrheitsfähigkeit fehlt. Nach einer guten und kämpferischen Rede, in der sie beklagt, dass die sogenannte Mütterrente aus der Rentenkasse bezahlt werden solle, kann Kerstin Andreae (B 90/DIE GRÜNEN) zuletzt bloß zornig ihr Blatt falten, als geschehe es zur Verlängerung ihrer Argumentation, kann nur ungestüm das Glas an sich raffen zur Versinnbildlichung ihrer Empörung. Übergangen wird sie trotzdem.

Mit in den Nacken gelegtem Kopf lasse ich noch einmal den Raum auf mich wirken: Der Repräsentationsgedanke ist groß. Die Säulen zitieren auch ihn. Und auch die Repräsentanten lassen manchmal die Herkunft ihrer Gedanken aus alten Idealen noch fühlen. Vertreter der »politischen Kaste« nennen wir sie, und auserwählt dürfen sie sich fühlen, sich heute noch mit dem Rentenrecht, mit der gleichgeschlechtlichen Liebe, mit Kinderkrippen oder der Beendigung des NATO-Bündnisfalls beschäftigen. Sie dürfen, müssen vielleicht sogar mit dem Nimbus der verantwortungsbewussten Gestalter des Landes auftreten, dürfen die Privilegien der Verantwortung ernten. Kein Wunder, dass in der öffentlichen Ikonographie außer dem Star auch irgendwann der in die Menge winkende Politiker auftaucht, der sich für die Gestaltung der Welt gefeiert glaubt.

Gerade zwängt sich eine gut Siebzigjährige mit lila Kopftuch in die Sitzreihe auf der Nachbartribüne. Auf ihrem pinkfarbenen Sweatshirt ist in Pailletten der handschriftlich beschwingte Schriftzug zu lesen: Love is in the Air. Als nächsten Punkt auf der Tagesordnung ruft Ulla Schmidt auf: Die erste Beratung des Entwurfs eines »Gesetzes zur Einführung des Rechts auf Eheschließung für Personen gleichen Geschlechts«. »Nach einer interfraktionellen Vereinbarung sind für die Aussprache 38 Minuten vorgesehen. Ich höre keinen Widerspruch. Dann ist das so beschlossen.«

Der Gang des ersten Redners zum Pult ist ein erster Gang, er fällt so ungestüm aus wie bedeutungsvoll. Harald Petzold, der für die den Antrag stellende Fraktion der Linken seine sogenannte Jungfernrede hält, brennt für sein

Thema: »Deswegen habe ich mich entschlossen, meine erste Rede hier in diesem Hohen Hause nicht leise, brav und diplomatisch zu halten, sondern gleich in die Vollen zu gehen, weil ich genauso wie die vielen Tausend, denen ich hier eine Stimme geben will, enttäuscht darüber bin, dass wir wieder nur vertröstet und hingehalten werden und es keine hundertprozentige Gleichstellung gibt.«

Der Mann kommt aus der Kampagnenarbeit, hat auf dem Brandenburger Land Aufklärungstouren organisiert, hat Diskriminierung, Ungleichbehandlung, Demonstrationen in Polen, hat auch Gewalt und Steinwürfe erlebt und dabei Bundesverfassungsgerichtsurteile im Kopf behalten, die seit 2002 als Refrain anstimmen: »Stellt endlich gleich!« Seine Rede ist ein flammendes Plädoyer dafür, diesem Auftrag nachzukommen, die Diskriminierung nicht zu unterschätzen, und jede Nicht-Gleichstellung ist Diskriminierung, da ist man sich einig: »Meine Damen und Herren, kommen Sie endlich in der Lebenswirklichkeit an, und folgen Sie dem Beispiel von vielen Ländern in der Welt: von unseren europäischen Partnern wie Dänemark, Belgien, Niederlande, Frankreich, sogar dem konservativen Großbritannien, von lateinamerikanischen Ländern wie Argentinien und Uruguay, vom Südafrika Nelson Mandelas bis hin zu einzelnen Bundesstaaten in den USA! Folgen wir diesem Beispiel endlich!«

Dass eine Gleichstellung in diesem Verständnis nicht nur eine von homosexuellen Lebenspartnern und -partnerinnen, sondern auch eine der Lebenspartnerschaft mit der Ehe bedeuten muss, wird durch die CDU/CSU bestritten, ja, bekämpft. Volker Beck (B 90 / DIE GRÜNEN) wird später sogar 28 Gesetze nennen, die noch geändert werden müssen, um den Gleichstellungsgedanken zu verwirklichen: »Das geht vom Bundeskindergeldgesetz über das Versammlungsrecht über das Sprengstoffgesetz über Approbationsordnungen für Ärzte bis hin zur Höfeordnung, einer Sonderrechtsregelung im Erbrecht.« Im Augenblick aber ist hier ein junger, für seine Sache streitender Abgeordneter, der dem Ideal des Politikers entspricht, der es bis ins Parlament schafft, um eine ganz bestimmte Sache zu ändern, und der seiner ersten Rede einen geradezu rührend bescheidenen Schluss gibt: »Denken Sie nach diesem Redebeitrag nicht schlecht von mir, nur weil ich in meiner ersten Rede gleich Tacheles geredet habe. Manchmal muss man auch gegen die Tischmanieren verstoßen.«

Er ist neu. In wenigen Wochen wird er wissen, was in diesem Hause Tischmanieren, was Verstöße sind. Noch aber dringen aus seiner Fraktion immer mehr Gratulanten an seinen Platz und sagen ihm, dass er gut war. Die CDU / CSU wird dagegen aufwenden, dass die Ehe Bestandteil der Verfassung sei, man also schon eine Verfassungsänderung durchsetzen müsse, wenn die Rechte der Ehe auf andere Lebenspartnerschaften ausgedehnt würden. Dahinter steht die hartnäckige Weigerung, den gesellschaftlichen Wandel in Belangen der Ehe, die Meinungsumfragen, die Gesetze der europäischen Nachbarn und selbst das Drängen der Gerichte wirklich ernst zu nehmen, und weil das so ist, kann Thomas Silberhorn (CDU /

CSU) selbstbewusst mit den Worten enden: »Daher lautet unsere Weihnachtsbotschaft für Eheleute und Familien: Sie stehen unter dem besonderen Schutz des Grundgesetzes und der CDU / CSU.« Das bedeutet, die Lebenspartnerschaften der Homosexuellen tun es nicht.

In der Folge setzen alle Redner ihre Pointen. Volker Beck (B 90 / DIE GRÜNEN) öffnet seine Arme weit in Richtung der SPD und appelliert: »Da erwarte ich jetzt Applaus von Ihnen.« Er macht den Einheizer, aber er hat recht, denn was er sagt, stammt noch aus der Masse gemeinsamer Überzeugungen, und die SPD-Fraktion gehorcht zögerlich. Johannes Kahrs (SPD) setzt sich denn auch in Opposition zu Thomas Silberhorn und »diesem von uns neuerdings geschätzten Koalitionspartner«. Elisabeth Winkelmeier-Becker (CDU / CSU) bemüht den »Kodex Ur-Nammu von 2100 vor Christus« und den »Kodex Hammurabi aus dem 18. Jahrhundert vor Christus«, um zu belegen, dass Regelungen, die die Ehe betreffen, alt sind und offenbar noch nichts von homosexuellen Lebenspartnerschaften – aber auch noch nicht von der CDU – wussten. Die Parlamentarierin kommt jedenfalls beim Schutz der Ehe vor einer Gleichstellung mit der Lebenspartnerschaft an.

Schließlich dringt eine gute Intervention darauf, aus dieser Frage einen Gewissensentscheid zu machen und die Abstimmung freizugeben. Winkelmeier-Becker aber fischt immer noch durch Wikipedia und verlängert ihre historische Lehrstunde. Bisweilen ist das so: Die Themen sind groß, die Rede von ihnen ist es nicht. Das lässt die

Themen allenfalls noch größer erscheinen. Denn bei dieser Frage handelt es sich doch um eine, in der sich die Welt gerade verändert, und was ist Politik anders als eine dauernde Anpassungsleistung an neue soziale Verhältnisse, veränderte Lebensentwürfe, höhere Effizienz, mehr Gifte, engere Räume, mehr Alte, knappe Ressourcen, neue Migrationen und so fort?

Man kann alle diese Veränderungen verfolgen, die Lebensformen suchen, die sie beantworten. In der Politik hat sich irgendwann bei den meisten Fragen ein Vorrang des Strategischen durchgesetzt, in dessen Schatten sich alles andere bewegt. Man siegt nicht durch Einfühlung, sondern durch Kalkül und Technik. Falsch also die Vorstellung, ein Politiker verließe am Ende das Hohe Haus und habe primär etwas »für die Menschen« erreicht oder verloren. Es gibt sicher die Überzeugten in allen Parteien, auf allen Feldern, auf den vorderen wie auf den hinteren Bänken. Es gibt jene, die es gut meinen und die falschen Mittel haben, jene, die dauernd Brücken suchen zum Witz, zur Beleidigung, zum Schulterschluss. Es gibt die von der eigenen Fraktion Marginalisierten, die Übersehenen und Übergangenen, die Geparkten und jene, die gerade kapitulieren und erlöschen.

Während inzwischen die Stimmen zur Wahl der Datenschutzbeauftragten ausgezählt werden, geht es erst einmal weiter mit anderen Tagesordnungspunkten. Unterdessen herrscht da unten gelöste Stimmung, anschwellendes Murmeln, man konferiert in Grüppchen. Dabei hat Diana Golze (DIE LINKE) eben tapfer begonnen, den

»Entwurf eines Gesetzes zur Aufhebung des Betreuungs-
geldgesetzes« gegen all den Lärm zu begründen. Der Präsident bittet zweimal erfolglos um Ruhe, dann schüttelt er
die Glocke, so dass erst einmal die Rednerin zusammen-
zuckt und sagt: »Oh, das habe ich auch noch nicht erlebt;
eine Premiere.«

Anschließend filetiert Golze, was sie die »Kapitulations-
erklärung« der SPD beim Betreuungsgeld nennt, referiert
alte Überzeugungen der Sozialdemokraten im synopti-
schen Vergleich mit den neuen, schwammigen Formulierungen aus dem Koalitionsvertrag, deckt sozialdemokratische Selbstwidersprüche auf, fragt nach dem Kuhhandel,
der zu dieser Lösung geführt habe, die kein Kompromiss,
die eine Niederlage sei. Die Erklärung wird für die SPD
nicht leichter dadurch, dass die neue Ministerin Manuela
Schwesig der ersten Debatte, die sie direkt betrifft, lieber
ferngeblieben ist. »Ich kann mir vorstellen«, sagt Golze,
»dass es für eine frischgebackene Bundesministerin ein
schöneres Thema für ihre erste Debatte gegeben hätte.
Vielleicht hat das zu ihrer Entscheidung beigetragen, dass
sie heute nicht hier sein kann.«

So bleibt das Abstruse der Situation, die den Selbstbe-
trug dieser neuen Regierungspartei streift, unkommentiert und unaufgelöst: Er liegt eben darin, dass eine Ministerin jetzt genau die Politik durchsetzen muss, gegen die
sie im Wahlkampf auf Stimmenfang gegangen ist, und
dass die Milliarden, die in den Kita-Ausbau fließen müssten, gegen sozialdemokratische Überzeugungen nun auf
Horst Seehofers Prestigeobjekt »Betreuungsgeld« verwen-

det werden. Es bleibt der Rednerin also nur das triftige, aber aussichtslose: »Ich fordere die Kolleginnen und Kollegen, die dieses Betreuungsgeld immer abgelehnt haben, auf, das zu tun, was sie vor der Wahl versprochen haben: Schaffen Sie es ab!«

Immer dort, wo in parlamentarischen Reden echte Überzeugung frei wird, erscheint sie unpraktisch, auch nicht recht kalkulierbar. Alles andere ist taktisch verhandelbar. In der Gesinnung aber radikalisieren sich Persönlichkeitsprofile. Plötzlich ragen sie unbequem in die diplomatischen Diskurse, und es bekommt etwas geradezu Unprofessionelles, eine Haltung zu haben und sie wichtig zu nehmen.

Es gilt aber für sämtliche Reden in diesem Umfeld auch: Sie simulieren eine Beteiligung an Entscheidungsprozessen, die längst abgeschlossen sind und es unter den bestehenden Mehrheitsverhältnissen auch bleiben – ein Umstand, den Dorothee Bär (CDU / CSU) geradezu höhnisch gegen Golze in Stellung bringt, indem sie ihr mitteilt, dass sie »auf absolut aussichtlosem Posten« sei, dass es »nichts bringt, wenn man immer nur gegen die Betonwand rennt«, dass sie »nervende Schaufensterpolitik« mache, wenn nicht Schlimmeres: »Das Wort, das ich eigentlich sagen möchte, darf ich nicht sagen, sonst rüffelt mich mein eigener Präsident.«

Ich habe in anderen Reden gehört, wie diese Rednerin als »begabt« bezeichnet wurde. Was ich sehe, ist eine junge Frau mit Verwöhnungsschaden und faszinierender Attitüde, forsch bis zur Herablassung, substanzschwach, dafür selbstverliebt und mit einer strohfeuerartigen Wärme, die sie in jedem Beitrag irgendjemandem danken lässt. Heute aber widmet sie ihre Rede allen Ernstes, nein, nicht »Dem Deutschen Volke«, sondern Norbert Geis: »Lieber Norbert, wenn du heute zuschaust: Diese Rede ist auch für dich.« So sprechen Oscar-Gewinnerinnen zu ihren Eltern. Außerdem fallen ihr die Sachbearbeiter ein, die in ihrer Region die Anträge auf Betreuungsgeld bearbeiten, was sie zu den Sätzen inspiriert: »Deswegen möchte ich mich an dieser Stelle – das muss gestattet sein – auch einmal ganz herzlich bei allen Mitarbeiterinnen und Mitarbeitern in Bayreuth und Würzburg bedanken, die diese Anträge für ganz Bayern bearbeiten.«

Dieser Typus ist neu: Die ganze Aufmerksamkeit der Rednerin ist auf die Vermittlung gerichtet und diese entsprechend effekthascherisch. Sie arbeitet also weniger am Thema als an der gelenkten Rezeption des Themas und treibt so die Auflösung der Politik in Public Relations voran – auch dies eine voraussichtliche Entwicklungslinie der künftigen parlamentarischen Kultur. Als staune auch sie, wendet Diana Golze nicht den Blick von der Rednerin, die sogar der SPD dankt für Kompromisse, die man gemacht habe – vielleicht auch für das Zugeständnis, auf den Begriff und das Thema Kinderarmut im Koalitionsvertrag ganz zu verzichten? Dann nimmt die Datenschutzbeauftragte auf der Tribüne erst das Abstimmungsergebnis, dann einen winzigen Blumenstrauß entgegen und erhebt sich.

Der Saal leert sich indessen rapide. Auch von den sechs Tribünen sind nun vier unbesetzt. Ich gehe vor die Tür und lutsche draußen, denn nur hier darf ich es, das Bundestagsbonbon. Das hatte mir noch gefehlt. Oval, hellrosa und parfümiert mit Kirscharoma ist es. Immerhin ist sein Einwickelpapierchen mit drei Bundesadlern bedruckt. Neben mir kommen die Besucher aus dem Parlament mit Gesichtern, als verließen sie ein Museum oder den Zoo. Ich sehe niemanden, der im Gespräch eine Debatte aufnähme oder fortsetzte.

Was aber könnte ich denn selbst noch referieren? In der Vergegenwärtigung wird es konfus: Da fliegen mir die Appelle und Satzbausteine, die Silben und Füllsel um den Kopf, Zahlen, Ausschnitte von Statistiken, die wie Konfetti durch die Luft regnen. Ich kann dieses ganze Meinen, Bedeuten, Simulieren, Vordergrund-Beanspruchen nicht mehr verfolgen, bald nicht mehr ertragen. Es ist ein einziger Wirbel von Ausrufezeichen, Signalen, Zeichenkomplexen: »Soziale Gerechtigkeit«, »Solidarsystem«, »Mehrkosten«, »Lebensleistung«, »Rahmenbedingungen«, »Generationengerechtigkeit«, »Mütterrente«, »künftige Generationen«, »Erwerbsminderungsrente« und »verantwortungspolitisches Handeln« …

Oft kann ich die Person in den Worten nicht erkennen und die Haltung nicht hinter der Sprache. Es tanzt durch die Luft, dass es einem den Atem nimmt. Man möchte raus auf die Plätze, auf die Bürgersteige, möchte etwas von dem finden, was Menschen umtreibt und ganz ohne parlamentarische Repräsentation ist, man möchte der Rede entkommen und etwas wirklich Gemeintes, Belastbares hören, etwas der Ironie des Geredes Entzogenes.

Ja, und man möchte die Frage beantworten können: Was bedeutet eigentlich Gesinnung im Parlament? Oder ist dieses Hohe Haus vielleicht die Institution, in der Gesinnung erst gesucht wird? Wo könnte man sie entdecken, wo produziert sie politischen Mehrwert, und warum ist es so schwer geworden, Gesinnung überhaupt zu finden, es sei denn, man begegnet ihr wie einem Lockstoff, der dem beigemengt wird, was das »Man« in allem Geschehen ist?

Die Parlamentsrede, so leidenschaftlich sie sich gibt, informiert eigentlich nur noch Plenum und Öffentlichkeit über eine Position, trägt aber nicht mehr zur Entwicklung von Positionen bei. Deshalb ist der Aufwand an Überzeugungsarbeit nur noch rhetorisch, die Rede für das Abstimmungsverhalten gleichgültig. Im Grunde braucht also niemand mehr gute Reden im Parlament zu halten. Deshalb wirkt sie so abgenutzt, die rhetorische Überzeugungsintensität.

Zuletzt aber soll sich an diesem Tag noch einmal der große Horizont öffnen. Wolfgang Gehrcke (DIE LINKE), ein älterer Herr mit rotem Schlips zum dunklen Anzug, wird fordern, die Beteiligung am »Krieg gegen den Terror« sofort einzustellen, aus Afghanistan abzuziehen, den NATO-Bündnisfall zu beenden und dem Eindruck zu wehren, wir würden dem ähnlicher, was wir bekämpften. Ingo Gädechens (CDU / CSU) wird dagegen auftreten und als ehemaliger Berufssoldat alle, die gerade auf der Welt Dienst an der Waffe für die BRD leisten, zu Weihnachten grüßen. Abgesehen davon wird er die deutsche Teilnahme an einer Militäroperation, die auf die Solidarität mit den

USA nach dem 11. September 2001 zurückgeht, mit wirtschaftlichem Kalkül verknüpfen: »Im Rahmen dieser Operation geht es auch um freien Zugang zum Mittelmeer und um Solidarität. Für uns als führende Handelsnation, aber auch für unsere Partner in der Europäischen Union ist das Mittelmeer ein entscheidendes Transitmeer, auf dem wichtige Güter transportiert werden.«

Omid Nouripour (B 90/DIE GRÜNEN) wird schließlich die neuen Gegebenheiten eines veränderten »Sicherheitszeitalters« lange nach dem »America-under-attack«-Bündnisfall darlegen, sich dann aber ebenfalls an der Linken abarbeiten, was von der Regierungskoalition mit Wohlwollen betrachtet wird: Die beiden Oppositionsparteien fallen übereinander her. Dabei geht es eigentlich um Krieg, noch eigentlicher aber um die Urheberrechtsfrage: Was ist links, was ist grün in dem hier debattierten Antrag? Kein Wunder, dass der Redner der SPD den Redner der Grünen anschließend lobt und findet: »Das ist der Geist, den wir auch im Januar brauchen, wenn wir hier im Parlament über die Fortsetzung der Mission im Mittelmeerraum diskutieren werden.«

Es gibt also nur eine echte Oppositionspartei in dieser Sache. Dieser wird sich schließlich auch der letzte Redner des Jahres widmen: Reinhard Brandl (CDU/CSU) nutzt seine fünf Minuten Redezeit zunächst für die Wiederholung des Bekannten: »Die NATO ist nicht nur ein Militärbündnis. Die NATO ist auch eine Wertegemeinschaft.« Da ist sie wieder, und nie ist sie wertvoller, als wo es um Ökonomie oder Kriegshandlungen geht. Gekämpft wird schließlich nur für die höchsten Werte, und die heißen auch hier: »Freiheit, Sicherheit und Frieden in der Welt.« Das ist zwar schlicht, aber je allgemeiner und diffuser Ideale sind, desto besser eignen sie sich als Projektionen.

Der junge Mann dirigiert seine Rede mit der Rechten, zieht aus seinem Repertoire auch noch die Bestimmung der NATO als »Bündnis in einer multipolaren Welt mit neuen Risiken und Bedrohungen« und blickt dabei manchmal hilfesuchend zum Sitz der neuen Verteidigungsministerin. Doch Ursula von der Leyen ist nicht zugegen, und so gelten die letzten Worte am Rednerpult des Deutschen Bundestags uns allen: »Vielleicht können wir ja im nächsten Jahr in einer konstruktiveren Form darüber wieder diskutieren.« Das ist kritisch, nicht selbstkritisch gemeint, und so verklingt auch dieser letzte Appell eines Jahres, in dem sich nicht zuletzt das Parlament selbst gravierend veränderte.

Seine Verabschiedung intoniert Vizepräsident Johannes Singhammer so getragen, als müsse selbst die Geschwindigkeit der Worte abgebremst und ihr ratternder Zug zum Stillstand gebracht werden: »Wir sind damit am Schluss unserer heutigen Tagesordnung und auch am Ende eines ereignisreichen Jahres 2013 mit vielen Debatten und Beschlüssen hier in diesem Hohen Hause. Ich möchte Ihnen allen dafür danken. Ich wünsche Ihnen ein frohes und gesegnetes Weihnachtsfest und hoffe, dass alle gut erholt im nächsten Jahr wieder hier im Hohen Hause sein werden.«

Dann werde ich nur noch durch die Augen von Reportern, Redakteuren und Kameras in diesen Raum sehen, vielleicht manchmal in den Debattenprotokollen stöbern und etwas von der anderen Realität des Parlaments suchen, mit der mich dieses Jahr konfrontierte. Die Mehrheit der noch im Plenum Verbliebenen hört die letzten Wünsche nicht, und so sind es zuletzt auch allenfalls drei Paar Hände, die noch applaudieren. Stattdessen werden Papiere gerafft, der Präsident nimmt einen Schluck, überblickt weiteres Händeschütteln, joviale Männergesten, Schulterklopfen, Tätscheln. Man geht nicht einfach, man flieht jetzt das Plenum, während eine Schwadron der Plenarsaalassistenten und -assistentinnen über den Raum herfällt und in Windeseile Papiere, Hinterlassenschaften, ja, selbst die Schubladen räumt.

Aydan Özoğuz, die neue Integrationsbeauftragte, die als Einzige aus der Regierung bis zuletzt ausgeharrt hat, schüttelt allen Parlamentsassistentinnen und -assistenten im Umkreis, die jetzt hier noch arbeiten, die Hände. Eine Mitarbeiterin des Besucherdienstes erhebt dann noch die Stimme, um einer Schulklasse auf der Nachbartribüne die Geschichte des Bundestags nahezubringen, während unten weiter der Plenarsaal gereinigt wird. Es ist das letzte Bild, das ich aus dem Deutschen Bundestag mitnehme, das Parkett des Parlaments, über das gut zwanzig uniformierte Frauen und Männer wieseln, um die Spuren der Arbeit so gründlich zu tilgen, dass der leere Saal zuletzt wieder aussieht wie unbenutzt.

Dienstag, 31. Dezember, Neujahrsansprache

Da sind wir wieder, einander gegenüber, sie und ich, getrennt durch die Glasscheibe. Wieder liest sie mir vor, nicht live, das wäre zu echt. Zu Neujahr gibt's traditionell Konserve. Es soll ja nicht zu wirklich sein und nicht gegenwärtig, sondern repräsentativ und für die Ewigkeit. Die englische Queen hielt ihre Ansprachen erst dann nicht mehr live, als man die Bänder in die Commonwealth-Länder schicken wollte. Merkels Neujahrsansprache bleibt unverschickt. Ihre letzte haben sich im Jahr 2013 insgesamt 5891 Menschen bei YouTube angesehen. Es ist die Ewigkeit der wenigen.

Auch ist der Text der neuen Rede schon seit gestern bekannt und verdichtet sich in der Kommentierung zu den vier Schlagzeilen: »Merkel ruft Bürger zur Leistungsbereitschaft auf«, »Merkel lobt Engagement der Bürger«, »Merkel: Es gibt viel zu tun«, und schließlich, das stellt die anderen drei in den Schatten, »Merkel gibt einen ganz persönlichen Vorsatz preis«. Ich reagiere immer stark auf »ganz persönlich«, auch bei Filmstars oder Diktatoren, und gerade die Kanzlerin hat ja gute Erfahrungen gemacht mit diesem Persönlichen, wurde doch im Wahlkampf keiner ihrer Sätze so häufig eingespielt wie die Antwort auf die Frage, was einen Mann attraktiv mache: »schöne Augen«, hatte sie meinungsstark erwidert und sich damit an Heino und Sartre versündigt.

Heute beantwortet sie die selbstgestellte Frage nach ihrem Vorsatz für das neue Jahr mit »frische Luft«, und die

Ticker tragen es gleich in die Welt: »Merkel wünscht sich mehr frische Luft.« Das ist beides: menschlich und gratis. Außerdem überträgt sich der Wunsch gleich auf den Zuschauer. Er möchte das Fenster aufreißen in dieser stickigen Gruft mit den Fahnen, den dunklen Tönen, dem schweren Tischmöbel, der thronenden Frau in Goldmetallic, die auch heute wieder ihre eigene Ökonomie der Zumutbarkeiten organisiert. Schließlich haben die Menschen Probleme genug, will sie sagen, was soll ich ihnen da jetzt noch aufbürden? So fallen alle großen offenen Themen des Jahres raus – NSA, NSU, Lampedusa, die Wahl, Syrien, Afghanistan, die neue parlamentarische Situation –, dagegen behaupten sich Allgemeinplätze zu Wirtschaft und Militär und vor allem die immateriellen Werte: Vertrauen, Zusammenhalt, Gemeinsinn, Engagement.

Da ist sie also wieder, die Hüterin des großen Sowohl-als-auch: Das Kleine und das Große, das Beglückende und das Erschütternde, das Weltpolitische und das Privatmenschliche, alles rafft sie unter den Mantel ihrer Fürsorge. Wie gut lässt sich da die Welle des Hochwassers mit der Welle der Hilfsbereitschaft synchronisieren! Wieder ist die Flut dabei schicksalhaft. In der Bundestagsdebatte zum Thema aber hatten Abgeordnete noch dargelegt, dass es Eingriffe in die Natur waren, die das Hochwasser fatal hatten werden lassen. Sie hatten frühere Warnungen zitiert, geklagt, dass man sich heute noch der vorbeugenden Renaturierung der Landschaft widersetze.

Merkel sagt auch: »Wir wollen, dass alle Kinder und

Jugendlichen die bestmögliche Bildung und damit die bestmögliche Chance auf ein gutes Leben erhalten können.« Im Bundestag aber war immer wieder vom elenden Zustand der Schulen, der mangelnden Ausstattung der Universitäten die Rede, auch davon, dass in den Ganztagsschulen für Schulessen gerade mal 1 Euro 50 angesetzt werde, womit kein Kind gesund ernährt werden könne. Der Forderung nach einer Pauschale von vier Euro hatten sich CDU/CSU hohnlachend widersetzt.

Die Kanzlerin lobt auch wie schon der Bundespräsident in seiner Weihnachtsansprache das Ehrenamt. In der Bundestagsdebatte aber wurde dazu erklärt, diese Freiwilligkeit sei nicht zuletzt ein Wirtschaftsfaktor, da zahlreiche Staatsleistungen ohne sie nicht erbracht werden könnten. Die unbezahlte Arbeit zieht man schlicht mit ins Kalkül. Auch hier also die zwei Seiten eines Themas: eine für die Neujahrsansprache, eine für die Realität.

Ähnlich das Selbstbild: »Was unser Land im Kern ausmacht«, resümiert die Kanzlerin, »ist Leistungsbereitschaft, Engagement, Zusammenhalt.« Wo kommt jetzt das wieder her, dass wir das Land des Zusammenhalts sind? Und halten gegen wen zusammen? Fluten? Islamisten? Einwanderer in unsere Sozialsysteme? Wir wollen kochen und »Tatort« gucken, wir sind gut in Selbstbehauptung, Melancholie und Nachbarschaftsstreitigkeiten und beantworten ein Hochwasser nicht durch die ökologisch und ökonomisch richtigen Maßnahmen, sondern durch »Zusammenhalt«. Was soll daran besonders, was »deutsch« sein?

Nein, man tritt einen Schritt zurück und kann dies durchaus bizarr finden: Da sitzt diese goldene Dame im Fernsehen, kriegt fünf Minuten, um zum Volk zu reden, und sagt Dinge wie: »Oft jagt ein Ereignis das andere.« Oder: »Und natürlich ist fern der großen Schlagzeilen auch in unserem persönlichen Leben viel geschehen, Schönes wie Enttäuschendes.« Das ist zumindest von einer lähmenden Ambitionslosigkeit, weil es offenbar nichts zu sagen, nichts zu glauben, nichts zu wecken gibt.

Merkels wichtigster Satz aus dem sommerlichen Kanzlerduell hatte gelautet: »Sie kennen mich.« Das bedeutet für die Neujahrsansprache: Erwarten Sie nichts. Der Blick aus ihrem Verwaltungsgebäude des Landes geht auf Finanzmärkte und auf Europa. Wo sie hier abermals beschworen werden, klingt es wie posthumer Wahlkampf, nicht beflügelt, nicht beflügelnd. Diese Rede ist eine für Alte und Anspruchslose. Kein Engagement löst sie aus, sie erstickt es eher, und dazu schaut die Kanzlerin wohlwollend, wenn nicht treuherzig, mit schalkhaft hochzuckenden Brauen.

Zuletzt hat mir die Kanzlerin dann noch »Gottes Segen« gewünscht. Dann ist das Leben weitergezogen mit all seinem Schönen und Enttäuschenden, der anschließende Film begann, und er hieß »Rendezvous wider Willen«. Ja, so muss sich auch diese letzte Verabredung mit dem Volk für die Kanzlerin angefühlt haben. Zeit für mich, die wirklich politischen Orte wieder anderswo zu suchen. Auch im Parlament, vor allem aber außerhalb.

Nachbemerkung

Dies ist nicht das Buch eines Journalisten. Mein Interesse gilt weniger dem Aktuellen als dem Prinzipiellen und damit nicht zuletzt der Frage, welche Beobachtungen ein Augenzeuge machen kann, der im Bewusstsein der »Krise des Parlaments« als »Entscheidungsmitte« der repräsentativen Demokratie möglichst voraussetzungslos schauen will. Der keine Hintergrundgespräche führen, keine Sekundär-Informationen von Parlamentariern oder Journalisten einholen, sondern sich ganz auf das verlassen will, was sich dem Blick von der Tribüne des Bundestags erschließt. Das bedeutet: Vielleicht habe ich manchen ehrenwerten Parlamentarier an einem schlechten Tag erwischt, manche Zwischenruferin nicht auf der Höhe des Gesamtwerks ihrer Zwischenrufe, vielleicht bin ich auch mal der Geschicklichkeit eines Redenschreibers aufgesessen und habe ihn mit dem Redenden verwechselt. Andererseits hänge ich an der Vorstellung eines Parlaments, das sich den Bürgern selbst erklärt und der Bevölkerung mit jeder Debatte zugänglich bleibt.

Ein Buch aus dieser »Bürger«-Perspektive kann nicht neutral sein. Wer betritt das Parlament schon ohne Vorwissen, ohne weltanschauliche Überzeugungen, ohne Einstellung oder sogar Haltung, und so besitze ich zwar keine Verankerung in einer Partei, aber wie alle eine auch politische Biographie, die durch historische Ereignisse und Debatten, aber auch durch Schlüsselerfahrungen geprägt ist.

Als ich das Projekt aufnahm, schwebte mir eine Panorama-Ansicht der parlamentarischen Geschichte eines Jahres vor. Im Fortgang der Arbeit entwickelte sich dies zu einem »historischen« Jahr – nicht nur, weil es die FDP aus dem Parlament katapultierte, sondern auch, weil die Wahlen am Ende eine Vier-Fünftel-Mehrheit der Regierungsparteien und die kleinste Opposition seit 1969 in den Bundestag bringen würden.

Die Folgen werden gravierend sein. Fraglich, ob das Parlament unter diesen Umständen noch Kontrolle der Regierung sein, ob es »Debattenkultur« im ursprünglichen Sinn noch kultivieren kann. Nicht zu unterschätzen auch die Tatsache, dass die schonungslosen, bisweilen ruchlosen Angriffe, mit denen sich die stärksten Volksparteien zuvor überzogen hatten, nach der Wahl in eine Allianz mündeten. Große Teile dessen, was zuvor also als »Sachauseinandersetzung«, als »Richtungsstreit«, als »Politikwechsel« propagiert worden war, verlor nun alle Belastbarkeit und stellte die Glaubwürdigkeit des Gesagten und damit die Würde zumindest der Rhetorik des Hohen Hauses in Frage.

Für meine Arbeit allerdings ergab sich daraus zunächst einmal nichts. Ich habe nach der Wahl keine Gewichtung, keine Kommentierung verändert, habe auch keine inhaltlichen Retuschen am Geschriebenen vorgenommen, ging es mir doch nicht um politische Mehrheiten oder um die Verschiebung von Machtverhältnissen, sondern um Wesen und Arbeit des Parlaments.

Was den Radius der Themen, die Arbeitsbelastung, den

Sachverstand der Parlamentarier und manches andere angeht, habe ich Vorurteile zu korrigieren gelernt. Andererseits kann keine Kritik an einer Partei, ihren Vertretern, Standpunkten oder Entscheidungen härter sein als jene, mit der Parlamentarier einander überziehen, keine kritische Pointe ist mitunter enthüllender als das Zitat.

Alle wörtliche Rede des Buches habe ich mit den offiziellen Protokollen des Deutschen Bundestags abgeglichen, der Wortlaut entspricht also den autorisierten Fassungen, wobei ich allenfalls Applaus- oder Zwischenruf-Einschübe weggelassen habe. Als Basis dienten hier die etwa 50 000 Seiten Debattenprotokolle des Jahres 2013. Im Literaturverzeichnis führe ich nur Titel auf, die im Buch Eingang gefunden haben.

Besucht habe ich das Parlament in jeder Sitzungswoche, die in der Regel zweiundzwanzig Mal im Jahr, meist von Mittwoch bis Freitag angesetzt wird. In diesem Jahr aber gab es nicht wenige Zusatztermine und nach der Wahl auch Ausfälle infolge der langwierigen Koalitionsverhandlungen.

Dieses Buch ist Dieter Hildebrandt gewidmet, der das Projekt leidenschaftlich verfolgt hatte und sich noch Tage vor seinem Tod auf den neuesten Stand bringen ließ. Sechs Wochen vor Manuskriptabgabe starb der Mann, der mir Freund, Komplize und Richtbild war und bis zum letzten Atemzug an der politischen Geschichte des Landes teilnahm. Ohne ihn ist es nicht nur für mich ein anderes Land.

Nachwort zur Taschenbuchausgabe

Auf ein Jahr im Deutschen Bundestag folgte für mich ein Jahr mit dem Deutschen Bundestag – auf Bühnen, wo das Hohe Haus in szenischen Lesungen auch theatralisches Potential entfaltete, auf Podien (auch solchen des Parlaments), wo ich das Buch begründen, wenn nicht verteidigen sollte; im österreichischen Nationalrat zu einem Gastspiel, in Interviews und schließlich in öffentlichen und nichtöffentlichen Auseinandersetzungen mit Parlamentariern oder politischen Würdenträgern wie Claudia Roth, Diana Golze, Julia Klöckner, Norbert Lammert, Peter Altmaier u. a.

Der Erfolg eines Buches rückt es stets von der Person des Verfassers ab und macht es zu einer Sache des Publikums, anders gesagt, zu einem Phänomen. In ihm tritt ein vermeintlicher Widerspruch zutage: Auf der einen Seite verzeichnet diese Zeit eine »Politikmüdigkeit«, die sich im Desinteresse der Jüngeren, im Mitgliederschwund der Parteien, geringer Wahlbeteiligung, sinkenden Einschaltquoten bei Parlamentsdebatten verrät. Auf der anderen Seite steht der Erfolg eines Buches, das sich über ein Jahr auf der Bestsellerliste befindet, obwohl es doch nichts anderes tut, als sich vor allem auf den Augenschein zu stützen: im engen Raum des Hohen Hauses zu beobachten, was sich nicht aus Hintergrundgesprächen und Nachrichten aus Ausschüssen ableiten und deuten ließe, sondern was das Parlament der Bevölkerung selbst zu sehen und zu beurteilen gibt.

Diese Perspektive repräsentiert eher den Tribünenzuschauer, den Leser von Debattenprotokollen, den Zuschauer des Parlamentsfernsehens als jene Bürgerinnen und Bürger, die sich durch die Tagespresse politisch orientieren und sich damit auch gezwungenermaßen der Deutungshoheit des auf Aktualität konzentrierten Nachrichtenjournalismus unterstellen. So erheblich dieser ist – zu glauben, die Arbeit des Parlaments ließe sich an Fragen des Aktuellen darstellen und bewerten, wird der »Entscheidungsmitte der Demokratie« nicht im Entferntesten gerecht und überfordert den Tagesjournalismus.

In der Leser- und Zuschauerschaft wurde diese Perspektive angenommen. Die Resonanz war erheblich und bis auf jene Fälle, in denen parteipolitische Vorlieben dominierten oder unterstellt wurden, so animiert und beflügelt, wie ich es nicht erwartet hatte, als ich die Arbeit an diesem Buch aufnahm. Damals folgte ich allein der eigenen Neugier, wusste über Monate nicht, ob und wie aus all den Aufzeichnungen ein Buch werden könnte, noch weniger, wer sich für das Ergebnis interessieren sollte, und auch dass es ein Jahr der politischen Weichenstellungen sein würde, war nicht absehbar.

Aus dem lesenden Publikum erreichten mich zahlreiche Zuschriften voller Diskussionsansätze und Anregungen, mich außerparlamentarischen Initiativen anzuschließen, mich für eine Reform des Wahlrechts, für die Aufhebung der Parteien, die Stärkung von plebiszitären Verfahren, parteilose Abgeordnete, eine Reform der Parteienfinanzierung, auch für oder gegen das Wählen insgesamt starkzumachen. Außerdem wurden Themen wie der NSA-Komplex, die Bewaffnung der Bundeswehr, die Finanzierung der Kirchen, die Energiewende und die Klimapolitik auch inhaltlich weitergehend diskutiert.

Dort, wo man die Themen des Buches eher vernachlässigte, zeigte man zugleich geringere Bereitschaft, sich auf die Betrachterperspektive einzulassen. In einer bisweilen signifikanten Allianz zwischen Politikern und Journalisten zog man sich hier auf den Standpunkt zurück, das Parlament als Schauraum der politischen Argumentation verdiene keine Langzeitbeobachtung. Eine solche gehe an der realen Arbeit des Bundestags vorbei, die doch vor allem in den öffentlich nicht zugänglichen Ausschüssen stattfinde.

Die im Buch eher als Vermutung formulierte These, dass die wichtigen Entscheidungen in der Demokratie intransparent bleiben, wurde dadurch doppelt bestätigt. Offenbar bestehen weder Abgeordnete noch Journalisten durchgehend auf Beobachtbarkeit und Mitbestimmung, sondern haben sich darin eingerichtet, die »parlamentarische Demokratie« als eine Ausschussdemokratie zu verstehen, also eine, deren Entscheidungswege in die Hinterzimmer, Lobbyisten-Verbände, Kanzleien, PR-Agenturen und eben nichtöffentlichen Ausschüsse führen und sich dort im Diffusen verlaufen. »Das Hohe Haus« enthält aber keinen Angriff auf dieses Heimliche, eher einen auf das Übersehene im Öffentlichen.

Von der Seite des politischen Personals aus bin ich folgerichtig keinem Einwand so häufig begegnet wie dem, die Entscheidungen fielen außerhalb des Plenums. Wolle man die politische Arbeit bewerten, müsse man also an anderen Orten sein. Unabhängig von der Tatsache, dass man mir bürokratisch schon die fortlaufende Beobachtung des Parlaments schwer genug gemacht hat und dass der Zugang zu den Ausschüssen aus guten Gründen Journalisten und anderen Augenzeugen verwehrt ist, suggeriert dieser Einwand, parlamentarische Arbeit sei keine eigentliche Arbeit: Sie teile nichts Wesentliches mit, auch die Ausstellung der Standpunkte, ihre rhetorische Fassung, die Validität der Argumente sei nicht diskussionswürdig, ja, im Grunde lohne das Parlament die Betrachtung nicht. Wäre es so, was für einen Aufwand trieben wir dann für diese institutionelle Geschwulst, »höchstes Verfassungsorgan« genannt!

Wäre es tatsächlich so, der Musikkritiker dürfte das Konzert nicht beurteilen, in dessen Probe er nicht gesessen hat, der Gastrokritiker dürfte über den Teller nicht schreiben, dessen Entstehung er nicht in der Küche verfolgt hat. Mehr noch, man könnte fragen, warum das Parlament dann noch diese Hoheit beansprucht, warum es dann mit solchem Aufwand um die Aufmerksamkeit der Bevölkerung buhlt und nie genug Beachtung finden kann. Wie oft habe ich in diesem parlamentarischen Jahr die Formulierung von »den Menschen« gehört, »die uns draußen zusehen oder dies nachlesen«.

Man könnte gleichzeitig fragen, ob das Parlament dann nicht doch eben das unterschätzt, was in ihm auch unwillentlich zum Vorschein kommt: die Gesellschaftsfähigkeit verächtlicher Argumente etwa, die Unterschlagung von Motiven, die Formen der Desinformation, die Realitätsferne der Beobachtungen, die Kränkung der demokratischen Idee in der Verrohung und Verwahrlosung der vermeintlichen »Debattenkultur«, die Stereotypie der Rituale, die Entfremdung von den vitalen Interessen der Bevölkerung, aber auch das Gegenteil: Sachverstand, Beteiligung, Empathie, echtes Engagement, Rührung.

Man kann das Parlament in all dem identifizieren, kann auch die Abkehr des Volkes mit diesen Erscheinungen in Verbindung bringen, man kann die Idee der Demokratie nicht hochhalten, ohne gegen ihre Realität zu protestieren. Nur kann man, wie ich finde, den Befund eben nicht so beantworten wie der langjährige CDU-Abgeordnete Steffen Kampeter nach der Lektüre des »Hohen Hauses«: »Ach, nehmen Sie das alles doch nicht so wichtig!« Vieles, was im Parlament beobachtet werden kann, liegt auf der Linie dieses Satzes und ist gerade deshalb vielsagend.

Gewiss, das Parlament ruft kaum je das Bild jenes Einzelnen auf, dessen Stimme hier stellvertretend gehört wird, es assoziiert nicht die Menge der Köpfe, die hinter dieser Meinung, diesem Gedanken, diesem Stil nicken, weil sie sich darin erkennen, sondern es exponiert Fraktionsstandpunkte, Parteiinteressen, strategische Ziele. In diesem Parlament wird keine Überzeugung ad hoc gewonnen, und selbst wenn die Redner frei sprechen, fliegt ihnen nichts anderes zu, als die im Ausschuss vorbesprochenen Positionen. Auch wenn die politische Arbeit des Findens und Differenzierens von Themen und Vorlagen nicht im Parlament geleistet wird, verwahren sich Abgeordnete gleichwohl gegen den Ausdruck vom »Schaufensterparlament«. Reden aber richten sich selten an die Kollegen, häufiger an eine fiktive Öffentlichkeit, die sich mehrheitlich längst abgewandt hat, oder, wie der Sprachforscher Armin Burckhardt formuliert: »Die Parlamentsdebatte zeigt das aktuelle Angebot auf dem politischen Markt und gibt so Einblick in die Ergebnisse der parlamentarischen Arbeit, aber nicht in diese selbst.«

Die Einwände von Politikerinnen und Politikern gegen »Das Hohe Haus« bezogen sich also vor allem auf die verfassungsrechtliche Bestimmung des Parlaments, das eben nicht dem Austausch der Argumente, der Entscheidungsbildung diene, sondern der Ausstellung der Resultate. Ich kann nicht sagen, dass mir diese Funktionsbeschreibung neu gewesen oder dass mir ihre Umsetzung in der Parlamentspraxis verborgen geblieben wäre. Das Parlament möchte aber im Grunde alles zugleich sein: Verhandlungsort, Entscheidungsmitte, Zentrum der Demokratie, aber ebenso Modul, Nebenschauplatz, bloßer Kontakthof für die Begegnung zwischen den Repräsentanten und der Öffentlichkeit.

Beobachtet man den parlamentarischen Alltag, so beschleicht einen das Gefühl, der Aufmerksamkeitsanspruch des Bundestags bezieht sich auf die Idee einer Bedeutung, die sich in der Realität aufgezehrt hat und auch von den Abgeordneten nur noch formal eingefordert wird. Es ist, als wollten sie immer wieder sagen: Es lohnt sich nicht. Auch deshalb werden Fragen des Stils, des Umgangs, der

Rhetorik nicht wie Erscheinungsformen demokratischer Praxis behandelt, sondern wie Uneigentliches, Flüchtiges, Unwesentliches.

Ein anderer verfassungsrechtlicher Einwand betraf den Umstand, dass ich von »Fraktionszwang« sprach, wo es sich doch vielmehr um bloße »Fraktionsdisziplin« handele, schließlich sei ein solcher »Zwang« nirgends formuliert. Wohl wahr, denn wäre er formuliert, widerspräche er der Verfassung. Wer allerdings, dem Gewissen folgend, wiederholt gegen die Fraktionslinie votiert, wird rasch merken, dass er oder sie sich keiner bloßen Disziplinlosigkeit schuldig gemacht, sondern sich um seine Zukunft innerhalb der Partei gebracht hat. Warum allerdings die Gewissensfreiheit des Abgeordneten überhaupt Teil der Verfassung ist, lässt sich unter diesen Umständen ebenfalls nur noch formal erklären. Summarisch zogen sich Politikerinnen und Politiker den Einwänden der Parlamentspraxis gegenüber zuletzt auf die Verteidigungslinie zurück: In anderen Parlamenten ist es noch schlimmer.

Bemerkenswert dabei bleibt, dass der Begriff der »postdemokratischen Zeiten« auch Abgeordneten vertraut ist, dass sie den Bedeutungsverlust des Parlaments und die schwindende Teilhabe der Bevölkerung beobachten, beides aber allenfalls mit der Forderung nach mehr Medienaufmerksamkeit beantworten. Wo der Politikwissenschaftler Colin Crouch den Ausdruck »Postdemokratie« verwendet, spricht er auch von der »Apathie« der Bürger und davon, dass hinter den demokratisch legitimierten Personen kleine Eliten entscheiden. Wenn dies aber so ist, was heißt dann »Gemeinwohl«, »Herrschaft des Volkes«, »Kontrolle der Regierung«, »Mitbestimmung«, was also bedeuten die demokratischen Leitbegriffe, etwa, wenn man sie gegen die bisweilen erpresserisch auftretenden Argumente aus dem Finanz- und Wirtschaftskomplex hält?

Die Frage, die sich hier auch anschließt, lautet: Was bedeutet dann eigentlich Gesinnung im Parlament? Oder ist dieses Hohe Haus vielleicht die Institution, in der Gesinnung erst gesucht wird? Wo könnte man sie entdecken, wo produziert sie politischen Mehrwert, und warum ist es so schwer geworden, Gesinnung überhaupt zu finden, es sei denn, man begegnet ihr wie einem Zusatzstoff, der den emotionalen Aufwand der Rede rechtfertigt.

Dass sich die Parlamentsrealität oft als Kränkung der demokratischen Idee entfaltet, dass das Parlament dem Bürger oftmals keine Motive anbietet, Aufmerksamkeit zu spenden, dass es – erstickt in toten Ritualen, lebloser Rhetorik, undurchsichtigen Entscheidungsprozessen und einer Verleugnung aller denkbaren Adressaten – vor allem selbstbezüglich existiert, müsste von den Delegierten selbst beantwortet werden.

De facto aber ist nicht einmal eine so überfällige Reform wie die der Befragung der Bundesregierung – für die sich auch Bundestagspräsident Norbert Lammert verschiedentlich starkgemacht hat – durchsetzbar, wodurch auch dieses Element der Debattenkultur weit hinter seinen Möglichkeiten oder etwa der Realität im Englischen Unterhaus zurückbleibt. In der Quintessenz lässt sich sagen, dass das politische Personal den schleichenden und von den Akteuren selbst beobachteten, zur Sprache gebrachten, nach außen gelenkten und von dort wieder hereingespiegelten Machtverlust des Parlaments bemerkt, ohne die Bereitschaft, auch nur im Geringsten irgendetwas zu verändern.

Als Inbegriff politischer Öffentlichkeit kämpft das Parlament durch seine Akteure wie durch seine Inszenierungsformen bereits sichtbar mit diesem Machtverlust. Seiner Inszenierung widmet das Buch einen großen Teil seiner Aufmerksamkeit. Es fragt nach dem Leben und Überleben des Volkssouveräns im politischen Ritual und Verfahren. Es fragt nach der Legitimation für jene Aufmerksamkeit, die Parteien und Parlament geradezu maßlos beanspruchen.

Es ist wohl bezeichnend, dass weder diese zentrale Perspektive wie auch kaum eine der grundlegenderen Überlegungen des Buches von den Abgeordneten selbst aufgegriffen wurden. Niemand beantwortete die Befürchtung, die Tagespolitik könne sich als große Ablenkung vom politisch Relevanten erweisen, niemand die sprachkritischen Einlassungen, niemand erwiderte auf die Unterstellung, de facto kontrolliere das Parlament die Regierung nicht. Selbst die Auslassungen zu Disziplin, Aufmerksamkeitsökonomie, fehlenden Adressaten, Rhetorik wurden so wenig beantwortet wie die Darstellung des Scheiterns, wo das Parlament als eine politische Form versucht, Pluralität und Einheit aufeinander zu beziehen. An dieser Stelle schied sich Resonanz von Wirkung.

Kein gutes Zeichen ist es in diesem Zusammenhang wohl, wenn auch Feuilletonrezensenten keinen anderen Ansatz der Betrachtung finden als Parteipolitiker und bisweilen offenbar selbst der Tatsache wehren, dass es ein Buch mit dieser Ausrichtung überhaupt geben sollte. Wohlgemerkt ist »Das Hohe Haus« gut und sachverständig, auch kenntnisreich-kritisch rezensiert, gelobt, getadelt, preisgekrönt und von Denis Scheck in den Müll geworfen worden. Das alles ist gewissermaßen das Unterholz der Literaturkritik und besitzt wenig Verallgemeinerbares, das hier von signifikanter Bedeutung wäre.

Wie sich aber solch Verallgemeinerbares in der Kommentierung zeigte, möchte ich an zwei Beispielen kenntlich machen, ist doch die Fortsetzung der im Buch angestoßenen Debatte Teil von diesem selbst. Als signifikant nämlich könnte man durchaus erachten, wie sich Denkformen des Parlaments auch im Feuilleton durchsetzen. Sie verraten eine Hermetik der realpolitischen Vernunft, der das Buch gerne widerspricht. Darin liegt dann allerdings etwas Verallgemeinerbares, das mit der Entfremdung öffentlicher Sprecher von den eigenen Interessen so sehr zu tun hat wie mit der mangelnden Bereitschaft, sich vom politischen Status quo zu lösen.

So hält Thomas E. Schmidt in der »Zeit« gegen die im Buch vermittelte Vorstellung des Parlaments eine pragmatische und formuliert affirmativ, die Plenumsdebatte sei »eine notwendige Performance fürs Protokoll, im Einzelfall vielleicht der Integration des eigenen Lagers dienend oder der tagespolitischen Differenzmarkierung oder den Kameras der Tagesschau, aber gewiss ist sie keine symbolische Manifestation der Volkssouveränität«. Dass diese Interpretation des Parlaments eigentlich keine grundsätzliche Kritik der parlamentarischen Praxis mehr erlaubt, ist impliziert. Ihr Verständnis des obersten Verfassungsorgans ist an der unteren Grenze seiner allgemeinen Bedeutung angekommen und im Kern von Inhalt befreit.

Schmidt verteidigt also die Selbstausleerung des Hohen Hauses und rechtfertigt damit politische Praxis. Dass er eine Kritik ohne diese Immanenz letztlich für illegitim hält, verrät sich in der Aussage, »die Forderung, dass alles selbstkritischer, skrupulöser, mitfühlender« ausfallen müsse, sei »links«. Ähnlich warnte unlängst ein republikanischer Abgeordneter der USA vor Gotteshäusern, in denen der Begriff »soziale Gerechtigkeit« falle: Sie seien kommunistisch. Anders gesagt, hier setzt sich jemand gegen die Kritik am Parlament zur Wehr, indem er humanistischen Wertbestimmungen eine politische Lagerbezeichnung anhängt, die offenbar anrüchig genug ist, um diskreditierend zu wirken. Das ist nicht nur Indiz für unverblümten Gesinnungsjournalismus, es ist auch im Hinblick auf das Buch unzutreffend, wo exakt die von Schmidt genannten Werte gerade mit Namen wie Peter Gauweiler (CSU), Norbert Geis (CSU) oder auch Matthias Zimmer (CDU) identifiziert werden.

Jene Position aber, die Schmidt sich stattdessen wünscht, wirkt zugleich ferner und diffuser. Er umschreibt sie wie folgt: »Es wäre interessant gewesen, einen Standpunkt zu entwerfen, der wirklich in Distanz zum real existierenden Demokratieprozess träte, ohne die parlamentarische Demokratie zu verwerfen. Das müsste dann breiter angelegt, abstrakter sein als eine ästhetische Kritik der Parlamentsrede.« Was der »real existierende Demokratieprozess« ist und welcher archimedische Punkt einer Distanz das sein sollte und was man von diesem aus erkennen könnte, ist dem Text nicht zu entnehmen. Zu vermuten ist allenfalls, dass das gewünschte Buch ein anderes und der Standpunkt ein höherer wäre.

Die Unterstellung aber, das »Hohe Haus« verwerfe die parlamentarische Demokratie, ist so unzutreffend wie die These, es ginge dem Buch um eine »ästhetische Kritik der Parlamentsrede«. So abwegig diese Verkürzung des Gegenstands ohnehin ist – für eine solche Kritik hätte die Lektüre der Parlamentsprotokolle ausgereicht, der Tribüne hätte es nicht bedurft. Unter diesen Bedingungen aber wären zentrale Anliegen dieses Buches nicht darstellbar gewesen, und ebenso wenig hätte ich Beobachtungen anstellen können zu den Fragen: Welche Geste, welche Vokabel, welches Ritual bezeichnet Territorien, Ansprüche, Hierarchien? Nicht die Erzählungen aus dem Plenum und von der Tribüne, nicht die Personenstudien. Ihnen allen ist allein durch Textexegese nicht beizukommen.

Da das Experiment einer exterritorialen Betrachtung auf dem Territorium des Parlaments mit dem »Hohen Haus« erstmals unternommen wurde, standen die Parameter der Reaktion nicht von vorneherein fest. Überraschenderweise gingen, anders als das vermeintlich politikverdrossene Publikum, eher die politischen Journalisten fatalistisch mit der Institution des Parlaments um, die ihnen einer nicht tagespolitischen Betrachtung so wenig wert schien wie eine schärfere Beobachtung dessen, was als »Krise des Parlamentarismus« längst Debattenthema ist. Unwillentlich verrät sich so auch, wie die vielbeschworene »Politikverdrossenheit« in der medialen Vermittlung angekommen ist, wo sie die Gestalt eines vermeintlichen Pragmatismus angenommen hat.

Auch Jens Bisky in der »Süddeutschen Zeitung« verneint den Umstand, dass im »Hohen Haus« die Sache des Volkssouveräns verhandelt wird und dass Fragen aufgeworfen werden, an deren Beantwortung dieser nicht vorbeikommt, will er sich auch künftig seiner Beteiligung am Parlament sicher sein können. Bisky aber findet einerseits, ein Monat der Betrachtung (also eine Spanne von maximal sechs Sitzungstagen!) hätte für die Darstellung gereicht, andererseits vermisst er die Steuererhöhung (die in diesem Jahr kein nennenswertes Debattenthema war), die »FDP-Krise« (die gar kein Gegenstand parlamentarischer Debatten war) und den NSU-Untersuchungsausschuss (der ausführlich zur Sprache kommt). Er geht an der Themenvielfalt, den historischen Debatten, der Wahl, der Entstehung der Großen Koalition, dem NSA-Komplex, den Abschieden und Vereidigungen und allen angeschlossenen Analysen vorbei und identifiziert offenbar weder den Gegenstand noch die Perspektive des Buches.

Dieses besetzt die Position des blinden Flecks. Denn nicht allein ist der Betrachter der Übersehene und repräsentiert dem Parlament gegenüber die Übersehenen. Er nimmt dieses Parlament zugleich bisweilen ernster, als es sich selbst nimmt. Wenn es etwas Sentimentales an dieser Position gibt, dann liegt es wohl an der Unterstellung, die Öffentlichkeit des Ortes müsse mit einer politischen Verpflichtung einhergehen. Dass sich diese aus der Alltagspraxis wie aus der Rhetorik des Parlaments vielfach verabschiedet hat, macht aber den nicht zum Romantiker, der sie einfordert, muss es ihm doch zumindest gestattet sein zu sagen: So möchte ich mich nicht repräsentieren lassen.

Der auch von Bisky formulierte notorische Hinweis auf die Ausschussarbeit und die mangelnde Aussagekraft all dessen, was es im Parlament zu sehen gibt, verleugnet aber selbst das Recht, nach der Aussagekraft von Oberflächen zu fragen, und zwar gerade an Stellen, wo diese Aussagekraft Programm der Institution ist. »Dieses Parlament ist«, wie die Literaturwissenschaftlerin Ethel Matala de Mazza sagt, »eine Darstellungsmaschine. Es existiert nur, sofern und wie es sich zeigt«. Und eben dies legitimiert die gewählte Beobachtungsform.

Biskys Kritik aber ist signifikant im Grundsätzlichen: Dass Einwände gegen politische Entscheidungen »lediglich moralisch« seien, deklariert er, verrate, dass sie nicht politisch seien. Damit erklärt er, ein Vertreter des Feuilletons, die Politik implizit zum amoralischen Raum oder die Moral zur apolitischen Größe. Die Prämisse ist fatal, impliziert sie doch, dass sich Kritik überhaupt erübrigt, wo sie nicht realpolitisch argumentiert, denn sie ist nun mal – weil sie sagt, was nicht sein soll – im Kern moralisch. Eine solche Kapitulation vor den politischen Gegebenheiten macht zugleich jeder außerparlamentarischen Opposition den Prozess. Auf dieser Basis wäre nicht einmal zu sagen, wie sich Antifaschismus, Antitotalitarismus oder Antirassismus begründen sollen. Außermoralisch?

Doch Bisky geht sogar noch weiter, indem er erklärt, eine Kritik, die »moralische Bedenken« anmelde, »Stilfragen« und Rhetorik untersuche, sei unpolitisch: Dieses Verständnis des Politischen ist aber in der Tat voraufklärerisch. »Das Hohe Haus« besteht dagegen darauf, die Sprache des Parlaments so politisch zu nehmen wie jene »Stilfragen«, die eben nicht die Etikette betreffen, sondern die demokratische Idee, und die damit keine mehr sind. Es geht mir mit diesen Einwänden nicht um den Standpunkt eines Rezensenten, sondern um die Formulierung eines Begriffs vom Politischen, der, ernst genommen, nicht nur den Begriff der Kritik aushöhlt, sondern schließlich auch die Literatur um ihren politischen Wahrheitsanspruch brächte.

Ich zitiere diese beiden Stimmen auch zum Nachweis, dass es nicht reicht, Parlamentskritik auf die handelnden Personen der politischen Arbeit zu reduzieren. Das Buch ist auch als ein Porträt der kollektiven Trägheit angelegt, die sich im politischen Desinteresse, in der Abstumpfung gegenüber Entscheidungen, in Formen der Selbstentmündigung ebenso zeigen kann wie im Dünkel einer Gemeinschaft der Unempfindlichen, die sich vor allem um die Wahrung des Status quo sorgt.

Vom »Hohen Haus« abgerückt, verrät dies auch: Die parlamentarische Demokratie entpuppt sich im marktwirtschaftlichen Wettbewerb um die Realität nicht als die Herrschaft, sondern als die Selbstbeherrschung des Volkes, und diese Raison ist als Teil der deklarierten »Vernunft« auch auf die meinungsbildenden Kräfte übergegangen. Sie verstehen sich nicht als unabhängig, sondern als Exegeten parlamentarischer Rituale, die sie mit phlegmatischem Degout verteidigen.

Für den inneren Kreis der politischen Organe bedeutet dies: Zwischen der Selbstbeschreibung der politischen Parteien, die ihren Nimbus zu einem guten Teil der Kraft der Behauptung verdanken, und dem Kleinklein der Reformschritte, die den wesentlichen Teil der politischen Praxis ausmachen, klafft eine Lücke, die die Bevölkerung seit den achtziger Jahren mit einem kontinuierlichen Anstieg der Politikmüdigkeit beantwortet. Das bedeutet für die Parteien nicht allein Mitgliederschwund, es bedeutet auch, dass sich ganze Bevölkerungsgruppen nicht mehr im Parlament repräsentiert finden, ja, dass sie das Politische, das ihr Leben bestimmt, im Parlament nicht identifizieren können.

Wenn sich Wählerinnen und Wähler heute selbst ausschließen, wird ihnen das öffentlich gern als »verantwortungslos« angelastet, es kann aber auch bedeuten: Für den Einzelnen findet Politik oft nicht da statt, wo der Politiker es gerne hätte. So wird dieser Einzelne der Politik gegenüber pauschal und befindet im Sinne einer vermeintlich wirklicheren Wirklichkeit: Die da oben wissen nichts von uns.

Zugleich entfernt sich die Sprache des Parlaments folgerichtig von der Stellvertretung aller, und angesichts der Vervielfältigung der Institutionen politischer Entscheidungsbildung verdichtet sich in der Wählerschaft der Argwohn: Die entscheiden in Hinterzimmern, die sprechen unsere Sprache nicht, die kennen unsere Sorgen nicht, die lügen, die stecken alle unter einer Decke, die meinen nicht, was sie sagen, die sind käuflich und nur hinter dem Geld her, sind Marionetten der Lobbyisten, der USA, der Rüstungsindustrie, der Banken ... lauter Mutmaßungen über die Welt der Entscheidungsträger, wie man sie nennt, auch wenn man nicht einmal glaubt, dass sie das wirklich sind. Weil das Parlament Inbegriff des Öffentlichen und des Heimlichen zugleich ist, provoziert es Fragen danach, wie Politik »eigentlich« funktioniert, wie ihre Protagonisten »eigentlich« sind.

Auf der anderen Seite findet sich das vermeintlich »mündige Individuum«. Man müsste ihm sein Ich zurückgeben, müsste wieder fragen: Wer spricht meine Überzeugungen aus? Wer verkörpert meine Ideen? Wer tritt wirklich als mein Delegierter auf? Soll dies repräsentativ sein, warum stellt jede Rednerin, jeder Redner das eigene Selbst zurück, sorgt sich stattdessen um den Koalitionsfrieden, die Geschlossenheit der Fraktion, die strategische und psychologische Bedeutung der eigenen Wortmeldung? Warum ist der Weg zum Ich gerade beim Wählen so weit?

Aus dem bis hierher Gesagten ergibt sich, dass es in der Tat einen idealistischen Kern, ja, ein Motiv der romantischen Idealisierung des Parlaments im »Hohen Haus«

gibt. Er hat auch autobiographische Gründe und hängt nicht zuletzt mit der Beobachtung von Ländern zusammen, in denen um die parlamentarische Demokratie schmerzhaft gerungen wurde und wird. Immer wieder erlebte ich im Gespräch mit Menschenrechtlerinnen, Intellektuellen, Künstlern in Afghanistan, Äthiopien, Thailand, Kambodscha, im Senegal oder in der Türkei, wie ein repräsentatives Parlament zum höchsten Entwicklungsziel eines Staates erklärt wurde.

Zugleich aber führt die Anhänglichkeit an die Idee eines Parlaments, in dem die disparaten Gruppen einer Gesellschaft miteinander in Verbindung treten, Entscheidungen wägen, Handlungsanweisungen generieren sollen, in die eigene politische Biographie.

Wer sich nicht mit Politik beschäftigt, merkt nicht, wie sie sich mit ihm beschäftigt. Diese schlichte Überzeugung aus den siebziger Jahren leitete jenen Prozess, in dem ich später erkannte, was man »politische Bewusstwerdung« nannte – eine große Vokabel für den Umstand, dass man irgendwann identifiziert, was »soziale Verhältnisse« sind, was systematisch ist an der Einrichtung der äußeren Verhältnisse, wo sie der Autorität von Institutionen unterliegen, ein Verhältnis von Befehl und Gehorsam beschreiben, strukturelle Gewalt abbilden ... anders gesagt: Ich begann, die politische Seite der Vorgänge um mich herum wahrzunehmen.

Es gibt diese Zeit in jedem Leben, da man nicht allein die zahlreichen Verzahnungen und Wechselwirkungen zwischen dem Politischen und dem Privaten entdeckt, sondern auch erkennt, wie jede und jeder zumindest eine doppelte politische Biographie mit sich führt: Politik formt den Lebensraum, bestimmt soziale Gegebenheiten, legt Legitimitäten fest, organisiert die Anpassungsleistungen der Individuen wie der Gesellschaften an veränderte Lebensbedingungen. Zugleich wecken oder ersticken politische Entscheidungen die eigene Beteiligung, sie prägen unsere Vorstellung von Staat und Parlament, von der Demokratie und der Kaste der Politiker.

Da ich in der damaligen Bundeshauptstadt Bonn aufwuchs, bebilderten auch die Demonstrationen meine »politische Bewusstwerdung«, wie wir es damals nannten: die Demonstrationen gegen die Notstandsgesetze zuerst, die gegen Maßnahmen der »Terrorismusbekämpfung«, für Willy Brandt, gegen Aufrüstung und Nato-Doppelbeschluss, noch später die gegen Wackersdorf. Demonstriert wird immer von unten nach oben, appelliert von oben nach unten. Die unten fordern: Stopp dem …!, Kampf der …!, Schluss mit …!, die oben mahnen: Wir dürfen nicht …, wir sollten …, es ist unsere moralische Pflicht …

Dass man einen Staat auch am Umgang mit seinen Gegnern erkennen könne, war eine andere Überzeugung dieser Zeit, und so öffneten Regierungen, die sich mit Berufsverboten und Gesinnungsprüfungen verteidigten, mit Radikalenerlass und dem Einsatz von CS-Gasen gegen Anti-AKW-Demonstranten, den politisch Aktiven in meinem Umfeld den Weg, vor allem, in die Außerparlamentarische Opposition. Weniges konnte uns so stark politisieren wie die Maßnahmen der Staatsautorität gegen uns und jene, die wir als die Unsrigen erkannten.

Der Grund war einfach: Wir fühlten uns von der Volksvertretung nicht vertreten, hingen dort allenfalls an Einzelpersonen, weniger an Parteien oder Fraktionen und sahen die Aufgabe des vielzitierten »mündigen Bürgers« am ehesten darin, sich nicht einverstanden zu erklären, also eine kritische Begleitung der politischen Arbeit des Parlaments zu liefern, eine, zu der das Studium der Kritischen Theorie vor allem Einwände gegen »das System« beitrug.

Im Zuge des Protests wurde »Gegenöffentlichkeit« zu einer Orientierungsgröße. Man hing der Vorstellung eines Gesinnungskollektivs an und verstand nicht nur Wahlen, sondern auch den Akt des Konsums, die Entscheidung für einen Beruf, den Umgang mit Armut, die Organisation von Arbeit, das Verständnis des Sozialen insgesamt, das Verhältnis zu Status und Hierarchien als politisch. Vor allem ließ man sich das Verständnis des Politischen nicht von Parteien vorschreiben, sondern formulierte es selbst, als Anspruch so sehr wie als Verpflichtung.

Die Auseinandersetzung mit der Vätergeneration schlug sich außerdem in der Reflexion des Nationalsozialismus und seiner Hinterlassenschaften in vielen gesellschaftlichen Bereichen nieder – als Autoritätskrise der Institutionen. Zu diesen gehörte auch das Parlament, in dem sich bis in höchste politische Ämter Männer mit belasteter Vergangenheit fanden und das sich nun vor allem in den sogenannten »großen Debatten« oder Einzelereignissen wie dem Misstrauensvotum gegen Willy Brandt oder dem Regierungswechsel von Schmidt zu Kohl ins Blickfeld drängte. Abgesehen von diesen »Ursituationen« des Parlamentarismus aber war der Bundestag nicht der Ort, an dem sich das politische Denken hätte schärfen oder erneuern können. Das zumindest unterschied in der damaligen Wahrnehmung die Idee des Parlaments von seiner Realität.

Dass man die Politik vor ihrer parlamentarischen Repräsentation auch retten müsse, dass man die Interessen »des Volkes« außerhalb der Volksvertretung identifizieren und Wege zu ihrer Durchsetzung finden müsse, war das emanzipatorische Credo verschiedener, auch sehr heterogener politischer Initiativen der Zeit. Gleichwohl blieb dieses Parlament als Entscheidungsmitte der Demokratie immer Gegenstand der Beobachtung, war es doch zivilisationsgeschichtliche Errungenschaft, und zugleich manifestierte sich hier das Versprechen, der Einzelne mit seinen Ansprüchen könne sich aufgehoben und repräsentiert finden.

Diese Würdigung der Möglichkeiten des Parlaments hing nicht zuletzt mit der Hochachtung vor der Meinungsfreiheit, der Freiheit des Wortes, der Pluralität der Standpunkte und der Idee zusammen, Demokratie sei nicht Herrschaft des Volkes allein, sondern der Schutz der Minderheiten unter dem Protektorat der Mehrheit. Ich dachte oft an jenen französischen Adligen und Rebellen, dem man vor seiner Hinrichtung das Recht des »letzten Wortes« eingeräumt hatte. Als er aber anhob, seine Posi-

419

tion zu erklären, ließ man Trompeten so laut blasen, dass niemand in der Menge seine Worte verstehen und von ihnen bewegt werden konnte.

Das Recht der freien Rede war unverzichtbar, und es musste für Dinge in Anspruch genommen werden, die man ohne dieses Recht nicht hätte sagen dürfen, nicht für die harmlosen, die nichts als die Mehrheiten auf Gemeinplätzen suchen. Andererseits wurde dieses Recht wichtig gefunden, als man sich von Reden überhaupt noch bewegen ließ, als sie noch Mengen entzündeten. Aus dem Parlament dringen inzwischen selten kühne, beherzte, entschiedene Reden dieser Art nach außen.

Was wir hören, ist demgegenüber meist von dezidierter Ambitionslosigkeit, oft kaum mehr als ein Parlando, die Aufrechterhaltung eines Redentypus, der klingt wie die Fortsetzung des immergleichen Geräusches abebbender und anbrandender Erregung, mit den Stereotypen von Schönreden und Schlechtreden, den Amplituden von Empörung und Zustimmung und der Bekräftigung eines Handelns durch Reden, samt der Erinnerung, dass sich das Wort »Parlament« zurecht von »parlare« ableite.

Das parlamentarische Reden nimmt für sich größtmögliche Öffentlichkeit in Anspruch. Es wird von den Tribünenbesuchern und Journalisten verfolgt, es wird Wort für Wort, Zwischenruf für Zwischenruf, Applaus für Applaus protokolliert, durch Fernsehkameras und Rundfunkstationen verbreitet und in Ausschnitten durch zahllose Medien in die Öffentlichkeit gebracht. Trotzdem weiß es offenbar wenig von den Privilegien des öffentlichen Redens, hat seine Adressaten außerhalb des Plenums selten im Blick und wirkt oft wie ein verlängerter Arm politischer Public Relations.

Intern kennt das Parlament vor allem die Unterscheidung zwischen »Arbeitskommunikation« und »Darstellungskommunikation«. Letztere überwiegt zunehmend. Sie hat das politische Reden seit der Adenauer-Ära polemischer, auch effektvoller gemacht. Die politische Rhetorik muss als eine Hybridform der Verwaltungssprache nur selten blumig, lyrisch oder wirklich empfunden sein und ist, wo sie persönlich sein will, seltener von Erfahrung bestimmt, häufiger selbstbezüglich und gerne voller Spott und Ehrabschneidung; skrupellos ist sie beim Vorwurf der Lüge, der Unfähigkeit, der niederen Beweggründe oder gleich bei dem Nachweis, dass es sich beim »politischen Gegner« um ein moralisch defizientes Individuum handele.

Doch nicht zu vergessen: Die Parlamentsrede ist eine Auftragsrede im Dienst einer Partei, einer Fraktion, eines Ausschusses. Sie exponiert genug, um Rednerin oder Redner zu Anschlussverpflichtungen zu qualifizieren, und sie ist substantiell auch durch das bestimmbar, was sie vermeidet – die Festlegung, die Kritik, die pointierte Antwort, die persönliche Meinung, den Selbstwiderspruch. Meist wird sie dominiert von appellativer Rhetorik, sie suggeriert Überzeugungsarbeit.

Dabei kommt es kaum vor, dass sich jemand im Parlament noch überzeugen ließe, dass das Abstimmungsverhalten durch eine Rede entschieden würde. In dieser

Hinsicht ist die Parlamentsrede nur die Simulation eines Streits um die besseren Argumente, hat doch gerade das Argument keine Schlüsselfunktion für die Entscheidung, und das bedeutet auch: Die Rede steht von vornherein auf verlorenem Posten und kann nur darauf spekulieren, dass draußen Menschen sind, die folgen und sich überzeugen lassen.

Das Volk, das hier vertreten werden soll, das dies Parlament wählt und bezahlt, zieht sich inzwischen von den Straßen in die sozialen Medien zurück, schreibt Blogs oder Leserkommentare auf Online-Portalen, organisiert Bewegungen, Massenproteste, Petitionen. Es fühlt sich draußen und findet seine Repräsentation im stummen Publikum auf der Tribüne, im Phantom von der Gegen-öffentlichkeit, selbst der von Ressentiment geleiteten Bürgerbewegung.

Von dort aus betrachtet, erscheint dem Besucher Politik oft wenig durchsichtig, und sosehr sich die Transparenz in der architektonischen Konstruktion des Plenarsaals durchgesetzt hat, so wenig erschließen sich Debatten grundsätzlich von selbst, so selten auch sind die Diskussionen in den Ausschüssen im Plenum noch nachvollziehbar. Die nicht nur technische Zugänglichkeit des Parlaments für die Öffentlichkeit aber ist eine Voraussetzung für die Konstituierung eines Bürgers, einer Bürgerin als Bedingung der Möglichkeit sachkundiger Wahlentscheidungen.

Wenn man das Parlament nicht so versteht, verlagert man die politische Entscheidung letztlich ins Diffuse, Undurchsichtige. Denn woher ein Gesetzesentwurf stammt, was ihn motivierte, wer ihn auslöste, liegt dann im Dunkeln, und man geht wohl nicht fehl, wenn man hier eine kleine Gruppe der »wichtigen« Politiker im Verbund mit Größen des Wirtschafts- und Finanzwesens, ein paar Medienmacher und Verbändevertreter und Lobbyisten als die erkennen muss, die das formulieren, was im Parlament – unter Umständen abgeändert, aber »auf Linie« – ein- und durchgebracht wird. Und welche Bedeutung hat in diesem Szenario der Politiker wirklich, selbst jener, der zum sogenannten inneren Kreis gehört?

Der Abgeordnete ist eben nicht, wie es Artikel 38 des Grundgesetzes eigentlich will, nur seinem Gewissen unterworfen. Er stimmt mit der Partei, mit der Fraktion nach Absprache und frei nur in den seltenen Fällen, da eine sogenannte Gewissensentscheidung gefällt werden soll. Wenn das Gewissen des Abgeordneten aber eben nicht frei ist, hat das Parlament weniger zu sagen, als es sagen könnte. Welche Gewissensentscheidung ist dann so gravierend, dass sie sich gegen die Parteistrategie und das eigene Karrierestreben durchsetzen könnte? Welche Bedeutung hat, was man »Haltung« nennt, und wie weit reicht sie, die doch auch verlangt, sich unter Umständen zu schaden? Schließlich: Zu wie viel Gefolgschaft und Selbstverleugnung verpflichtet die Partei den Abgeordneten, der mit ihrer Hilfe ja immerhin ins Parlament gebracht wurde? Und in welcher Weise löst das Parlament das Versprechen ein, die Gesellschaft müsse sich mit ihren disparaten Interessen und Minderheiten im Parlament wiederfinden und reflektieren können?

Von ihrer Tätigkeit dazu verdonnert, weniger zu agieren, als zu reagieren, werden die Abgeordneten rhetorisch dauernd »Gestaltungsspielräume« für sich in Anspruch nehmen, die es de facto nicht gibt. Wie bei allen alten Apparaten könnte es sein, dass auch dieser längst sklerotisch geworden ist, sich erst immer mehr verhärtet, schließlich an sich erstickt – an den Ritualen und Usancen, den eingeübten Techniken, die Intaktheit des Parlaments zu wahren, indem man seinen Grundgedanken beschädigt. Doch andererseits: Der Politiker, der sagt: Ich wollte Wirklichkeit gestalten, und der abtritt und sagen kann: Ich habe Fracking verhindern helfen – lebt er nicht auch heroisch?

Je vehementer das Parlament Sichtbarkeit behauptet, die Transparenz der Entscheidungswege betont, desto entschiedener konzentriert sich die Aufmerksamkeit des Betrachters auf das Nicht-Sichtbare, die Repräsentation dessen, was nicht repräsentiert wird, was demonstrativ nicht erscheint, auf die emphatischen Lücken, ja, selbst die Momente der unfreiwilligen Demaskierung.

So erlebte ich im Parlament beispielsweise immer wieder die Unheimlichkeit eines Lachens, das, von allem Thematischen gelöst, aus fehlender Beteiligung entsteht. Da traten Rednerinnen und Redner ans Pult des Bundestags, sprachen von der Befristung der Entwicklung, der Erschöpfung der Ressourcen, den öffentlich zirkulierenden Vorstellungen eines Weltuntergangs, den zu erwartenden Verteilungskämpfen – und sie lachten dazu, lachten zu jedem Untergang. »Es gibt dreihundert Weltuntergangsphantasien«, sagte jemand, da lachten sie wieder – kein

424

nachrichtlich taugliches Bild, ebenso wenig wie die meisten der im Parlament verhandelten Themen. Auch deshalb habe ich diesen im Buch nicht geringen Raum gegeben. Denn nur so lässt sich das Parlament auch gegen sein öffentliches Bild in Schutz nehmen: Es verhandelt mehr und häufig sachkundiger, als unterstellt wird. Auch um das darzustellen, braucht man den Zeitraum eines Jahres.

Die Wirklichkeit der Realpolitik lässt allerdings nur einen eingeschränkten Spielraum für die Arbeit an den großen, den langfristigen Versprechen der Politik. Ihre Stunde schlägt im Parlament selten – und hier war die Rede des Abgeordneten Matthias Zimmer (CDU) über die »Grenzen des Wachstums« eine signifikante Ausnahme. Gegen Jahresende aber werden die Versprechen der Politik noch einmal beschworen in der Neujahrsansprache der Bundeskanzlerin. Mit ihrer zweimaligen Adresse an das Volk habe ich deshalb begonnen und geendet. Diese Reden sind voller visionärer Schwärmerei und darin im Kern so apolitisch wie das Ideal eines Parlaments, an dem ich seine Realität maß.

Zugleich bilden die Neujahrsansprachen den wahren Kontrast zu all dem, was Politik tatsächlich von Jahr zu Jahr verwirklicht, und so verglich ich zuletzt die großen Ideen der Zukunftshoffnung, der Gemeinsamkeit, Sicherheit und Menschlichkeit mit dem, was sich mit dem 1. Januar 2013 in diesem Jahr in Deutschland tatsächlich ändern sollte, was also von der Arbeit des Bundestages für dieses neue Jahr in Gesetze, Bestimmungen, Ordnungen verwandelt wurde: Die Praxisgebühr entfällt, der Renten-

425

beitragssatz fällt auf 18,9 Prozent. Die Verdienstobergrenze für Minijobber steigt um fünfzig auf 450 Euro. Für die Beschäftigten in der sogenannten Gleitzone gilt künftig eine Entgeltspanne zwischen 450,01 und 850 Euro. Die höhere Minijob-Grenze kommt auch Frührentnern zugute: Sie dürfen dann bis zu 450 Euro im Monat hinzuverdienen, ohne dass dies rentenmindernd angerechnet wird.

In der holz- und kunststoffverarbeitenden Industrie bringen neu vereinbarte Branchenzuschläge Zeit- und Leiharbeitern mehr Geld. Die Zuschläge gleichen nach Angaben des Arbeitgeberverbandes der deutschen Zeitarbeitsunternehmen in fünf Stufen und binnen neun Monaten die bisherige Tariflücke zwischen Zeitarbeitern und Stammbelegschaften nahezu aus. Die Staffel beginnt nach der sechsten vollendeten Einsatzwoche mit einem Zuschlag von sieben Prozent. In der höchsten Stufe nach neun Monaten beträgt der Zuschlag 31 Prozent.

Die rund sechs Millionen Empfänger von Hartz-IV-Leistungen bekommen monatlich fünf bis acht Euro mehr. Der Regelsatz für Alleinstehende steigt von 374 auf 382 Euro. Der Hartz-IV-Satz für Partner erhöht sich um acht auf 345 Euro, für Kinder bis sechs Jahre auf 224 Euro (plus fünf Euro), für Kinder von sieben bis vierzehn Jahren um sechs auf 255 Euro und für Jugendliche zwischen fünfzehn und achtzehn Jahren um ebenfalls sechs auf 289 Euro.

Der Beitragssatz der Pflegeversicherung steigt von 1,95 auf 2,05 Prozent, bei Kinderlosen auf 2,3 Prozent. Menschen mit Demenz oder geistiger Behinderung, die von

Angehörigen zu Hause betreut werden und in keiner Pflegestufe sind, können im Gegenzug außer den heute möglichen maximal 200 Euro für Betreuung nun Pflegegeld von 120 Euro oder Sachleistungen von bis zu 225 Euro bekommen. Die Pflichtversicherungsgrenze steigt bei der gesetzlichen Krankenversicherung von 50 850 auf 52 200 Euro Brutto-Jahresgehalt. Das soziale Netz für Kunstschaffende und Publizisten wird teurer. Der Abgabesatz erhöht sich von 3,9 Prozent auf 4,1 Prozent.

Die Beitragsbemessungsgrenze steigt in der Renten- und Arbeitslosenversicherung von 5600 auf 5800 Euro im Westen und von 4800 auf 4900 Euro im Osten. In der gesetzlichen Kranken- und Pflegeversicherung wird die Gehaltsgrenze, bis zu der Sozialabgaben fällig werden, von 3825 auf 3937,50 Euro monatlich angehoben.

Die neuen innerdeutschen Fernlinienbusse dürfen nur Haltepunkte im Abstand von mindestens fünfzig Kilometern anfahren. Erstmals seit 1984 erhöht sich für Schwerbehinderte die Eigenbeteiligung für Bus- und Bahntickets: Sie müssen künftig 72 statt 60 Euro im Jahr bezahlen. Einkommensschwache sowie blinde und hilflose Menschen bleiben von der Eigenbeteiligung befreit.

Das waren sie, die verlautbarten Resultate der jüngsten parlamentarischen Arbeit und die Veränderungen des Jahres. Sie konterkarieren den Pamphletismus, den programmatischen Schwulst, auch den deklarierten Idealismus einer Politik, die mit ihren Resultaten keine Neujahrsansprachen bestücken, keine Wahlkämpfe führen, keine Parteivisionen formulieren kann. Darin aber organisiert die

Demokratie auch den Wettbewerb um die Realität des Volkes.

Bei der Verlautbarung des Wahlprogramms oder der Neujahrsansprache aber können Wählerinnen und Wähler zumindest sagen: Hier war Politik für kurze Zeit, wie man sie sich wünscht – voller Empfänglichkeit und Teilhabe, voller Zusagen, Heilsbotschaften, Sinn. Für die Dauer der Rede, des Wahlkampfs, der programmatischen Selbsterklärung wechselte die Realität in den Modus des Konjunktivs.

Was Versprechen gewesen war, wurde Realpolitik, und auch wenn diese Versprechen nicht geglaubt werden, schaffen sie doch ein Klima, in dem Menschen »Freiheit«, »Frieden«, »Fortschritt« oder gleich »Zukunft« als etwas Verhandelbares, Steigerbares, also zumindest Erfahrbares erleben. Mit dem Akt der Wahl treten Bürger vermeintlich in diese Zone der schönen Aussichten ein und entscheiden nun zwar nicht notwendigerweise gemäß den eigenen Interessen, sondern auch nach Kalkül. Zumindest aber ist ihre Anhänglichkeit an das politische System, in dem sie leben, nie so stark wie zu dieser Zeit.

Nie aber wird zugleich so verschwenderisch Gebrauch gemacht von dem psychologischen Mantra neuerer Politikdebatten wie in Wahlkampfzeiten: »Glaubwürdigkeit« steht jetzt zur Disposition, und damit immer auch die Frage nach dem »Eigentlichen« hinter dem Behaupteten, dem Gemeinten hinter dem Gesagten. Das Parlament mag Politik unter den eigenen Bedingungen verhandeln – nicht unter denen der Talkshow oder des Zeitungskommentars –, es ist deshalb aber nicht automatisch transparent. Trotzdem gibt es keine Möglichkeit, die politische Praxis der Themenfindung, der Argumentation, der Entscheidungsbildung so exakt zu verfolgen wie hier. In seiner Geschichte hat der Bundestag solche Beobachtung von außen immer auch gefürchtet, wissen die Bürger bei aller behaupteten Transparenz doch auch: Sie bekommen Endprodukte zu sehen, die Bedingungen ihrer Entstehung sehen sie nicht.

Schon 1949 hatte man Radioübertragungen aus dem Parlament zugelassen, seit 1953 war das Fernsehen bei großen Debatten zugegen, was in der späten Adenauer-Ära aber teilweise zurückgenommen wurde. Zunächst verbannte man das Fernsehen, ab 1959 dann auch das Radio. Zeitweilig waren sogar Fotoapparate verboten, und Ausnahmen machte man nur noch zu Feierstunden und Sitzungen, wenn es galt, die Einigkeit des Hohen Hauses zu dokumentieren.

Indem sich das Parlament institutionalisierte, die Sitzungen an Frequenz und Dauer zunahmen, wurde es zu einer eigenen Lebenswelt. Es bildete seine Stammeskulturen aus, seine Repräsentations- und Machtordnungen, die seine Bühne bespielen und sich auch als Drama inszenieren können. So war das Parlament immer nicht nur Ort der politischen Entscheidungen, es war auch Ereignisraum, Schauplatz verdeckter Dramen, von Ausbrüchen der Leidenschaft, Bühne des Protests. Auch aus dieser Perspektive habe ich blicken wollen, schon um in einer nicht allein dem Aktuellen geschuldeten Beobachtung des Parlaments auch die Verbindung der Zeichen zur Macht sichtbar werden zu lassen: jene Gesten, Vokabeln, Rituale, die Territorien, Ansprüche, Hierarchien bezeichnen. Die Stabilität einer Gesellschaft ist ja auch ablesbar an der Stabilität der Zeichenordnungen, und diese sagen für das Parlament: Wir regieren, ihr seid regierbar. Beides verlangt nach dauernder Infragestellung, im Aktuellen so sehr wie im Prinzipiellen. Auch deshalb wünschte ich mir, das Staffelholz dieses Projektes an eine Autorin, einen Autor weiterzugeben.

Literatur

Bülow, Marco: Wir Abnicker. Über Macht und Ohnmacht der Volksvertreter. Berlin 2010

Cullen, Michael S.: Der Reichstag. Im Spannungsfeld deutscher Geschichte. Berlin 2004

Ders.: Der Reichstag. Die Geschichte eines Monumentes. Stuttgart 1990

Dörner, Andreas und Vogt, Ludgera (Hrsg.): Sprache des Parlaments und Semiotik der Demokratie. Berlin. New York 1995

Kriesi, Hanspeter u. a. (Hrsg.): Herausforderung Demokratie. Zürich 2013

Lemke-Müller, Sabine: Abgeordnete im Parlament. Zur Parlamentskultur des Deutschen Bundestages in den neunziger Jahren. Darmstadt 1999

Lösel, Anja und Meisel, Rudi: Die Kuppel der Nation. Der Reichstag und seine Verwandlung. Hamburg 1999

Patzelt, Werner J. (Hrsg.): Parlamente und ihre Evolution. Forschungskontext und Fallstudien. Baden-Baden 2012

Schmitz, Mathias (Hrsg.): Politikversagen? Parteienverschleiß? Bürgerverdruß? Streß in den Demokratien Europas. Regensburg 1996

Schöne, Helmar: Alltag im Parlament. Parlamentskultur in Theorie und Empirie. Baden-Baden 2010

Schulz, Andreas und Wirsching, Andreas (Hrsg.): Parlamentarische Kulturen in Europa. Das Parlament als Kommunikationsraum. Berlin 2012

Simmert, Christian (mit Volker Engels): Die Lobby regiert das Land. Berlin 2002

Speicher, Stephan: Ort der deutschen Geschichte. Der Reichstag in Berlin. Berlin 1995